目　录

第1章 电子支付概述

Chapter 1

引导案例

上海世博会支付环境建设

上海世博会期间，世博会金融窗口服务、金融基础设施安全等各项重点工作，有力推进了世博会金融服务各项工作的顺利开展。主要措施如下：一是与上海铁路局合作，于2010年4月启动长三角地区铁路售票受理银行卡试点，上海火车站、上海南站、杭州站、苏州站和无锡站5个铁路站点的部分售票窗口成为全国第一批可跨省市受理银行卡购票的试点窗口，为旅客提供便捷的支付渠道。世博会期间，共完成交易2.61万笔，金额1 288.95万元。二是与上海市建交委合作，6月在申嘉湖高速公路启动银行卡缴费试点，填补了受理环境空白。世博会期间，申嘉湖高速公路6个收费站共布放POS机具58台，完成交易1 226笔，金额2.4万元。三是与上海市旅游局签署《共同推进上海旅游产业与金融服务合作备忘录》，实现了上海市AAA级以上38个旅游景点全部受理银行卡。四是组织中国银联及32家银行在境内外9个国家和地区累计发行上海旅游卡160万张，显著增强了中国银行卡品牌的全球影响力。五是在世博园区内一批连锁快餐企业开展银行卡小额免签支付试点（全国首创），平均缩短消费时间近30%，加快了交易速度，减少了顾客排队。六是组织发行PBOC 2.0标准IC卡和银联标准预付卡，截至2010年11月底，累计发卡量超180万张，完成全市所有直联POS终端受理银行IC卡改造工作，满足了世博会期间境内外持卡人小额、快速、离线的特殊支付需求。

第1节 支付与支付工具发展

一、货币与支付的基本概念

经济学家认为市场（market）的规范定义包括两个条件：首先，一种商品的潜在卖主和潜在买主进行接触；其次，必须有适合的交易媒介，可以是货币交易，也可以是易货交易（barter）。货币是商品经济发展到一定阶段后被广泛接受的用来充当一般等价物的资产。马克思认为，货币本质上是执行价值尺度和流通手段职能的一种特殊商品。当代西方经济学教材也指出，货币的职能是价值尺度（unit of account）、交换媒介（medium of exchange）和价值储藏（store of value）。不管外在形式如何变化，货币的基本职能是不变的。

货币交易的行为称为支付，按照国际清算银行（Bank of International Settlement，BIS）的定义，支付是指为清偿经济行为人之间由商品交换或劳务活动引起的债权债务关系，由付款人向收款人转移可接受的货币债权的行为。其中，货币债权表现为流通中的现金和在金融机构或中央银行的存款余额。

二、支付工具的演进

支付工具是资金转移的载体，方便、快捷、安全的支付工具是加快资金周转、提高资金使用效率的保障。在人类历史上，被广泛接受的支付工具的外在形式目前共有三种，依次是实物货币、金属货币和信用货币。从最初的实物货币发展成为金属货币，标志着社会生产力的进步与冶炼技术的提高，这是支付工具发展史上的第一次飞跃；从金属货币演变到信用货币（例如纸币）则是支付工具发展史上的第二次飞跃，银行存款作为支付手段是货币制度的一大改进，也是印刷技术进步的体现；正在兴起的电子货币将是货币的第四种外在形态，即电子化、数字化、网络化，从这个意义上说经济社会正在经历支付工具发展史上的第三次飞跃。

（一）实物支付工具

实物交换到货币交换的转变是支付工具技术发生的第一次重要变迁，黄金和白银由于自身的特性，而充当了一般等价物——货币，并具有支付工具的职能。这是实物货币（commodity money）阶段。但无论是最初充当货币的牛、羊、等支付工具，还是后来充当一般等价物的黄金与白银，在支付过程中都体现了相当于其实物本身的价值。

（二）传统信用支付工具

信用货币取代金属货币是一个历史过程，而电子货币又将取代纸币。研究前一个过程，对预测和了解后一个过程，很有借鉴意义。

历史上，纸币最早在西欧出现时，是作为金本位制下的一种金属硬币的兑换券，由商业银行发行的。然后，纸币逐渐取代金属硬币，这个过程共分为三个阶段。阶段一：纸币保持与金属硬币之间的双向兑换关系，即人们将金银币存入银行，换取银行票据，然后在需要的时候，再用银行票据换回金银币。阶段二：纸币被广泛接受，在流通中使用，成为一种通用的代币品。在这个阶段，一般情况下，人们不去银行兑现纸币，纸币基本上凭银行信用在流通。阶段三：纸币与硬币脱钩，不再能兑换金银币，纯粹靠信用支持。到了这个阶段，金本位制实际上就被废除了，人类社会的货币进入了信用本位的阶段。

这个阶段的支付工具可分为现金支付工具和非现金支付工具。现金支付工具，如纸币（paper notes），是现今社会货币支付最普遍的形式，它使用方便，便于携带，特别适用于小额、面对面的交易支付，并且不留下交易痕迹。

但对于大额支付以及在安全性方面，纸币有其不可克服的弊端，因此出现了许多通过银行进行非现金支付的方式，如银行转账、票据支付等。非现金支付多用于大额或远程支付。

（三）电子化支付工具

基于计算机和网络技术的支付系统以及电子货币的产生是支付技术发生的第三次变革，尤其是互联网的出现，使支付工具和支付手段发生了重大变革。一种以电子数据形式存储在计算机中并能通过计算机网络使用的资金被人们形象地称为电子货币。电子货币从根本上改变了传统的支付工具形态和支付结算方式。

电子货币替代纸币的过程，与纸币替代金属货币的过程具有相当大的类似性，也可以分为三个阶段。阶段一：电子货币与具有法偿地位的纸币，保持双向兑换关系。阶段二：在流通中电子货币被广泛接受，一般情况下，人们不再要求将电子货币兑换成纸币。阶段三：电子货币与纸币完全脱钩，不再能兑现，成为一种纯粹的信用凭证。

在这三个阶段中的任何一个阶段，电子货币都可以称为货币，都在执行货币的基本职能。但是，只有到了第三个阶段，电子货币才真正成为一种信用货币，前两个阶段本质上依然都是纸币的某种电子替代品。

因此，在严格意义上，电子货币可以定义为：一种以电子形式被广泛地运用于支付的信用工具。它具有以下特征：代表了真实购买力；能够以电子形式转移资金；依赖信息技术存储和转移价值凭证；使用电子加密方法保证安全。

目前存在的电子货币可以通过三种形式实现支付：一是对于银行账户的贷记/借记（电子转账等）；二是通过卡片或计算机系统进行支付（卡基支付工具

或电子现金）；三是对于某个网站上电子账户的贷记/借记（虚拟货币）。它们都是以法定货币为基础的二次货币。

三、典型支付工具的特点

（一）现金

在中国，现金交易大部分发生在储蓄存取款、消费性现金支出、农副产品收购现金支出等情况下。消费者主要通过三种方式提取现金：一是通过使用储蓄存折或储蓄卡从商业银行储蓄网点支取现金；二是在银行卡自动柜员机（automated teller machine，ATM）上提取现金；三是通过签发支票提取现金。银行电子服务设备ATM的出现也是促使现金一直成为主要支付工具的因素之一，ATM的使用使得纸币易于获取。

图1—1描述了消费者用现金购物的情形。消费者首先从银行存款账户上提取现金，然后持现金到商场购物；购物时向商场支付现金；商场收到现金后，营业终了时要将现金送存银行，形成自己的存款。

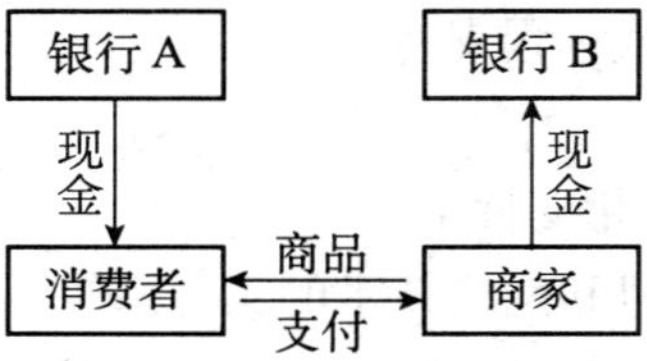

图1—1 现金支付流程图

现金支付具有以下特点：

（1）普遍性。现金是法定货币，现金支付仍旧是现今社会最普遍的货币支付形式。

（2）匿名性。交易双方更关注现金本身的有效性，而不追究持有人的身份，不易留下交易痕迹。

（3）资金脱离银行，资金转移由收款人和付款人完成。

（4）分散处理。不需要通过银行进行清算，不需要在某地集中处理。

（5）买卖双方一手钱一手货，支付过程和交易过程同时、同地发生。

（6）便利性。便于携带，特别适用于小额交易。

现金支付的局限性在于：制钞、运钞、清点等环节成本较高；携带大额资金不便，同时无法核实资金持有人的身份。以上因素决定了现金作为大额支付手段具有局限性。

（二）票据

狭义票据是出票人依据《票据法》发行的、无条件支付一定金额或委托他人及专门机构无条件支付一定金额给收款人或持票人的一种文书凭证。中国在20世纪80年代末建立起以汇票、本票、支票和信用卡“三票一卡”为主体的新型结算制度，票据支付得到了普遍的推广和广泛的应用。

以支票为例，票据支付过程（见图1—2）基本如下：

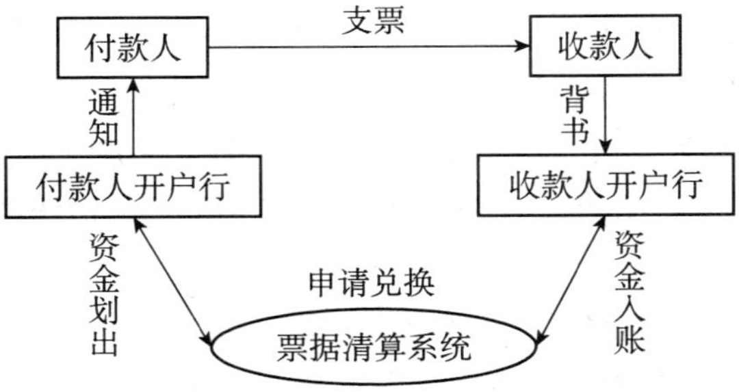

图 1—2 支票支付流程图

（1）付款人将支票交与收款人。

（2）收款人将支票交与其收单行，并对收款人的账户进行贷记操作。

（3）收款人的银行将当日所有收到的支票传送给相关结算部门和清算机构进行清算，并且通常在一天后付款人的开户银行将确认支付金额并对付款人的账户进行借记操作。

（4）有疑问时，例如支票上的签名不匹配，或由于出现其他问题造成支付金额未获得确认，支票将被退回收单行并给出提示，说明退单的原因。

（5）如果支付金额获得确认，那么第二日银行将通过清算安排计算出应付或应收的头寸，并在其在中央银行的特定账户上进行借记或贷记操作。

由此可见，票据支付的要素是：出票人签名后票据方能有效；收款方通过银行结算票款；银行系统顺利结算后，收款人方可提款。与现金相比，票据支付具有以下特点：

（1）适用范围广。票据是企事业单位使用最为广泛的非现金支付工具。

（2）不具有匿名性。票据的签章、背书机制决定了资金便于监控和管理。

（3）资金不脱离银行。收款人验票发货，银行见票付款，资金转移以银行转账的方式完成，避免清点误差，节省结算的时间、人力成本。

（4）安全可信。主要由银行信用担保，有一套严密的处理程序和防范措施保证资金安全及时支付，减少异地、大额交易中携带大量现金的不便和风险。

（5）票据使得交易中的物流和资金流分开，突破了交易过程中同时、同地的限制。

票据支付的局限性在于：买卖双方需要在交易前后在银行办理票据业务，支付一定的手续费，提高了支付成本，对小额支付来说方便性和时效性不如现金支付；虚假票据、空头支票、票据遗失可能带来风险和麻烦；传统信用货币阶段支付指令的传递完全依靠面对面的手工处理和邮政、电信部门的委托传递，因而结算成本高、凭证传递时间长、在途资金积压大、资金周转慢。

（三）电子货币

通过对现金和票据支付特点的分析，可以看出利用传统支付工具支付结算时，在支付效率、方便易用、安全可靠、运作成本等方面存在很多局限性。电子货币具有匿名性（anonymity）、安全性（security）、低成本（lower cost）和便利性（convenience）等特点，是一种更便宜、更有效的支付手段。正是这些特点，决定了电子货币将会取代纸币。与传统的支付方式相比，电子支付具有以下特征。

1. 更高程度的匿名性

传统的货币交易始终离不开银行等第三方中介机构，即使是现金，在存取款等环节也总是会留下交易痕迹（trail）。电子货币可以实现发行方与消费者之间的点对点交易（peer to peer），不需要第三方机构，因此具有很高的匿名性。如果发行方不披露的话，外界很难知道具体的交易情况。电子货币的匿名性也给管理和征税带来了一定的困难。

2. 安全性

纸币、票据的伪造始终是一个严重的问题。相比传统货币，电子货币具有更高的安全性。在使用过程中，可以通过中央数据库对电子货币进行验证，而且电子货币还可以附带电子签名。因此从理论上讲，电子货币几乎是不可能伪造的。此外，电子货币的实时验证可以有效杜绝空头支票的出现。

3. 低成本

电子货币可以极大地节省与货币相关的费用。20世纪末，美国每年处理货币的成本高达600亿美元，整个支付系统的开支估计占美国国内生产总值（GDP）的2%～3%。表1—1是不同方式处理单笔交易的成本，从中可以看到电子货币具有巨大的成本优势。

表1—1　不同处理方式单笔交易的成本　单位：美元

方式	单笔交易的成本
银行分支机构	1.07
电话银行	0.54
ATM	0.27
个人金融终端（PC banking）	0.02
网上银行	0.01

4. 更高程度的便利性

电子货币为交易提供了巨大的便利，主要表现在以下几方面：

（1）即时支付（instant payment）。电子货币可以实现结算和交割同时完成，因此大大加快了交易速度，减少了结算风险。

（2）便于分割。理论上，电子货币可以零成本地进行任意等分。在有形货币时代，一直困扰人们的辅币问题将不再存在。

（3）便于微支付（micropayment）。电子货币的单笔交易成本低，使得它有利于小额的交易。在传统货币方式下，很多低价格的商品由于交易成本太高，往往消费不足，进而生产不足，信息类产品就是典型的例子。电子货币将促进这类商品的消费，有助于经济增长和提高整个社会的福利。

案例

2010年中国非现金支付工具发展概况

2010年，全国共使用非现金支付工具①办理支付业务277.04亿笔，金额905.18万亿元，同比分别增长29.37%和26.46%；笔数和金额同比增速分别加快12.52个百分点和13.39个百分点，非现金支付业务量呈现较快增长态势。

由于我国继续实施适度宽松的货币政策，货币供给量大幅增加，全年现金净投放量6 381亿元，较2009年增长58.46%。在非现金支付业务快速增长的作用下，流通中现金（M0）与GDP之比下降为11.31%，较2009年下降了0.09个百分点（见图1—3），非现金支付工具对现金的替代作用持续增强。

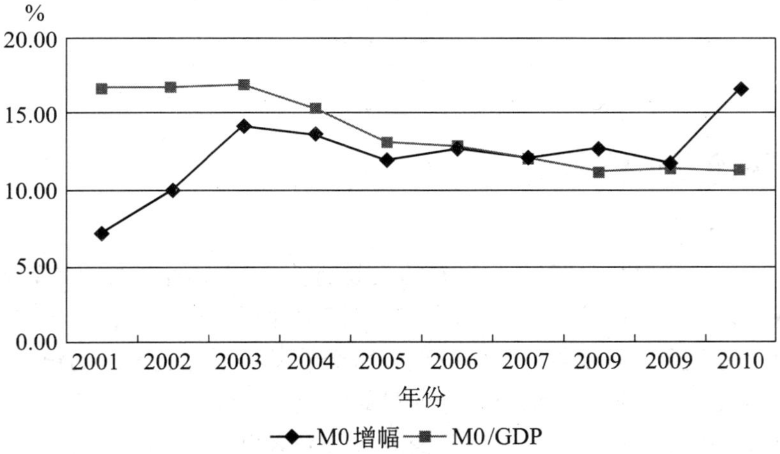

图1—3 M0增幅与M0占GDP比重趋势图

2010年，从业务笔数看，票据、银行卡和汇兑等结算方式的交易笔数分别占非现金支付工具交易总笔数的3.24%，92.97%和3.79%（见图1—4），银行卡仍占主导地位；从交易金额看，票据、银行卡和汇兑等结算方式的交易金额分别占非现金支付工具交易总金额的31.43%，27.26%和41.31%（见图1—5）。

① 包括票据、银行卡、汇兑、委托收款、托收承付等，不含其他电子支付方式。

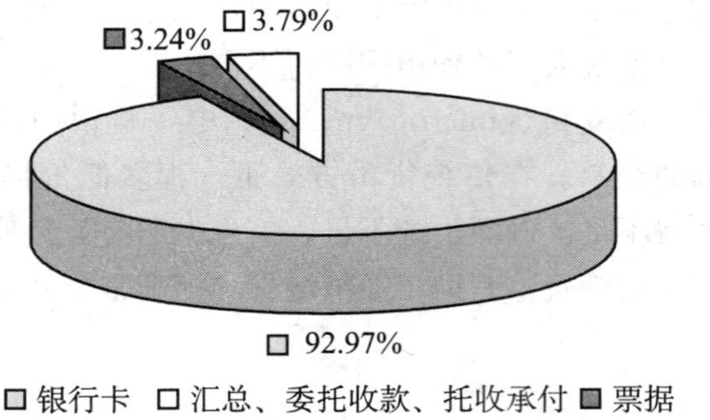

图 1—4　2010 年主要非现金支付工具业务笔数占比图

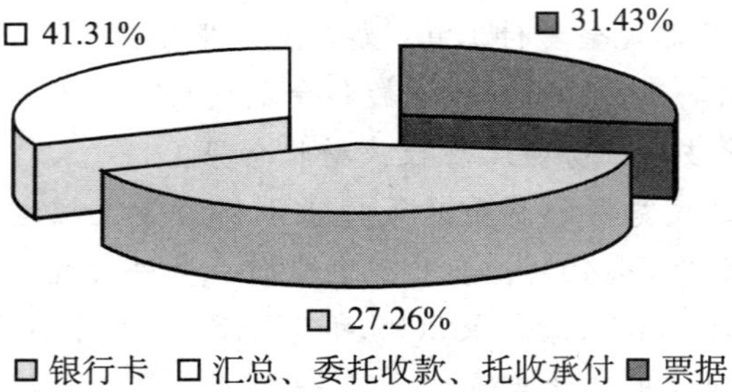

图 1—5　2010 年主要非现金支付工具业务金额占比图

第 2 节　现代支付体系

支付本是发生于买卖双方的交易行为，然而随着商贸的繁盛和银行的出现，以及银行的信用中介作用，支付演化为买卖双方与各自开户银行之间的资金收付关系。而银行之间的资金收付交易又必须经过银行的银行，即政府授权的中央银行进行资金清算，才能最终完成支付的过程。银行的出现使整个支付过程分两个层次完成：下层是商业银行与客户之间的资金支付往来与结算；上层是中央银行与商业银行之间的资金支付与清算。两个层次支付活动的全过程，将市场中交易活动各方与商业银行、中央银行维系在一起，构成一个复杂的系统整体，称为支付体系。

在国民经济系统中，支付体系发挥着重要的宏观经济枢纽作用。按照国际清算银行的定义，支付体系由特定的机构以及一整套用来保证货币流通的工具和过程组成。具体地讲，它是由提供支付服务的组织、管理货币转移的法规和实现支付的技术手段组成的整体。下面介绍支付体系的主要组成部分。

一、支付服务组织

（一）中央银行

中央银行在支付体系中至关重要，它是支付体系建设的组织者、推动者、监督者，向金融机构及社会经济活动提供资金清算服务的综合安排，包括清算机构、支付系统、支付结算制度及银行间清算制度与操作。

尽管各国中央银行提供支付清算服务的方式与范围有所不同，但业务运行原理基本一致。金融机构需要在中央银行开立清算账户，并通过行间支付系统实现资金清算。中央银行的支付清算服务主要包括：组织票据交换清算、办理异地跨行清算、为私营清算机构提供净额结算服务、提供证券和金融衍生工具交易清算服务，以及提供跨国支付服务等。

中央银行直接主持和管理的支付体系为许多国家所采用。根据 2003 年修正的《中华人民共和国中国人民银行法》，中国人民银行作为中央银行，具有履行依法制定和执行货币政策，发行人民币，管理人民币流通，维护支付、清算系统的正常运行等职责。中国人民银行在支付体系中的法律职责规定为："组织或者协助组织金融机构相互之间的清算系统，协助银行业金融机构相互之间的清算事项，提供清算服务"。

（二）银行业金融机构

银行业金融机构是为企业和个人提供支付服务的主要供给主体。它提供必要的清算账户和流动性来满足其客户对支付的需求。在当前的各种支付活动中，银行业金融机构扮演着重要的角色，绝大部分交易的支付是以银行转账的形式进行的，它面向社会公众提供零售支付服务，其业务种类多，规模大，服务覆盖面广。

（三）清算组织

清算组织负责金融机构（银行）间以及金融机构和非金融机构间资金的清分和结算。银行之间的资金收付交易必须经过清算组织进行资金清算，才能最终完成支付的全过程。

我国的清算组织主要包括：中国银联股份有限公司、城市商业银行资金清算中心和农信银资金清算中心。

（四）非金融机构支付服务企业

按照中国人民银行《非金融机构支付服务管理办法》的规定，非金融机构支付服务企业是在收付款人之间作为中介机构提供货币资金转移服务的非金融机构。

以第三方网上支付企业为例，在其出现之前，主要由银行提供网上支付清结算服务，而银行出于服务能力和成本的考虑，通常只面向有规模的企业，故中小企业和个人用户的需求难以得到满足，由此，第三方网上支付企业应运而生。第三方网上支付企业通过互联网实现用户和商户、商户和商户之间在线货币支付、资金清算、查询统计等过程，通过更有针对性的平台和产品服务于中小企业和个人用户形成的长尾市场。

二、支付系统

支付系统的最终用户是广大银行客户，支付系统支付交易过程的最终实现依靠的是上层跨行支付资金的转账与清算。例如中国的各类支付系统包括中国人民银行大额、小额支付系统，全国支票影像交换系统，同城票据交换系统，网上支付跨行清算系统，银行业金融机构行内支付系统，中国银联银行卡跨行交易清算系统，城市商业银行汇票处理系统和支付清算系统，农信银支付清算系统。

支付系统按其运行和管理的特点可划分不同的类型。

（一）按结算方式分类：全额和净额

全额结算是指在资金转账前并不进行账户金额的对冲，以实际的支付金额进行转账的结算方式。净额结算是指在进行双方或多方的资金转账前，先对各方账户上的余额进行相互冲减，之后才转移剩余资金金额的结算方式。净额结算又可分为双边净额结算和多边净额结算两种。

在净额结算的情况下，银行把与每笔支付有关的信息传送到清算所，参加清算所的所有银行在发生支付义务的时候，并不立即通过银行间资金转账结算每一笔支付，而是在约定的时期（称作清算周期）内让债权和债务累积起来，然后在清算周期末的指定结算时间对其往来支付进行相互抵销。这样，银行只需把支付净额转给清算所。

结算通常于每日终了在结算银行（一般是中央银行）的账簿上进行，但也可以在算出净头寸后的一个或几个营业日后进行。净额结算也可以通过在商业银行开设的往来账户进行。

（二）按交易金额分类：大额或小额

按照支付系统服务对象的不同与所处理的每笔资金的金额大小，可分为大额支付系统和小额支付系统。大额支付系统用于每笔支付金额超过某一数量的支付业务，如10万货币单位；小额支付系统内支付金额一般较小。大额支付系统是为经济行为者中的一些特殊类别，包括货币、黄金、外汇、商品市场的经纪商与交易商，从事货币市场交易活动的商业银行提供的支付服务，这些经济活动行为者的交易活动的特点是交易笔数相对较少，但每笔交易活动金额巨大，在支付的时间性、准确性、安全性上有特殊要求。例如外汇交易活动，外汇交易商每天要进行多笔交易，交易周转额巨大，同样一笔资金要支持多笔交易的周转，在交易的交割时间上需要相当准确。

小额支付系统的服务对象通常是经济行为者中的广大消费者个人、从事商品和劳务交换的工商企业。这些经济行为者交易活动的特点是交易发生频繁但交易金额相对较小。

大额支付系统与小额支付系统是一国支付不可缺少的两个组成部分。大额支付系统支持一国的货币市场及资本市场的交易活动，决定了一国金融市场、银行体系的效率，进而决定了一国经济活动的效率；同时大额支付系统又是支持跨国界多币种交易的支付服务系统，而且中央银行公开市场业务也要依赖大额支付系统实现。因此大额支付系统的设计是一国支付系统设计的关键，体现了一国支付系统的发达程度。

大额支付系统和小额支付系统在管理和维护方面考虑的侧重点不同。大额支付系统对于系统稳定性、安全性、准确性、资金转移的时效性等因素的要求比小额支付系统严格得多。然而，小额支付系统处理的交易数量要远远超过大额支付系统，而且系统网络往往要扩展到商店甚至个人家中。因而小额支付系统管理者对系统数据吞吐量等要求较高。

大额支付系统主要用于资本市场、货币市场交易和大额贸易的资金结算，而小额支付系统一般为小额贸易支付和个人消费服务。由于大额支付系统潜在的信用风险对整个系统的安全性以及整个金融体系的安全至关重要，因此系统对用户的资格通常有严格的规定。

（三）按结算时效分类：实时和非实时

所谓结算时效，是指以某一支付工具发出指令后资金从某人转给某人或从某账户转到其他账户所用的时间长短。所用的时间越长，时效性越差；时间越短，时效性越好。

支付系统按时效性可分为实时性和非实时性两种。实时性支付系统的时效性是最理想的，当一方发出支付指令时，结算也同时完成（即实时）。在非实时的支付系统中，从系统收到支付指令到完成结算，之间有一定的时间间隔。此间隔的长短随支付系统的不同而不同。

时效性的好坏与结算方式有密切的关系。全额结算方式有可能使时效性达到理想状态。这是因为在全额结算中，支付系统将对每一笔支付指令进行资金的转移，资金转移的速度与计算机系统的处理速度直接相关。当今计算机的性能早已使这种资金转移可瞬间完成。

但是对于净额结算来说，时间间隔（收到支付指令与进行实际资金转账之间）无法避免，这是由净额结算的方式决定的。要进行净额结算，必须设定结算周期，在结算周期结束时，再对账户进行轧差。因为结算周期的存在，时效性自然与结算周期的长短直接相关。

（四）按系统的管理者分类：中央银行或民间机构

支付系统的管理者负责制定支付系统的运作规章，维护支付系统的日常运作。

一般来讲，中央银行往往是这样的管理者，但在现存的支付系统中，也存在民间组织做管理者的情况。如国际资金清算系统（SWIFT）、纽约清算所银行同业支付系统（CHIPS）以及威士国际组织（VISA）、万事达卡国际组织（Mastercard）等。

管理者是支付系统顺畅运行的重要因素之一，由谁负责支付系统运行是由历史、经济、政治等多方面因素决定的。

各国、各地区不同的支付系统按这一角度一般可分为由中央银行主管或由民间机构主管两种。从理论上讲，由中央银行负责支付系统的运行更为科学。这是因为中央银行不存在信用方面的风险，而民间机构不论其势力多么雄厚，总会存在信用风险。然而，在现实经济生活中，由民间机构运营的支付系统遍布全球。典型的如美国的威士国际组织、万事达卡国际组织，以及香港在1996年前由汇丰银行运行的支付系统等。正是各方面复杂的因素造成了许多支付系统由民间组织负责运行，但由中央银行管理关键性支付系统是未来的发展趋势。香港1996年后由香港金融管理局管理新的实时全额支付（RTGS）系统，便是这一趋势的表现之一。

以上对支付系统的分类是从不同角度出发的，目前的支付系统可分为大额实时全额系统、大额轧差系统和小额批量净额结算系统三大类。

值得强调的是，在设计大额支付系统时，无论是全额系统还是净额系统都要求在支付信息接送的当天对支付进行结算（同日结算），结算通过在中央银行的即期账户进行。在实时全额系统中，支付是逐笔结算的，通过借记和贷记发送行和接收行在中央银行的账户进行。根据这种程序，与支付结算有关的中央银行货币的转账是无条件和不可撤销的。

多边净额系统的原则和实时全额结算系统有着本质的区别。在多边净额系统中，系统参加者之间电子信息的交换可能是实时的。银行在规定的结算时间通过支付中央银行货币履行其义务，银行之间可以相互抵消一些支付义务。根据清算所的规则和程序，结算义务是通过对支付信息作净额处理计算出来的。在规定的结算时间，如果清算所的参加者有多边净借方头寸，就必须通过支付中央银行货币来履行义务。

大额实时支付系统的建立可以提高同业货币市场和各个银行机构的流动性。快捷、低成本的支付系统可使银行间的贷款交易、存款交易或其他货币合同及时结算，而且费用很低。这种系统能降低结算的成本，使市场的流动性得以提高，从而各个银行调节流动资金的能力将会有所提高，流动性也会随之提高，中央银行可以更灵活地实施货币政策。

案例

中国人民银行网上支付跨行清算系统

网上支付跨行清算系统是中国人民银行支付清算系统的重要应用系统，通过连接各银行业金融机构和非金融机构的业务系统，主要支持网上跨行零售支付业务的处理，业务指令逐笔发送、实时轧差、定时结算。客户可以通过在线方式提交支付业务，并可以实时获取业务处理结果。

一、业务种类

系统处理的主要业务包括跨行贷记、跨行借记、第三方贷记业务、跨行账户信息查询业务以及在线签约业务等。依托该系统，客户通过商业银行的网上银行可以足不出户地办理多项跨行业务，并及时了解业务的最终处理结果。为防范业务风险，网上支付跨行清算系统处理贷记业务的金额上限暂定为 5 万元。

二、功能特点

一是能够支持银行业金融机构网上支付业务的发展与创新，为银行业金融机构提供安全、高效的公共支付清算平台。二是能够支持非金融机构接入，为经中国人民银行批准许可的支付机构提供接入渠道。三是网上支付跨行清算系统实行 7×24 小时连续运行，具有任何时间、任何地点、任何方式办理业务的特征，为社会公众提供全时、高效的支付清算服务，也为商业银行拓展各类中间业务创造便利条件。

三、管理制度

为完善网上支付跨行清算系统的法律制度，中国人民银行制定发布了《网上支付跨行清算系统业务处理办法（试行）》、《网上支付跨行清算系统业务处理手续（试行）》、《网上支付跨行清算系统数字证书管理办法（试行）》和《网上支付跨行清算系统运行管理办法（试行）》，为系统的正常运行奠定了法律基础。这些制度明晰了系统各参与主体的权利和义务，规范了业务处理流程和手续，明确了系统参与者的准入和退出流程，并针对参与者办理业务的违规情况制定了处罚措施。中国人民银行将依法依规对网上支付跨行清算系统运营者和系统参与者的相关行为进行检查监督，以确保系统安全、稳定、高效运行。

四、重要意义

网上支付跨行清算系统是中国人民银行继大额实时支付系统和小额批量支付系统之后，组织建设运行的又一人民币跨行支付系统，是我国金融信息化、电子化进程中的一个重要里程碑，它将使我国支付体系进一步向纵深发展。网上支付跨行清算系统的建成运行，有利于促进基于网上支付的业务创新，有利于助推电子商务的进一步发展，有利于规范支付机构的业务发展，是中国人民银行进一步完善跨行支付体系、更好地履行中央银行职能的重要举措，对提高网上支付等新兴电子支付业务跨行清算的处理效率，支持并促进电子商务的快速发展具有重要意义。

三、支付工具

支付工具可被视作支付命令的载体，是支付体系内用于清算的中介，它必须是被交易双方同时认可的一种支付手段。这一载体可分为有形和无形两种。有形的支付工具有现金、支票、汇票、本票、卡基支付工具等，无形的支付工具主要指承载支付命令的电子信息，这些信息必须为有关支付系统所承认。

支付系统的类型是决定支付工具形式的重要因素。一般来说，小额支付系统以现金、票据和银行卡为支付工具；大额支付系统为了保证支付效率，支付工具往往以电子信息的形式存在。

四、国家法律与支付系统的运作规章

国家法律为支付系统的参与者明确了各自的权利和义务，并对一些基本问题，如支付工具的使用、支付命令的有效性等进行了规定，明确的法律规定是支付系统正常运作的基础。

支付系统需要一系列内部的规章、制度来保证其协调运行。支付系统运作规章规定了支付系统的方方面面，如参加者是谁、是否允许日间透支、如何提供日间透支、透支利率如何计算、支付指令能否撤销、是否收费、收费多少等。运作规章的制定是支付系统建设和管理中极其重要的组成部分，要根据本国的经济、法律方面的实际情况进行综合考虑。这些运作规章不是一成不变的，它们将根据新的情况、新的问题不断修改，以便适应发展的要求。

第 3 节　电子化对现代银行的影响

1473 年世界上第一家银行在意大利的威尼斯问世。银行提供的核心服务是吸收存款（银行负债）和发放贷款（银行资产）。银行提供给客户的最直接的服务就是支付服务。如今，银行系统提供的支付服务构成了现代支付系统的核心。自 20 世纪 90 年代中期以来，基于互联网的电子商务作为革命性的贸易方式出现在人类的历史舞台上，依循着商品生产与交换的发展需要，它注定会给包括银行业在内的整个社会经济发展带来一场翻天覆地的变化。

早在 20 世纪 90 年代，研究者就敏锐地认识到电子渠道会对未来银行服务产生显著影响。当时有学者估计未来 10 年内 60%的零售银行业务会实现网上交易（Barwise，1997），客户可以在自己的家中点击鼠标实现银行业务处理，甚至能通过在线“智能代理”比较不同的银行产品和服务，电子化、网络化将极大地赋予银行客户选择物美价廉产品的能力。另外，一些全新的参与者将进

入支付产业，例如软件公司和电话公司，它们会认为自己有能力提供电子支付服务，对于进入银行市场很感兴趣（Hagel and Eisenmann，1994；Hagel and Lansing，1994）。零售银行如果希望在网络时代取胜，将不得不通过卓越的产品和服务来获取客户忠诚度，而不是依靠客户惯性获取忠诚度（McMahon，1996）。如今研究人员的预言一一被证实。

一、电子银行服务的优势和缺陷

银行和客户（个人客户和企业客户）都受益于电子银行服务，然而缺陷也伴随着优势而来，银行、个人和企业都必须考虑如何使电子银行成为一种有价值的业务方式而不是一种灾难。

（一）优势：从银行业的视角

1. 银行可以吸引新的客户

互联网技术拥有从根本上变革银行和整个银行业的潜力。银行通过提供创新产品获益，并吸引到新的客户。电子银行客户给银行带来的利润明显高于其他银行客户。研究发现，相比不使用电子银行业务的客户：

（1）电子银行客户更加富裕。他们结婚和拥有一个家庭的可能性更大；他们比不使用电子银行业务的客户年轻 2～6 岁。

（2）电子银行客户带来更大的利润。他们使用更多的银行产品，有着更大的资产预算。

（3）尽管在区别程度上存在差别，但电子银行客户和不使用电子银行业务的客户的区别持续存在于不同的方面。

2. 扩展新的业务区域

银行通过建立电子银行服务，可以在之前没有实体机构的区域开展业务。开设电子银行可以代替在农村或者遥远地区建立分支机构，从而降低成本。

3. 降低运营成本

通过电子银行进行银行交易的成本低于通过分支机构的人工柜员进行交易的成本。研究表明，同样的交易通过银行分支机构交易的成本是 1.07 美元，通过电话银行进行成本为 0.54 美元，而网上银行①则仅需 0.01 美元即可完成。

4. 减少分支机构的工作量

柜员和银行办公人员能够把他们的工作时间更加有效地投入到向客户推销产品和服务上，而不是浪费在完成简单的交易上。同时银行排队等待的队伍变短，客户和银行员工都会感到舒适，减轻了双方的压力。

5. 银行能够提高所提供服务的质量

开展电子银行服务能帮助银行提高其感知质量。感知质量是客户对于一种

① 网上银行也称网络银行，本书混用，不加区分。

产品（或一个品牌）满足其希望的可能的感知。这可能与产品实际的好坏无关，而是基于企业（或品牌）当前的公众印象、客户对该企业其他产品的体验、主流观点和相似客户群体的影响等。能够提供电子银行服务的银行被认为是银行业中的创新者和技术领先者，可以提高其在公众心目中的形象。好的名声则能帮助银行建立其在公众心中的强势品牌。

6. 获得知识

支持电子银行业务的信息系统能提供宝贵的客户信息资源。银行使用统计和数据挖掘软件等处理工具，能够找出客户的偏好、显性需求、隐性需求、使用趋势等，进而高效地设计、开发和提供新的金融产品和服务。

7. 增加收入

电子银行服务可选择的业务方式为银行提供了重大的收入来源。银行卡的应用，无论是为了购买商品和服务，还是从自动取款机上取款（例如跨行取款）都要收取手续费。将业务扩展到没有银行实体机构的地区或国家，是电子银行业务增加银行收入的又一方式。

8. 新的经营机会

互联网带来的新的经营方式，如电子商务、电子货币、电子支付、电子购物和其他新的经营活动，有可能成为银行新的利润来源。例如，随着网上购物的增多，客户支付给发卡机构和银行的费用也越来越多。甚至已经出现了仅在网上开展业务的银行（纯网上银行）。

（二）缺陷：从银行业的视角

1. 更加激烈的竞争

每一个现有或潜在的客户都能够很轻松地进入多家银行的网站，这并不会花费太多时间和精力，因此客户能够轻松地比较出最好的产品和服务。此外，如今不仅银行提供金融服务，管制的放松使得其他金融机构也开始开展银行和金融活动。

2. 对建立、维护和替换电子基础设施的投资

除了最初的设计、开发和实施电子银行业务以及支持性的技术基础设施（服务器、数据库系统、防火墙、安全系统等）需要的花销，还需要系统和软件的维护费用，以及技术更新的替换费用。计算机系统、网络组件、软件、通信科技都在迅速更新，因此维护和替换费用可能会对银行的预算有很大的影响。

3. 培训费用

电子银行业务的负责人需要拥有很强的技术、商务和法律方面的背景，而具有这方面资格和技能的人仍然有限。此外，每一家银行都应该完善政策和规划来培训员工开展电子银行业务的能力。银行分支机构同样应该提供培训项目，使员工掌握知识和技巧，以便向分支机构的客户推销电子银行业务。

（三）优势：从客户的视角

1. 消除了时间限制

使用电子银行业务的客户可以在全年每一天 24 小时中的任意时刻完成交易。对客户来说，这是电子银行业务最大的优点，消除了银行分支机构工作时间的限制。

2. 更好的时间安排

客户能够更有效地利用时间，而不是把时间浪费在排队等候上。由于会计部门可以应用电子银行自动安排一些工作，例如工资支付，企业员工因此可以更高效地利用时间。

3. 消除了地理限制

客户可以随时随地进入其账户，查看账户或执行管理任务而不必考虑所在的地理位置。唯一的要求是能上网，或者有一台电话，或者有一个能上网的手机。

4. 更低的费用

通过电子银行交易的收费要低于通过分支机构交易，大多数由电子银行完成的交易是免费的。但也有例外，例如跨行取款是收费的。

5. 更加激烈的竞争

对于银行来说这是不利的，但对于客户来说它是有利的，他们现在有机会对不同银行的产品和服务进行比较，这并不会耗费大量的时间和精力。轻敲几下鼠标和键盘就足以找到最好的服务。

6. 安全性

安全性是电子银行服务应用中最重要的考虑因素，提高电子银行的安全性同样能使客户受益。例如，通过电子渠道进行不同银行账户间的资金转移更加安全，它把现金转移可能的风险降到最低。

7. 全天候的服务支持

电子银行，如银行网站上提供了客户解决最普遍问题的方法（例如常见问题解答页面）。如果用户有不能依靠自己解决的问题，则可通过发送电子邮件进行询问。

8. 残疾人无障碍使用

电子银行对于这一特殊群体的益处是不言自明的，解决了他们行动上的不便或不适。

9. 综合业务环境

个人或企业需要一个综合的环境来管理资金，例如通知企业收到贷款或负债、给供应商付款、给雇员发工资、交税和保险费等各种商业交易。电子银行可以提供这样的环境。

（四）缺陷：从客户的视角

1. 安全问题

这是影响电子银行获得潜在客户最主要的负面因素。电子银行的每一种服务渠道都有其自身的安全问题，人们到处都能看到和听到关于黑客、解密高手、计算机病毒、身份盗窃、钓鱼式攻击、间谍软件、恶意软件和许多其他涉及互联网安全问题的词汇。不仅仅互联网充满了安全漏洞，许多诈骗案件都是通过使用伪造的银行卡或不完善的信息系统进行身份盗窃的。

2. 不熟悉和缺乏必要的技术技能

很多银行客户并未掌握使用技术先进设备（个人电脑和新一代移动电话）的技巧，对于互联网浏览器也不熟悉。这类人群就不能从电子银行服务中获益。

3. 缺乏专门的设备或基础设施

虽然越来越多的人拥有个人电脑或移动设备，但更多的人没有。潜在客户不仅必须拥有需要的设备、通信网络，还必须确保它们有效且可用，满足对于安全、容量和带宽的最低要求。

4. 缺乏个人接触

相比电子银行服务，很多人更愿意到银行分支机构，因为他们已经习惯和银行办公人员面对面地交流。当有人聆听并回应他们的需求时，他们会感到更舒适。

二、银行业电子化的进程

对银行业电子化的理解通常是通过金融电子化的概念反映出来的。从业务领域看，金融电子化主要包括银行、保险和证券等行业的电子化。金融电子化是指采用计算机技术、通信技术、网络技术等现代化技术手段，实现金融业务处理的自动化、金融服务的电子化、金融管理的信息化和金融决策的科学化，从而为客户提供多种快捷方便的服务，为国民经济各部门提供及时、准确的信息。从学科性质看，金融电子化属于管理信息系统的范畴，是面向金融领域的信息系统，涉及金融理论与实务、计算机科学、通信技术和管理科学等多学科领域的一门综合性的交叉学科。从业务层次看，它涉及业务处理、信息管理和决策的电子化三个层次。

业务需求是银行业电子化的根本动因。科学技术的发展促进了劳动生产率的迅速提高，商品的生产规模和交换方式都发生了很大的变化。国内和国际贸易急速发展，无论是从规模还是从速度来看，都使商品流动和货币流动急速加大。此外，大量与实物商品流通没有直接联系的货币流动，例如储蓄和信贷，也增大了货币流动的强度。面对堆积如山的业务处理需求，有识之士开始考虑将计算机和通信技术引入银行业务，使银行业发生了一次根本性的变革。银行的传统业务处理实现电子化，大量新的自动银行服务项目应运而生，在电子化的基础上，银行又向广大客户提供了各种增值的金融信息服务。

银行业电子化程度的日益深入，反映在业务处理方式、业务提供方式、业务类型三方面的变化。

（一）银行业务处理方式的电子化

信息技术最早进入银行业是 20 世纪五六十年代。首先是柜台业务电子化阶段。计算机的使用替代了大量传统的手工劳动，将庞大的一线银行从业人员从烦琐的手工操作中解脱出来，减轻了劳动强度，提高了工作效率。

接着是联机处理金融业务阶段。运用计算机联网技术，将金融系统内的计算机与主机进行多层次联网，建立起国际间、区域间及银行间金融专用网络架构，为资金清算、股票交易和储蓄通存通兑等业务的展开提供数据通信信道，实现资金清算电子化、一体化。通过联机系统，大大提高了工作效率，同时减少了银行的风险。柜员联机系统通过计算机终端将业务前台的数据直接送到后台计算机主机加以处理，使输入的数据可以多次使用，并可以减少错误次数，从而在降低成本的同时，提高了业务处理水平，并且通过使用计算机进行对账处理大大减轻了银行员工的业务量。

对银行业务改变最大的应该是支付清算业务和电子汇兑业务。在信息技术没有进入银行业之前，各家银行之前的支付清算十分麻烦。各家银行将其他银行的应收票据整理好之后，统一送往当地的清算所。在清算所里，根据各家银行的应收应付额，算出各家银行的净收付额，然后借记净付银行的账户，贷记净收银行的账户。然而，在电子清算系统引入之后，银行间的支付清算变得十分快捷，并且大大降低了成本。

此后，银行内部的信息化管理、决策系统也日益丰富。商业银行电子化管理系统主要包括办公自动化管理系统、资产负债管理系统、信贷管理系统、财务管理系统和客户信息管理系统。中央银行电子化管理系统主要包括金融数据管理系统、金融信息采集传输系统、资金监测系统、货币发行系统、外汇管理系统、黄金管理系统、稽核系统等。

我国信息技术进入银行业始于 70 年代，当时在支付清算、电子汇兑方面都有了不同程度的应用。从 1989 年起，中国人民银行先后发起了三项大型系统工程和若干其他工程。1989 年 5 月开始着手建设电子联行系统，同年开始建设中国人民银行金融卫星通信网络，作为电子联行系统的通信基础设施；1991 年开始利用日元赠款和世界银行贷款，在国际专家的帮助指导下设计与实施中国现代化支付系统试点工程；1993 年开始着手实施国家金卡工程银行卡试点项目；1994 年实施国家外汇交易系统工程；1995 年年底提出电子联行“网络到县”、“天地对接”的工程目标；1996 年国债交易系统工程投入运行；1996 年下半年，组建中元金融网络系统公司，按照“产用结合”的原则使数据通信服务的最大用户与最大供应商紧密合作，联合共建采用帧中继技术的金融数据通信地面骨干网，为中心城市间的大容量金融信息传输提供高效优质的传输手段；1996 年实施“千户企业调查”与“全科目上报”两项应用开发项目；

1997 年调整金融电子化公司管理体制，建立银行卡网络中心，考虑筹划清算中心管理体制的改革；1998 年布置解决“千年虫”问题。

中国现代化支付系统（CNAPS）开发了一整套 CNAPS 支付应用处理系统，其中包括基于 RTGS 方式的大额实时支付系统（HVPS）、小额批量支付系统（BEPS）、银行卡授信系统、政府证券簿记系统。此外，同城票据交换所继续作为 CNAPS 的一个应用系统存在，但是，同城交换所的自动化程度已经大大提高。

（二）银行业务提供方式的电子化

电子支付技术不仅改变了银行的传统业务处理方式，而且给银行业务带来了新鲜空气。借助于计算机技术和通信技术，银行推出了不同于以前“面对面”的电子化服务方式。这些新的服务方式极大地改变了银行的传统面貌，并为银行带来了丰厚利润。

1. 以自动柜员机及销售点终端为主的自助银行服务

所谓自助银行，是指由银行为客户在某一营业区域内提供多种专用机器设备，由客户自行选择和操作这些机器设备、进行自我服务的新兴服务项目。

这种新型服务方式起源于美国。1972 年 3 月，在美国出现了第一个提供顾客自我服务的银行。经过 40 多年的发展，目前，顾客在自助银行的各种终端设备上，已经能够享受几乎与柜台业务完全一致的一整套银行服务。我国 20 世纪 80 年代中期也开始引进自动柜员机的工作。1988 年第一台自动柜员机在我国正式投入运行，这正式宣告了我国银行顾客自我服务的诞生。近几年来，自动柜员机的装备数量逐年增加，顾客自我服务的项目也在逐渐增加，越来越多的顾客开始享受这种新型电子化服务。1993 年，中国工商银行在上海市设立了大陆第一家自助银行，安装了自动柜员机、自动存折打印机等终端设备为顾客提供服务，可以认为这是国内银行推广顾客自我服务这一新型电子化服务的新发展，代表了该种服务在国内的发展现状与先进水平。

现金自动取款机、出纳自动收付两用机、自动柜员机、自动查账机、自动打印机等都是自助银行在为顾客提供自我服务时所使用的一些关键终端设备。

自动柜员机是一种最常见的银行个人电子化服务方式。它是在自动取款机、自动存款机基础上开发出来的一种能为顾客提供自我服务的新型电子设备，其原理就是利用新型的银行计算机网络上的专用终端设备代替人工来自动完成传统的柜员为顾客提供的一系列金融服务。它一般设置于银行营业大厅内或临街墙面上，用于处理提现、存款、转账等常见的日常金融交易。自动柜员机一个显著的优点是可以提供 24 小时不间断的日常服务，从而摆脱了银行正常营业时间的限制，缩短了顾客等待时间，能更好地为顾客服务。同时，它将银行柜员从烦琐的劳动中解放出来，并极大地提高了劳动效率，在降低服务成本的同时提高了服务质量，这使它迅速发展为电子资金转账系统中最典型、应用最成功的设备之一。

目前，在自动柜员机能实现各种顾客自我服务的项目，包括现金的提取、账户转账和贷款的偿还等。从发展趋势看，伴随计算机科学技术的发展和顾客需求的不断增加，自动柜员机的功能也在不断增加。就目前而言，自动柜员机的五个基本功能包括取款、存款、查询、转账和客户修改密码。

随着在金融领域中现代计算机技术应用的不断深入，在一些超级市场、商店等机构里开始安装销售点终端。销售点终端是指在商店销售柜台上使用的计算机终端设备，它的功能有自动转账支付、自动授权以及数据管理。

2. 以电话银行为主的家庭银行

家庭银行（home banking）是银行业将计算机技术和通信技术引入银行个人业务后，为客户投资理财提供更方便、更及时的服务而形成的一个新概念，这种新型服务使客户在家便能办理各种业务。各种家庭银行服务大多具有灵活方便、反应快捷等优点，因而吸引了大量顾客，提高了银行服务效益。在西方发达国家中，这种服务方式已经成为银行业一项比较成熟的业务项目。而近年来，家庭银行的服务方式在我国银行业也得到了迅速的发展。

根据服务所基于设施的不同，家庭银行可大体分为电话银行、视频终端家庭银行等形式。目前主要以电话银行（telephone banking）为主。

所谓电话银行，是指银行运用先进的计算机技术、通信网络技术、数字语音转换技术等，在原有业务处理系统上，借助公共电话网络，使客户能通过电话同银行进行金融交易，如查询账户信息、账户挂失、办理转账结算、委托证券买卖等。

电话银行服务在西方发达国家开展得很早，在新加坡、我国香港和台湾地区等也有很高程度的发展，在我国大陆的发展则开端于中国银行深圳分行1992年6月率先推出的电话银行系统。此后，电话银行服务在国内发展速度很快，北京、上海、广州、深圳等大中城市的各家商业银行都纷纷推出了该项服务，并且在实践中不断发展完善。随着网上银行的出现和发展，众多电话银行业务与网上银行业务结合在一起，以为顾客提高更好的一体化服务。

电话银行服务提供的功能包括账务查询功能、自助转账功能、证券转账功能、客户账户管理服务。

3. 面向企业的企业银行系统

企业银行（corporation banking）是指银行的企业客户使用位于企业办公室的计算机、电话等处理终端，通过网络连接到银行业务处理系统；客户通过操作设备可以发出各种指令，进行资金转账、债务清偿、投资等金融活动，而无须前往银行柜台办理。

企业银行的主要服务对象是各大中型企事业单位，同时还包括政府机关等具有法人身份的组织。从企业和银行之间的服务关系来看，在银行电子化发展和经济环境发生了很大变化之后，银行对企业提供的服务也发生了质的变化，这表现在多个方面。首先，银行对企业的服务范围大大扩展。银行由于使用了电子设备从而在数据库里存储了大量有关的金融交易数据，新技术的使用同时还使银行具有了对这些数据进行归类、加工、处理的能力。这样，银行除了可以为企业提供传统的票据管理和资金转账等服务，还可为企业提供各种信息服务，协助企业投资理财，为企业提供各种投资咨询服务。其次，银行的服务方式也发生了变化。银行开始转变过去在企业理财方面的简单协助方式，积极投入到企业的财务经营过程中，为企业筹划相关财务事宜。这些变化都说明了银行电子化的浪潮使得银行在企业经济中的地位或作用由被动转为主动，从一个后援的角色转变为共同前进的伙伴。这一系列变化充分地体现在企业银行的内涵中。

一般说来，企业银行对企业客户提供的服务可分为金融交易服务和信息服务两大部分。具体说来，企业银行主要为客户提供下列服务功能：资金管理、融资管理、商务管理、客户服务、投资银行服务。

4. 网上银行业务

20 世纪 90 年代中期以来，互联网逐渐发展，以互联网为基础发展起来的电子商务随之出现。电子商务的发展很大程度上取决于信息流、物质流、资金流的配合情况。互联网的发展本身就是信息流的发展，物质流则取决于网下配送体系的发展，而资金流则对现有的银行支付体系提出了严峻的挑战。网上银行就是银行体系顺应电子商务的发展，在以前电话银行（家庭银行）基础上展开的服务模式。1995 年 10 月 18 日，世界上第一个网上银行——安全第一网络银行（Security First Network Bank，SFNB）出现之后，网上银行雨后春笋般涌现。近几年，国内各商业银行也相继推出自己的网上银行服务。1997 年以来，招商银行（www.cmbchina.com）、中国银行（www.bankofchina.com）、中国建设银行（www.ccb.com.cn）、中国工商银行（www.icbc.com.cn）陆续推出网上银行服务，开通了网上支付、网上自助转账和网上缴费等业务。

网上银行提供银行服务的方式及业务类型可以从经营实体、业务模式、技术模式的角度来分析。

从经营实体的角度看，网上银行可以分为两种。第一种是没有网下的经营网点，所有业务全部在网上展开，即所谓的虚拟银行，比如安全第一网络银行。第二种是传统银行通过互联网的形式开展网上银行服务。这种类型的银行很多，基本上大部分网上银行都属于这类。从近期的发展来看，完全脱离传统银行存在的网上银行在目前条件（包括消费观念、商务环境、技术手段、法律制度）没有成熟前，不会大量存在，而应该是所谓的鼠标加水泥模式，即网上银行与传统银行作为在过渡时期面向不同环境的平台而存在，传统银行仍然利用原有的网点，而网上银行则为人们在虚拟社会提供金融服务。因此目前的模式仍然是在传统银行内部设立网上银行部，负责网上银行业务的开展。而从长远的角度来看，纯粹的网上银行极有可能会出现。到那时，现有的网上银行可能的发展模式是剥离现有的网上银行业务，成立专门的虚拟网上银行。

从业务模式来看，目前网上银行的业务基本上覆盖了大部分个人银行业务。实际上，从某个角度来说，银行服务是一种信息服务，利用银行的特殊地位，以规模经济的方式获得客户想知道的金融信息。因此，将来的网上银行可能会从事投资理财方面的金融咨询服务，这也更可以发挥网上银行在提供个性化服务方面的优势。另外，由于网上银行建立在信息技术的基础之上，因此可以低成本地提供程序化的业务，由此银行可能将无利可图的、可以自动完成的业务，如信息查询、转账服务、修改密码等业务放在网上，而在网下开展高附加值的、非程序化的企业客户服务。

从技术模式来看，从开始的电话银行到网上银行的发展，经历了一个从封闭的网络到开放的网络的变化过程。开放的网络不仅表现在可以多点接入，也表现在可以多种方式接入。因此多种接入服务将陆续出现，基于通用分组无线服务（GRPS）协议的无线手机接入、机顶盒接入将是网上银行发展的热点，并且各种网络（电话网、互联网、无线网）的融合也将成为一种趋势。

（三）银行产品类型丰富，信息增值服务比重逐步增加

电子支付的发展为银行产品的多样性提供了条件。银行的表外业务已越来越突出，如1991年瑞士银行表外业务净收入为28.64亿瑞士法郎，而同期表内业务净收入仅为23.08亿瑞士法郎。电子货币出现后，带来了不少新的变化：第一，结算业务的竞争更为激烈，不仅有来自同业的竞争，也有来自外部的竞争，同时由于电子商务中企业直接结算使得通过银行结算的次数减少，结算利润越来越低。第二，存贷利差进一步缩小，由于网上银行对传统银行提出了挑战，银行的主要业务（主要收益）将不再是提供保管、支付清算服务，而转向提供金融信息服务。由于电子形态的货币可以做到低成本且安全地保存，因此在电子形态下，每个人不用建造一个牢固的保险库，也能将他的货币保管好；并且，在银行支付清算中，随着保管成本、处理成本等的降低，从资产负债业务来看，随着货币形式的转变，银行的盈利点也在变化。由于这些变化，银行业务不得不发生转移，网上银行的业务明显地分为两部分，即银行（banking）与筹划（planning）。例如，SFNB共分为两个部门：银行部（banking sector）和筹划部（planning sector）。银行部结合网上银行的优势，不仅提供传统银行业可以的服务，如带息支票账户、基本支票账户、储蓄账户、货币市场账户、大额可转让存款、信用卡、抵押，而且提供具有网上银行特色的服务，如为加拿大皇家银行客户提供的处理美国与加拿大之间交易的金融服务、在线支票支付、最近的自动柜员机信息、财务报告、利率信息、投资咨询、保险服务等。筹划部的业务更体现了SFNB的业务逐渐在发生变化，这些业务包括为银行客户提供预算、储蓄、投资、退休计划、旅游筹划活动。不仅网上银行的业务在发生变化，传统银行的业务也在发生变化。据报道，德国最大的银行——德意志银行改变了传统的发放信贷加收取中介佣金经营方式，经营重点转向金融咨询、风险管理以及面向全球的股票、债券、金融衍生品等标准化交易。

随着电子形态的货币的出现，或者说技术进入银行业的深入，银行业与非银行业的界限越来越不清晰。据报道在日本，索尼公司已经获准进入银行业，甚至有一家全国性超市也在大藏省的批准下允许开办银行业务。凭借技术相关性较高的优势，软件行业、通信业也与银行业渐渐融合，例如，2000 年 8 月西班牙电信运营商西班牙电话公司（Telefonica）就与西班牙最大的银行西班牙毕尔巴鄂比斯开银行（BBVA）组建了一个合资公司，提供无线金融服务，为顾客提供通过手机等无线通信工具买单的能力。随着货币信用的再一次扩大，经营货币的企业也再一次扩大，呈现出从银行到一般商业企业的趋势。

三、电子化为银行业带来了根本变革

银行业电子化可以看做广义电子商务的一部分，是银行业适应新商务环境而开展的一次技术革命，它带来的深刻变革具体表现为如下几个方面：

（1）货币形态由实物货币向电子货币演变。货币从一般商品发展到铸币经历了漫长的历史发展阶段，而仅几十年间，传统的货币形态已跳跃式发展至信用卡、智能卡和电子货币阶段。电子货币在目不可视、手不可及的情况下，通过相互交换电子信息完成支付。虽然电子货币是以既有货币的现有价值为前提，将其电子化、信息化之后制造出来的，但电子货币一经产生就改变了现有商品交易的货币支付和结算方式。

（2）银行概念由实体银行向虚拟银行转变。随着高新技术对银行业的渗透，银行概念将逐渐被电话银行、家庭银行、企业银行特别是网上银行替代。将来银行的概念或许就是一个网址的别名。

（3）服务方式由人—人接触互动方式向人—机对话方式演变。传统银行的面对面服务正在被 ATM、POS 系统、银行自助服务区、无人银行、自动语言合成装置、多媒体自助设备取代，银行服务的能见度将日益下降，比如网上银行没有营业大厅，也没有柜台工作人员，只有与网络连接的服务器和所配备的交易方案。

（4）银行服务的时空将由限制性向开放性转变。随着虚拟银行的兴起，银行服务将超越时空限制。未来的银行能够在任何时间（anytime）、任何地点（anywhere）以任何方式（anyway）为客户服务，被称作 3A 银行。

（5）资金流动由依赖纸质支付的交换向电子支付方向发展。电子数据交换（electronic data interchange，EDI），电子商务，卫星联行，实时汇兑，证券、外汇及资金市场的电子交易方式，极大地加速了资金流动，并使资金流动趋向无纸化。

（6）改变银行的盈利模式，促进银行业生产力的提高。这具体表现在增加市场占有率，提高服务和决策的质量，降低服务成本，同时深化和延伸了业务种类。银行的收入结构由依靠存贷利差发展为金融劳务服务和金融信息增值服务相结合的更为丰富的盈利模式。

电子商务与电子支付、电子银行的关系如图 1—6 所示。

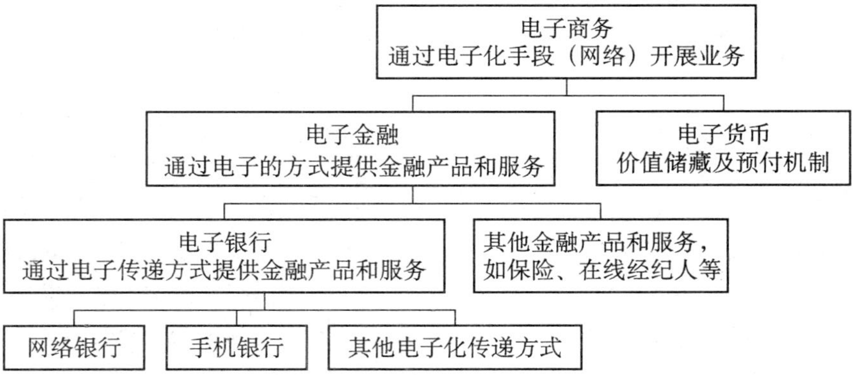

图 1—6　电子商务与电子支付、电子银行的关系

第 4 节　电子支付产业发展状况

一、全球电子支付产业的特点

由于各国电子支付产业在发展程度上存在较大差距，电子支付在全球的发展并不均衡。根据不同国家的支付体系及相应金融环境的差异，各国在电子支付的发展方向上有所不同。但在产业化发展的进程上，则可以归纳出全球电子支付产业的下述三个共有特点。

（一）电子支付工具层出不穷

目前，电子支付技术正处于前所未有的发展之中，手机、生物识别、预付卡等这些层出不穷的技术手段随时都在影响着未来的支付方式。未来会应用什么样的技术，今天无法知道。但可以肯定的是，新兴的支付工具必须更加方便、易于使用，同时比现有的支付工具更能节约成本，而且更加安全。这些都将推进电子支付产业的进化，使之朝更高级、更专业化、更国际化的方向发展。

（二）电子支付产业分工日益专业化

电子支付产业具有规模经济特征。随着产业的不断发展和竞争的优胜劣汰，在每一个分工领域基本都形成了垄断竞争的局面。具体说来，这种规模化、国际化发展的趋势源自两个方面：第一，金融服务全球化的需要。随着经济全球化，人们需要更加快捷、方便的全球金融服务，这是电子支付产业向国际化发展的内在动力。第二，规模经济的需要。电子支付产业是一个高投入、高风险的行业，需要大量的前期投入，而且由于技术变化的不确定性，对新的电子支付工具的投资具有较大的技术风险。要从新的支付工具中获得投资收益，需要一定的规模。这促使各个产业主体不断扩大规模，走国际化发展的道路，力争建立电子支付的国际品牌。

（三）电子支付产业趋于综合化发展

电子支付产业趋于综合化发展与渗透，产业的发展目标也是多重性的。电子支付具有方便、快捷和安全的特征，改变了传统支付方式依靠纸质支付工具，传输时间长、环节多、效率低、差错率高等不足，大大提高了支付效率。同时，电子支付提高了服务水平。现代化网络通信技术的发展，使得客户可以随时随地通过固定电话、手机、ATM、互联网等有线、无线终端办理跨地区、跨国界和跨领域的金融支付业务。电子支付还提高了经济运行的质量，加快了经济运转的速度，电子支付产业已广泛渗透到商业、服务业、电信业和航空旅游业等国民经济的各个领域，有利于降低交易成本，提高经济运转速度，提升经济增长质量。同时电子支付产业的发展也优化了产业结构，电子支付可以把消费者的信息完全无误地反馈给生产企业，帮助生产企业改善产品结构和品种结构，合理安排生产，提高生产使用率。电子支付产业也促进了电子信息制造业的发展。电子支付产业对电子信息产业、计算机及软件产业、网络通信产业、智能机械产业都提出了较高的要求，促进了这些产业技术水平的提高和规模的扩大。

二、中国电子支付产业的特点

中国电子支付产业起步较晚，相对于一些发达国家的电子支付产业而言还有一定的差距，目前可以说还处于高速发展阶段。在以中国借记卡网络为基础发展起来的电子支付产业中，目前互联网支付、移动支付、电话支付等多种新兴的支付方式发展迅猛，成为银行卡支付的有益补充。目前中国的电子支付产业具有以下特点。

（一）银行卡稳步发展

中国银行卡产业经过了30多年的发展，从各商业银行各自发卡、分散经营到由统一的组织联网联合、清算结算，无论是从规模上还是从受理市场上都取得了显著的进步。截至2010年年末，加入银联网络的发卡机构有287家，其中，境内发卡机构232家，境外发卡机构55家。全国累计发行银行卡24.15

亿张（见图 1—7），其中，借记卡累计发卡量与信用卡累计发卡量之间的比例约为 9.51∶1。全国银行卡人均拥有量为 1.80 张，其中借记卡人均拥有 1.63 张，信用卡人均拥有 0.17 张；北京、上海等地信用卡人均拥有量较大，分别为 1.17 张和 1.06 张，远高于全国人均信用卡拥有水平。随着银行卡受理环境的不断改善，银行卡作为我国居民使用的最广泛的非现金支付工具，其发卡量还将保持增长趋势。

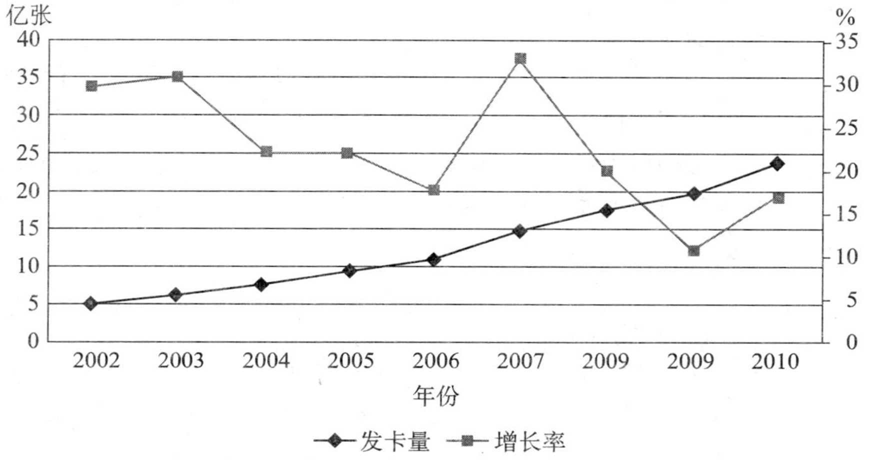

图 1—7　2002—2010 年我国银行卡累计发卡量及增长率

银行卡受理市场建设成效不断显现，银行卡使用更加便捷。截至 2010 年年末，银行卡跨行支付系统联网商户 218.3 万户，联网 POS 机具 333.4 万台，ATM 27.1 万台，较 2009 年年末分别增长 39.36%，38.44%和 26.11%。截至 2010 年年末，我国每台 ATM 对应的银行卡数量为 8 913 张，同比减少 7.33%；每台 POS 机对应的银行卡数量为 724 张，同比减少 15.62%。

（二）网上支付成为新兴的增长点

中国网上支付发展起步较晚，比欧美主要发达国家滞后 5～10 年，但发展非常迅速。国际数据公司（IDC）的白皮书显示（2012 年 3 月 1 日发布），2011 年中国网民在线交易额达到 7 849.3 亿元，比 2010 年增长 66%，远远超过同期中国社会消费品零售总额实际增长率的 11.6%。

中国互联网络信息中心（CNNIC）2012 年 1 月发布的《第 29 次中国互联网络发展状况统计报告》显示，截至 2011 年 12 月底，中国网民规模达到 5.13 亿，互联网普及率为 38.3%；全社会电子商务应用意识不断增强，网络购物、网上支付和网上银行使用率分别为 35.6%，31.6%和 31%，用户规模分别达到 1.73 亿、1.53 亿和 1.5 亿。2010 年，我国电子商务交易额达 4.5 万亿元。据商务部预计，未来 5 年电子商务交易额将保持年均 20%以上的增长速度，2015 年将达到 12 万亿元。

目前国内在线支付的参与机构主要有三种：商业银行、中国银联和第三方支付服务机构。由于历史原因，在国内最先开展网上支付的是商业银行，主要是招商银行。中国工商银行等商业银行在系统大集中之后也进入了这一领域。而中国银联体系内的网关一般都是在2001年左右才开始建立的。第三方支付服务机构是在中国银联网关之前建立的，比如北京首信，在国内是较早致力于建造互联网支付网关的企业，它首创的二级清算模式开中国在线支付之先河。类似的还有上海环讯，它是具有外资背景的商业网关。这些第三方支付服务机构目前在互联网支付市场中拥有一定的地位。

2010年8月30日，中国人民银行组织建设的网上支付跨行清算系统成功上线运行。该系统是专门针对网上支付等新型电子支付业务的发展需要，为银行业金融机构提供跨行清算和业务创新的公共平台。系统的建成运行有利于中央银行更好地履行清算职能，提高网上支付等新型电子支付业务跨行清算的处理效率。

（三）第三方支付平台步入规范发展期

2005年6月以前，国内主要从事第三方电子支付的企业只有3家：北京首信公司、银联在线和上海环讯，而排在电子商务行业前列的电子支付平台提供商最多不超过10家。同时由于产业处于刚刚起步阶段，企业的利润也非常可观，商户同支付企业之间除了年费之外的利润分成，大致在1%～2%，国内最早的在线支付平台首信易支付开出的标准是1.2%。可以说，2005年6月之前是中国第三方电子支付企业发展的良性时期。

2005年6月以后，随着支付宝、贝宝、网银在线等多家实力强劲的第三方电子支付企业进入市场，第三方支付平台的竞争变得越来越激烈。为了抢占市场，很多第三方电子支付企业采取降低交易手续费的策略，用零利润甚至负利润去吸引商户。国内最早的电子支付公司北京首信将其电子支付平台首信易支付以250万美元的价格卖给了香港公司PayEase，这被称为国内电子支付企业洗牌的开始。

2005—2010年，我国第三方支付市场的发展突飞猛进，交易额连年翻番：2008年的市场规模为2 743亿元，2009年为5 766亿元，2010年为10 858亿元，2011年达到21 610亿元。

尽管第三方支付市场发展如火如荼，但在管理上始终存在“灰色”地带。直到2010年6月，中国人民银行正式对外公布《非金融机构支付服务管理办法》，对国内第三方支付行业开始实施正式的监管，首批27家企业获得牌照。截至2013年1月8日，共有223家第三方支付企业获得中国人民银行发放的第三方支付牌照。在利好消息的带动下，2011年中国第三方互联网支付市场全年交易额规模达到21 610亿元，较2010年增长99%。易观智库公司的数据显示，2011年第四季度，中国第三方互联网在线支付市场格局继续保持稳定。

支付宝以46.9%的市场交易额份额占据市场第一的位置，财付通和银联网上支付分别以21.4%和10.4%排名第二和第三。

在新的发展机遇下，第三方支付企业正积极开创新业务和新模式，提供适应网络交易的个性化支付增值服务。

研究拓展

电子支付产品准备度（接受度）研究

当一种新型电子支付产品（服务）面向市场公众时，从提供者的视角研究其提供产品（服务）的准备情况、从接受者的视角测度其接纳产品（服务）的程度或影响因素这类研究对了解公众对产品的评价和预期、改进产品、构建营销策略具有指导性意义。本部分简要地介绍几篇这一类型的研究论文。

论文1：Provision of Electronic Banking in the UK and the Republic of Ireland

论文以定量的方式研究英国和爱尔兰的大多数零售银行电子服务的准备情况。通过探索组织创新情况和组织对现有及未来市场发展的观点这两方面的因素，来获取提供零售银行服务的组织对于是否采用电子化服务渠道的看法。通过邮寄的调查问卷，研究发现在英国和爱尔兰，25%的银行已经为顾客提供了联机事务处理服务，50%正在测试或者开发这项服务，还有25%没有开始电子服务。研究还发现，组织对未来的愿景、对客户接受度的预测（往往是很低的）以及组织的创新文化是影响组织是否提供电子服务渠道最重要的考虑因素。

论文2：E-banking：Challenges and Opportunities in the Greek Banking Sector

论文阐述了在电子商务时代电子银行服务对于希腊银行业的挑战与机遇，并对提供电子银行服务的银行高层管理者进行了问卷调查和访谈。主要研究结果包括：银行开展电子银行业务是为了保持竞争力、追踪技术发展并从电子银行交易的低成本受益；银行面对的主要问题在于客户反响不足、操作安全和数据保护机制等；就希腊而言，相对低的互联网使用率、对先进技术设备的不熟悉，以及安全和隐私问题，是制约客户使用电子银行业务的主要因素。

论文3：Users'Adoption of E-banking Services：The Malaysian Perspective

论文探索在马来西亚影响用户使用电子银行服务的因素。通过利克特量表式调查问卷测量了十个方面的因素，即使用的便利性、可访问性、实用性、银行管理与形象、安全性、私密性、网站设计、服务内容、速度、费用与收费。结果表明，这十个因素对消费者是否使用电子银行都具有重要的影响。安全性和私密性是导致客户不满的主要根源。可访问性、使用的方便性、设计和内容是用户满意的来源。此外，速度、产品实用性特征、合理的服务、费用与收费以及银行的运作管理因素对于电子银行的成功起决定作用。研究结果还包括对于不同的市场，比如按年龄、教育水平、收入水平等进行细分对用户接受度具有影响。

论文4：The Assessment of E-banking Readiness in Jordan

论文提出一个评估框架用来验证约旦电子银行的准备工作。框架包括三个构件：银行家的看法、客户的接受度、银行的信息技术（IT）基础设施（见图 1—8）。研究表明，银行管理者对电子银行的战略和经营方面给予了充分的重视。此外，客户对银行的新渠道也持有积极态度。但是，技术方面和 IT 员工的技能准备存在不容忽视的问题。研究使用问卷调查及描述性分析方法。

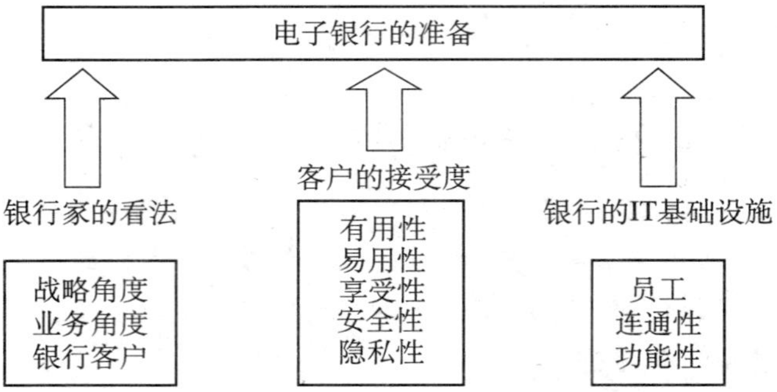

图 1—8　电子银行准备度研究框架

理论基础

技术接受模型（technology acceptance model，TAM）是戴维斯（Davis）于 1989 年在运用理性行为理论研究用户对信息系统接受时所提出的，之后被广泛应用于信息技术和信息系统的使用者的研究中。该模型建立在社会心理学的基础上，将影响信息系统接受度的认知和情感因子中的主要变量模式化，引入了感知有用性和感知易用性两个重要的变量。

TAM 模型认为个体对信息系统的使用行为由使用信息系统的行为意向引起，行为意向由个体对使用信息系统的想用态度和感知有用性共同决定。态度反映了个体对使用系统喜欢与否，它由感知有用性和感知易用性决定。感知有用性受感知易用性和外在变量（external variables）的影响。感知越有用的技术、感知越容易使用的技术，越可能被采用。对采用技术的态度和行为意向越明确，也越可能采用该技术。

技术接受模型的拓扑结构如图 1—9 所示。

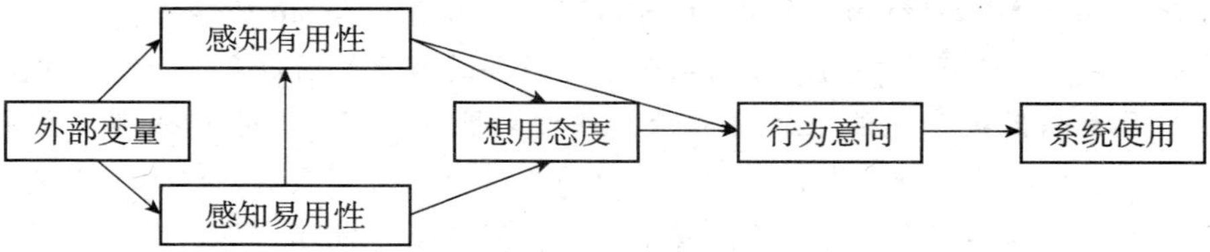

图 1—9　技术接受模型

研究方法

数据收集的方法包括半结构化访谈、问卷调查、网站调查。其中，半结构化访谈是指按照一个粗线条的提纲进行的访谈，有助于发现新的影响因素。但是，由于受访问者工作经验和时间地点的限制，问卷调查也经常被使用。应根据问卷设计的不同，选择不同的统计分析方法。

本章小结

本章从四个视角探讨支付电子化的进程，即支付工具、支付体系、支付服务提供者（银行）和支付产业。电子化是支付工具在新技术环境下的最大变革，电子支付工具的特点决定了其更适应现代商务情境。电子化是提高支付效率的有效手段。在国民经济系统中，支付体系发挥着重要的宏观经济枢纽作用。支付服务的组织、管理货币转移的法规和实现支付的技术手段共同组成了支付体系。电子化为银行业带来了机遇和挑战，银行业电子化的发展历程可分为三个阶段：业务处理方式的电子化、业务提供方式的电子化、业务类型的多样化。信息增值服务将成为未来银行的重要收入来源。电子支付产业高速发展，渗透到社会经济生活的方方面面。

思考与练习

1. 在中国，现金交易大部分是储蓄存取款、消费性现金支出、农副产品收购现金支出等。进入20世纪90年代以来，储蓄存取款成为现金支付的主渠道。1985年工资性支出占现金总支出的比重为31.36%，2000年下降到8%，而储蓄存款的比重则由1985年的17.71%上升到2000年的64%。农副产品收购现金支出占现金总支出的比重逐年下降，如1985占现金总支出的比重为14.64%，1990年下降到9.98%，2000年下降到3%。

上述文字说明中国城乡居民支付方式发生了哪些变化？请结合时代背景，分析可能的原因。

2. 请阅读“研究拓展”部分的四篇文章，思考影响银行业提供电子服务的决定因素和影响客户使用电子银行服务的决定因素。

参考文献

[1] 中国人民银行支付结算局．中国支付体系发展报告（2010）．北京：中国金融出版社，2011

[2] Elizabeth Daniel. Provision of Electronic Banking in the UK and the

Republic of Ireland. *International Journal of Bank Marketing*, 1999, 17, 2, 72-82

[3] Wai—Ching Poon. Users'Adoption of E-banking Services: The Malaysian Perspective. *Journal of Business & Industrial Marketing*, 2008, 23, 1, 59-69

[4] Georgios Angelakopoulos, Athanassios Mihiotis. E-banking: Challenges and Opportunities in the Greek Banking Sector. *Electron Commer Res*, 2011, 11, 297-319

[5] Loay Salhieh. The Assessment of E-banking Readiness in Jordan. *International Journal of Islamic and Middle Eastern Finance and Management*, 2011, Vol. 4, No. 4, 325-342

第 2 章 电子货币

Chapter 2

第 1 节 电子货币的概念、分类与特征

一、概念：广义与狭义

电子货币尚处于不断发展中，它的概念在学术界和产业界尚未形成共识。广义电子货币可定义为："以计算机技术和网络通信技术为基础和手段，以电子化设备和各类交易卡为媒介，以电子数据（二进制数据）形式存在，并通过计算机网络系统以电子信息传递形式实现流通和支付。"它可以分为三类，即电子借记与贷记系统（electronic debit and credit system）、卡基电子现金、纯数字现金。其中，第一类又称账户依存型电子货币，类似于银行联机使用的借记卡和贷记卡，产品具有依存于某个账户的特点，其本质是资金在各账户间的划转，这类电子货币更多地表达"资金"流向的指令，并未形成一种独立的货币形态。

后两类是狭义的电子货币，是以电子数据作为代币，经常被称为电子现金，具有下列定义：

定义一：欧洲中央银行在 1998 年 8 月发表的报告《电子货币》中将电子货币定义为："以电子方式存储在技术设备中的货币价值，是一种预付价值的无记名支付工具，被广泛用于向除电子货币发行主体以外的支付，在交易中并不一定涉及银行账户。"

定义二：国际清算银行在 2004 年对各国电子货币的调查报告中，将电子货币定义为："记录资金的存储或预付产品，或者由消费者拥有的电子设备中

存储的多用途的价值。”

定义三：巴塞尔银行监管委员会（1998 年）将电子货币定义为：“在零售支付机制中，通过销售终端、各类电子设备，以及在公开网络上执行支付的‘储值’产品和预付支付机制。”所谓储值产品，是指保存在物理介质（硬件或卡介质）中可用来支付的价值；预付支付机制是指存于特定系统，可在网络中传输的，可用于支付的电子数据。

二、电子货币的分类和典型产品

按照存在形式，电子货币可分为两类：卡基电子货币（card-based）和基于计算机系统的电子货币（computer-based）。前者又称为储值卡（stored value card）、预付卡（prepaid card）、电子钱包（electronic purse），介质可称为磁卡（magnetic strip card）、智能卡（smart card）或芯片卡（integrated circuit card），金额记录在植入塑料卡、移动电话等装置的磁条或芯片中，并由自制系统和应用软件管理；后者又称数字现金（digital cash）、虚拟现金（cyber cash）、网络货币（Internet money）等，不需要任何物理装置，其金额记录和管理由电子货币提供商的计算机服务器集中处理。虽然两类电子货币在技术实现上有较大区别，但对国民经济的货币体系而言，两者产生的影响相似。下面具体介绍这两类典型的电子货币产品。

（一）卡基电子货币

欧美是研究电子货币项目较早的地区。1992 年 11 月，欧共体开始了一项称作 CAFE 的试验计划，该计划持续了三年，由欧共体七个国家荷兰、英国、丹麦、比利时、法国、德国及挪威的政府或公司联合参与，主要研究新的数字支付系统及其安全性，其成果后来为许多卡片公司所采用。

1998 年 7 月 29 日，美国运通公司、比利时 Banksys 公司、澳大利亚 ERG 公司以及威士国际组织共同成立了质子世界公司，目标是为电子钱包建立一个世界的标准及基础。1998 年 10 月，Interpay Nederland 公司也加盟，这 5 家公司成为质子世界的股东。截至 2000 年 7 月，质子世界的战略伙伴已包括 ACI，BEA Systems，康柏，微软和摩托罗拉。2001 年 10 月，ERG 公司收购了质子世界。澳大利亚 ERG 公司一直致力于使用接触式/非接触式智能卡技术，已发行 2 000 多万张智能卡进行流通，用于零售支付、购买公共交通运输票、打电话、征收公路通行税、售卖和停车等服务。

比利时 Banksys 公司发行的 proton 电子钱包，是一种预储值而且不需要授权的卡片，这种卡片可以在银行系统或机构专用的 POS 机上再充值，proton 主要用于停车场交费，以及一些小额商品的自动售货机。proton 目前已在很多国家得到应用，2001 年，由 Banksys 公司管理的终端已超过 14 万个（包括支付终端和自动柜员机），完成交易 6.32 亿笔，交易金额超过 320 亿欧元。

国际上两大信用卡组织威士国际组织和万事达卡国际组织一直致力于电子货币产品的研发以及有关电子钱包的标准和协议的制定。威士国际组织发行的 VisaCash 预付卡与万事达卡国际组织参与支持的 Mondex 都是被许多国家广泛使用的电子钱包服务系统。1996 年年底，Mondex 国际公司刚成立不到半年，便被万事达卡以巨资收购，成为该公司最大的股东（占 51%的股份）。事隔 2 个月，1997 年 2 月万事达卡又与 Mondex 国际公司在亚洲建立了合资公司，1997 年 10 月由香港汇丰银行和恒生银行推出 Mondex 卡。

美国加利福尼亚的 Maxim Integrated Products 公司的信息纽扣（information button）产品，与卡片载体相比，具有不锈钢外壳封装，安全性与抗磨损性更好，已被很多国家用于进行小额交易，如交通运输、停车收费及售货机收费等，包括土耳其伊斯坦布尔公共交通系统、阿根廷和巴西的停车收费表、墨西哥和莫斯科的汽油零售业务、加拿大的自动售货机等，是一种极具潜力的电子货币产品。

在欧美，芬兰、丹麦以及葡萄牙是最早在国内发行电子钱包产品的国家。比较著名的产品还有法国的 Modeus、芬兰的 Avant、瑞士的 CASH card、荷兰的 Chipknip 和 Chipper、冰岛的 KLINK、加拿大的 Dexit 等。在亚洲，电子货币已广泛应用于公交系统以及自动售货加油站等小额支付中。如韩国首尔发行的应用于地铁和巴士的新交通卡 T-Money、日本的 Suica 卡、中国香港的八达通（Octopus）卡、马来西亚的 Touch'n Go Cash Card 和 MEPS Cash、新加坡的现金卡（ Cash Card）和易通卡（Ez-link）等。

案例

Mondex

Mondex 是基于智能卡的电子货币，智能卡芯片可以用来记录与处理国民资金数据。在一些地区，Mondex 已经发展成为一个广泛使用的现金替代品。Mondex 于 1990 年由英国国民西敏寺银行（National-Westminster）开发。它是由一家独立的公司——Mondex 国际推广运营的，这家公司现在由万事达卡控股。

1995 年 7 月，Mondex 在素有“英国的硅谷”之称的温斯顿市试用，取得了成功。温斯顿拥有 40 000 名消费者和 1 000 多家零售商，Mondex 被广泛应用于超级市场、酒吧、珠宝店、宠物商店、餐饮店、食品店、停车场、电话亭和公共交通车辆中。

Mondex 智能卡将电子货币储存在卡上的芯片内。使用时只要把 Mondex 卡插入终端，三五秒钟之后，卡和收据条便会从设备中退出，Mondex 终端将本次交易的货币币值从消费者的卡转存到预置在终端的商家的卡中，完成支付。

Mondex 之所以被称为电子货币，主要是因为它具有现金货币所具有的诸多属性：Mondex 卡上可以同时支持 5 种不同的货币，每种货币可以在任何一家银行兑换成任何其他货币；它可以方便地实现资金在一张 Mondex 卡和另一张 Mondex 卡之间的划拨；卡内存有的钱一旦遗失或被窃，Mondex 卡内的金钱价值不能重新发行，就像钱包丢失了一样；使用 Mondex 转账结算和资金划拨时，可以选择有密码、无密码或有条件地使用密码，安全性能高于现金；Mondex 卡损坏时，持卡人可向发行机关申报卡内余额，由发行机关确认后重新制作新卡发还。Mondex 还有一个特点，即它的交易是不被追踪的，这也是 Mondex 最有争议的地方。质疑者认为，由于无法追踪审计每笔交易，给非法资金划拨创造了条件；支持者认为，这恰恰是 Mondex 最灵活、最优越的地方，正是由于可以方便地实现卡与卡之间资金无追踪的划转，保证了持卡人的隐私，Mondex 才是真正的电子现金。

Mondex 在一些国家或地区得以推广，包括英国、法国、挪威、澳大利亚、新西兰、哥斯达黎加、中国香港、菲律宾、以色列、加拿大、美国等。例如，1996 年 Mondex 在香港测验，到 1997 年春，香港的持卡人已有 45 000 人，约 400 家商户支持 Mondex 系统。据统计，其中 65%的 Mondex 卡持有人交易额在 100 美元以下。

从全球以及 Mondex 的发展史来看，Mondex 的发展现在处于低潮中，主要原因是区域性电子货币的替代作用以及技术的进步导致传统的 Mondex 接触式电子现金业务已过时，取而代之的是非接触式电子现金业务。

（二）基于计算机系统的电子货币

与前面介绍的电子钱包产品不同，由荷兰 Digicash 公司发行的 E-Cash 产品是一种在互联网上流通的数字现金。使用者在自己的个人计算机上准备一个电子钱包，然后再从 Digicash 公司设计的“快速电子银行”账户中提领 E-Cash 并存入个人电子钱包内，在互联网购买商品时，即可使用 E-Cash 支付。E-Cash 由于不记录支付场所和姓名等信息，保证了货币的匿名性和保护了个人的隐私；同时，它能追踪特定的某笔现金的流向，因此可追踪某些不法交易。E-Cash 的发行需要与现行的银行账户进行兑换，因而具有预先储值的特性。

另外，1999 年总部位于纽约的 Beenz. com 公司发行了称作 Beenz 的电子货币，该电子货币最初只能在互联网上使用，其发行量曾经达到 7 500 万货币单位，该数目相当于一个小国的货币总量。Beenz 是一种在网上流通的货币，可以在网上挣取并消费 Beenz，例如，通过访问指定站点，或在网上购买指定物品，然后就可以在接受 Beenz 的网站上购物来进行消费，例如购买 CD、书籍、鲜花等。2000 年 4 月 27 日 Beenz 和 Mondex 曾经签订了一项协议，希望把 Beenz 与 IC 卡相结合，允许消费者将在线的点数奖励（即所赚取的 Beenz）转化为美元，并存储在某种特定的万事达卡上，从而可在全球 1 800 万家万事达卡签约商户消费，最终就像现在的信用卡一样，能在网下流通。但是由于 2000 年电子商务低谷的到来，2001 年 10 月 4 日，该公司被卡尔森营销集团（Carlson Marketing Group）购买，并停止交易。与 E-Cash 不同，Beenz 货币的发行没有银行中的账户进行兑换，这种电子货币的发行方式更类似于早期银行券的发行方式。

案例

Digicash 公司

总部设在荷兰，由国际著名密码学家戴维·乔姆（David Chaum）于 1990 年创立的 Digicash 公司（http：//www. digicash. com），是基于计算机系统的电子货币的开拓者和典型代表。Digicash 公司开发了 E-Cash 网上支付体系。其运作模式如下：

1. 建立账号购买 E-Cash

（1）消费者在 E-Cash 发行银行设立 E-Cash 账号，利用传统货币、信用卡等购买 E-Cash 证书，这些电子现金就有了价值，并被分成若干成包硬币，可以在特约商户购物。消费者使用的电子钱包软件随机生成一个 100 位的序列号。这一序列号在被软件打包（blind）后，送往消费者的开户银行。打包是一个加密的过程。

（2）使用计算机电子现金终端软件从 E-Cash 发行银行取出一定数量的电子现金存在硬盘上，通常少于 100 美元。银行检查消费者传来的信息上的电子签名，并从签名者的账户上扣除一定金额。

（3）银行向打包数据添加一串数字，以使电子现金生效，并将其送回消费者。

（4）消费者对这些电子现金解包（unblind）。解包后的电子现金不包含任何表示消费者身份的数据。

2. 用 E-Cash 进行交易

（1）消费者向网上商店发出购买请求。

（2）商店向消费者的电子钱包软件发出支付请求。

（3）在消费者确认后，软件便将解包之后的电子现金发往商店。

3. 确认现金

（1）商店将电子现金发往银行，检查电子现金的合法性。

（2）银行通过数据库检查此序列号的电子现金是否被使用过。如果电子现金未被使用过，银行便将此电子现金的序列号存入数据库，以备下次查询，然后贷记商店的账户，并通知商店。如果电子现金在数据库中留有记录，表明并非第一次使用，便向商店发出拒绝信息。

4. 完成交易

在电子现金得到确认后，商店向消费者开出发票、发送货物，客户确认货物，交易完成。

Digicash 系统包含电子硬币的创造，即一种有符号的数字形式，用来在用户的银行账户中交换货币。这里的每一个硬币都可以花掉一次，且只能是一次，在一个接受它们的特约商户处使用。当硬币被花掉之后，接收者会立即把它发送给发行银行进行在线核查和记录（以确保它不会再被花掉），然后再对支付人进行收款确认，支付人将丢弃使用过的硬币。这个系统拥有非常高明的“致盲”技术，这可以确保硬币在验证的时候零售商或银行都不能识别客户的身份。而且，所有的交易都集中处理，并且收到的款项都进入到收款人的银行，所以付款者的任何个人交易都是匿名的。1994 年 10 月，在一个世界范围的测试实验中，每个参与者都有 100 个虚拟货币可以花费。不少商铺提供了换取虚拟货币的虚拟服务。

1995 年 10 月，马克·特温银行（Mark Twain）进行了一项使用真实货币的实验，通过一个 Digicash 特定版本的软件连接到它在美国圣路易斯银行的存款账户中。它邀请零售商和服务提供商参加这个实验，并答应它们的 Digicash 代币版本可以换取真正的商品和服务。

1996 年 3 月，EUnet，一个欧洲领先的互联网服务提供商，在芬兰推出了一种 Digicash 服务，并与芬兰最大的银行梅利塔银行（Merita）进行合作。商人们在发行当天收到了纪念品，包括流行杂志、报纸和一个出售股票的报价。EUnet 打算 1996 年在它运营的超过 41 个国家之中展开这项服务，但最终这一愿望并没有实现。1996 年 5 月，德意志银行宣布，在这一年的晚些时候将与 1 000 名客户一起运行一个试点的 Digicash 项目。1997 年 6 月，澳大利亚高级银行宣布了一个为其顾客提供的 Digicash 服务。1997 年 7 月，野村综合研究所宣布要在日本运行一个试点服务。

1997 年，Digicash 曝光了安全漏洞和违反协议等问题。1998 年，公司宣布破产。

无论如何，Mondex 和 Digicash 都为电子货币产品的发展奠定了理论基础与实践可能。

三、电子货币的特征

从电子货币的定义和典型应用可以看出，电子货币具有如下基本特征。

1. 货币价值

电子货币货币价值的基础是价值存储和预先支付机制。

2. 交易媒介

电子货币既可内部流通，又可外部流通。内部流通的电子货币可购买发行机构自身提供的商品或服务；外部流通的电子货币可购买发行机构之外的主体提供的商品或服务。理想情况下，电子货币应用范围是开放的，可广泛地在发行者之外流通。但在现阶段电子货币的使用范围还有很大的限制，不能达到普遍交换的程度。

3. 价值储藏

电子货币将价值保持在物理介质或特定系统中，是在计算机系统或网络中流通的“金钱”，狭义电子货币支付与在线账户无关，交易时甚至不需要在线授权。

4. 匿名性

电子货币是无记名支付工具，系统不能提供用于追踪持有者身份的信息，交易信息可以得到严格保密。

5. 可鉴别性

通过复杂的加密和签名技术，电子货币的真伪和有效性验证可在其本身完成。为了防止电子货币的复制和重复使用，一般的电子现金系统都会建立事后检测和惩罚机制。

第 2 节 电子货币的支付机制

电子货币支付手段所代表的金融资产以电子文件的物理形式存储在计算机设备的存储器中，而计算机设备可以是智能卡，也可以是个人计算机。这些金融资产可以从一台设备的存储器中转移到另一台设备的存储器中，就像现金一样，代表着金融资产在个人之间的转移，并在这种转移中起着流通手段和支付手段的职能。电子货币交易模式大体如图 2—1 所示，但在支付过程中，不同支付机制之间存在一些显著的差异，这在很大程度上是由不同的交易模式带来的。

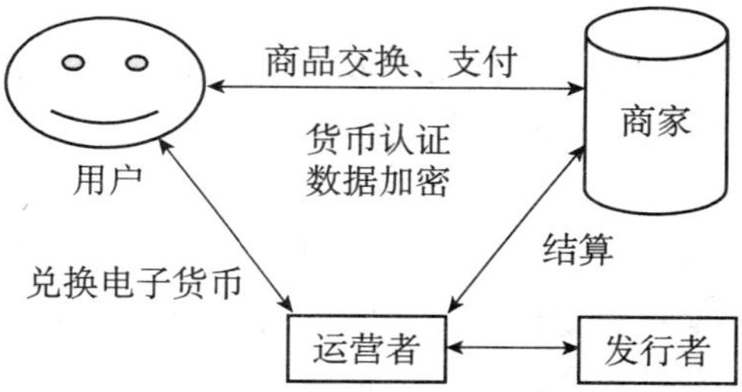

图 2—1 电子货币交易模型

一、后付费机制——电子贷记/借记系统

后付费机制的支付流程如下（见图 2—2）：

（1）消费者向零售商发送贷记/借记信息；

（2）零售商向发行机构申请核实信息；

（3）发行机构记录信息；

（4）发行机构确认信息；

（5）零售商给用户发送商品；

（6）零售商向发行机构发送结算请求；

（7）发行机构从消费者的账户中扣款；

（8）发行机构将款项存入零售商的账户。

后付费机制提供了借记/贷记卡交易的所有一般性优势，例如延期付款和一个电子货币发行机构所提供的担保/保险程度，但也会产生费用。它只受到发行机构商业授权的影响，此外，因为设有一个支付中央处理机构，会有一个

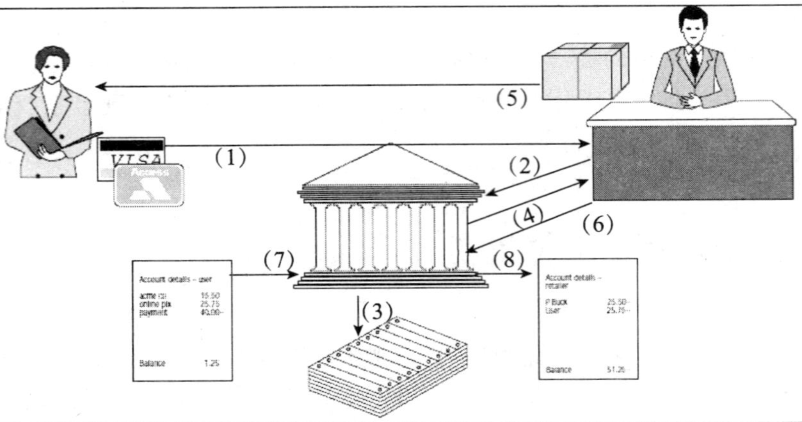

图 2—2　交易模式——后付费机制

最小交易额，即低于这个额度，支付就是不经济的。

二、先付费机制——类似 Digicash 模式

先付费机制的支付流程如下（见图 2—3）：

（1）发行者把资金从用户账户划走；

（2）向用户发放代币；

（3）用户把代币发送给零售商；

（4）零售商把代币发送给发行者进行核实；

（5）发行者记录代币的使用；

（6）发行者把资金存入零售商的账户；

（7）发行者向零售商发送确认信息；

（8）零售商把商品发给用户。

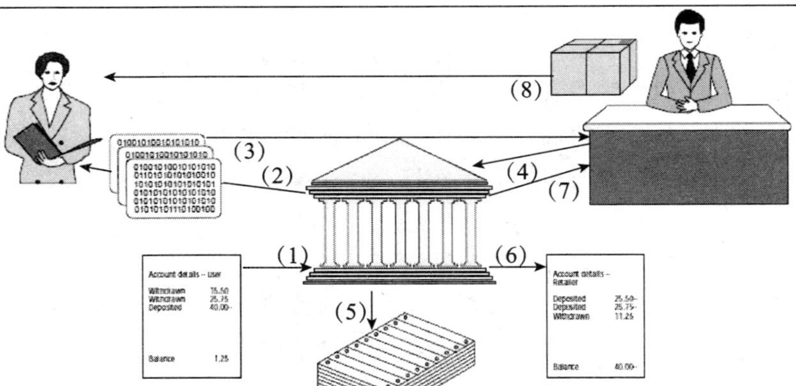

图 2—3　交易模式——先付费机制

先付费机制允许用户和零售商之间进行交易，预付代币可以在发行者处交换

成通货。代币审核也导致产生了中央交易处理的费用，因此也需要设定一个最小经济交易额。中央处理机构是交易过程的必需环节，因此承担了成为交易瓶颈的风险。

三、现金机制——类似 Mondex 模式

现金机制的支付流程如下（见图 2—4）：

（1）用户付给零售商现金；

（2）零售商把商品给用户。

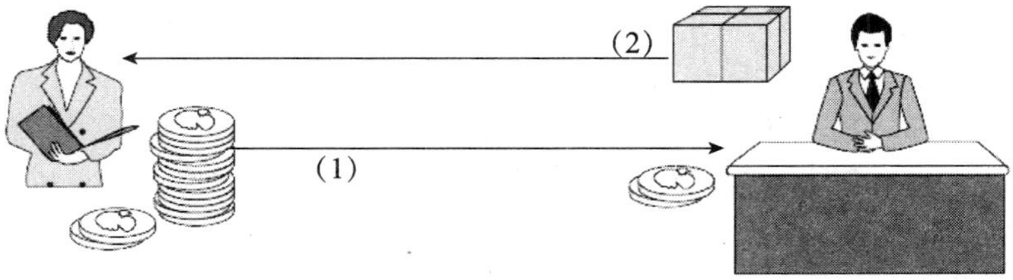

图 2—4　交易模式——现金机制

现金机制实现了用户和零售商之间现金的转移，这也可以在未来的交易中使用（付现）。这里没有中央交易处理，也没有额外的交易费用，因此没有最小经济交易额。Mondex 实施的所有安全处理都是通过 Mondex 卡执行的，并且对用户是完全透明的。

第 3 节　非银行卡支付

非金融机构发行的支付卡常被称为储值卡、预付卡、电子钱包。中国人民银行颁布的《银行卡业务管理办法》（1999 年）规定："储值卡是发卡银行根据持卡人要求将其资金转至卡内储存，交易时直接从卡内扣款的预付钱包式借记卡。""储值卡的面值或卡内币值不得超过 1 000 元人民币。"按照规定，只有金融机构才有资格发行储值卡，其发行参照借记卡发行业务进行管理。但随着时间的推移，一些非金融机构也开始在一定领域内发行储值卡，并已成为一种社会普遍现象。非银行类储值卡是指不由银行发行的，具有预付消费和存储功能，可以在多种领域充当支付工具的电子产品，如城市公交卡、电信 e 卡通、电子现金卡等，其中应用最为广泛的是城市公交卡。目前我国已经有近 200 个大中城市使用公交卡，许多城市的公交卡不仅局限于公交领域，其持有人还可以在一定地域范围支付水电费、加油费、通信费、医疗费、商场购物费用等。按经营目的不同，电子货币经营模式可简要分为以下几种：

（1）电子货币服务商（主营）。一些公司主营电子货币服务，其利润来源于商户支付的交易手续费和预付资金投资收益。

（2）运输商（兼营）。运输商通常一开始发行芯片交通卡，然后扩大卡的用途，允许购物。电子货币服务成本相对低，因为可以利用已有的系统资源。

（3）零售商（兼营）。便利店、超市之类的零售商推出更多优惠，鼓励顾客持有具电子货币功能的卡，以扩大整体销量。服务商也可以利用顾客购物行为信息做个案分析。

一、对储值卡货币性质的认识

从法律上讲，储值卡不具备法偿性，其支付力来源于发行机构的信用保证。储值卡持有人在特定的终端机上进行等额现金消费的权利，以及签约商户随时要求储值卡发行机构予以兑现的权利，不是由国家公信力来保证的，而是由发行者本身的偿债能力决定的。鉴于此，储值卡发行机构的行为应当纳入法律规范的对象范畴。

从货币理论讲，储值卡是依托于既有通货的二次性货币。储值卡表现出的价值尺度依托于法定货币，并且它只能在特约商户处使用。接受储值卡消费的商户需要通过储值卡发行机构的结算清算系统，实现实际货币资金回收，才能完成支付环节，因此储值卡并不同于实际货币的支付手段。从价值储藏的角度来看，储值卡通常有有效期。因此，储值卡只能是以既有通货为基础的二次性货币。

在结算理论上，储值卡是一种新的电子化支付方法。现有的支付手段分为现金通货和存款通货两类，储值卡与银行发行的借记卡、信用卡等都属于后者。但储值卡与借记卡、信用卡存在明显区别：储值卡不能支取现金，卡内资金不支付利息，一般只限于本地区。

城市消费储值卡的现金存量一般有限制，储值卡不记名、不挂失。从技术上讲，储值卡支持离线支付，结算成本较低，结算速度快；而银行的磁卡仅支持在线支付，结算成本较高，结算速度通常落后于储值卡，这也是储值卡得以迅速广泛应用的原因之一。

二、储值卡系统的运作——以公交卡系统为例

非银行卡支付涉及面广，下面主要是以中国公交卡系统（见图 2—5）为例，分析目前在中国运用最广泛的非银行卡支付。中国是公交一卡通最大的潜在市场。近年来，中国公交一卡通电子支付市场正在迅速扩大，成为跨国金融巨头和智能卡企业的关注焦点。在可以预见的未来，中国将是世界上最大的公交一卡通市场，因为中国拥有最多的人口，其城市化进程和公共交通的发展正在加速。

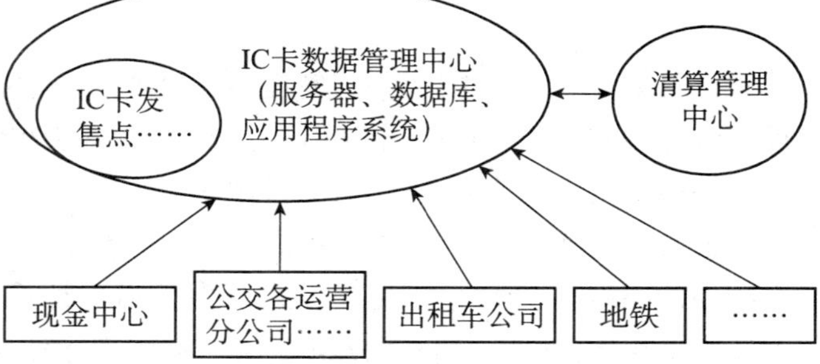

图 2—5　公交卡系统结构图

中国香港是中国最早采用公交一卡通的城市，也是世界上最先采用公交一卡通系统的城市之一，如今中国香港的八达通公交一卡通系统已经成为世界领先的公交支付系统，并且其功能逐渐多元化，成为中国香港市民不可缺少的智能卡系统。以八达通系统为例介绍非银行卡支付是非常具有代表性的。

（一）八达通系统

八达通系统代表了智能卡付款的领先技术，其中最大的突破就是把八达通结算系统与全港广大商户和各类机构的系统进行整合（见图 2—6）。八达通卡及其他产品内置芯片，通过读写器，与不同的票务或收费处理器互相联系。

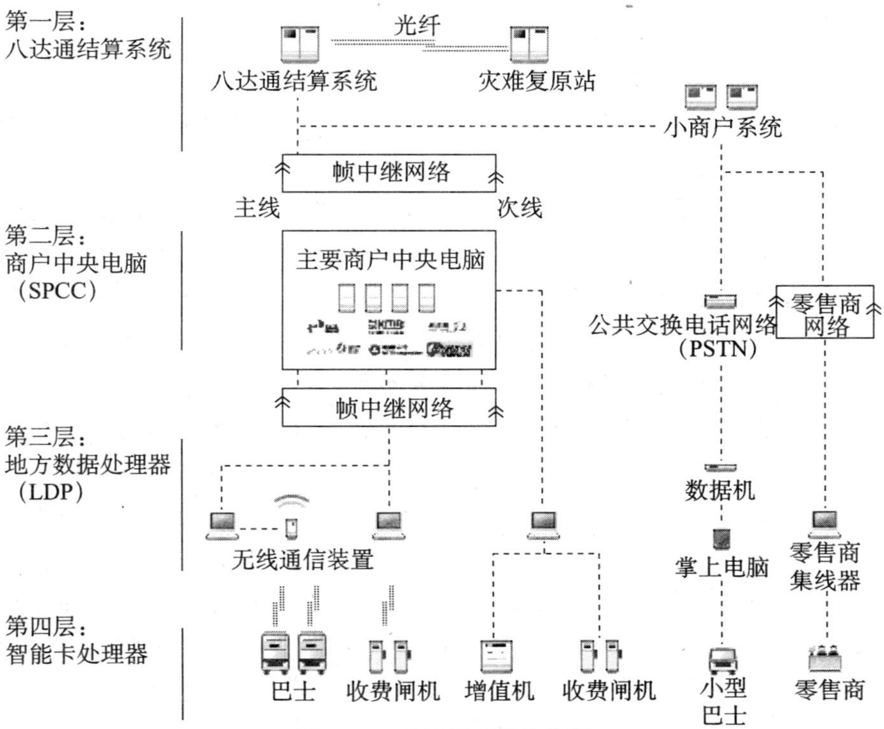

图 2—6　八达通系统结构图

1. 非接触式智能卡

又称射频卡，是无线射频识别技术（radio frequency identification，RFID）和IC卡技术的结合体。相对于接触式智能卡，非接触式智能卡具有无接触、无磨损、处理信息迅速的特点，所以在全球小额电子支付领域上得到迅速、广泛的应用。

非接触式智能卡在小额电子支付领域最早的应用是公交电子支付系统应用，即公交一卡通系统。这种应用很大程度上是由于它刚好解决了原有公交支付系统中的弊端，在原有公交支付系统中，不管是采用售票员的人工售票方式，还是采用无人售票的自动投币方式，都有很大的不便。人工售票增加了公交公司的人工成本；自动投币则需要消费者准备大量的零钱，同时两者都需要处理现金或者辅币，引发大量行政成本。而且，非接触式智能卡芯片无磨损的特点非常适合公交支付卡使用频率高的要求。

2. 读写器

由控制主板和内置天线组成，利用无线电频率输送能量及资料至内置于卡上的晶片。读写器与八达通卡的有效操作距离一般在30～100毫米范围内，资料经过严密的保安程式核实，加密后才输入或输出。每天结束前，所有交易资料都会传送至八达通中央电脑系统进行处理及结算。

3. 结算系统

八达通结算系统采用严密的商业规范检核每宗交易并进行结算。结算通常在24小时内或下一工作日内完成，各服务供应商每天均会获得一份详细的结算报表。

（二）发展历程

香港是全球最发达的金融中心之一，拥有久负盛名的公共交通系统。早在1979年，当时的地铁公司（现称香港铁路有限公司）就已经采用全自动车票收费系统。为进一步便利乘客，地铁在1993年开始构思下一代收费系统发展策略，认定非接触式智能卡技术最适合用作收费系统平台。当时香港五大公共交通运输机构，包括地铁、九广铁路、九巴、城巴和香港小轮（HYF）携手合作，于1994年成立了联俊达有限公司（于2002年改名为八达通卡有限公司），负责开发和推行非接触式智能卡技术。在经过3年测试后，八达通系统于1997年投入使用。市民持有八通卡可以在香港市内6种交通工具上刷卡乘坐，虽然购买每一张八达通卡都需存入50港元的押金，但一卡通行的便利还是吸引了大量市民购买八达通卡，发行3个月已经有300万张卡入市流通。

2000年年底，中国香港八达通卡流通量已达710万张，达到了中国香港市民人均一张，同年八达通卡有限公司向中国香港金融管理局申请接受存款公司牌照，以便把八达通卡业务扩展至非交通服务范围内，这标志着八达通卡的功能开始从最初的单一公交支付手段向其他小额支付等功能延伸。2001年，各股东签订新股东协定，标志着八达通卡有限公司从非营利组织转为商营机构。自此，八达通卡的功能迅速多元化，到2005年已经覆盖了市民的衣食住行等多种消费及非付款服务，如门禁、签到、保安等。八达通卡有限公司进一步拓展卡片的支付功能，2008 年推出八达通花旗信用卡，是首张整合信用卡及八达通功能的付款卡；2010 年推出星展八达通提款卡，是首张具有八达通功能的提款卡。

现在，八达通卡覆盖了 95%的 12～65 岁的中国香港市民，八达通系统逐步从最开始的单一公交支付卡功能多元化到小额支付功能以及非付款功能，成为一个功能类似于城市通的非接触智能卡系统。

（三）数据分析

从流通卡数量来看，自第一年发行 300 万张卡后，流通中的八达通卡以平均每年约 122 万张的速度增长，到 2006 年 6 月流通的八达通卡已达 1 380 万张。截至 2009 年 5 月，市面上流通的八达通卡已经超过了 1 900 万张，是香港人口的 2 倍之多。从图 2—7 和图 2—8 可以看到，八达通卡的流通量和交易额增长比较稳定。由于每张八达通卡都要收取 50 港元的押金，因此八达通卡流通量的稳定增长除提高了八达通卡的渗透率，还直接增加了大量的沉淀资金。截至 2006 年中期，累计收入押金 6.9 亿港元，这还不包括各年份利用押金所取得的利息收入。

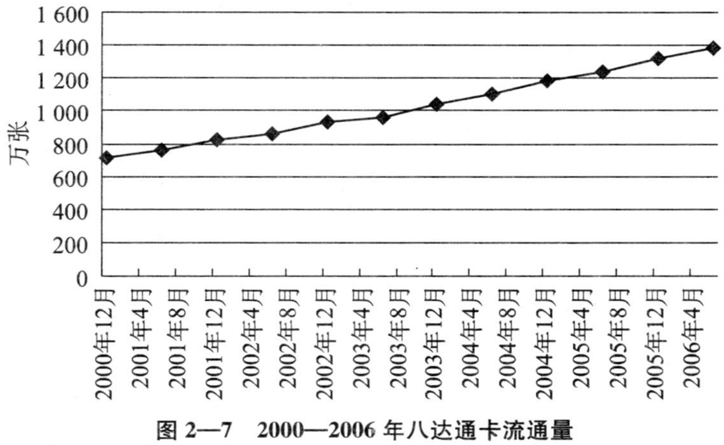

图 2—7　2000—2006 年八达通卡流通量

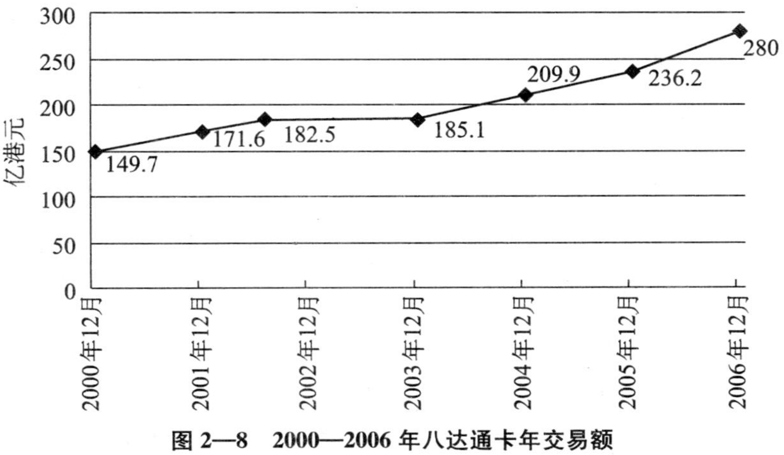

图 2—8　2000—2006 年八达通卡年交易额

八达通系统快速发展的主要原因包括：

(1) 香港市民购买八达通卡以方便出行是其得到迅速普及的主要动力，随后八达通卡有限公司推出的各种新产品（如特别版 Hello Kitty 八达通卡，个人版八达通卡）、新服务（越来越多的商户接受八达通卡）和促销策略（抽奖以及积分奖励）也直接带动了它的发展。

(2) 2000 年，在获得中国香港金融管理局的接受存款公司牌照后，市民和商户的使用信心大大增强。公司非交通业务的发展非常迅速，非交通收入可以占到公司收入的 50%，应用范围拓展增大了它的发展潜力。

(3) 使用激励机制。八达通卡有限公司推出了“日日赏积分”促销计划，目的就是鼓励消费者采用八达通卡消费而不是现金消费。在交通支付并没有大量上升的情况下，总交易额和每宗交易的交易额在不断增加，在一定程度上说明了非交通支付在飞速发展。

三、商业储值卡的风险与监管

（一）商业储值卡存在的风险

1. 发行主体的信用风险

发卡主体以其信誉和资产为保证发行商业储值卡，而非银行储值卡的发行主体自有资产一般规模较小，信誉高低不一，存在倒闭或恶意欺诈的风险。发卡主体有权对沉淀资金进行使用，但由于缺少相关法规约束和部门监管，如果资金投资于风险较大的项目，也会产生信用风险。

2. 金融风险

商业储值卡在我国发展迅速，但对其数量、额度没有明确限制，这样商业储值卡的发行会替代大量现金。由于商业储值卡不能兑付现金，因此商业储值卡会改变货币供给的构成，影响货币的流通速度；如果考虑商业储值卡的折价发行或私下折价交易行为，商业储值卡会影响流通中的货币总量，这样会给中央银行对货币的监控带来难度。虽然商业储值卡发行主体不是金融机构，但其对沉淀资金的运作（借贷、投资）可能会起到金融机构的作用，不可避免地会影响国内金融，而且商业储值卡的部分功能与现有银行卡功能发生了重叠。

3. 技术风险

由于缺乏制作技术标准，商业储值卡应用的技术不一，这样不同种类卡的质量、防伪和保密水平就会存在差异。如果有的发行主体为降低成本采用低水平的工艺和技术，商业储值卡就会存在较高的损坏、信息泄露、伪造风险。

4. 可能对客户利益造成损害

商业储值卡指定地点、限定消费期限，且不计利息、不兑现，这给防止洗钱、变相吸纳储蓄带来了隐患。虽然对促进消费无疑具有积极的意义，但是这些规定也在一定程度上损害了消费者的利益。指定地点甚至商品的消费，影响了顾客的选择权，造成了被动消费；有时因剩余额度小又不能用现钱找零，顾客无法花掉余额；不挂失的规定使得用户丢失商业储值卡即形成损失；限定消费期限使得用户可能因遗忘或无充足时间消费，有效期内未用完储值卡余额。

案例

8 000 亿储值卡风险黑洞

北京金融街投资广场 8 层，几乎天天人群熙攘。这里是储值卡发卡机构资和信控股集团（以下简称资和信）的一个售卡点，21 个同时营业的售卡窗口前，办理业务的人络绎不绝。远远看去，这里与一家业务红火的大型银行网点无异。距离该售卡网点百米之遥的百盛商城内，商通卡已经成为使用频率颇高的卡，与普通的银行借记卡一样畅行无阻。这些商城内外，收购该类储值卡的“黄牛”，生意同样红火。他们的主要生意是，给那些拥有储值卡而不消费的人，直接兑付现金。

这并非北京独有的现象，亦并非只是商通卡的繁荣。国际发卡机构雅高曾委托零点公司做过中国市场调查，结果显示，2008 年中国预付费市场规模最少有 8 000 亿元，以 2 倍于 GDP 增速的速度扩张。这一市场之下，商通卡、开联通连心卡、润京卡、瑞通卡、福卡等，在近两年的时间里势如破竹。

近两年，一条包括售卡者、购卡者、特约商户、回购者等的完整产业链已然形成。对特约商户而言，加盟后带来了稳定的客源，增加了营业收入；而对于购卡者，满足了送礼、福利与避税的诉求；对于售卡公司来说，借用预付模式，无息拥有了大量沉淀资金和不菲的收益。而在这个利益链条上，售卡公司成为最大的获益者。不少售卡公司建立了自己的投资公司、风投公司、担保公司等，构成了完整的投融资体系。

售卡机构的盈利主要来自三方面：(1) 储值卡所带来的大量沉淀资金的投资收益；(2) 特约商户给售卡机构的销售额返点；(3) 残值收益。其中，前两项费用是最大的利润来源。

由于储值卡先储值后消费，必然形成大量沉淀资金。只有当储值卡在商家消费后，发卡机构才会与商家结算，一般按月结算。对于一些大型的商场，发卡机构有时需要预付一定的保证金，但对于很多小型特约商户，则无保证金要求。庞大的沉淀资金即使存放银行，也可获得不菲的收入。由于这部分资金是无息获得的，其收益颇为可观。

商家返点也成为储值卡公司收入的另一大来源。返点的高低，除了取决于特约商户的谈判能力，亦与不同商户的利润率高低有关，基本均需“面谈商定”。“各个合作商家的返点比例都不一样，一般大商场的返点比例很低，不到 1%，美容院等比较高，有 5%～10%，甚至更高。”

卡费和管理费用也会构成储值卡机构的另一收入来源。其中，商通卡的卡费最高，一般是 500 元以内面值的按每张卡 15 元收取，500 元以上面值的按照 3%的手续费收取。以 1 万元的储值卡计算，卡费即为 300 元。而商业银行人士告诉记者，大批量生产后，即使银行卡的制作费用每张也仅有 0.8～1 元。仅这笔收入，资和信年收益就可能过亿元。而其他如福卡、连心卡、通惠卡等，多为免费办理。

另外，因为没有相关的法规规定，储值卡的残值（即未完全消费掉的残留额）处理，收取的过期管理费都由发卡机构自行规定。不少人士认为，这也是发卡机构的重要利润来源之一。因而，多数发卡机构都有动力规定有效期，尽可能地扩大对残值的占有。例如，按照资和信的《商通卡延期规定》：卡片须在有效期内（一般为一年，2010年1月1日后发行的新版改为5年）使用，否则将于过期次月开始按月扣收过期时卡内余额5%的管理服务费，扣收日期为每月1日，扣完为止。

对于售卡机构而言，其规模庞大的沉淀资金，不仅无息拥有，而且可以投资获利。资和信在涉足储值卡业务之前，就开始布局投资业务。资和信集团的3家子公司——北京资和信担保有限公司、北京资和信咨询中心、北京资和信风险投资有限公司，均参与股票投资。2006年8月，资和信涉足储值卡业务之后，没有公开资料显示其利用储值资金进行投资。但据业内人士透露，从事储值卡业务的公司利用储值资金投资的事例并不少见，“手里有这么多的可用资金，进行短线投资甚至长线投资都非常方便”。然而一旦投资失利，从购卡者、持卡者、特约商户到“黄牛”，这条利益链上的所有共同体，将无一幸免，所谓的储值卡将分文全无。

除了进行直接投资获益，售卡者的另一种盈利方式就是构建自己的大型商场和网上商城。按照现行的储值卡运行模式，预付储值款属于售卡公司的负债，而构建自己的大型商场和网上商城后，通过消费环节，则将负债真正变成了自己的资产。2008年8月5日，大型百货商场资和信百货开始试营业，并于11月8日正式开业。与此同时，资和信网上商城也搭建完毕。

一种庞大的需求市场，一个新型的商业模式，一种没有监管的现实，这些共同缔造了储值卡的繁荣，亦在不知不觉中累积着大量的风险。

资料来源：王小波、仇江鸿、陶卫华：《储值卡存8 000亿风险黑洞　或隐匿金融安全之患》，载《财经国家周刊》，2010（1）。

（二）沉淀资金监管的模式研究

对沉淀资金的管理的差别决定电子货币运营模式，以下讨论四种可能的监管模式。

1. 托管账户模式

早期电子货币发行商对于沉淀资金的使用状况是不公开的。随着规模的扩大，这种信息不对称情况加剧了使用者和监管机构对于资金安全的担忧。为了回应压力和规范行业发展，发行商创造了托管账户的方式：将沉淀资金委托放入信誉良好的商业银行，并由银行定期公布资金托管报告，审核发行机构是否遵守将企业自有资金和电子货币沉淀资金分离的规定。这样通过银行系统的信誉保证了电子货币发行商的信用，现在这已经成为我国电子货币发行机构采用的主流模式。

例如，国内领先的第三方支付服务商支付宝于2006年开始委托中国工商银行管理其交易沉淀资金。按照协议，中国工商银行定期对支付宝的沉淀资金进行综合审计并公布资金存管情况报告，如发现托管账户中的沉淀资金有重大异常情况，须向相关部门报告并且拒绝支付宝不合规定的业务请求。

2. 共同基金模式

在这种模式下，电子货币发行机构将沉淀资金通过资产转换构成投资组合，并且从中盈利，这与共同基金的运作模式本质上类似。共同基金模式普遍存在于电子货币监管较为成熟的欧洲和美国，欧盟的相关法令（2000 年）对电子货币沉淀资金的投资比例与投资品种进行了严格的限制，从而确保资产组合是低风险和高流动性的，以应对潜在的电子货币赎回压力，保护使用者的权益。在美国，全球最大的在线支付服务商 PayPal 在 1999 年就成立了 PayPal 货币市场基金（PayPal Money Market Fund），并由自己的投资子公司 the advisor 打理。如果某 PayPal 使用者开通基金功能，则其账户内的沉淀资金会被自动转移到基金账户中进行货币市场投资，当他需要用 PayPal 账户内的资金进行支付时，基金又会自动赎回成为沉淀资金，同时 PayPal 会将相应的投资收益存入用户账户，并收取一定的基金管理费用。发布以来，该基金的平均收益大于同期美国短期国债（3 个月），所以对使用者相当有吸引力（见表 2—1）。

表 2—1　PayPal 货币市场基金与美国短期国债的平均年收益比较

	1 年	5 年	自基金成立以来
PayPal 货币市场基金	2.61%	3.43%	3.20%
美国短期国债（3 个月）	1.38%	3.01%	3.06%

3. 授信服务模式

从发展的观点看，作为一类特殊的非银行金融服务机构，电子货币发行机构未来最有可能进入利润丰厚的消费金融业务，为使用者提供消费信贷服务，这也是支付服务的天然延伸。而发行机构提供授信服务的资金来源就是存留的沉淀资金。具体实现形式会视具体的产业发展形态和监管政策而定，但其实质是流通的电子货币不再有等额的法定货币作支撑，而是通过授予使用者一定信用额度形成实际支付能力大于沉淀资金量的局面，所以被称为授信服务模式。这种模式因为会形成信用扩张，如果运营不当容易引发系统性风险，所以欧盟《电子货币机构监管指令》（2000/46/EC）规定：电子货币的货币价值不能高于发行者所收到的资金价值，即在法律上禁止这种模式的出现。但授信服务模式已在美国出现，全美国排名第二的在线支付产品 Bill Me Later 提供的就是消费信贷授予服务，使用者在线得到信用评估后，就可以在以后的支付过程中获得一定额度的消费信贷，享受类似信用卡的先消费再还款功能。国内的支付宝虽然坚持托管账户模式，但也积极地与商业银行合作，将支付宝的支付信用体系与商业银行小额信贷对接，间接试验授信服务。

4. 组合服务模式

成熟的电子货币产业应该在有效监管的条件下具有可持续的盈利能力。未来的电子货币运营模式不会限于初级的支付服务，而是集成多种支付授信服务，并且有效地将沉淀资金转化为投资组合，以确保发行机构在提供服务的同时争取到最大的利润空间。这种模式是以上三种模式发展的结果，可称为组合服务模式。早期电子货币发行商的策略多是集中在细分市场，做好自己擅长的运营模式；而在市场走向成熟的过程中，伴随着电子货币发行机构的并购重组，电子货币运营模式自然会得到优化组合。在美国，PayPal 的拥有者 eBay 于 2008 年 10 月收购了 Bill Me Later，其目的就是要整合两者的服务，将支付、投资和消费信贷等服务一站式提供，前景隐然显现出组合服务模式的雏形。

以上四种模式可以说明电子货币运营模式演化的发展路径是一个从简单到复杂、从单一到集成的创新过程，其中模式 1 和模式 2 分别是中国和欧美当前的主流模式，模式 3 崭露头角，而模式 4 代表未来的发展方向。模式 3 是演化过程中的分水岭，因为此前模式 1 和模式 2 都属于非授信服务模式，而授信服务模式的出现使得模式 1 和模式 2 在授信基础上会有新的变化，从而逐渐整合发展成为组合服务模式。模式演化的动力是金融创新与监管政策的适配和博弈，模式 4 的出现是电子货币产业发展成熟的标志之一。

（三）各国对商业储值卡的监管措施

国际上，在非金融机构支付服务市场发展较早、较快的一些国家，政府对这类市场的监管逐步从偏向于自律的放任自流向偏向于强制的监督管理转变。美国、欧盟等多数经济体从维护客户合法权益角度出发，要求具有资质的机构有序、规范地从事支付服务。具体措施包括实行有针对性的业务许可、设置必要的准入门槛、建立检查和报告制度、通过资产担保等方式保护客户权益、加强机构终止退出及撤销等管理。

美国将类似机构（包括非金融机构和非银行金融机构）界定为货币服务机构。美国有 40 多个州参照《统一货币服务法案》，制定法律对货币服务进行监管。这些法律普遍强调以发放执照的方式管理和规范从事货币服务的非银行机构。从事货币服务的机构必须获得专项业务经营许可，并符合关于投资主体、营业场所、资金实力、财务状况、从业经验等相关资质要求。货币服务机构应保持交易资金的高度流动性和安全性等，不得从事类似银行的存贷款业务，不得擅自留存、使用客户交易资金。这类机构还应遵守有关反洗钱的监管规定，确保数据信息安全等。

欧盟就从事电子货币发行与清算的机构先后制定了《电子货币指令》和《内部市场支付服务指令》等，并于 2009 年再次对《电子货币指令》进行修订。这些法律强调欧盟各成员国应对电子货币机构以及支付机构实行业务许可制度，确保只有遵守审慎监管原则的机构才能从事此类业务。支付机构应严格区分自有资金和客户资金，并对客户资金提供保险或类似保证；电子货币机构提供支付服务时，用于活期存款及具备足够流动性的投资总额不得超过自有资金的 20 倍。与之类似，英国的《金融服务与市场法》要求对从事电子支付服务的机构实行业务许可，并且电子货币机构必须用符合规定的流动资产为客户预付价值提供担保，客户预付价值总额不得高于其自有资金的 8 倍。

韩国、马来西亚、印度尼西亚、新加坡、泰国等亚洲国家先后颁布法律规章，要求电子货币发行人必须预先得到中央银行或金融监管当局的授权或许可，并对储值卡设置金额上限等。

我国的非金融机构支付服务起步较晚但发展迅速，相关问题随着业务的不断发展而逐步显现。中国人民银行在全面客观地分析非金融机构支付服务的发展趋势、借鉴国际经验的基础上，确立了符合我国国情的非金融机构支付服务监督管理工作思路。

2006 年 8 月，中国银行监督管理委员会发出的《关于禁止银行与商业机构发放联名储值卡的通知》规定，银行与商业机构不得发行不记名、不挂失、可直接在商家消费、积分打折等功能的储值卡。这意味着，银行机构是禁止参与发放储值卡的，也意味着国内并不把卡基电子货币的资金来源看做存款。

2010 年 5 月中国人民银行制定了《非金融机构支付服务管理办法》，要求如下：坚持支付服务的市场化发展方向；鼓励非金融机构在保证安全的前提下，以市场为主导，不断创新，更好地满足社会经济活动对支付服务的需求；对非金融机构预付卡（储值卡）业务建立统一的支付服务市场准入制度和严格的监督管理机制等。

本节案例中提到的资和信为国内首批获得中国人民银行颁发的第三方支付牌照的企业之一。

第 4 节　网络虚拟货币

一、概念与特点

网络虚拟货币是一种由非金融机构发行（一般是互联网企业）的货币，用于在网络上购买虚拟产品和享受增值服务。之所以被称为货币，是因为其在一定范围内具有一定的货币特性，如商品标价和交易媒介。在现在的管理体制下，网络虚拟货币是具有近货币特性的商品，不等同于货币。

案例

腾讯 Q 币

腾讯公司 2002 年发行的 Q 币是一种电子化的虚拟货币，可充当网上代币支付工具。根据该公司网站的介绍，“Q 币是一种可以在腾讯网站统一支付的虚拟货币，可以在腾讯网站购买一系列相关服务”，具体包括以下五种用途：购买QQ号码及用其续费；购买QQ上的各种虚拟装饰品，如服饰和头像；购买QQ游戏币，用于网上游戏；用于QQ交友；购买QQ贺卡，发送给好友。但是实际上，Q币一度成为网络上通行的一种支付手段，可以购买各种非腾讯公司的商品，比如杀毒软件和在线影视服务。因此，Q币已经是一种被广泛接受、可以购买多种商品的网络支付手段。腾讯公司财务报告显示，其互联网增值服务收入由2002年的4 082万元增加到2003年的2.297亿元，增幅达到463%。其中大部分都与Q币有关。

关于Q币与人民币之间的兑换关系，腾讯公司规定，Q币与人民币之间的比价关系是1∶1，即1元人民币可以购买1个Q币。Q币可在该公司的网站上用银行卡、声讯电话和手机充值等多种方法进行购买。

腾讯公司同时规定，人民币与Q币之间为单向兑换，Q币不能兑换人民币。但是，在实际操作中有多种方法可以将Q币兑换成人民币。最常见的一种就是在拍卖网站上将Q币拍卖掉，成交价格低于面值。另一种方法是用Q币购买网络游戏中的装备，然后再将装备出售，同样可以达到将Q币变现的目的。总之，Q币与人民币之间的双向兑换关系在现实中已经成立，两者可以很方便地实现互相兑换。

二、虚拟货币的本质分析

虽然虚拟货币和法定的纸币都是信用凭证，但两者在本质上是不一样的。虚拟货币属于企业信用，是一种私人货币。

在第1章中我们提到，进入纸币时代后，货币本身不含有价值，只代表了发行者的信用，因此是一种信用工具。目前，世界各国使用的纸币都是银行或政府发行的，因此它们属于银行信用或政府信用。但是，Q币这样的虚拟货币是由企业发行的，属于非银行的企业信用。只要持有人相信某种货币能够保持购买力，他就愿意接受并持有这种货币，而不管发行者到底是银行、政府还是企业。由企业信用支持的货币属于私人货币，即私人部门发行的货币。诺贝尔经济学奖得主海耶克（Frederich Hayek）曾这样描述私人货币：“货币并非只能由政府创造。就如同法律、语言和道德规范一样，它能够自发产生。人们通常更愿意采用私人货币，而不是政府货币，但是政府往往会采取压制措施。”

总的来说，企业发行虚拟货币的动机，有以下几种：

（1）逃避管制。因为虚拟货币交易可以不通过银行，因此可以逃避相关的监管。

（2）余额动机。持有信用货币，实际上是对发行人的一种无息贷款，而且没有确定的偿还期，尤其是在没有足额准备金的情况下。因此，企业为了获得这笔资金的使用权和利息，有强烈的动机发行自己的货币。

（3）市场效应。发行虚拟货币有助于提高企业的知名度，产生广告效应；

提高在金融市场上的地位。通过发行虚拟货币，企业在金融市场上可以扩大影响，获得更好的融资条件和更大的融资能力。

相比法定货币，私人货币没有政府信用支持，有破产的风险。但是实际上，知名大企业的信用是被广泛接受的。某些大企业的汇票在背书的情况下，已经起到货币的作用了。例如，1999 年，《金融时报》曾假设这样一种情形：假定微软以公司庞大的财富作为准备金，发行了自己的货币，也许名字可以叫做比尔（Bill）。于是，与微软有商业往来的公司，就必须决定到底是采用美元还是比尔。有些人可能更愿意采用比尔，因为他们觉得微软的货币比起美元来，发生通货膨胀的可能性要小得多。使用现有的技术，比尔可以被直接下载到电子钱包中，这样一来，比尔就有可能取代现实中的现金或支票。

三、虚拟货币的货币职能分析

货币的职能包括交易媒介、价值尺度、支付手段、储藏手段和世界货币。那么，虚拟货币是否具有真正意义上的货币的职能呢？以下将从五点来讨论。

1. 交易媒介

交易媒介流通手段，是指货币充当商品交换的媒介。当前网络虚拟货币在有限的范围内充当着交易媒介，其只能在虚拟货币发行者规定和允许的范围内购买虚拟产品和服务，这个范围取决于虚拟产品和服务的数量。网络公司提供的虚拟产品越多，那么虚拟货币充当交易媒介的范围就越大，其就越接近真正的货币。网络虚拟货币在执行该职能时的流通途径是：消费者首先使用人民币购买虚拟货币，然后使用虚拟货币在互联网上消费，购买网络虚拟产品或享受增值服务（见图 2—9，虚线表示虚拟货币流通途径）。

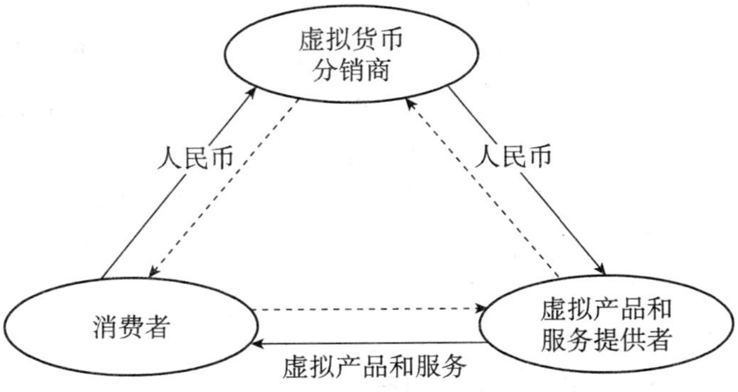

图 2—9　人民币与虚拟货币流通图

2. 价值尺度

价值尺度是指货币充当衡量商品所包含价值大小的社会尺度。这个尺度的单位就是一国货币的单位，而具体数字则表现为商品的价格。虽然当前虚拟货币在虚拟世界的局部领域具备了该职能，例如，很多网站所提供的增值服务以及几乎所有的虚拟商品都以该网站所发行的虚拟货币来标价，但是虚拟货币作为价值标准的根源在于其发行者对于虚拟产品的定价，在没有一种虚拟货币能够通用于网络和现实之间的时候，产品和服务的定价仍然是以真实的货币为依据的，也就是说，网络产品提供者（也是虚拟货币发行者）先以人民币标价，然后再按汇率将其换算成虚拟货币价格。因此，现实货币的价值决定了虚拟货币的价值，当法定货币升值（贬值）时，虚拟货币将随之升值（贬值），反之则不然。

3. 支付手段

支付手段职能是交易媒介职能的延伸，是指在发生赊销赊购、用延期支付的方式购买商品的情况下，货币用于清偿债务时执行的职能。虚拟货币由于不具有法定货币所拥有的普遍的价值认同度和信任度，使用范围受到限制。目前，无法赊销赊购非发行公司提供的商品和服务。

4. 储藏手段

储藏手段职能是指货币退出流通领域，作为社会财富的一般代表加以储藏的职能。货币的价值储藏职能来源于其稀缺性和币值的稳定性，虚拟货币作为一种信息产品并不稀缺，储藏虚拟货币并不能增值保值，反而有可能因为虚拟货币贬值而使持有者蒙受损失。由于发行虚拟货币是企业行为，虚拟货币的发行具有一定的随意性，其币值稳定很难保证。如果一种货币贬值极其严重，没有人愿意持有这种货币，那么这种货币的货币职能就会受到严峻考验。同时，由于虚拟货币的发行者——网络公司信誉的不稳定性和虚拟货币这种财富的虚拟性、价值不确定性以及非全社会的认同性，虚拟货币不具有保值、增值的功能。正因如此，才会产生虚拟货币与人民币之间的反向兑换问题。

5. 世界货币

世界货币职能是指货币在世界市场上作为一种购买手段、支付手段和社会财富的代表发挥作用。当前虚拟货币在本国市场上，甚至在互联网市场上都没有实现一统天下，更不具有世界货币的职能。

所以，从上边分析可以看出，虚拟货币仅仅承担了交易媒介这一货币职能，并没有承担所有的货币职能，从这个意义上说，虚拟货币不算是真正的货币，只具有类货币属性，是一种近似货币。

四、虚拟货币与法定货币的区别

《中国人民银行法》第十六条规定，中华人民共和国的法定货币是人民币。以人民币支付中华人民共和国境内的一切公共的和私人的债务，任何单位和个人不得拒收。法定货币是以国家信用为保证的，本国内企业和居民必须无条件接受的货币。法定货币和虚拟货币在概念和范畴上有很大的区别，同时，也存在着各种联系。

1. 发行机构不同

一国的货币是由中央银行或特定机构垄断发行的，中央银行承担着发行的成本与收益。而网络货币发行机制与其不同，发行机构以非金融机构居多，且发行主体不止一家。因此，网络货币的风险大于法定货币。货币从本质上说是代表一种信用，国家发行的货币获得承认，是因为有国家的信用做担保；而发行虚拟货币是企业行为，网络公司还不具有足够的公信力使全社会认同和接受其发行的虚拟货币。

2. 存在形态不同

存在形态的差异使得虚拟货币和现实货币在具体使用时也有所不同：现实货币是有形的，可以携带，不需要其他辅助设备就可以完成资金交割；虚拟货币由于是无形的，无法随身携带，因此只有在有网络接入设备的地方才可以使用虚拟货币进行支付活动。

3. 接受范围和使用领域不同

货币是指在商品和劳务的支付中以及债务的偿还中被普遍接受的任何东西。当前还不存在一种网络虚拟货币能像人民币一样被认同并普遍接受，因为对于其发行者来说，虚拟货币的本质是一种商品，其发行目的并不是为了创造一种通行的货币，而是用来便捷地购买自己生产和提供的虚拟产品和服务。现行的虚拟货币用作交易媒介时都只被其发行者接受，并没有实现互换和互通，其流通范围只限于购买某些网络虚拟产品和享受增值服务，其发行量根据市场对于其能够购买的商品和服务的需求量确定，由虚拟货币产生的收入算做网络公司的业务收入以人民币作为结算单位体现在财务报表中，消费者是否愿意持有要视其是否能够买到用户需要的产品和服务而定。因此虚拟货币的商品性远大于货币性。

4. 流通方式不同

虚拟货币是单向流通的，即虚拟货币在其发行者那里不能反向换回人民币。网络虚拟货币在使用中是被一次性消费的，使用一次以后就退出流通领域，不能被重复消费，发行公司会根据用户需求发行新的虚拟货币，这也与真正的货币流通不同。

5. 管理方式不同

现实货币的发行属于政府行为，不需要市场规制部门的管理；虚拟货币的发行属于商业行为，发行者通常以营利为目的，可能出现不正常竞争，因此需要市场规制部门进行市场规制。

6. 法律效力不同

现实货币由国家法律规定任何人或组织不能拒绝接受，具有法定地位；而虚拟货币的法律效力没有明确，不具有法定地位。

五、网络虚拟货币的影响与监管

网络虚拟货币的商品论认为，虚拟货币是在虚拟世界中用于促使虚拟商品交易的商品，是虚拟网络中的内耗品，如果不用人民币购买，终将完全消耗，这与商品的性质是一样的。

而网络虚拟货币的货币论则指出，一些网络交易平台提供了虚拟货币与人民币实现双向兑换的可能。而且，部分影响力较大的虚拟货币可以支付现实商品或服务。虚拟货币有成为网络中的法定货币的可能，甚至可能渗透到现实生活中。由于虚拟货币被视为货币，并且由私人企业发行，为追求利益最大化，虚拟货币被企业过度发行被认为会导致严重的“通货膨胀”。

2009年6月26日，文化部、商务部联合下发《关于网络游戏虚拟货币交易管理工作》的通知，规定：(1) 网络游戏虚拟货币的适用范围仅限于兑换发行企业自身所提供的虚拟服务，不得用以支付、购买实物产品或兑换其他企业的任何产品和服务。(2) 文化行政部门要严格市场准入，加强对网游虚拟货币发行主体和交易服务提供主体的管理，要求同一企业不得同时经营网游虚拟货币的发行与交易业务。(3) 目前，某些网游产品利用虚拟货币，采取抽签、押宝、随机抽取等博彩方式，分配网游道具，或虚拟货币，造成了不良影响，将禁止此类行为。(4) 将对利用网游虚拟货币进行赌博或博彩的行为移送公安机关依法处理，并要求各地配合公安机关从严整治带有赌博色彩的网游。(5) 在游戏终止服务时，对于用户已经购买但尚未使用的虚拟货币，企业必须以法定货币方式或用户接受的其他方式给予退还。该通知在一定程度上规避了网络虚拟货币对社会经济可能产生的不良影响，保障了消费者的利益。

第5节 电子货币的应用与发展

电子货币1990年开始出现，近年来世界上很多国家都在进行电子货币的研究。根据国际清算银行的统计，和中国同在亚洲的新加坡与日本的电子货币在非现金支付工方面具有突出的表现。本节着重讨论是什么原因使这两个国家的电子货币在人们的日常生活中得以如此广泛的应用；其市场上流通的电子货币主要有哪些种类；它们产生的历史背景如何；又将会朝着怎样的方向发展。通过对这一系列问题的分析，以期对我国蓬勃发展的电子支付产业有所启示。

一、新加坡

新加坡有两种广泛使用的电子货币产品，分别是易通卡和现金卡，均为多用途储值卡，目前互不通用，但在可以预见的未来，两种卡将融合应用于更广泛的支付领域。

（一）易通卡

易通卡基于索尼公司 FeliCa 技术，是新加坡规模最大的非接触智能储值卡。截至2008年年底，新加坡易通卡的发卡总量超过1 000万张，持卡人数超过250万；平均每天用于公共交通车资支付的交易次数约800万次；可受理此种预付卡的读卡器（公共交通领域）超过22 000万台；日均充值次数约为20万次。

1. *发行机构*

易通卡由新加坡易通私人有限公司发行。易通私人有限公司由新加坡陆路交通管理局（LAC）所有，负责易通卡的销售、运营、管理以及相关信息的处理。自2002年1月8日成立以来，一直管理易通卡系统，该系统独家运营公共汽车和大众捷运（地铁）的车资支付。

2. *受理领域*

新加坡易通卡类似于香港八达通卡，起源于公共交通车资支付领域。2002年4月，易通卡面世时还只能用于新捷运（SBST）和新加坡地铁公司（SMRT）的公共汽车、大众捷运（MRT）、轻轨列车（LRT）。2004年2月，易通卡开始在公共交通系统之外的小额支付零售商户（如麦当劳、7—11便利店）中使用，目前已有多家餐厅、影院以及一些自动售货终端可接受易通卡支付。另外，易通卡还能在新加坡认可的教育机构、新加坡武装部队、民防部队、警察部队以及新加坡中小学校园的食堂和校园商店中使用。2007年，易通卡公司开始与新加坡星和集团（Starhub）共同进行 NFC 手机支付测试。

3. *充值方式*

之前易通卡最高的储值金额为100新元，2009年9月以后将整为500新元，充值方式主要有：（1）经由通联售票处及乘客服务柜台使用现金进行充值；（2）经由通联加值机使用 ATM 取款卡进行充值；（3）通过通用车票售票机使用现金或 ATM 取款卡进行充值；（4）从2004年4月开始，可以使用 Telemoney 对易通卡进行手机充值；（5）从2005年7月开始，可以使用万事达信用卡对易通卡进行网上自动充值。

（二）现金卡

现金卡是新加坡普遍使用的、基于 ISO/IEC 7816 标准的接触式预付储值卡，具有多功能、多用途。该卡突出的功能是能够使用新加坡电子公路收费（electronic road pricing，ERP）系统以及电子停车场收费（EPS）系统。据官方统计，每天都有超过80万人次的驾车者使用现金卡进行相关费用的支付。

1. 发行机构

现金卡由新加坡星网电子付款私人有限公司（Network for Electronic Transfers Singapore Pte Ltd.，NETS）发行。NETS 创建于 1985 年，是由新加坡当地的三家银行（星展银行、大华银行、华侨银行）联合投资成立的，旨在经营付款网络并推动电子货币的普遍使用。NETS 以跨行电子转账网络为基础，构建了覆盖新加坡的 POS 机以及 ATM 网络，支持电子货币、网上支付等多种应用。目前，NETS 在新加坡已经发行了 600 多万张现金卡。

2. 受理领域

现金卡的主要应用领域是支付电子公路收费以及电子停车场收费。另外，现金卡还可用于支付停车费、英国石油（BP）加油站加油费、复印费、公共电话费以及新加坡博彩公司的彩票购买费用。目前，新加坡 NETS 网络的 3 万多个零售商户可以接受现金卡付款。

3. 充值方式

现金卡最高的储值金额为 500 新元。现金卡可以经由新加坡所有 NETS 的网络终端及自动缴费终端（AXS）通过 ATM 取款卡进行充值，也可以经由现金终端进行现金充值。

（三）推动新加坡电子货币发展的主要因素

1. 政府超前的战略规划

早在 2000 年 12 月，新加坡政府为了推动电子化社会的发展，就向世界宣布将逐渐减少纸币和铸币的使用，向非现金社会转变。新加坡电子法定货币（SELT）的总体构想如图 2—10 所示。

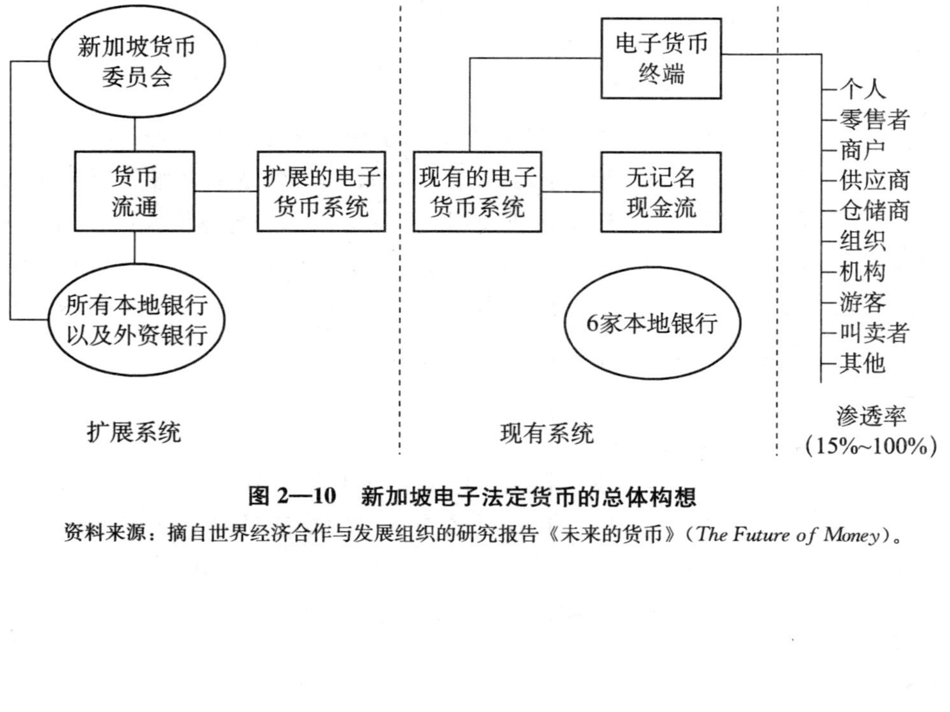

图 2—10　新加坡电子法定货币的总体构想

资料来源：摘自世界经济合作与发展组织的研究报告《未来的货币》（*The Future of Money*）。

2001 年 7 月，世界经济合作与发展组织在卢森堡举办了题为“未来的货币”的论坛。新加坡货币委员会（BCCS）的发言人在论坛上表示，2008 年左右将使电子货币成为新加坡的法定货币，并提出要建立电子法定货币系统，降低交易支付成本。

2. 较小的地理人口规模和较高的信息化程度

新加坡国土面积仅为 715.8 平方公里，人口只有 531 万，电子货币受理终端的布放成本相对较低，电子货币的营销推广和使用习惯培养也相对容易。而且，新加坡总人口中劳动人口占 65%，除了少部分人驾私家车，他们在出行时更愿意选择公共交通系统，这更推动了新加坡电子货币的深入应用。

新加坡的社会信息化程度高，通信发达且费用低，使得电子货币的交易成本相对较低。截至 2008 年年底，新加坡的住宅宽带使用率达到 99.9%，如图 2—11 所示；手机拥有率高达 131%，如图 2—12 所示。这首先为电子商务的发展创造了条件，进而为电子货币的普及应用奠定了基础，同时也为以手机为载体的电子货币的发展创造了条件。

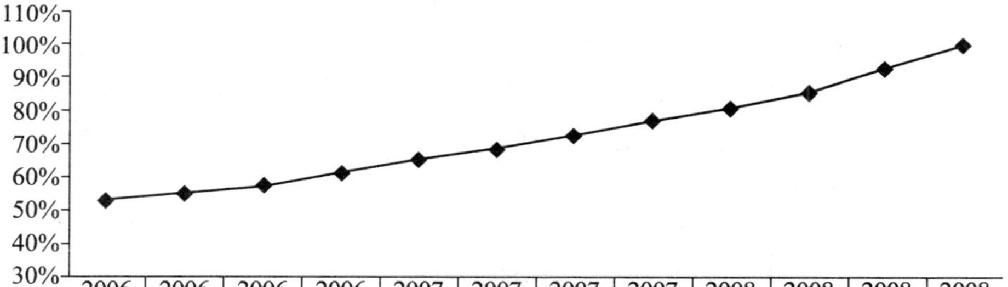

2006年第一季度	2006年第二季度	2006年第三季度	2006年第四季度	2007年第一季度	2007年第二季度	2007年第三季度	2007年第四季度	2008年第一季度	2008年第二季度	2008年第三季度	2008年第四季度
52.8%	55.1%	57.3%	61.1%	65.2%	68.4%	72.6%	76.9%	80.9%	85.6%	93.0%	99.9%

图 2—11 新加坡的住宅宽带使用率

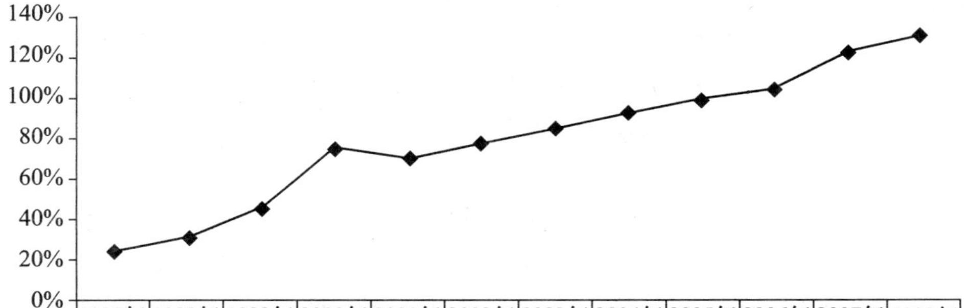

1997年	1998年	1999年	2000年	2001年	2002年	2003年	2004年	2005年	2006年	2007年	2008年
24.0%	32.3%	45.7%	74.8%	89.2%	77.8%	84.5%	92.7%	99.8%	105.4%	122.5%	131.0%

图 2—12 新加坡的手机普及率

资料来源：新加坡国际企业发展局。

3. 专营的电子货币运营机制

政府的高效干预对于在新加坡市场循序渐进地推行电子货币发挥了极其重要的作用。为了培育早期的市场和满足运营的规模经济，新加坡政府给予了现金卡在 ERP 收费领域的专营权以及易通卡在公共交通系统中的专营权，这些措施有力保护和鼓励了现金卡和易通卡的发展。新加坡金融管理局于 2006 年 6 月出台了《储值工具指引》，进一步规范新加坡电子货币市场的发展。与此同时，新加坡 ERP 及公共交通系统收费的专营机制也被新加坡政府明确当作其电子政务发展及迈向非现金社会的一项重要举措。

4. 电子货币本身的独特优势

电子货币在公路收费管理上具有更高效的优势。新加坡拥有超过 3 000 公里的公路和 9 条总长度达 140 公里的高速公路。新加坡的私家车拥有率也相对较高，目前，每千人平均拥有 107 辆私家车。为了保障新加坡交通系统的畅通，政府除了采用拥车证制度以及高额的汽车税，还于 20 世纪 70 年代开始针对高峰时段驶入繁忙路段的机动车和摩托车征收车辆拥堵费。1998 年，为了更加准确、高效、便捷地强制性收取驾车人的车辆拥堵费，新加坡政府引入了 ERP 系统。

此外，易通卡资费比单次购票的资费有很大的优惠（几乎是半价），这种差别化的定价策略对居民电子货币使用习惯的培养起到了非常重要的作用。

（四）新加坡电子货币的新进展

1. 智能国家 2015（iN2015）计划

新加坡政府的智能国家 2015（iN2015）计划的愿景是“利用无处不在的信息通信技术将新加坡打造成一个智能化国家和全球化城市”。

iN2015 计划是一个为期 10 年的由新加坡资讯通信发展管理局（IDA）统筹规划的项目。新加坡政府将为其投资 40 亿新元，希望建立一个超高速、广覆盖、智能化、安全可靠的信息通信基础设施。具体在金融服务领域的举措是：开发新一代金融电子转账系统，使得民众无论身在何处都可以通过网络管理股票、银行存款、基金等个人财富。

2. 非接触式电子钱包应用标准

2006 年下半年，新加坡资讯通信发展管理局、新加坡陆路交通管理局和相关行业共同建立了非接触式电子钱包应用标准（contactless epurse application standard，CEPAS），这是规范新加坡电子货币支付（小额支付领域）的重要里程碑。CEPAS 是新加坡今后单一预付储值卡的应用标准，将应用于新加坡所有电子货币小额付款领域，包括公共交通（公共汽车、地铁、轻轨）、出租车、汽车（ERP 系统和 EPS 系统）、零售业以及其他服务领域。CEPAS 同时也是全世界第一个在全国范围内建立的通用小额支付平台。目前新加坡广泛应用的多用途储值卡基础设施，在 2009 年第四季度开始转向 CEPAS 的新标准。2009 年 10 月起，消费者使用一张多用途储值卡（新易通卡或 NETS 新推出的转账卡），可以无缝和安全地在不同领域进行支付。

新一代易通卡已经在 2009 年 1 月登陆新加坡。新一代易通卡不但能够在以往的公共交通系统中支付车资，也能够通过第二代车载读卡器交付 ERP 系统和 EPS 系统，并且可以使用信用卡以及财路（Giro，一种直接支付系统工具，类似于直接借记和直接贷记）进行自动转账充值。

NETS 也在 2009 年第四季度推出了集取款卡（ATM 取款卡）、车资卡和现金卡于一体的非接触式多用途转账卡。此卡不但能在 NETS 的商户中使用，还可以搭乘公共交通、缴停车费和路费、购物、缴纳图书馆罚款或在停车场购水洗车。

二、日本

2007 年常常被称为日本电子货币的高峰年，这一年基于芯片技术的电子货币服务在日本有显著增加。2008 年 3 月底，由 6 家主要电子货币服务提供商（见表 2—2）发行的卡总计超过 8 000 万张，余额达 771 亿日元，使用电子货币结算的交易金额和笔数分别达到 5 636 亿日元和 8.1 亿笔，均有明显增加。电子货币正成为零售支付领域的大趋势，主要原因是新的电子货币服务提供商进入市场并开始联网通用。与更为传统的零售支付工具如现金、信用卡相比，电子货币发行和使用金额仍然偏小，但从未来增长潜力看，它会逐渐强化其地位。

表 2—2　　电子货币服务发起人

2001 年 11 月	Edy
2004 年 3 月	Suica（交通卡自 2001 年 9 月）
2005 年 10 月	ICOCA（交通卡自 2003 年 11 月）
2007 年 3 月	PASMO
2007 年 4 月	Nanaco
2007 年 4 月	WAON

（一）电子货币的使用趋势

1. 电子零售支付工具与电子货币

表 2—3 显示了在日本可享受的新型零售支付服务。其中，电子货币包括基于 IC 卡和基于服务器的。信用卡方面则出现了一种新的非接触式的芯片信用卡，这种信用卡无须签字授权或个人身份号码（PIN），从而使支付更加便捷。

表 2—3　　日本电子零售支付工具

<table>
<tr><td rowspan="4">货币载体的媒介/方法</td><td colspan="3">电子货币</td><td colspan="3" rowspan="2">信用卡</td><td rowspan="2">借记卡</td></tr>
<tr><td>基于服务器</td><td colspan="2">基于 IC 卡</td></tr>
<tr><td rowspan="2">账号和密码</td><td colspan="2">卡（非接触式）</td><td colspan="2">卡（非接触式）</td><td rowspan="2">卡(接触式)</td><td rowspan="2">卡(接触式)</td></tr>
<tr><td></td><td>移动电话</td><td>移动电话</td><td></td></tr>
<tr><td>示例</td><td>Chocom
Webmonery
Bitcash
Netcash</td><td>Edy
Suica
ICOCA
Nanaco
WAON
PASMO</td><td>Edy
Suica
Nanaco
WAON</td><td>Quicpay
Visa
Touch
ID</td><td>Quicpay
Visa touch
Smartplus
Paypass ID
PITAPA</td><td>信用卡</td><td>J-借记卡
威士借记卡</td></tr>
<tr><td>支付时间</td><td colspan="3">预付</td><td colspan="3">后付</td><td>实时</td></tr>
</table>

过去几年中，这些工具的使用者明显增加，特别是基于 IC 卡的电子货币，在装有 POS 机的便利店、电器零售店、饭店、摊亭和超市广泛使用。

2. *有关数据统计*

下面提供的数据是 6 家主要电子货币服务提供商的合计数。

（1）卡片与终端数。到 2008 年 3 月底，具有电子货币功能的卡片总计达 8 061万张，如表 2—4 所示，数量在继续增加。具有电子货币功能的卡数包括具有电子货币功能的手机数。到 2008 年 3 月底，这类手机达 942 万部，占 11.7%。它的增加也是电子货币普及的一个原因。电子货币受理点也在扩大。到 2008 年 3 月底，零售商店及其他地方装配终端超过 36 万台，并且仍在增加。除了销售店，网站也不断接受电子货币，包括通过手机登录的网站。据日本《产经新闻》2012 年 2 月 16 日消息，2011 年全年日本都未曾生产过面值 1 日元的硬币。不仅在日本，世界上很多国家都会面临这样的情况。随着电子货币越来越受到消费者青睐，传统货币有退出历史舞台的趋势。

表 2—4　　电子货币及终端数

时间	发卡量（百万）	其中移动电话	终端数（千台）
2007 年 9 月	66.49	7.67	247
2007 年 10 月	68.97	7.93	277
2007 年 11 月	71.20	8.15	281
2007 年 12 月	73.26	8.47	287
2008 年 1 月	75.48	8.83	191
2008 年 2 月	78.00	9.03	295
2008 年 3 月	80.61	9.42	368
2008 年 4 月	83.63	9.69	364
2008 年 5 月	85.74	9.90	367
2008 年 6 月	87.61	10.11	371

（2）交易笔数和金额。由于数家服务提供商发起新的电子货币服务，2007 年春季，使用电子货币结算的月交易笔数和金额第一次显著增加。同年夏季及

以后有所放慢，但是，2008 年 3 月后又快速增加，如表 2—5 所示。2007 财年（2007 年 4 月—2008 年 3 月），交易金额达 5 636 亿日元，交易数量为 8.1 亿笔，平均每笔金额为 696 日元。

表 2—5　　使用电子货币结算的交易金额和笔数

时间	交易笔数（百万）	交易金额（10 亿日元）	每笔交易金额（日元）
2007 财年	810	563.6	696
2007 年 4—6 月	140	93.1	666
2007 年 7—9 月	218	148.4	680
2007 年 10—12 月	224	162.2	716
2008 年 1—3 月	227	160.9	710
2008 年 4—6 月	256（+83%）	189.7（+100%）	741
2007 年 4 月	31	19.3	621
2007 年 5 月	42	29.1	692
2007 年 6 月	67	44.7	671
2007 年 7 月	72	50.6	699
2007 年 8 月	74	49.5	670
2007 年 9 月	72	48.3	671
2007 年 10 月	76	50.2	657
2007 年 11 月	73	52.1	698
2007 年 12 月	75	59.9	794
2008 年 1 月	72	51.1	711
2008 年 2 月	74	51.6	700
2008 年 3 月	81	58.2	720
2008 年 4 月	83（+170%）	59.7（+210%）	716
2008 年 5 月	86（+100%）	64.3（+120%）	752
2008 年 6 月	87（+31%）	65.7（+47%）	753

说明：以上数据均为时期数，括号中的数据是与上年同期相比的增长率。

一般来讲，运输公司发行的电子货币每笔交易金额较小，持卡人只是在站内设置的摊亭、自动售货机上购买小件单一物品；而零售公司发行的电子货币单笔交易金额较大，持卡人通常选购多项物品后一次结算。2008 年 3 月，交易频率大约每月一次，平均一次 720 日元。如果只考虑活跃卡，交易频率和金额要大得多。

（3）电子货币余额（value outstanding）。2008 年 3 月底，电子货币余额为 771 亿日元（见表 2—6），平均每张卡的余额为 957 日元，如果只考虑活跃卡，这个数字应该会翻几番。通常，持卡人在使用前充值，够用即可，所以卡上余额较少。

表 2—6　　电子货币余额　　单位：亿日元

时间	金额
2007 年 9 月底	643
2008 年 3 月底	771

（二）与其他零售支付工具的比较

1. 余额

表 2—7 将电子货币余额与流通中的现金等进行了比较。2008 年 3 月底，电子货币余额为流通中的硬币余额的 1.70%、纸币的 0.10%、现金的 0.10%、M3 的 0.007%。

表 2—7　　电子货币余额占流通中的现金、纸币、硬币和 M3 的百分比

	2007 年 9 月底	2008 年 3 月底
流通中的现金	0.08%	0.10%
纸币	0.08%	0.10%
硬币	1.43%	1.70%
M3	0.006%	0.007%

数据表明，电子货币与流通中的现金、纸币、硬币和 M3 相比，余额还非常小。同时，电子货币的使用增加会影响硬币的需要。这也可以从下面两点推断出来：电子货币主要用于千元以下的小额支付；流通中的硬币，特别是小面额硬币总金额增速一直在下降。

2. 交易金额和笔数

将电子货币与信用卡、借记卡数据比较，可以发现：电子货币单笔交易非常小；电子货币交易笔数已超过借记卡，尽管还不能与信用卡匹敌。

2007 财年，电子货币平均每笔交易金额为 696 日元，约等于借记卡同类指标（66 000 日元/笔）的 1%。在日本，借记卡一般用于大宗购物，比如在电器商店购物。2005 财年，信用卡平均每笔结算金额为 12 000 日元，也大大超过电子货币。信用卡传统上用于 10 000 元以上的购物，部分原因是持卡人实际付款是在购物之后（后付）。另一方面，信用卡由于非接触式的引入、超市和其他商户的促进，逐渐进入小额支付领域。尽管明显增加，电子货币交易笔数（81 000 万笔，2007 财年）仍不到信用卡（279 200 万笔，2005 财年）的 1/3。与借记卡（1 170 万笔，2007 财年）相比，电子货币交易笔数几近其 70 倍。现金仍然是各档次交易额中使用最频繁的工具。

表 2—8　　零售支付工具使用

	电子货币	借记卡（J—借记卡）	信用卡	ATM 取现
时期	2007 财年	2007 财年	2005 财年	2005 财年
发卡量（百万张）	80.6	410	290	N.A
交易笔数（百万笔）	810	11.7	2 792	430
交易金额（百亿日元）	56.3	76.3	3 217	2 403
每笔金额	696	66 000	12 000	56 000
终端数（万台）	36	30	136	14

资料来源：日本借记卡促进协会、国际清算银行部分国家支付结算统计数据。

（三）日本电子货币的新进展

1. 新的电子货币服务

2007 年春季，几家零售巨头发起了一些新的电子货币服务。零售商似乎更倾向于将电子货币发行当作改善主业的一种工具。例如，它们会利用电子货币在便利店、超市使用的信息来分析顾客需求，开发销售战略。这类商业模式迥异于靠从电子货币发行中赚取利润的专业电子货币服务商。相信未来不同商业模式间的竞争会更加激烈。

2. 强化通用

2007 年，运输商在其提供的新的和原有的服务间强化了通用功能。多数情况下，运输商提供的电子货币服务遵循了芯片交通卡的行业标准，因而卡通用比较容易。这种不同服务之间的联网通用在全日本各地区会进一步加强。

3. 共享终端

由于各类电子货币服务技术标准不同，零售店每接受一种新的电子货币，即需新装一台终端。柜台上放满了终端，这是一个沉重的负担。为解决这种低效问题，业内一直致力于共享终端，以接受更多品牌的卡。2006 年 10 月，数家电子货币服务商组建了一个机构，负责营运共用基础设施。共用基础设施（即读/写器和集中信息中心）可以接受芯片电子货币和贷记卡。目前，利用共用基础设施的服务提供商的数量在稳步增长。

三、影响电子货币发展的因素

电子货币以其方便、安全、高效、低成本等特性，显示了无穷的潜力。电子钱包的离线操作使得交易成本降低，十分适合进行小额消费，像购买报纸、咖啡以及各种自动售货机上的物品，可以减少携带零钱。另一方面，电子货币的使用成本比现金低，伪造的难度大。纸币和硬币的使用正变得越来越昂贵。在美国每年要花费 600 亿美元来转拨现金，而英国要花费 20 亿英镑。更重要的是，随着先进桌面排版和彩色印刷技术的日益普及化，纸币越来越容易被非法复制。不久以前，伪钞制造者还需要技艺高超的雕刻家来制造一套印刷模板，而今天一个图形学的学生只要拥有一套专业的图形软件、一部彩色打印机和一架专业扫描仪就可以复制纸币。同时电子货币的使用将加快货币流通速度，从而加快整个社会的资金周转，提高社会资金的运用效率。

电子货币的稳健发展有赖于以下问题的解决。

（一）安全性和可靠性是电子货币系统的基础与保证

由于安全隐患的存在，电子货币发行者同样面临风险，其中诈骗是最大的一种。一旦罪犯懂得了如何伪造电子钱包，发行银行将会遭受巨大损失。电子钱包与联机处理交易的借记卡等不同，它是脱机操作的，这使检验和跟踪失窃卡以及伪卡变得非常困难。

问题也可能不是出在电子货币本身的安全技术被破解上，但公众对电子货币的信心依然会受到影响。例如，支撑电子货币的硬件可能会出差错，与芯片电子货币有关的一起事故会导致两小时服务中断，期间通过互联网和手机充值、支付将停止；因为自动验票口软件失灵将导致芯片交通卡暂停服务。系统的失效会给消费者和商家带来不便。

（二）电子货币的普及将主要依赖于发行者、顾客和商户的使用动机

发行者的潜在动机包括能从消费者和商户收取或获得各种费用和投资收入等，而对于银行发行者（bank issuers）来说，用于管理现金所节约的费用与电子货币取代现金的程度有关，潜在的不利因素则是为适应各种已有的和将要制定的法规而花费的成本。消费者对于电子货币的需求取决于与旧系统相比所花费用的多少、电子货币的安全性和保密性、使用的便利性以及商户接受电子货币的主动性等因素。据国外统计，用户接受电子货币的程度通常与消费者的年龄、受教育程度以及收入等因素有关；收入高、受教育程度高、年轻的消费者更乐于接受电子货币作为支付工具。商户的主动性主要与发行者、网络运营者使商户承担的费用有关。如果将消费者与商户合并起来考虑，主要因素就是他们对于新技术的接受程度。许多观察家认为，电子货币的普及程度在中短期内不会得到大幅提高，但从长远来看，电子货币所具有的意义不可低估。

对于发行者和商户来说，电子货币的发行与使用同样具有规模效应。电子钱包市场，也像要服务市场一样，在电子钱包能够广泛而有效地使用之前要求有相当多的参与者，并且参与者的数量要达到一个临界值。在达到这个临界值之前，商家和消费者都可能因投资成本高、使用不便而拒绝使用。只有当这一新的支付方式变得广为商家所接受，消费者从中获得更大的益处和方便时，电子钱包的使用才会进入良性循环：消费者更多地使用电子钱包，商家也因此更多地获利。

（三）电子钱包产品相关的启动成本

引入新型读卡终端或者重新改造现行终端的费用，是阻碍实施电子钱包革新的另一个因素。目前，许多国家的金融机构仍然在消化其不久前花费在建设借记卡系统等基础设施上的投资，因而有可能不愿意实行新的重大的支付革新。另外，智能卡的单位造价比标准磁卡高出 10 倍，这也阻碍着智能卡的应用。然而，随着电子技术的进步，智能卡和读卡终端的价格已降低了很多，而且以后这种下降趋势随着计算机芯片制造技术的提高还会不断加快，这无疑将会继续扩大推广智能卡技术的商业市场，而全球的 EMV 迁移正预示了这种趋势的存在。

(四) 中央银行和其他政府部门的政策导向

中央银行的权利主宰地位将会受到侵蚀。货币政策的运行体系，中央银行的监管能力，可能出现的金融风险，还有其他的政策如消费者保护、竞争法规等，在不同的国家会有所差异。从宏观政策的制定角度看，主要关心的问题是发行者的监管、电子货币如何作为支付工具加以利用，以及对中央银行资产负债表的影响等。此外，电子货币的安全性、洗钱、国际犯罪等问题也是相关部门监管的重点。

研究拓展

电子货币监管研究

电子支付的发展加快了货币流通，减少了流通中的通货，由此对货币政策的各个中介指标及其政策传导机制产生影响，从而影响了货币政策实施的效力。

一、电子货币发行主体研究

发行主体直接关系到电子货币的法律地位，也关系到电子货币的发行与流通对中央银行的影响，是一个相当重要的问题。在现有实践和可预见的未来中，电子货币的发行主体的候选者可为中央银行、商业银行与非银行机构。确定发行主体后还涉及发行过程中货币的资产储备问题，即所发行的电子货币是否需要真实资产中央银行通货或其他的储备，储备比例为多少等。下面针对上述三个候选者分别进行分析。

（一）由中央银行发行电子货币

这种方式自然是最保守、最安全的。中央银行由原先发行通货转变为发行通货和电子货币，由原来对通货的数量控制转变为对通货与电子货币的总量与各自数量的控制，此种情况下电子货币与传统通货有相近的地位。中央银行视通货与电子货币的需求情况与流通速度控制供给量，其新课题主要是对电子货币流通速度的确定，其余方面影响有限。电子货币的作用纯粹是代替现金，中央银行资产负债表的变化如表2—9所示。

表2—9　　发行电子货币前后中央银行的资产负债表

中央银行发行电子货币前		中央银行发行电子货币后	
资产	负债	资产	负债
中央银行资产	通货、其他负债	中央银行资产	通货、电子货币、其他负债

目前尚无国家如此安排电子货币的发行，但新加坡、芬兰的中央银行曾打算自己发行电子货币。这也从一个侧面表明这种发行方式未受到市场的认可。

（二）商业银行发行电子货币

目前在日本、欧盟等地，卡基类电子货币通常是由商业银行发行的，而基于计算机系统的电子货币在实践中并不多见。电子货币由商业银行发行实质上是消费者以传统通货向商业银行购买电子货币，电子货币仍以中央银行通货单位计价，并且有100%的中央银行通货的储备。这种发行方式下，电子货币可以被视为对存款的替代。中央银行可以通过控制银行间接控制电子货币，因而现有实践并未根本上动摇中央银行的监管基础。只是由于存款余额减少，货币派生能力下降，中央银行在控制货币供给量上有所变动。总的来讲，对经济影响比较有限。

（三）由非银行机构发行电子货币

许多电信业、IT 业的厂商由于掌握着电子货币核心的信息、通信技术，同时又掌握庞大的客户群，可以轻易地进入电子货币市场。这种发行机制对中央银行货币政策的影响较为复杂，是研究的重点。

目前对电子货币发行主体的认定，存在两种观点。一种是以美国联邦储备系统为代表的，认为过早地管制将限制竞争与创新，阻碍电子货币的发展，从而主张放松管制，政府减少干预，在电子货币发行主体问题上不进行限制。格林斯潘明确表示："细致的规章与标准不但是被管制者的负担，而且毫无效果。如果我们期望鼓励金融创新，就要注意不要强加管制，特别是不要阻碍电子货币或更一般的讲电子支付系统的创新。"这种观点反映了美国崇尚自由、创新的文化背景，也反映美国在电子货币发展落后于欧洲的情况下，鼓励各种主体大胆尝试的竞争策略。另一种观点是以欧洲中央银行为代表的，从减少发行机构破产的可能性、确保价格稳定以及货币价值尺度不被破坏、保护消费者的利益出发，主张适当的管制，并力求法律上的准确性。欧洲中央银行认为"最简单的解决方案就是限制电子货币的发行机构为信贷机构（银行）"，因为"这将避免改变现有的货币政策与银行业的制度安排"。实际中已有几个欧盟国家依此原则开始实施，即规定只有银行才可发行电子货币。由银行来发行电子货币的确是对现有货币体系冲击较小的方式，而且借助银行与中央银行密切的关联，中央银行能通过银行对电子货币进行一定的监管。受欧洲中央银行观点影响，欧盟关于电子货币机构的指导手册表现出了对电子货币发行机构较为严格的规定，诸如要求保证电子货币的可赎回性，要求发行电子货币时所接受的资金在价值上不应少于所发行的电子货币价值，可以理解为至少中央银行进行了通货储备。

二、货币电子化对货币政策的影响

陈雨露、边卫红（2002）研究了电子货币对中央银行货币发行权、铸币税、货币政策、金融监管等多方面的影响，认为随着电子货币对现金与存款的逐步替代，货币乘数会逐步放大。蒲成毅（2002）区分了不同的发行主体的情况，发现发行主体不管是中央银行还是中央银行控制的商业银行，基础货币总额都趋于下降。这里不展开说明，对这个研究方向感兴趣的同学可以参阅相关文献。

本章小结

电子货币在其产生和发展过程中出现了丰富多彩的产品，本章围绕大量的案例，讨论电子货币的概念、分类、运营模式和货币职能等问题。

本章讨论了电子货币在现阶段的两种典型应用：非金融机构发行的支付卡和网络虚拟货币。它们是支付工具在现代经济社会和互联网时代的创新应用，但在发展过程中也暴露出一些风险隐患。适当的监管措施可以实现规范发展，促进创新。

此外，邻近经济体在电子货币的发展与应用过程中的成功经验，对我国蓬勃发展的支付行业带来了启示。

思考与练习

1. 思考新型支付工具，如网络虚拟货币、储值卡等，产生和存在的原因是什么。

2. 阅读 *Exploring Policy Issues of Electronic Cash: The Mondex Case* 一文，思考电子货币的基本特征，了解 Mondex 早期发展的情况。

3. 阅读 *From Electronic Money to Electronic Cash: Payment on the Net* 一文，从参与者的视角，分析各方对电子货币应用的需求。

参考文献

[1] S. Peter Buck. From Electronic Money to Electronic Cash: Payment on the Net. *Logistics Information Management*, 1997, Vol. 10, No. 6, 289-299

[2] Felix Stalder & Andrew Clement. Exploring Policy Issues of Electronic Cash: The Mondex Case, *Canadian Journal of Communication*, 1999, Vol. 24, No. 2

[3] 孙雯．新加坡电子货币发展状况及其启示．中国信用卡，2009（7）

[4] 欧阳卫民译．日本电子货币现状与趋势．金融会计，2009（7）

[5] 陈雨露，边卫红．电子货币发展与中央银行面临的风险分析．国际金融研究，2002（1）

[6] 蒲成毅．数字现金对货币供应与货币流通速度的影响．金融研究，2002（5）

[7] 王鲁滨．电子货币与货币政策研究．金融研究，1999（10）

第3章 Chapter 3 银行卡支付

20世纪70年代以来，由于科学技术的飞速发展，特别是电子计算机的运用，银行卡的使用范围不断扩大，不仅减少了现金和支票的流通，而且使银行业务由于突破了时间和空间的限制而发生了根本性变化。银行卡自动结算系统的运用，使一个“无支票、无现金社会”的到来不久将成为现实。

中国早在1979年就开始办理国外信用卡业务。1985年3月，中国银行珠海分行发行的中银卡是中国信用卡发卡机构发行的第一张信用卡，标志着信用卡业务已正式进入中国。1986年6月，中国银行北京分行发行了长城信用卡，代表着中国信用卡业务即将在中国掀起一场新革命。后来，长城信用卡经中国银行总行命名后，作为中国银行系统统一的信用卡名称，在全国中国银行系统内全面发行。伴随着中国银行长城信用卡的发展，各商业银行纷纷推出了自己的信用卡品种，包括中国工商银行的牡丹卡、中国建设银行的龙卡、中国农业银行的金穗卡。

第1节 银行卡的分类

银行卡是由商业银行发行的，具有消费信用、转账结算、存取现金等全部或部分功能，作为结算支付工具的各类卡。按照国际统一标准，银行卡长85.72毫米，宽53.975毫米，厚0.762毫米，现在也出现了外形灵活的迷你卡和形状不规则的异形卡。在银行卡正面有发卡机构的名称、标识和名称缩写，以及用凸字或平面方式印制的卡号、持有者的姓名、有效期限等信息；卡片背面则有用于记录有关信息的磁条、供持卡人签字的签名条以及发卡机构的说明等。

根据清偿方式、发卡对象及信用度、卡片介质等的不同，银行卡有不同的分类，如表 3－1 所示。

表 3—1 银行卡的分类

清偿方式	发卡对象	营销手段	载体材料	流通范围	信用等级	结算币种
借记卡 贷记卡	个人卡 单位卡	联名卡 认同卡	塑料卡 磁卡 IC 卡	国际卡 本地卡	金卡 普通卡	本币卡 外币卡

一、按照载体材料分类

按照载体材料，银行卡可以划分为塑料卡、磁卡和 IC 卡等。

（一）金属卡或塑料卡

具有支付结算作用的卡片 1915 年起源于美国，卡片的载体为塑料或金属，与计算机系统无关，早期的发行机构也不是银行。顾客凭借发行的信用筹码（shoppers-plates）在商店及分号赊购商品，分期付款。在农村，购买农具时通常都是开出一张期票，承诺庄稼收获以后再付款；在城市，购买耐用品，比如家具，通常都以分期付款的方式实现支付。1948 年美国几个主要百货公司建立了联合性支付计划。不过，当时支付卡的使用受到严格限制，只被和发行者有密切关系的机构接受。到了 20 世纪 40 年代末，具有“普遍用途”的支付卡还不存在。

几个关键性革新促使支付卡产业有了突破性的进展。

1. 第三方信用的介入

实力弱小的企业由于不能提供分期付款服务，在商业竞争中处于劣势。第三方信用的介入有助于使商业竞争更为公平。大莱俱乐部（Diners Club，又译为晚餐者俱乐部）最早为会员提供一种能够证明身份和支付能力的卡片，会员可以凭卡到饭店记账消费。大莱俱乐部的出现，标志着现代信用卡运作机制的诞生。起初，大莱公司只有 200 多位会员，每年交 3 美元会费就可以在纽约 27 家饭店中的任何一家先吃饭后付款。到了 1951 年年底，大莱卡的交易额已达到 100 万美元以上，公司开始盈利。1978 年大莱俱乐部改名为大莱信用卡有限公司。

2. 银行发行支付卡

到 20 世纪 50 年代晚期，大批银行加入到发行支付卡的行列。相对于商业部门，银行部门更容易了解持卡人的经济实力和货币收支情况，能够更好地进行风险管理；相对于商业信用卡，银行卡的信用程度较高，使用范围较广，功能较为多元化。然而，早期支付卡产业发展步伐缓慢。1977 年，消费者在“普遍用途”的支付卡上的总交易额仅占家庭总收入的 3.4%，到 1997 年才达到 20%。

3. 银行卡组织的建立

阻碍支付卡行业发展的最大障碍是难以在短期内将大量的消费者和商家纳入系统，即支付卡发行者必须同时说服消费者和商家接受它们的卡，这是一件困难且成本很高的事情。银行卡组织的出现使许多发卡机构联合起来在同一名义下建立一个联合组织，共同负担这个体系的运转，同时按照一定的入网规则共享资源。

（二）磁卡

磁卡诞生于20世纪70年代初。磁卡的磁条是一层薄薄的由排列定向的铁性氧化粒子组成的材料，用树脂黏合剂严密地黏合在一起，并黏合在诸如纸或塑料等非磁基卡片上。

应用于银行系统的磁卡标准涉及ISO 7810，ISO 7811—1至ISO 7811—6，ISO 7812，ISO 7813以及ISO 15457等。其中ISO 7810标准制定了磁卡的物理特性等；ISO 7811—4标准制定了磁卡上只读的Track1和Track2的记录技术标准；ISO 7811—5标准制定了磁卡上可读/写的Track3的记录技术标准；ISO 7812标准制定了磁卡的记录技术标准；ISO 15457标准制定了磁卡物理标准、测试方式等。

磁条中含有2～3个磁道，每个磁道记录相关信息，根据ISO标准，第一、二、三磁道可被编码的最多字符数分别为79个，40个，107个，其中包括起始和结束标记，由此可见，磁卡的信息存储量相当有限。在三个磁道中，第一、二磁道规定为只读磁道，第三磁道为读写磁道；第一磁道是字符型磁道，第二、三磁道是数字型磁道。

第一磁道基本保留给发卡行使用。第二磁道的数据标准最初由美国银行家协会制定，主要存放卡的唯一识别号、有效期限、是否允许透支等信息。第三磁道主要用于那些经常对数据进行更改、重写的场合，而且很多应用都是处于脱机（off line）的模式，即银行（验证）系统很难实时对磁卡上的数据进行跟踪，表现为第三磁道的数据与银行（验证）系统所记录的当前数据不同。例如，密码输入次数。

应用时，磁卡在读卡机上“刷”过，读卡机的磁头读出磁条中的信息并将其转变成电信号，经过计算机或专门电路的解码，将电信号进一步复原为可理解的信息内容。出于业务和安全的需要，国际标准化组织对磁卡的尺寸、物理特性、凸印符号、磁条的位置、尺寸、读写性能、数据格式等做了统一的规定，也就是说制定了国际通行的磁卡通信标准、数据标准和生产标准。

磁卡的主要优点是技术简单，成本低廉，而缺点是：（1）存储容量小；（2）安全性能差，容易出现消磁、划伤等损耗和伪造、篡改等恶意破坏；（3）不适合脱机处理。在一些功能简单的应用领域，磁卡仍在大量使用，例如小额购物、电话、车票、门禁等。

案例

指纹及智能卡多重生物特征解决方案出台

基于指纹和智能卡的全球领先易用型生物特征安全解决方案的开发和销售商 Precise Biometrics AB (publ) 已开始与 Iridian Technologies，OmniPerception 以及夏普（Sharp）合作，并推出了基于夏普 SJCard 的多重生物特征卡内匹配（match-on-card）解决方案。

Precise Match-On-Card™技术提供一项具有成本效益且安全的解决方案，可凭借通用应用界面，实现智能卡上的指纹、虹膜和面部特征的直接存储和匹配。该方案能提升安全性，简化可扩展性，并降低基础设施成本，尤其适用于有生物特征要求的身份识别卡和护照项目。

资料来源：http：//info. secu. hc360. com/2005/40/13085870050. shtml.

（三）IC 卡

IC 卡是一种安装有集成电路的卡片。IC 卡是由法国电脑工程师罗兰德·莫雷诺（Roland Moreno）于 20 世纪 70 年代发明的，是在塑料卡上封装一个非常小的微型芯片，用来存储记录数据。其中仅具有存储器和 I/O 接口的 IC 卡称为存储卡，存储器可存储持卡人的个人信息和账户信息；具有微型计算机芯片的 IC 卡，常被称为智能卡。

IC 卡具有下列优点：安全性高、难以伪造；具有中央处理器（CPU）和较大的存储量，可拓展的功能较多；具有联机处理和脱机处理双重能力，联网要求低。IC 卡是未来银行卡的发展方向。近年广泛使用的射频卡是非接触式 IC 卡，相对于接触式 IC 卡，具有快捷方便、高可靠性、高安全性、抗干扰等特点。目前全球信用卡正在由磁卡向 IC 卡过渡，即 EMV 迁移。

案例

EMV 迁移

中国银行业约 7 亿张磁卡将面临一场史无前例的更新运动，时限就在 2005 年年底。

事情源于全球三大国际银行卡组织——欧陆卡（Europay）、万事达卡、威士（前两者已合并）联合制定的 EMV 全球规范正在全球强制性推行，并已定下有关罚则。在亚太地区，若在 2006 年 1 月前，仍未更换符合 EMV 标准的银行卡芯片和 POS 机，凡由伪卡造成的损失将全部由收单行承担。

国际银行卡组织称：EMV 标准严防伪卡欺诈

威士国际组织亚太区副总裁兼中国区总经理熊安平称，在 EMV 全球规范下，银行卡支付体系将用芯片取代现存的磁卡体系，并确保全球互通互用。银行卡支付体系采取 EMV 标准后，将防止伪卡欺诈带来的风险。威士国际组织麻少华解释称，因为芯片卡新增了加密功能及持卡人身份辨认，可以提供层层的关卡保护芯片内的资料不被盗取。与此同时，只有在终端和信用卡及发卡行互相认证后，银行卡方可成功刷卡。如此操作可以有效防止银行卡资料被盗录及制造伪卡。

据悉，对于亚太地区来讲，在 2006 年 1 月之前，全球范围内的 POS 机和银行卡未按 EMV 标准实施更换，凡伪卡造成的损失均由收单行承担。因为三大国际银行卡组织具有国际垄断地位，此次银行卡革命带有较浓的强制色彩。这意味着中国银行业也面临着大量磁卡和 POS 机更换任务。

某股份制商业银行称：更换成本过高，短期效益低

尽管威士和万事达卡两大国际组织为推动 EMV 标准在全球实施定下严厉的惩罚性条款，但中国银行业到 2005 年未有一家银行发行符合 EMV 标准的银行卡，也没有更换一台符合 EMV 标准的 POS 机。

熊安平表示，事实上，EMV 标准已自 2003 年 1 月生效。为何在 EMV 标准实施 2 年之余后，中国银行业如此“怠慢”EMV 标准呢？难道不担心需要承担可能有的巨大损失吗？

一家股份制商业银行信用卡部负责人私下向记者表示，国内银行业之所以消极对待 EMV 标准，最主要的原因在于更换革命带来的巨额成本。据不完全测算，如果国内商业银行全面完成符合 EMV 标准的更换工作，总投资额将高达 100 亿元。而换卡工作短期内又难以带来明显效益。

熊安平也承认，一张磁卡的制卡成本为 0.5 美元，而一张芯片卡的制作成本却高达 1.5～5 美元。但他认为银行应从长远利益看待换卡一事。磁卡的平均寿命仅为 2 年，而芯片卡的平均寿命却长达 5～7 年。

熊安平和许光则警告中国银行业，如果中国银行业在 2006 年仍不更换有关银行卡及终端，国际伪卡集团极有可能转移至中国，中国银行业将面临着较大的伪卡损失风险。客户也可能因此而减少持卡和刷卡的意愿。

业内人士认为，非营利的国际银行卡组织实际代表了其大会员——外资银行巨头的利益诉求，高举“安全牌”的背后隐藏的是以标准先行来抢占中国银行卡市场的商业野心，并且智能卡并不能完全防范信用卡犯罪。而且中国银行业也并非真正地消极对待，不作为。

中国银联开始行动：起草相关标准与 EMV 互容

中国银联正加紧起草与 EMV 标准互容的银行卡标准，并成立了专责小组，推动 EMV 标准在中国试点。万事达卡国际组织亚太区副总裁许光透露，经过威士、万事达卡和中国银联三方多次商讨，中国银联目前起草的有关规范标准已与国际的 EMV 标准互容。

银行业的准备工作：中国工商银行

2005 年，中国工商银行发行了国内首张 EMV 标准国际信用卡，该卡片一卡双币，同时开设人民币账户和外币账户，主要发放给有出国需要的持卡人，主要的应用领域也是零售行业。截至 2011 年第三季度末，中国工商银行在金融 IC 卡领域，已发卡 1 586 万张，配备了 8 万多台双界面读卡器，96%的 ATM 设备可支持受理金融 IC 卡。

区域试点：上海将率先试点更换

上海市信息委经济信息化处负责人介绍，上海有关EMV迁移的实施方案于2005年2月递交市政府审议，同年下半年正式试点并推广有关银行卡换芯工作。上海EMV迁移步骤按照“先试点POS机和ATM换卡工作，在受理环境改善后用芯片卡逐步取代磁卡”进行。

其他主要经济体的态度

2009年，美国支付卡市场上没人认为1～2年内需要引进EMV标准，而认为永远不需要引进的比例高达36%。到2011年，有19%的人认为1～2年内需要引进EMV标准，而只有17%的人认为永远不需要引进。

中国银行监督管理委员会要求扩大银行IC卡应用和标准化

中国银联工作人员表示，IC卡的覆盖是一个联动的过程。要有具备功能的刷卡设备之后，各家银行才愿意发卡。所以中国银联已经带领各家银行首先从改造机具开始，营造一个可以使用IC卡的环境。接下来，银行方面将会大力发卡，进一步取代原有的磁卡。另外，新卡和机具之间也需要一些技术上的调整。

由于机具的改造需要一定的时间，有可能会耽误商户的营业，中国银联和各家银行准备从小商户开始入手，逐步扩大到大商户，尽可能在不耽误营业的情况下完成改造。

2009年6月，中国银联产品创新部副总经理徐晋耀在接受采访时表示，中国银联将在5年内推行2 000万张符合PBOC 2.0标准的IC银行卡。目前正在使用中的复合卡可以在已完成EMV迁移的机具上使用，不必再做其他升级。

资料来源：整理自北晨网，www.morningpost.com.cn。

二、按照与银行账户的关系分类

按照与银行账户的关系分类，银行卡主要包括借记卡和贷记卡。借记卡是指由商业银行向社会发行的具有消费信用、转账结算、存取现金等全部或部分功能的支付工具，不能透支。贷记卡（信用卡）是由银行或信用卡公司向资信良好的个人和机构签发的一种信用凭证，持卡人可在指定的特约商户购物或获得服务。信用卡既是发卡机构发放循环信贷和提供相关服务的凭证，也是持卡人信誉的标志，可以透支。按照授信程度的不同，贷记卡分为真正意义上的贷记卡和准贷记卡。

下面以信用卡为例，讨论银行卡的货币职能。

（1）价值尺度。一张信用卡本身只是一个信用凭证，不能代表某一数额的价值。信用卡是价值转移的手段，是一种支付工具，可以作为货币的载体，但不等同于货币本身。

（2）流通职能（交易媒介）。信用卡在交易过程中一直归持卡人所有，没有发生位置移动，持卡人凭卡消费之后，信用卡代表货币充当了交易的媒介，是银行信用的体现。

（3）支付手段。信用卡在形式上突破了货币使用上的局限性，体现了现金所不具有的优越性。

（4）储藏职能。首先信用卡本身并不能代表一定的价值，其次它具有一定的有效期，例如有限期为 5 年的信用卡，在 5 年的有效期后可能就是一张废纸。

总之，信用卡之所以能像货币一样拥有购买能力，完全是因为有银行担保付款的承诺，以及持卡客户担保还款的承诺，是一种信用的体现，而不是货币价值的体现。然而作为一种先进的支付工具，信用卡对货币的未来发展必将产生重大影响。

三、按照营销手段分类

从营销的角度来划分，银行卡可划分为联名卡（co-branded card）、认同卡（affinity card）。根据中国人民银行《银行卡业务管理办法》第十一条的定义，联名/认同卡是商业银行与营利性机构/非营利机构合作发行的银行卡附属产品，其所依附的银行卡品种必须是已经中国人民银行批准的品种，并应当遵守相应品种的业务章程或管理办法。发卡行和联名单位应当为联名卡持卡人在联名单位用卡提供一定比例的折扣优惠或特殊服务；持卡人领用认同卡表示对认同单位事业的支持。

联名卡与认同卡的区别在于银行的合作对象和持卡人用卡消费后所产生的利益的回报方式有所不同。例如，美国联名卡 GM Card，就将持卡人用卡消费金额的 5%转为购买通用汽车指定车辆的资金。可见，联名卡持卡人直接获利，而与银行合作的通用汽车也直接获利。而美国 MBNA Card 与某个大学发行认同卡，持卡人持卡消费金额的 1%将送给持卡人所属的学校。虽然持卡人没有直接得到好处，其学校直接得到了好处，这也可视为持卡人间接受益。图 3—1 所示是中国建设银行与中央财经大学的认同卡。

图 3—1 认同卡

随着市场竞争的日趋激烈，银行为了开拓市场，纷纷对外寻求合作伙伴，联名/认同卡成为信用卡发展的一大趋势。互相利用资源是联名/认同卡的根本出发点。银行之所以对这类银行卡的附属产品如此感兴趣，主要还是看重合作方拥有的广大高品质客户资源。联名/认同卡同时也是银行产品和服务差异化的具体体现。

第 2 节 银行卡产业链分析

从产业链来看，银行卡支付产业有产品供应商、信息服务商、终端服务商以及其他各种提供专业化服务的第三方机构。银行卡的产品供应商主要是发卡机构，包括商业银行和专业信用卡公司；信息服务商包括银行卡组织和各种类型的区域性转接网络；终端服务商则包括收单机构和其他提供终端管理、维护服务的专业化服务机构。随着产业的日益成熟，银行卡产业的内部分工也日益细化，产业链的细分环节也越来越多，但其中最主要的参与者不外乎发卡机构、收单机构、银行卡组织和第三方服务机构（见图 3—2）。

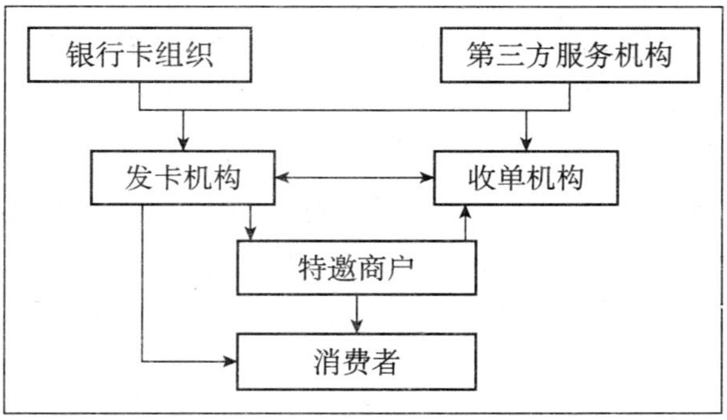

图 3—2 银行卡产业链

一、发卡机构

发卡机构的主要职能是向持卡人发行银行卡，并通过提供相关的服务收取一定的费用。以信用卡为例，通过发行银行卡，发卡机构获得持卡人支付的信用卡年费、透支利息、持卡人享受各种服务支付的手续费、商户回佣分成等。国际银行卡市场上发行信用卡的机构主要有两种，即银行和专业信用卡公司，以银行为主。在全球排名前十位的发卡机构中，商业银行占 70%，其余 30% 是非银行专业信用卡公司。大部分专业信用卡公司是由大型企业集团和零售商发起的，如美国的通用电气、AT&T，日本的世尊（SAISON），韩国的 LG、三星等。

发卡机构拥有持卡人的账户，并负有下列职责：

（1）争取持卡人，与持卡人签订合同协议。

（2）发卡。

（3）向持卡人发送对账单，并收取应收款项。

（4）向收单行和特约商户提供授权决策，并在银行卡支付系统内设置参数以控制风险。

（5）向持卡人提供各种各样的支付服务，听取持卡人的申诉，解决持卡人的疑难问题等。

（6）保留持卡人的账户记录，并向客户提供解决争议的服务。

发卡机构从以下项目中获得收入：

（1）年费。即发卡机构向持卡人收取的信用卡印刷工本费、服务管理费等，不同的卡收费标准不同。

（2）循环利息。信用卡不需要存款即可透支消费，并可享有25～56天的免息期，按时还款利息分文不收；如每期消费在最后还款日前未全额还款，但达到最低还款额的，在支付循环利息的条件下，不影响资金流和信用记录，但要从消费入账日起计算利息。

（3）滞纳金。持卡人未能按要求在到期还款日之前偿还最低还款额的，除应支付贷款利息，银行还对低于最低还款额的部分收取5%的滞纳金。

（4）预借现金的手续费和利息。取现的利息也是按天计算的，而且没有免息期，从取现当天就开始计算利息。需要注意的是存在信用卡里的资金是没有活期利息的，此外，很多银行即使卡内存有现金，取现仍要收取一笔手续费。

（5）交易回佣费。交易回佣费按交易金额的一定比例由收单行支付给发卡行。

（6）货币转换费。货币转换费是指当消费者使用双币信用卡或单一外币信用卡在国际结算线路上消费外币时，国际银行卡组织和发卡行要收取的费用，以之作为换汇的报酬。如威士国际组织规定，按每笔交易金额的1%～2%收取货币转换费。

二、收单机构

收单机构主要负责特约商户的开拓与管理、授权请求、结账结算等活动，其利益主要来源于商户回佣、商户支付的其他服务费（如POS机租用费、月费等）及商户存款的增加。

目前国际银行卡市场的收单机构主要有两类：一是银行；二是专业化收单机构。自20世纪90年代以来，随着网络规模化和集中化的趋势不断发展，收单市场在专业化服务日益细分的条件下经历了大规模的整合与集中。以美国为例，1989年，美国前十大收单机构占整个市场份额的比重是49%。目前在北美、欧洲等成熟的银行卡市场上，几乎全部收单机构都是专业化服务机构。其中在市场上最有影响力的当属第一资讯公司（First Date Company，FDC）旗下的第一数据商户服务公司（First Date Merchant Services，FDMS）。FDMS成立于1996年，拥有20多家与各家收单行合资成立的商户联盟公司，专门提供商户的收单交易处理服务，包括授权和交易获取、清分、清算、退单、交易信息管理和设备管理等。FDMS旗下还拥有专门从事POS机租赁、维护的专业公司TASQ技术公司。

收单机构的职责如下：

（1）发展特约商户，与特约商户签订协议并决定它要支付的各种费用。

（2）向特约商户提供受理银行卡和获取授权的电子设备或手工设备，这里指的是POS机、压卡设备等，并提供授权服务。

（3）负责偿付特约商户应得的交易款项。

（4）负责处理交易收据，将其明细送交信用卡国际组织的清算系统。

收单机构从以下项目中获得收入：

（1）特约商户折扣费。收单机构从为商户提供的服务中获得收入，这种收入按商户交易销售总额的一定百分比计算，通常称为商户折扣费、商户服务费或交易手续费，由收单机构按交易金额的一定比例向特约商户收取。依据2003年12月19日中国人民银行批复的《中国银联入网机构银行卡跨行交易收益分配办法》的规定，人民币信用卡的交易手续费一般为交易金额的2%（如果遇到本行交易，即发卡机构自身的分支机构作为特约商户的收单机构，则手续费按分支机构之间约定的分配比例）；境外机构发行、在中国境内使用的信用卡（国际卡交易），交易手续费一般为交易金额的4%，其中，手工压单时，收单机构得到2.56%（余下的1.44%给发卡行），使用POS机或ATM刷卡时，收单机构得到3%（因为提供了设备）。

（2）手工取现。对于国际卡，通常收单机构可从发卡机构处得到1.75美元+取现额的0.33%的交换回佣费；对于国内卡，由于在国内尚未有真正意义上的收单机构，是否收费各家银行有不同的规定。

（3）ATM/Plus交易。收单机构可从发卡机构处得到2.25美元的交换回佣费，在地理位置特别好的超级ATM上取现时，收单机构可得到3美元。

（4）国际交易的货币转换费。一般按每笔交易金额的1%收取，其中，收单机构可得到其中的15%。

三、银行卡组织

银行卡组织往往不直接发卡，也不参与交易本身。银行卡组织的职能在于建立、维护和扩大跨行信息交换网络，通过建立公共信息网络和统一的操作平台，向会员银行提供信息交换、清算和结算、统一授权、品牌营销、协助会员银行进行风险控制及反欺诈等服务。银行卡组织一般分为开放式银行卡组织与封闭式银行卡组织，下面分别进行介绍。

（一）开放式银行卡组织

目前全球开放式银行卡组织有两家，即威士国际组织和万事达卡国际组织，它们占有90%的信用卡市场。图3—3描述了开放式银行卡组织的运作模式。

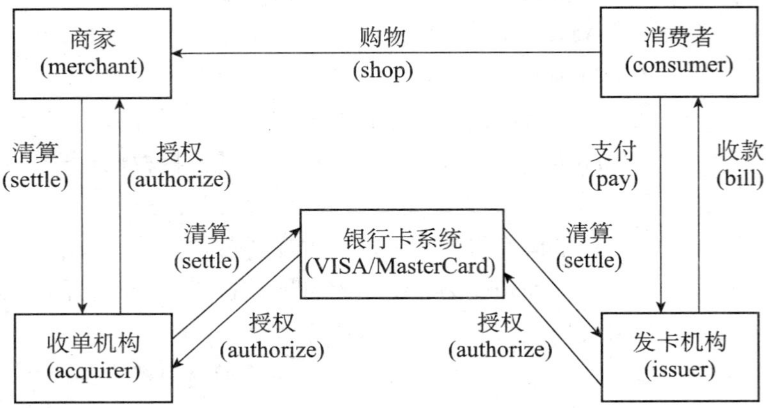

图3—3 开放式银行卡组织的运作模式

威士国际组织的前身是1966年成立的美国银行服务公司（Bank America Service Corporation），这是一个全国性的对其美国银行卡和蓝、白、金色服务品牌进行授予许可经营权的机构。美国银行服务公司是由美国银行（Bank of America Corporation）与西方国家的一些商业银行合作成立的银行卡联盟，这些商业银行包括银行家信托公司、第一芝加哥银行（First Chicago Bank）以及一些社区性和地方性银行。1976年美国银行服务公司正式更名为威士国际组织，成为全球性的信用卡联合组织。威士国际组织本身并不直接发卡，威士品牌的信用卡是由参加威士国际组织的会员（主要是银行）发行的。它拥有众多子商标：VISA，Electron，Interlink，Plus，VISA Cash等。威士是目前全球占有率最高的信用卡品牌，达65%左右，在线支付市场使用率高达70%。其中威士在亚太地区在线支付使用率比在欧美地区要高，目前威士在亚太地区的使用率超过70%，而在欧美地区的使用率为68%。

万事达卡国际组织是全球第二大信用卡国际组织，1966年成立于美国加利福尼亚，当时名称为全国银行卡协会（Interbank Card Association）；1969年全国银行卡协会从西部州银行卡协会（Western States Bankcard Association）手中将其发行的万事达支付卡（Master Charge）商标的经营权买了下来，统一了各会员银行的信用卡名称，并于1980年更名为万事达卡国际组织。2002年6月28日，万事达卡国际组织与欧陆卡国际组织重组为一家公司制企业，正式结束了非营利会员组织的历史。它拥有子商标MasterCard，Mondex，Maestro，Cirrus等。万事达卡是全球使用率第二的信用卡品牌，其占有率达28%，在线支付市场使用率为30%左右。它有段经典的广告词："There's something money can't buy, for anything else there's mastercard."意思是：当用金钱买不到的时候，试试万事达卡。2001年和欧陆卡合并以后，万事达卡在欧洲的使用率越来越高。目前万事达卡在欧洲地区使用率最高，其次为北美地区，亚太地区最低。

（二）封闭式银行卡组织

目前全球封闭式银行卡组织主要有三家，它们分别是美国运通公司（America Express)、大莱信用卡有限公司、JCB日本国际信用卡公司。图3—4描述了封闭式银行卡组织的运作模式。

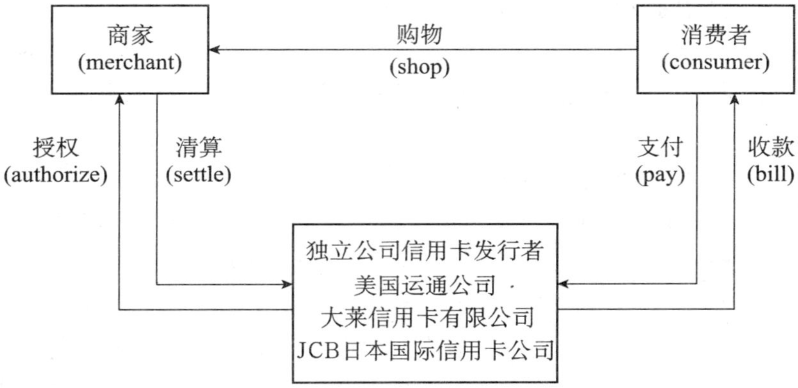

图3—4 封闭式银行卡组织的运作模式

（三）产业链价值分配

在整个银行卡产业链中，银行卡组织不仅提供信息交换、清算与结算等服务，更为重要的是为整个银行卡产业提供一个合理的价格结构和价格标准。国外银行卡组织一般都制定自己的收费标准，其会员必须按照相关规定收取服务费用，所以银行卡组织对整个产业中的利益分配起着关键性决定作用。下面简要列举几个主要银行卡组织的收费标准，并作比较分析。

中国银行卡产业的定价主要是依据中国人民银行颁布的126号文件《中国银联入网机构银行卡跨行交易收益分配办法》（2004年），中国人民银行在充分考虑到中国银联和各入网机构利益的基础上，对银行卡跨行交易收益分配办法确定如下：

ATM跨行交易分为取款和查询两种交易，交易手续费分配涉及发卡行、提供机具和代理业务的代理银行以及提供跨行信息转接的中国银联。ATM跨行取款交易收益分配采用固定代理银行手续费和银联网络服务费方式。持卡人在他行ATM上成功办理取款时，无论同城或异地，发卡行均按每笔3.0元的标准向代理银行支付代理手续费，同时按每笔0.6元的标准向中国银联支付网络服务费。暂不规定ATM跨行查询收费。

POS 机跨行交易商户结算手续费的分配涉及发卡行，提供 POS 机和完成对商户资金结算的收单机构（统称收单方），以及提供跨行信息转接的中国银联。

POS 机跨行交易的商户结算手续费收益分配，采用固定发卡行收益和中国银联网络服务费方式，即对每笔商户结算手续费，发卡行获得的固定收益和中国银联收取的网络服务费执行如下标准：

（1）对宾馆、餐饮、娱乐、珠宝金饰、工艺美术品类的商户，发卡行的固定收益为交易金额的 1.4%，中国银联的网络服务费为交易金额的 0.2%。

（2）对一般类型的商户，发卡行的固定收益为交易金额的 0.7%，中国银联的网络服务费为交易金额的 0.1%。

（3）在上述（2）的基础上，对以下几类特殊行业或商户，现阶段可通过降低发卡行收益比例和中国银联网络服务费的方式予以适当优惠：

1）对房地产、汽车销售类商户，发卡行固定收益及中国银联网络服务费比照一般类型商户的办法和标准收取，但发卡行收益每笔最高不超过 40 元，中国银联网络服务费每笔最高不超过 5 元；对批发类的商户，发卡行固定收益及中国银联网络服务费比照一般类型商户的办法和标准收取，但发卡行收益每笔最高不超过 16 元，中国银联网络服务费每笔最高不超过 2 元。

2）对航空售票、加油、超市等类型的商户，发卡行固定收益及中国银联网络服务费比照一般类型商户减半收取，即发卡行的固定收益为交易金额的 0.35%，中国银联的网络服务费为交易金额的 0.05%。

3）对公立医院和公立学校，发卡行和中国银联暂不参与收益分配。

2013 年 1 月，国家发展和改革委员会下发《关于优化和调整银行卡刷卡手续费的通知》，以进一步减轻商户负担，方便群众持卡消费，促进银行卡产业健康发展。

国外银行卡组织所规定的收费标准比较复杂，对于同一国家（domestic）、同一区域（intra-regional）或不同区域（inter-regional），收费标准是不同的。对于使用信用卡和借记卡进行刷卡消费的收费标准也是不同的，下面我们简要地列举威士与万事达卡等银行卡组织在欧洲等国所制定的收费标准。

与中国相同，威士等银行卡组织根据商户类型的不同而制定不同的费率标准。中国划分的标准是根据行业的盈利水平，而威士等银行卡组织是根据商户规模大小以及市场控制力（control power）来区别定价的。2004 年五大银行卡组织收取欧洲 25 个国家两种不同类型商户的信用卡平均扣率，根据大小商户不同分别制定了标准，其中威士扣率为 1.4%～2.3%，万事达卡为 1.5%～2.5%，美国运通为 2.4%～3.5%，大莱为 2.5%～3.3%，JCB 为 2.20%～3.2%。可以看出，威士和万事达卡等开放式银行卡组织为了吸纳更多的商户资源，一般会制定较低的扣率水平；而美国运通等封闭式银行卡组织往往把商户扣率定得较高，以突出其高端市场的策略。中国的商户扣率为

1%～2%，远远低于五大银行卡组织所定的水平，所以目前中国人民银行所制定的扣率水平还是比较温和的。

五大银行卡组织对于同一国家（domestic）、同一区域（intra-regional）或不同区域（inter-regional）制定的交换费标准也是不同的。对于欧洲地区，银行卡组织的跨国家（cross-border）交换费标准根据信用卡和借记卡的不同而有所差异。对于信用卡，威士制定的费率为 0.65%～1.05%，而万事达卡为 0.8%～1.3%；对于借记卡，威士制定的费率为 0.27%～0.30%，而万事达卡为 0.5%～1.15%。

四、特约商户

特约商户是指受理银行卡业务的商户，这些商户大多服务于商业零售领域，同银行卡代理银行签订合同同意接受以银行卡作为购买商品和劳务的支付方式，并且将交易单据送至代理银行处。在银行卡业务完成后，特约商户还需向发卡行和收单行支付一定比例的手续费，一般为交易金额的百分之几。

五、持卡人

这是指持有银行卡进行购物消费的客户。持卡人与发卡行签订持卡合同，并遵守银行卡账户使用的规章制度，同时也可以享受到银行卡带来的消费的便利以及其他的权利，如查询账单、卡挂失、电话银行服务等。

第 3 节　银行卡的支付模式

如今银行卡已经是一种十分普及的支付工具，银行卡支付成为近年来最常见的网上支付解决方案。银行卡网上支付中的主要问题是安全问题。网上支付所产生的欺诈风险较传统支付方式更大，主要是因为网络传输的快速特征，使得欺诈在发现之前有可能已经蔓延，而网络全球性的特征又使欺诈行为的扩散不受地域限制。同时，互联网作为开放性的网络，其本身在安全性方面就有很多漏洞。因此，围绕安全问题的解决，产生了各类银行卡网上支付方案。

迄今为止，银行卡支付模式主要可以分为无安全措施的银行卡支付模式、基于第三方机构的银行卡支付模式和基于银行卡组织的支付模式，下面逐一进行介绍。

一、无安全措施的银行卡支付模式

无安全措施的银行卡支付模式是指在运用银行卡进行结算时持卡人在没有

任何安全措施的情况下把银行卡号码与密码传送给商家，由商家继续后续的操作流程。这种支付模式的主要流程比较简单，持卡人从商家消费或订货且把银行卡的相关信息通过电话、传真或互联网传送给商家；商家收到相关信息后，与银行之间使用各自的授权，检查银行卡的合法性。具体的支付模式流程如图3—5所示。

图3—5 无安全措施的银行卡支付模式流程示意图

无安全措施的银行卡支付模式主要运用于20世纪90年代初期，即银行卡支付并不成熟的时期，其主要特点是风险由商家负责，安全性差，持卡人的银行卡隐私信息完全被商家掌握，支付效率比较低。

在采用无安全措施的银行卡支付模式时，由于商家完全掌握消费者的银行卡信息，存在着银行卡信息被窃取的风险。为了降低这一风险，在买方和卖方之间加入一个具有诚信的第三方机构是一种可在一定程度上降低支付风险的方式。

二、基于第三方机构的银行卡支付模式

这种模式通过第三方的协助来保证银行卡信息的安全，即在消费者和商家之间，不直接进行银行卡信息的传递，而是以一定方式通过第三方来完成。第一虚拟系统（First Virtual，FV）和CyberCash信用卡网上支付系统是这种模式的代表。

（一）第一虚拟系统

1994年12月，第一虚拟公司（First Virtual Holdings，http://www.firstvirtual.com）推出了一种以信用卡为基础的支付模式，这种模式简称为FV。该支付机制是一个不用加密的支付系统，其目的就是在网络上进行小额交易，并且无须专用的客户端软件和硬件，简单易行。

消费者首先要持有FV接受的信用卡，并在FV建立账户。消费者通过填写注册单或通过电话等其他通信工具，将信用卡信息和电子邮件地址传递给FV。由FV为消费者发送一个虚拟身份号码（VPIN），消费者可以用它替代信用卡信息在网上传输。

图3—6给出了消费者利用FV在网上购物的步骤。

（1）当消费者在FV特约网上商家购物时，消费者输入其VPIN，并发往商家。

（2）通过查询FV服务器，商家确认该VPIN的有效性。

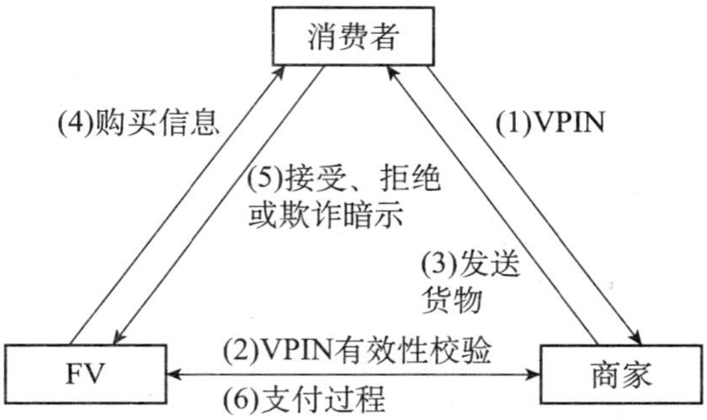

图 3—6 利用 FV 系统进行购买的流程示意图

(3) 如果 VPIN 没有在黑名单中，那么商家发送货物给消费者。

(4) 此时，FV 并不进行支付，而是通过电子邮件或 WWW 格式向消费者发送信息，以确认是否有真实的购买意愿。

(5) 消费者的回复有三种可能性，即接受、拒绝或欺诈暗示。对于第三种情况，意味着物品并非消费者所订购，该 VPIN 会立即被列入黑名单。当拒绝时，表示不愿对此进行支付。当得到肯定时，继续支付过程。

(6) FV 脱离互联网，利用信用卡授信系统网络进行信用卡真实性、消费者身份合法性、信用额度的确认，请求垫付。由 FV 从信用卡公司转移过来的代垫金额中扣除应收手续费后，增加商家的存款账户余额。通常由消费者集中一次在适当时间和信用卡公司进行结算。

在这个过程中，如果 VPIN 在网上被盗窃，会产生假冒的购买者，直到该 VPIN 被列入黑名单，由于支付请求是通过电子邮件发送给消费者的，因此会有一定的时间延迟。但从运行情况看，该系统发生欺诈的比例很小，而且即使发生欺诈问题，损失也只是一笔交易，而不会是很大的损失。

(二) CyberCash 信用卡网上支付系统

CyberCash 公司（http：//www. cybercash. com）成立于 1994 年 8 月，主要为互联网上的金融交易提供软件和服务解决方案。CyberCash 的安全互联网支付系统使消费者能够利用信用卡在 CyberCash 会员商店安全购物。CyberCash 系统于 1995 年 4 月开始运行。

图 3—7 给出了 CyberCash 系统的概况。CyberCash 的网关服务器与现行金融基础设施相连，即一边与互联网相连，一边与银行处理器相连。CyberCash 系统的支付流程与 FV 类似，消费者和商家首先在 CyberCash 系统设立账户。消费者在 CyberCash 主页上免费下载 CyberCash 软件，通过运行该软件将信用卡信息注册到系统，在信息传递过程中使用了复杂的加密技术。在购买时，包括消费者信用卡信息在内的购买信息通过该网关进行传送。真正的信用卡支付在银行网络中完成，交易结果通过 CyberCash 网关返回商家。如果支付交易成功，商家将给消费者发送物品。可见，CyberCash 为银行网络与互联网

之间信息的安全传输提供服务。

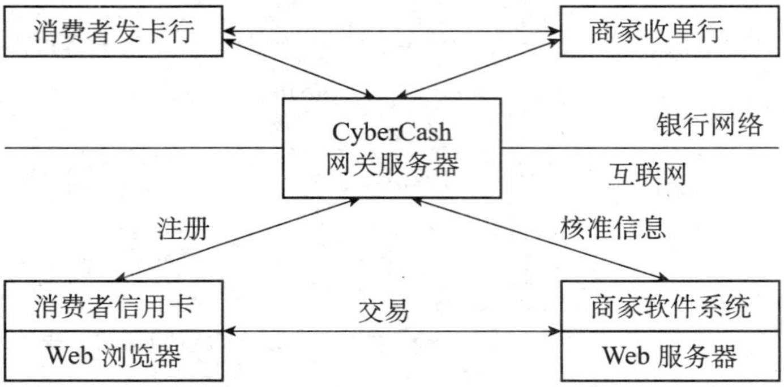

图 3—7 CyberCash 系统模拟图

三、基于银行卡组织的支付模式

基于银行卡组织的支付模式是目前最常用的一种模式，占据消费者刷卡市场的主导地位，其主要的支付流程如图 3—8 所示。

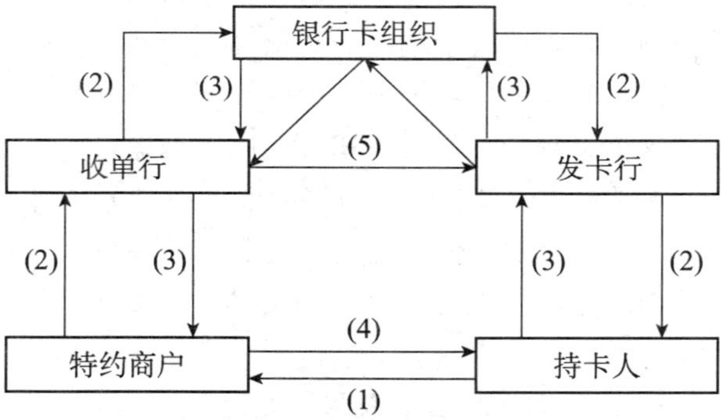

图 3—8 基于银行卡组织的银行卡支付模式流程图

（1）持卡人在特约商户处选购商品，并在 POS 机上刷卡支付货款。

（2）POS 机将持卡人支付授权发送给收单行，收单行发送给银行卡组织，银行卡组织再发送给发卡行。

（3）发卡行从持卡人银行卡账户扣款，并向银行卡组织发送扣款成功信息，银行卡组织把此信息发给收单行，收单行再发给特约商户。

（4）特约商户为持卡人提供产品。

（5）收单行、发卡行、银行卡组织之间结算，然后特约商户与收单行结算。

第 4 节　威士网络支付结算流程

本节以持有威士信用卡消费为例说明信用卡的交易支付过程。信用卡交易支付过程通常由信用卡清分授权和信用卡清分结算两个部分组成。

例如，一个中国银行北京分行的威士卡持卡人，目前在美国旅游，一日，该持卡人在纽约春天百货商场看中一套标价 400 美元的西服，并准备购买。美国威尔士银行纽约分行也是威士国际组织的会员银行，该纽约春天百货商场是该银行发展的特约商户，美国威尔士银行纽约分行作为纽约春天百货商场的收单行。该交易的相关信息为：

（1）持卡人：持有中国银行北京分行的威士卡，住在北京，在美国旅游。

（2）特约商户：春天百货商场。

（3）发卡行：中国银行北京分行。

（4）收单行：美国威尔士银行纽约分行。

（5）交易：决定购买一套标价 400 美元的西服。

一、交易过程

持卡人来到美国，希望该信用卡能够被各类商户接受。持卡人走进百货商场，看见威士徽标，这意味着这家商店可以受理威士卡。选中西服后，持卡人决定使用威士卡支付，于是把手中的卡递给了营业员。

特约商户春天百货商场在接到信用卡后，首先要对信用卡进行检查，然后判断交易金额是否需要授权，如果需要获取授权，则将交易细节传送到该商户的收单行美国威尔士银行纽约分行请求授权。收单行美国威尔士银行纽约分行将信息通过威士清分授权系统（BASE Ⅰ）传送到发卡行请求授权。发卡行接收到传来的信息后，将授权指示通过 BASE Ⅰ传送到收单行，收单行再将该授权信息传送到特约商户，特约商户接收到授权后根据授权提示进行交易。在该示例中，发卡行批准了该交易请求，特约商户接受该威士卡完成交易。

于是特约商户将交易细节压印到交易单据上（现在通常通过 POS 机生成交易单据），让持卡人签名，在验证签名的有效性后，将商品（一套标价 400 美元的西服）销售给持卡人。（目前有些发卡行发行的信用卡可以利用密码机制进行交易，即持卡人输入正确的密码后完成交易。该密码的有效性等同于签名。）

营业员首先把威士卡在 POS 机上一刷，此时威士卡上的账户信息被记录下来，接着，营业员把交易额 400 美元输入 POS 机，转瞬之间，POS 机系统就通过网络将此笔交易送往收单行美国威尔士银行纽约分行申请授权。美国威尔士银行纽约分行接到春天百货商场的授权申请后，首先通过卡号判断这张卡是不是它自己发行的，本示例中这张卡不是它自己发行的，而是由中国银行北京分行发行的，于是按照规定将授权请求转往 BASEⅠ来处理。BASEⅠ根据中国银行以参数形式给予的代理授权权限自动对交易做出判断，事实上，大多数交易也的确是通过 BASEⅠ得以实现的。在本示例中，假定 BASEⅠ恰好不能对此笔交易做出判断，于是授权请求被最终送往发卡行中国银行。

经过审核，中国银行北京分行同意授权请求，于是发出应答代码，通过 BASEⅠ、收单行送回到特约商户。营业员把授权代码写在收据上，要求持卡人当面签字。若签字与银行卡背面预留的签字相符，便将卡片、交易收据以及西服递交给持卡人。

看起来这个过程是相当复杂的，但授权时间实际上是有严格规定的：使用个人密码的威士卡，授权时间不得超过 25 秒钟；不使用个人密码的威士卡，授权时间不得超过 10 秒钟。即使这一信息通过若干个计算机中心从北美洲横跨太平洋传到亚洲，又从亚洲传了回来，也得在规定时间内做出授权决定。

现在银行卡交易的第一环节授权交易已经结束。但春天百货商场、美国威尔士银行纽约分行、中国银行北京分行，乃至威士国际组织都还两手空空，它们如何得到自己应得的收入呢？此时银行卡交易的第二个环节清分结算开始。

春天百货商场把交易明细通过 POS 机系统直接传送给美国威尔士银行纽约分行。美国威尔士银行纽约分行一收到交易数据就向春天百货商场付款（不是 400 美元，而是扣掉一些费用后的款额）。现在是发卡行欠美国威尔士银行纽约分行 400 美元了。于是美国威尔士银行纽约分行使用威士提供的一种叫做编辑包的软件对交易数据进行了一番处理，随后通过威士清分结算系统（BASE Ⅱ）向发卡行中国银行北京分行请款。

BASE Ⅱ从收单行接口机中收集交易数据，按照发卡行进行分类，并计算出每一会员银行的应收款项和应付款项，在总结算额的基础上计算出净结算额。由于西服以美元计价而持卡人以人民币付款，BASE Ⅱ要根据当天的汇价把 400 美元转换为等值的人民币。

当发卡行中国银行北京分行收到 BASE Ⅱ发来的结算报表时，应当代表持卡人向收单行美国威尔士银行纽约分行支付 400 美元（还需要扣掉一些费用）。事实上会员银行之间的付出款项和收进款项都是通过结算银行进行的，速度很快。走到这一步后，是持卡人欠发卡行 400 美元了。

到该月末发卡行利用 BASE Ⅱ发送过来的交易明细生成对账单寄送给持卡人。当持卡人付给中国银行北京分行相当于 400 美元的人民币时，这笔交易就结束了。

二、具体步骤

综观上述过程，可以分为以下几个方面。

1. 特约商户交易前检查

在交易前商户应该进行一些检查。首先检查卡片的可靠性与持卡者的身份。持卡人是否有权使用这张威士卡，交易时商户会要求持卡人在压印的收据或者POS机打印出的收据上签字，商户必须把持卡人的签字和威士卡上的签字式样相比较，以确认它们是相符的。

2. 判断交易是否需要授权，并检查支付名单

如果交易额超过一定数额，商户必须得到同意才能接受威士卡，也就是获得威士卡发卡行的授权，这一数额称为最低限额。

每个商户都有收单行所给的最低限额，在本示例中，纽约的这家商店被授予零美元最低限额，所以这家商店的所有威士卡交易都必须得到授权，最大的可允许最低限额由威士国际组织设定并按照商户类型和国家的不同列在其运作规章中。

如果交易额低于最低限额，商户将根据威士卡支付名单或收单行提供的警示名单检查账号。

如果交易额超过最低限额，商户将账户细节和交易细节发送至BASEⅠ以获取授权。

3. 如何获取授权

如果交易额超过最低限额，威士卡账户的细节将被发送至BASEⅠ，并与例外文件进行核对，例外文件包括非正常信息（如丢失或被盗的威士卡号码），或正常信息（以使地位较高的顾客尽可能得到不受限制的授权）。

商户必须把持卡人的名字、所持有威士卡的细节以及有关这次交易本身的细节记录到一张交易收据上，商户怎么完成授权取决于收单行提供的设备。

（1）电子设备：如果配备了电子设备，划卡后，POS机会自动获取授权以进行交易。在这种情况下，商户把威士卡在终端上划卡，从而自动地在威士卡的磁条或者计算机芯片（如果有的话）中记录账户信息，然后商户把交易额（例如400美元）输入终端。

（2）手工方式：商户通常通过电话与收单行的授权中心取得联系，以请求授权。

该示例中，这家商店有收单行提供的一台POS机，所以划卡后由POS机自动请求授权。

4. 授权中心做些什么

收单行，在该示例中是美国威尔士银行纽约分行，接受来自商户的授权请求。

收单行首先要检查卡片号码。如果威士卡也是由美国威尔士银行纽约分行发行的，可以不通过威士网络的其他部分，就对授权请求作出回答，这种交易叫做本行交易。

但是，通常情况下不是本行交易，上面的示例中威士卡是由中国银行北京

分行发行的，因此收单行不能进行授权，授权请求必须通过授权系统来处理，因此将授权请求传送给 BASE Ⅰ。

授权请求由收单行通过威士网络传送至 BASE Ⅰ，由它处理所有的授权请求，然后由 BASE Ⅰ传送至发卡行以获取授权响应。

BASE Ⅰ有两个主要功能：报文转换和代理发卡行授权。

（1）报文转换：BASE Ⅰ把收到的授权请求从收单行传送至发卡行，然后将发卡行的响应送回收单行。

（2）代理发卡行授权：某些特定的情况下，BASE Ⅰ并不将授权请求传送到发卡行，BASE Ⅰ可以根据发卡行预先设定的参数进行授权。这种情况下，BASE Ⅰ会代表发卡行向收单行送出响应，这叫做代授权（STIP）。在发卡行决定低风险的交易无须经过它来授权，或者发卡行无法作出授权决定的情况下，可由 BASE Ⅰ系统进行代授权。例如，深夜发卡行授权中心已关闭或者通信系统出了问题，导致数据传送不到发卡行。

回到上面的示例中，假设中国银行北京分行指示 BASE Ⅰ把所有授权请求直接传送给它，这样，400 美元交易的授权请求将通过 BASE Ⅰ，从美国威尔士银行纽约分行传送到中国银行北京分行。

发卡行可以对交易发出同意授权或者拒绝授权的请求。发卡行也可以向商户作其他响应，例如要求没收威士卡（如果卡是偷来的），或者要求提供更多有关持卡人的信息，发卡行的响应通过 BASE Ⅰ和收单行传送到商户。

在上面的示例中，发卡行（中国银行北京分行）同意了这一授权请求，并通过收单行（美国威尔士银行纽约分行）把授权代码送回商户（春天百货商场）。营业员把授权代码写在收据上，并给持卡人一份收据，当然还有购买的商品。

虽然这看起来是一个复杂的过程，但从商户发出授权请求到收到发卡行的应答所花的时间，可能短得只有几秒钟，即使这一信息也许已通过几个计算机中心传遍了整个世界。

5. 商户如何得到商品的价款

当时，持卡人就得到了所需要的商品西服，但商户却被欠着 400 美元，它怎么得到这笔钱呢？

春天百货商场（商户）必须将所有以威士卡付款的交易明细提供给美国威尔士银行纽约分行，同样，这一工作如何完成也取决于收单行提供给商户的设备。

（1）电子设备：如果使用了电子数据处理终端，由终端存储的数据就可以直接以电子方式传送给收单行的处理中心。

（2）手工方式：商户将交易收据送交给收单行，这些收据将被收单行接受并用以付款。然后收单行把所有收据中的交易明细（包括威士卡卡号、有效日期、商户名称、交易日和交易额）输入自己的计算机系统，这一过程通常称为数据获取。

回到上面的示例中，因为春天百货商场有一台 POS 机，交易明细从商户直接传送到美国威尔士银行纽约分行就完成了数据获取。

6. 向商户付款

一旦交易数据被获取，收单行通常会尽快向商店付款，但是，这有可能依收单行和商户的协议规定而不同，有的收单行一直等到它从发卡行手中拿到钱才向商户支付。

在上面的示例中，美国威尔士银行纽约分行一收到交易数据就向商户付款，春天百货商场（商户）将从美国威尔士银行纽约分行（收单行）收到 400 美元西服款，但要扣除收单行向商户收取的一些费用。现在是美国威尔士银行纽约分行被欠 400 美元了。

7. 收单行如何处理交易数据

收单行负责将获取的交易数据转换成一种能送进威士清分结算系统的格式，这样它才能得到付款。

数据转换使用的是威士提供的一种叫编辑包的软件，编辑包检查数据中的错误并拒绝不正确的交易数据（例如一个无效的银行识别码）。威士清分结算系统，即 BASE Ⅱ，从收单行处收集经过编辑包处理的数据。

除了星期日，BASE Ⅱ每天从收单行处收集交易数据，数据收集从格林尼治标准时间 20：00 开始。BASE Ⅱ收集到交易数据后，将按发卡行对数据进行排序并传送给发卡行；此外，对于国际间的交易，BASE Ⅱ会将交易发生时所用的货币（交易货币）转换为持卡人将支付的货币（结算货币）。

在上面的示例中，购买的西服以美元计价而持卡人将以人民币付款，所以 BASE Ⅱ将根据当天的汇价将 400 美元的交易金额转换为等值的人民币。结算发生在发卡行代表持卡人将交易金额支付给收单行时。这样，中国银行北京分行将代表其居住在北京的持卡人向美国威尔士银行纽约分行支付 400 美元（扣除一些费用）。

当然，这仅仅是每天发生的数以百万计的交易中的一例。所以，BASE Ⅱ将为各会员结算它们之间的净结算余额。

BASE Ⅱ每天（星期日除外）都为各会员计算出它们被欠或欠别人的总金额，可用下面的例子来说明这一过程。

假设在示例中，由于其所有持卡人的交易行为，中国银行北京分行欠美国威尔士银行纽约分行 10 000 美元，这其中包括那套西服的交易。

然而，有可能由于美国威尔士银行纽约分行的持卡人在北京所做的交易，美国威尔士银行纽约分行欠中国银行北京分行 6 000 美元。

这时，BASE Ⅱ将计算出中国银行北京分行一共只需支付给美国威尔士银行纽约分行 4 000 美元，这一计算结果叫做净结算余额（净额结算）。净结算余额将由 BASE Ⅱ传送到各会员银行，然后这些会员银行将付出或收进指定数额的货币，每一个会员银行都指定一家银行作为结算业务的开户行，这家银行称为结算行，结算过程较快，可每天进行，也可在两天内结算。

作为由BASE Ⅱ计算出的净结算余额的一部分，美国威尔士银行纽约分行（收单行）将因这套西服的买卖而从中国银行北京分行（发卡行）收到400美元。

现在，持卡人欠中国银行北京分行相当于400美元的人民币。

8. *发卡行如何得到付款*

除了传送给发卡行有关净结算余额的信息，BASE Ⅱ还将它们的持卡人所做交易的明细传送给它们。

发卡行利用这些交易记录从持卡人那里获得付款。如果所涉及的威士卡交易和存款账户有关，交易金额将直接借记持卡人的账户；如果这张卡片是贷记卡或签账卡，这些数据将用于生成发送给持卡人的对账单，以获得付款。

在上面的示例中，当北京的持卡人付给中国银行北京分行相当于400美元的人民币（有时发卡行还要求持卡人支付一些货币兑换服务费）时，这笔交易就结束了。

在整个过程中，特约商户、收单行和发卡行都遵循着特定的程序。例如，商户必须检查威士卡的安全性以确认它是真的；收单行必须遵循设定的程序将数据发送给BASE Ⅱ等。威士的责任之一是使交易尽可能更快、更有效率地进行，为了确保能坚持这些程序，威士国际组织有一套所有会员和商户必须遵守的规则，这些规则叫做《威士国际组织运作规章》。

第5节　中国银行卡产业的发展与金卡工程

国际银行卡产业从20世纪初开始出现，经历了商业信用阶段、银行信用阶段，银行卡至今已成为重要的个人金融产品和服务，银行卡产业也发展成为一个全球化、专业化和规模化特征突出的产业。中国的银行卡产业起步较晚，由于社会和金融体制的原因其发展具有自身的特点和脉络，主要经历了起步阶段、金卡工程阶段、联网联合阶段和快速发展阶段。虽然近年来发展速度加快，总体规模不断扩大，但从全球开放环境看，中国的银行卡产业还处于发展的初级阶段。

一、银行卡产业在中国的发展历程

（一）1985—1993年的起步阶段

1985年3月，中国银行珠海分行率先发行了中国第一张银行卡中银卡。1986年6月，中国银行北京分行发行了第一张全国流通的银行卡长城卡，同年10月，中国银行总行规定长城卡作为中国银行系统统一银行卡品牌，在全国各分行发行。1987年，中国银行加入威士国际组织和万事达卡国际组织，成为两大国际组织的会员银行，为中国银行卡业务进入国际市场奠定了基础。1987年9月中国工商银行广州分行发行红棉卡，经过两年试点，中国工商银行选定牡丹作为标记发行牡丹卡。两大银行卡品牌的面世极大地推动了中国银行卡业务的发展。1988年，中国银行正式建立了国际卫星线路网络的信用卡授权中心，开始向国内外持卡人提供24小时的授权服务。1988年下半年，交通银行加入威士国际组织，中国建设银行加入万事达卡国际组织。1990年中国建设银行发行龙卡，1991年中国农业银行发行金穗卡，1992年深圳发展银行发行发展卡，1993年交通银行发行太平洋卡。截至1993年年底，全国发卡数量达到400万张，交易额达到2 000亿元。同时，各商业银行电子化建设开始起步，投资建设了计算机业务处理系统，为银行卡业务的起步和发展奠定了系统和网络基础。这一时期的显著特点是各家银行单独发卡，各自为其持卡人提供本行银行卡服务，处于低水平、自发、分散的经营阶段。

（二）1994—2001年的金卡工程阶段

1993年，国务院办公会议批准实施金卡工程，由中国人民银行牵头组织，在12个试点城市组建城市银行卡网络服务中心和全国总中心，实现联网通用。国有商业银行各分支机构在大中城市独立发展银行卡业务，股份制银行也加入发卡行列。1994年以后，各商业银行在大中城市加大银行卡业务拓展力度，在发卡机构数量、发卡总量、银行卡种类、业务范围、交易金额等方面都呈现出快速增长趋势。1997年首先在上海、北京、天津、海南、厦门、大连、青岛、杭州、沈阳、广东、江苏、山东等地建成同城银行卡跨行信息交换系统，后又推广到深圳、昆明、福州、武汉、长沙、郑州，总共建立了18个城市银行卡跨行信息交换中心，初步实现了银行卡跨行联合和资源共享。1998年12月底，全国银行卡信息交换总中心建成，银行卡业务在跨行交换的基础上逐步实现跨行异地交换。同时股份制银行率先实现行内联网。1999年，中国人民银行颁布《银行卡业务管理办法》。这一时期的特点是各商业银行积极发展本行银行卡业务，在中国人民银行和地方政府的行政支持下逐步实施金卡工程，启动跨行和跨地区的联网。

（三）2002年年初至2005年年底的联网联合阶段

在此阶段，联网通用工作取得显著成效，各商业银行开始银行卡经营体制的改革，实施系统主机的集中工作。2002年3月中国银联的成立标志着中国银行卡产业进入一个新的发展历程。在国务院和中国人民银行的支持下，中国银联全力推动“314”计划。截至2005年年底，国内银行卡总量为9.6亿张，年净增长量为1.8亿张，增幅为23%左右。其中借记卡9.2亿张，占95%；信用卡（包括准贷记卡）4 000万张，占5%。在发卡量大幅上升的同时，银行卡交易规模也相应增加，2005 年银行卡总交易笔数 90 亿笔，总交易金额 47 万亿元，同比增长 50%和 80%，其中消费交易占总交易额的 2%，达到了 9 595 亿元，同比增长 78.85%。2005 年也是银行卡受理市场建设卓有成效的一年，年度新增 POS 机具 15 万台。截至 2005 年年底，国内特约商户 39 万家，同比增长 26%；POS 机具 61 万台，同比增长 35%；ATM 8 万台，同比增长 20%。同时 2005 年银行卡支付在全国商品零售交易额中的比重为 14.3%，剔除批发性的大宗交易和房地产交易，全国零售消费支出中大约 10%是用银行卡支付的。可以说，这一阶段银行卡在全国得到迅速的发展，市场和行政两支力量共同推进联网联合，银行卡产业出现雏形。

如前所述，中国银行卡产业经过了 30 多年的发展，从各商业银行各自发卡、分散经营到由统一的组织联网联合、清算结算，无论是从规模上还是从受理市场上都取得了显著的进步。回顾全球银行卡发展的历史，至少走过了 40 多年的漫漫长路。然而，在中国，尽管我们起步比较晚，1985 年才由中国银行首次发行银行卡，但截至 2005 年 12 月末，全国共发行银行卡 9.6 亿张，特约商户发展到近 39 万户，POS 机具发展到 61 万台。2003 年中国银行卡成功实现了联网通用，中国仅用了 10 年的时间就走完了发达国家半个世纪的历程，银行卡已成为中国个人使用最广泛也最具发展前途的非现金支付工具，并已渗透到与居民生活密切相关的商业、教育、物流、旅游、社会保障和公共事业等领域。

（四）2006 年至今的快速发展阶段

2006 年被称为中国银行卡产业发展的黄金之年，在发卡规模、受理环境、联网联合上都取得了飞速的增长和进步，在各项指标上都保持了高速的增长。鉴于目前国内银行卡产业发展面临良好的发展契机，银行卡产业应积极采取措施，从银行卡法律制度建设、银行卡受理市场规范、银行卡利益分配机制完善和银行卡品牌等角度出发，大力促进银行卡产业的健康快速发展。2006 年以来，中国银行卡产业发展进入一个快速增长期，中国的银行卡产业从初级阶段逐渐向成熟阶段发展。其主要理由有两点：一方面，国家改革开放的加快及经济金融的健康发展为银行卡产业提供了有利的宏观发展环境，特别是电子信息技术在金融领域的广泛应用，推动了银行卡产业创新发展，为银行卡产业发展提供了坚实的硬件基础。同时中国银联和各商业银行调整业务重点，将战略重点从发展整体产业规模转向结构调整和扩展中间业务，积极推出新银行卡品种，改善银行卡服务质量和受理环境，为银行卡服务提供基本保障。另一方面，2006 年至今是中国银行卡产业面临外界竞争压力、迫切发展的一段时期，由于中国银行卡市场的巨大潜力，包括跨国银行和国际性的信用卡公司在内的外资机构对进入国内的银行卡市场具有浓厚的兴趣，外资机构在产业运作、受理服务、市场营销、资金实力方面都比中资银行有优势。面对前所未有的竞争压力，中国银行卡产业把握机遇，积极应对，成功地完成了多项国际活动的支付环境建设，向全世界人民展示了中国金融服务的水平，为 2008 年北京奥运会和 2010 年上海世博会创造了良好的用卡环境。

二、金卡工程

（一）金卡工程的背景与总体目标

1993 年 6 月 1 日，江泽民同志在视察中国人民银行清算总中心时，针对当时我国流通领域存在的现金流通量大、资金体外循环以及由此带来的经济犯罪等问题，为稳定金融秩序、深化金融改革、加强国家对经济的宏观调控、加速金融商贸电子化建设，作出了一系列重要指示，倡导在全民推广使用信用卡。在中央领导的亲自倡导和国务院领导的直接指导下，经国务院批准（国阅[1993] 142 号），由电子工业部牵头，会同邮电部、中国人民银行、内贸部、公安部、国家旅游局等部门联合组织实施了金卡工程。

以发展我国电子货币为目的、以电子货币应用为重点的各类卡基应用系统工程即我们常说的金卡工程。金卡工程广义上是金融电子化工程，狭义上是电子货币工程。它是我国的一项跨系统、跨地区、跨世纪的社会系统工程，以计算机、通信等现代科技为基础，以银行卡等为介质，通过计算机网络系统，以电子信息转账形式实现货币流通。

（二）金卡工程的实施步骤

整个金卡工程分三个阶段实施。

1. 试点阶段

（1）选择金融商业繁荣、城市内通信网络设施发达、地方政府和银行等有关部门重视的沿海、沿江开放发达城市作为金卡工程试点城市，覆盖城市人口约 3 000 万，全国总发卡量达到 3 000 万张（含邮政储汇局发行的绿卡），交易额达到 3 000 亿元。

（2）在试点城市或中心城市（区域）建立城市（区域）授权交换中心，并与当地各商业银行和中国人民银行清算中心联网，实现同城（区域）跨行通用。

（3）确定试点城市 ATM 和 POS 机等的最低装机量、发卡量、接收信用卡的金融业务网点数，建立用卡方便、快速、安全的应用环境。

（4）建立一个国家授权交换中心，它与各试点城市（区域）授权交换中心联网，并与国家金融清算中心联网，实现试点城市（区域）间的实时授权和及时结算，并统一国际接口。

（5）初步建立支持金卡工程的电子产业的规模生产和服务支持体系，形成提供成套设备和技术服务的能力。

2. 推广阶段

（1）在总结第一阶段城市试点经验的基础上，选择包括各省会在内的30～50个城市，大约覆盖1亿城市人口，全国总发卡量达到6 000万张，年交易额达到6 000亿元。

（2）进一步改进和完善试点城市的发卡、联网、应用和服务环境。

（3）对推广城市的城市（区域）授权，或建立城市授权交换中心，或就近利用中心试点城市授权交换中心，并与国家授权交换中心联网，实现同城和异地通用、实时授权和及时结算。

（4）建立与第一个国家授权交换中心分区，且又互为备份的第二个国家授权交换中心。

（5）推进支持金卡工程的电子产业建设，做到部分产品、软件、服务在质量、技术和价格上与国外公司相比具有较强的竞争能力。

3. 普及阶段

（1）在全国总共约400个城市，即在覆盖3亿城市人口的广大地区，完成卡基支付业务的应用与服务环境建设，发卡总量达到2亿张以上，年交易额达到1万亿元。

（2）完善有关卡基支付业务的法律、法规、制度和监督体系建设。

（3）完成全国400个城市的应用、联网、实时授权和及时结算。

（4）持卡、用卡的文化和道德素质达到较高水平。

（5）相当多的城市已将卡基支付业务推广到城市周围的县城和乡镇。

金卡工程在12个省市的试点工程建设自1994年启动实施，截至1997年年底，首批12个试点省市全部实现了ATM与POS机的同城跨行（工、农、中、建、交等各商业银行）联网运行和信用卡业务的联营，这中间包括EDI、电子资金转账的实际应用。金卡工程的建设为实现网上支付与资金清算提供了很好的条件。比如，上海市商业增值网联入金卡网络，使得全市近百家大型商户建立了计算机管理系统，并与金卡网络相连；此外，中小型商场和超市、连锁店普遍采用了POS机，可全面受理信用卡，初步具备了发展电子商务所需的基本条件。

案例

从银联标识卡到银联标准卡

2002年是我国银行卡事业取得突破性发展的一年。2002年1月，统一标识的银联卡开始在北京、上海等城市发行，并逐步扩展到全国40个城市。2002年3月，国内银行卡联合发展组织——中国银联股份有限公司在上海挂牌成立。中国银联将负责建立和运营全国统一的银行卡跨行信息交换网络，制定统一的业务规范和技术标准，改善用卡环境，保障银行卡跨行通用以及业务的联合发展；为各商业银行提供共享的网络基础设施和信息交换平台，并开展技术和业务创新，提供先进的电子支付手段和相关的专业化服务。成立中国银联，推行统一银联标识卡，解决了多年来困扰我国银行卡联合发展的运营机制问题，已经初步建立并将不断完善银行卡“市场资源共享、业务联合发展、公平有序竞争、服务质量提高”的良性发展环境。

《银行卡发卡行标识代码及卡号》规定，在国内发行使用的各种人民币卡必须使用9字头发卡银行识别码（BIN号）。随着我国银行卡产业的迅速发展以及国际交流的日益增加，持卡人的境外支付需求越来越多，根据国际标准化组织的规定，使用9字头BIN号的银行卡只在国内使用。为了促进民族银行卡产业的健康持续发展，2002年，中国银联代表国内各发卡机构统一申请了800个在国内和国外通行的国际标准BIN号（622126—622925）。2003年7月，中国银联向各成员机构发布了《关于启用银联国际标准发卡行BIN号的函》，从而正式启动了发行银联标准卡的工作，即具有银联标识、卡号前6位采用银联国际标准62字头BIN号的银行卡。

银联标准卡与早期的银联标识卡虽然只有一字之差，但两卡却有极大的差别。表面看差别仅在于前6位BIN号以及背面那一条黑色的磁条上，但这一排数字和背后的磁道信息却代表了卡片业务标准和技术规范，代表了银行卡业务处理和交易运行的一整套作业规则，是银行卡品牌的核心。银联标准卡是符合我国统一的业务规范和技术标准、具有自主知识产权的高品质、国际化、民族品牌的银行卡。

研究拓展

电子支付产业的经济学理论

在电子支付产业——特别是银行卡市场中存在着发卡机构、消费者、商家、监管者等众多的参与者。而这些参与者之间既存在着竞争，也存在着一定的合作，是一种非常复杂的合作博弈关系，其中表现得最为明显的是其固有的网络外部性和双边市场关系。

一、银行卡经济学中的外部性

研究电子支付产业所具有的网络性，必须先从国外有关网络经济的文献开始追溯。早期的网络经济学，又称网络产业经济学（economics of network industries），长期以来一直被划归在通信经济学（telecommunication economics）的范畴中，其研究对象主要包括电信、电力、交通、公路、铁路和航空等基础设施行业。之所以被称为网络经济学，是因为这些行业共同具有“网络”式而非垂直式的经济结构特征。这类网络经济学主要研究与有限资源的最优配置相关的经济学问题及相关政策的制定，其中网络外部性、接入问题、网络外部性对网络服务定价的影响等问题是网络经济学的主要研究内容。

在网络经济学中，关于网络外部性，最早是由杰弗瑞·罗尔夫斯（Jeflrey Rohlfs）于1974年在对电信服务的研究中发现的，但比较完整的经济理论的探讨是由卡茨和夏皮罗（Katz & Shapiro，1985，1986）以及法雷尔和萨洛纳（Farrell & Saloner，1985，1986）完成的。在他们的文章中，对网络外部性的解释是当消费同样物品的其他使用者的人数增加时，某一使用者消费该产品所获得的效用增值；在更广泛的意义上，网络外部性是指当采取同样行动的代理人（agents）的人数增加时该行动所产生的净价值的增值。所以一般认为：

网络外部性是其他人购买或使用某种产品或服务而授予此产品或服务的消费者的收益。虽然网络外部性不一定都是正的，现实中也存在不少负的网络外部性，但在大多数文献中所讨论的都是正的网络外部性的问题。可以用最普通的通信网络 E-mail 为例说明，如果使用它的人越多，它本身的价值就越高，老用户就可以得到额外的收益，这时 E-mail 就体现出正的网络外部性，但如果大家都使用这种方式，又有可能出现网络堵塞，E-mail 使用者就会由于网络速度过慢而苦恼，这时就产生了负的网络外部性。所以，网络外部性产生的福利不仅与使用者本身有关，还与参与网络的其他使用者的行为有关。

网络外部性根据产生方式的不同可以分为直接网络外部性与间接网络外部性。直接网络外部性是指通过消费同样产品的购买者人数对产品价值的直接影响而产生的。体现直接网络外部性的典型例子是通信网络，例如电信市场、在线服务、E-mail 等，随着消费这些产品的用户数量增加，网络本身的价值不断增加，带来了直接的网络外部性。间接网络外部性是指随着一种产品使用者数量的增加，市场上出现了更多的互补品供选择，而且价格更低，使得消费者更偏好于消费此种产品，从而间接提高了该产品的价值。比较典型的例子是符合硬件—软件范式的网络，最常见的是计算机的软硬件。当某种特定类型的计算机用户的数量增加时，就会有更多的厂商愿意生产这种计算机所兼容的软件，导致使用这种类型计算机的用户可以选择的软件数量增加，质量提高，价格下降，结果是增加了计算机的使用价值，体现出间接的网络外部性。

银行卡产业不具有直接的网络外部性，持卡人数量的增加并不能增加单个持卡人使用银行卡而带来的价值或效用。但银行卡产业具有显著的间接网络外部性。在电子支付市场中，持卡人对银行卡的需求不仅取决于持卡费用和持卡人的规模，更取决于受理银行卡的商户规模，因为受理银行卡的商户越多，持卡人越可以方便地进行持卡消费，因此持卡所带来的价值越大；同理，商户对于银行卡的需求不仅取决于受理银行卡的成本和其他商户的规模，更取决于消费者持有银行卡的规模，因为持卡人越多，商户受理银行卡业务的价值越大。由此说明，间接网络外部性是银行卡产业一个明显的经济学特征。

银行卡产业存在的另一种外部性为使用外部性（usage externality），区别于网络外部性，即市场某一方的需求决策影响市场中另一方的成本与收益。对于持卡人而言，当存在多种支付手段可供选择的时候，如果持卡人在消费时选择现金支付，商户就要承担现金管理的成本，但同时节省了支付给银行的银行卡的相关费用；同理，对于商户而言，如果拒绝接受银行卡服务，持卡人将要承担携带现金所带来的成本，但同时节省了刷卡消费所必须付给银行的费用。所以，支付系统的每一端用户的选择决策，会对另一端用户的福利产生影响，但在双方作出决策之前，由于信息不对称而不知道对方的选择，因此并没有考虑这种外部性。区分这些不同外部性的意义在于：首先，在产业或网络发展的不同阶段，不同外部性的重要性有所不同。在网络发展初期，由于正反馈效应，市场双边的用户只有达到临界规模（critical mass），网络才能够得以生存（达到有效、稳定的网络规模），所以此时（直接或间接）网络外部性非常重要。但是在网络达到一定规模后，网络外部性就变得不那么重要了。对于使用外部性来讲，无论在网络发展的初期，还是进入成熟期，因为都涉及网络的有效使用问题，这种外部性的重要性一直存在。在银行卡经济学中，通常将使用外部性称为基本外部性（fundamental externality）。

二、双边市场中的银行卡交易理论

关于双边市场的早期工作由斯塔尔（Stahl，1988）和亚尼勒（Yanelle，1989）完成，他们考察了厂商在投入和产出方面均存在竞争的情况，得出的结论是厂商的自然策略是在投入端加强竞争，以便在产出端击败竞争对手。凯洛德和朱利恩（Caillaud & Jullien，2001）选择了中介产业作为研究对象，在这个竞争模型中，平台扮演了媒介的作用并采取了区别定价策略，结论证明了在位者阻止潜在进入者的最优策略是收取交易费用而不是注册费用，同时如果平台不能阻止用户同时加入多个平台，竞争会变得更加激烈。

罗奇特和蒂罗尔（Rochet & Tirole，2001）的文章为双边市场理论的发展起到了推动性的作用。在文中他们并不局限于某一个具体的产业中，而是从总体上分析了双边市场各部分的价格配置如何受平台的各种特征的影响，这些特征包括平台的性质（营利性的或非营利性的）、终端用户同时加入多个平台的成本、平台本身的差别、平台基于交易量定价的能力、市场的某一边是否存在外部性的问题，以及平台的兼容性，同时探讨了私人最优价格结构和社会最优价格结构之间的区别。

经济学家提出过不同的双边市场定义，其中目前广泛接受的定义是：双边市场是指两种参与者需要通过中间层或平台进行交易，而且一组参与者（最终用户）加入平台的收益取决于加入该平台另一组参与者（最终用户）的数量（Armstrong，2004）。在经济学意义上，双边市场更确切的定义是，给定每一端市场的定价总和，如果交易平台上实现的交易与价格结构或两端的相对价格有关，这样的市场就是双边市场；反之，如果交易平台上实现的交易额只与总价格有关，而与相对价格无关，这种市场就是单边市场（Rochet & Tirole，2004）。

双边市场具有鲜明的经济学特征：首先，存在两组参与者之间的网络外部性，即双边市场的网络外部性，需要强调的一点是，双边市场的网络外部性与以前研究的（单边市场）网络外部性具有根本的不同；其次，双边市场采用多产品定价方式。中间层或平台必须为它提供的两种产品或服务同时进行定价。双边市场在现实中比较广泛。许多传统的产业如婚姻介绍所（市场双边分别为征婚男女双方）、媒体（市场双边分别为广告商和受众），计算机操作系统（市场双边分别为用户和应用软件开发商）都是典型的双边市场。更确切地讲，在这些市场中，不同用户或者市场的每一端所承受的价格往往不平衡，在很多情况下，市场中某一方承担大部分甚至全部费用。比如婚姻介绍所或舞厅对男方收费较高，甚至由男方承担全部费用；电视或报纸的成本主要由广告商承担，而观众免费观看节目；计算机操作系统主要向用户而不是开发商收取费用等。这种定价模式与双边市场所具有的网络外部性密切相关。

对于银行卡市场，其核心是银行卡提供给消费者和商户的支付服务，这种支付服务是由发卡行和收单行在银行卡组织提供的平台上共同向消费者和商户提供的。整个银行卡产业涉及的市场参与者包括持卡人、发卡行、商户、收单行以及银行卡组织。由持卡人和发卡行组成了银行卡产业的发卡市场，由商户和收单行组成了银行卡产业的收单市场。发卡行向持卡人提供发卡服务，在消费支付时持卡人向发卡行支付商品价格以及卡费；收单行向商户提供收单服务，而收取相应的商户扣率费用。如果持卡人和商户可以相互协商，那么服务交易量只取决于整个银行卡支付系统的总成本，而与持卡人支付的卡费和商户支付的扣率无关，此时的银行卡市场就是单边市场，但由于信息不对称和交易成本等原因，这样的协商很难实现，因此持卡人与商户所收取的费用直接影响了交易数量，按照定义银行卡市场属于双边市场。罗奇特和蒂罗尔（Rochet & Tirole，2004）指出，银行卡支付是一种由发卡行和收单行二者合作提供给两种支付卡的消费者，即商品消费者和商户（商品出售者）的一种支付服务。实际上，应该说银行卡支付是一种由发卡行、收单行和银行卡支付网络三者共同合作提供给消费者和商户的一种支付服务。

银行卡产业市场是个典型的具有双边市场特征的产业。在选择银行卡支付时，消费者考虑的不仅是银行卡给自己带来的安全性、便利等效用以及使用卡支付的成本，如卡的成本费和卡的年费，更重要的是要考虑有多少家商户能受理银行卡支付方式，即商户对银行卡需求的潜在规模大小。受理银行卡的商户数目越多，持有银行卡给消费者带来的效用也越大，消费者就越有动机去持有银行卡。同样，商户在选择受理银行卡时，不但要考虑受理银行卡的收益（如销售量的增加）和受理银行卡的成本，更重要的是要考虑有多少消费者愿意持卡消费，即消费者对银行卡需求的潜在规模大小。持卡消费者的潜在数目越多，受理银行卡的商户的效用也就越大，商户越有动机受理银行卡。

从双边市场的理论角度分析，银行卡组织提供的网络平台为消费者和商户提供了相互依赖的服务。只有当消费者和商户对银行卡的需求得到平衡时，银行卡组织网络平台才能正常运转，银行卡的价值才能体现。银行卡组织的网络平台通过制定一个合理的价格结构，使消费者和商户对银行卡的需求达到平衡。由于银行卡组织不能直接和消费者或商户发生交易，因此组织并不能直接对消费者和商户制定价格。为了得到一个最优的价格结构来平衡消费者和商户的需求行为，银行卡组织一般采用交换费来间接地达到影响消费者和商户的目的。

本章小结

本章讲述银行卡支付工具、支付模式及支付系统。随着技术的发展，IC卡将最终取代磁卡成为银行卡的主要介质。银行卡支付产业链包括银行卡组织、第三方专业服务机构、发卡机构、收单机构、特约商户和消费者。

在这个产业链中，收费机制也可以看成是两部收费，然而，收费的对象不同。消费者承担了进入这个产业的准入费用——银行卡的年费，发卡机构承担了交易中的运营费用，而收单机构承担了收取费用的职能，同时，银行卡组织、第三方专业服务机构和发卡机构从收单机构的收入中提成。这样，就形成了一个相对完整的产业链。

思考与练习

1. 截至 2008 年 9 月，我国拥有 POS 读卡设备 118 万台，但电脑数量达 8 470万台。根据上述信息，思考我国银行卡可以考虑采用什么新的介质。

2. 案例（1）：2004 年 6 月 2 日，深圳一批中国银联特约的大型百货和连锁商户纷纷以设备正在维修为借口，停止使用中国银联 POS 机，致使许多消费者无法刷卡消费。此类拒刷事件在当时并非仅深圳一例。

案例（2）：威士国际组织向全球会员银行发函要求，从 2010 年 8 月 1 日起，凡是在中国大陆境外受理带威士标识的双币种信用卡时，不论是刷卡消费还是 ATM 取现，都不得走中国银联的清算通道，否则威士将重罚收单行，第一次将罚款 5 万美元。如果收单行再犯，每月将罚款 2.5 万美元。中国银联官方人士随后表示：“任何一方都无权单独对持卡人选择境外支付通道作出限制，持卡人拥有选择境外支付通道的权利。”

问题：

（1）通过网络信息检索，进一步了解案例中的相关事件发生的原因与背景。

（2）请从产业组织理论的角度分析银行卡定价策略。

（3）假设你是中国银联的管理者，你将如何解决上述问题？

参考文献

[1] 荆林波，刘波. 中国电子支付产业的发展研究. 现代商业. 2007（23）.

[2] 曹红辉. 中国电子支付发展研究. 北京：经济管理出版社，2008

[3] 周虹. 电子支付与网络银行. 北京：中国人民大学出版社，2006

[4] 中国金卡网（国家金卡工程协调领导小组办公室官方网站）. http：//www.chinagoldencard.cn

第 4 章

Chapter 4 电子票据与支付系统

第 1 节　票据业务

随着金融体制改革和银行结算制度改革的深化，我国在 20 世纪 80 年代末建立起了以汇票、本票、支票和信用卡“三票一卡”为主体的新的结算制度，允许票据在经济主体之间使用和流通。我国于 90 年代初确立了社会主义市场经济体制以后，票据得到了普遍的推广和广泛的运用。

票据是指出票人约定自己或委托付款人在见票时或指定的日期向收款人或持票人无条件支付一定金额并可流通转让的有价证券，包括汇票、本票和支票。票据行为具有四个特征：（1）要式性。指票据行为必须依照《票据法》的规定在票据上载明法定事项并交付。（2）无因性。指票据行为不因票据的基础关系无效或有瑕疵而受影响。（3）文义性。指票据行为的内容完全依据票据上记载的文义而定，即使其与实质关系的内容不一致，仍按票据上的记载而产生效力。（4）独立性。指票据上的各个票据行为各自独立发生效力，不因其他票据行为的无效或有瑕疵而受影响。

一、汇票

汇票是出票人签发的，委托付款人在见票时或者在指定日期无条件支付确定的金额给收款人或者持票人的票据。按照出票人的不同，汇票分为银行汇票和商业汇票。由银行签发的汇票为银行汇票，由银行以外的企事业单位等签发的汇票为商业汇票。

1. 银行汇票

银行汇票是银行应汇款人的请求，在汇款人按规定履行手续并交足保证金后，签发给汇款人由其交付收款人的一种汇票。银行汇票的基本当事人只有两个，即出票银行和收款人，银行既是出票人，又是付款人。银行汇票是由企业单位或个人将款项交存银行，由银行签发给其持往异地办理转账结算或支取现金的票据。银行汇票具有票随人到、方便灵活、兑付性强的特点，因此深受广大企事业单位、个体经济户和个人的欢迎。

银行汇票是以纸张汇票形式发出的。汇票解付后，出票行与代理付款行之间的资金清算是通过各商业银行行内电子汇兑系统处理的。

2. 商业汇票

商业汇票是由企事业单位等签发的，委托付款人在付款日期无条件支付确定金额给收款人或持票人的一种汇票。商业汇票一般有三个当事人，即出票人、付款人和收款人。按照承兑人的不同，商业汇票分为商业承兑汇票和银行承兑汇票。由银行承兑的汇票为银行承兑汇票，由银行以外的企事业单位等承兑的汇票为商业承兑汇票。商业汇票适用于企事业单位先发货后付款或双方约定延期付款的商品交易。这种汇票经过购货单位或银行承诺付款，承兑人负有到期无条件支付票款的责任，对付款人具有较强的约束力。购销双方根据需要可以商定不超过 6 个月的付款期限。购货单位在资金暂时不足的情况下，可以凭承兑的汇票购买商品。销货单位急需资金时，可持承兑的汇票向银行申请贴现。销货单位也可以在汇票背面背书后转让给第三者，以支付货款。

自 1995 年首先在煤炭、冶金、电力、化工、铁道等 5 个行业推广使用商业汇票以来，我国商业汇票的使用量逐年增长。票据使用量的扩大、流通功能和信用功能的加强，为进一步发展和完善票据市场和中央银行实施货币政策奠定了基础。

二、本票

本票是出票人签发的，承诺自己在见票时无条件支付确定的金额给收款人或者持票人的票据。银行本票是申请人将款项交存银行，由银行签发给其凭以办理同一票据交换区域内转账或支取现金的票据。本票的基本当事人有两个，即出票人和收款人。目前，在我国流通并使用的本票只有银行本票一种。银行本票是 1988 年中国人民银行全面改革银行支付结算制度后推出的一种新的支付结算工具。目前在一些经济比较发达的城市和小商品市场比较发达的地区使用较多。

三、支票

支票是出票人签发的，委托办理支票存款业务的银行或者其他金融机构在见票时无条件支付确定的金额给收款人或者持票人的票据。支票的基本当事人有三个：出票人、付款人和收款人。支票是在我国最普遍使用的非现金支付工具，多用于支取现金和转账。在同一城市范围内的商品交易、劳务供应、清偿债务等款项支付，均可以使用支票。

支票通过同城票据交换提交签发人开户银行审核后付款。持票人委托开户银行收款时，开户行将所有委托收款的支票通过同城票据交换所提交给出票人开户行。如果在规定的退票时间（隔场交换）内没有退票，收款人开户行即将款项转入到收款人账户内。我国在各城市均建立了票据交换所，部分经济发达的城市建立了票据清分机处理系统。北京和天津、上海和南京、广州和深圳等地还打破行政区划，建立了区域性票据交换中心。

为加强支票的风险管理，中国人民银行规定：对出票人签发空头支票、签章与预留银行签章不符的支票，银行应予以退票，并按票面金额处以 5%但不低于 1 000 元的罚款；持票人有权要求出票人赔偿支票金额 2%的赔偿金。对屡次签发的，银行应停止其签发支票。

从未来发展趋势来看，尽管包括电子支付在内的各种新的支付工具不断出现和广泛使用，但支票的使用量仍将保持在较高水平。特别是个人支票的推广使用，将会改变支票的结构，成为支票中富有生命力的品种。

个人支票具有现金和银行卡结算方式无法比拟的优势，个人支票有利于商业银行开拓个人金融业务，减少现金流通，提高社会信用。随着个人征信系统的建立和完善，个人支票业务发展前景广阔。

近年来，伴随着我国经济形式，我国票据市场由迅猛发展态势转为持续平稳增长。2010 年，全国共发生票据业务 8.97 亿笔，金额 284.52 万亿元，同比分别增长 2.40%和 5.36%。图 4—1 和 4—2 分别显示了我国各类票据笔数和金额的份额。

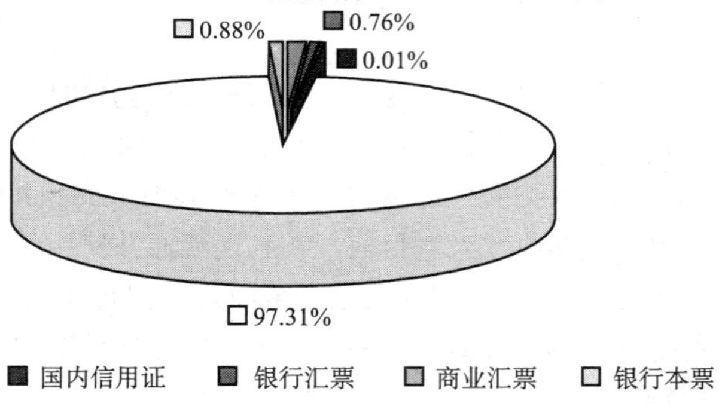

图 4—1　2010 年票据业务笔数占比图

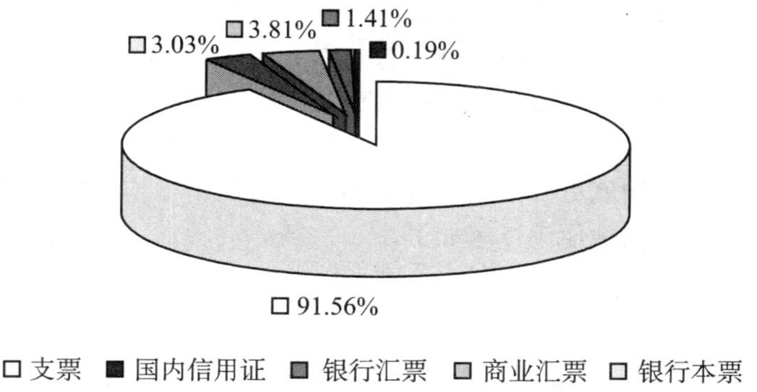

图 4—2 2010 年票据业务金额占比图

第 2 节 电子票据

现在票据仍然是一种主要的支付工具，但受到电子支付的挑战，其使用频度在逐年下降，特别是支票在小额支付中。据统计，自 1991 年以来，在英国使用支票作为支付工具，其成交量每年以 2%～4%的比例下降。为减少成本，1970 年以来，在一些国家，通过发送支票的电子扫描样本进行确认，但该举措曾经受到法律的限制。例如，在英国，1996 年 5 月之前一直要求必须给银行分支机构提供支票的物理原件。

一、传统支票的局限性

最初传统的清算是通过手工进行的，耗费大量的人力、物力。在出现自动清算系统以后，通过机器进行清分、结算，大大节省了费用，提高了效率。一般来讲，一个国家的中央银行会提供一个全国的清算系统，先将纸质的支票进行清分、结算，然后再通过银行间的网络系统在各个银行之间划拨资金余额，使不同层次、不同地区的票据结算和资金划拨有效地进行。因此，传统的支票实际上已经是纸票和电子化相结合的产物。不过，它仍然离不开纸质的支票，银行结算的成本仍然很高，同时，假造支票也给银行和消费者带来了不少的损失。电子支票的出现实际上使支票的概念发生了彻底的变革，完全脱离了纸质媒介，真正实现了资金转移的无纸化和电子化。

二、电子支票

电子支票（E-check），即将传统支票的全部内容电子化和数字化，形成标准格式的电子版，借助计算机网络完成其在客户之间、银行之间、客户银行之间的传递和处理，从而实现资金流转的支付与结算。用户可以在网络上生成一个电子支票，然后通过互联网将电子支票发向商家的电子信箱，同时把电子付款通知单发到银行。像纸质支票一样，电子支票需要经过数字签名，被支付人数字签名背书，使用数字凭证确认支付者/接收者身份、支付银行以及账户，金融机构就可以根据签过名和认证过的电子支票把款项转入商家的银行账户。电子支票的使用过程如下。

（一）申请电子支票

用户首先必须在提供电子支票服务的银行注册，申请电子支票。注册时可能需要输入信用卡和银行账户信息以支持开具支票。电子支票应具有银行的数字签名。用户可能需要下载“电子支票簿”软件用于生成电子支票。

（二）电子支票付款

（1）用户和商家达成购销协议，选择用电子支票支付。

（2）用户在计算机上填写电子支票，电子支票上包含支付人姓名、支付人账户、接收人姓名、支票金额等。用户用自己的私钥在电子支票上进行数字签名，用卖方的公钥加密电子支票，形成电子支票文档。

（3）用户通过网络向商家发出电子支票，同时向银行发出付款通知单。

（4）商家收到电子支票后进行解密，验证付款方的数字签名，背书电子支票，填写进账单，并对进账单进行数字签名。

（5）商家将经过背书的电子支票及签名过的进账单通过网络发给收款方开户银行。

（6）收款方开户银行验证付款方和收款方的数字签名后，通过金融网络发给付款方开户银行。

（7）付款方开户银行验证收款方开户银行和付款方的数字签名后，从付款方账户划出款项，收款方开户银行在收款方账户存入款项。

典型的电子支票交易流程如图 4—3 所示。

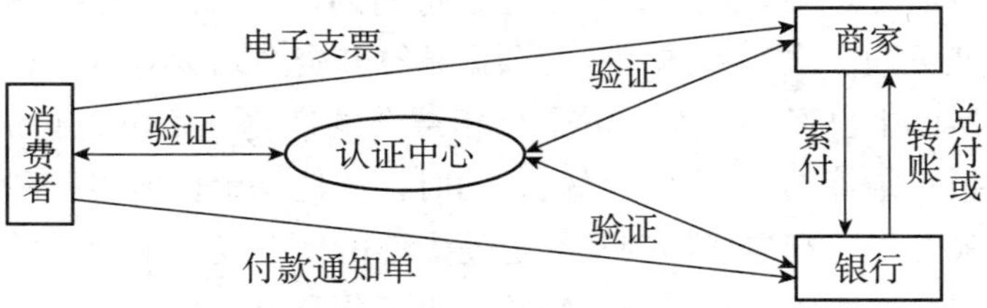

图 4—3　电子支票交易流程图

三、特点和优势

电子支票支付方式的特点包括如下几点：

（1）电子支票与传统支票工作方式相同，易于理解和接受。

（2）加密的电子支票比数字现金更易于流通，买卖双方的银行只要用公开密钥认证、确认支票即可，数字签名也可以被自动验证。

（3）电子支票适合各种市场，可以很容易地与EDI应用结合，推动EDI基础上的电子订货和支付。

（4）电子支票技术将公共网络联入金融支付和银行清算网络。

电子支票在实现上的安全要求如下：

（1）信息保密性。同传统支付方式一样，电子支票支付中的商务信息同样有很高的保密要求。

（2）交易者身份的确定性。交易者通过网络相联，因为不能谋面，很难直接确定对方的真实身份，这就需要网络系统提供能够方便而安全地确认对方身份的保障措施。

（3）不可否认性。无论在网上还是在传统市场中，商情都是瞬息万变的。交易一旦达成则不可否认，否则必然导致市场的紊乱与交易一方利益的受损。

（4）不可修改性。如果支付细节是可以被修改的，那结果一定比可以否认还要坏，故支付细节应是不可被修改的。

与传统的纸质支票和其他形式的支票相比，电子支票具有以下优点：

（1）处理速度快。电子支票的支付是在与商户及银行相联的网络上高速传递的，它将支票的整个处理过程自动化了，这一支付过程在数秒内即可实现。它为客户提供了快捷的服务，减少了在途资金。在支票使用数量很大时，这一优势特别明显。

（2）安全性能好。电子支票是以加密方式传递的，使用了数字签名或个人身份号码代替手写签名，还运用了数字证书，这三者成为安全可靠的防欺诈手段。

（3）处理成本低。用电子支票进行支付，减轻了银行处理支票的工作压力，节省了人力，降低了事务处理费用。

（4）给金融机构带来了效益。第三方金融服务者不仅可以从交易双方处收取固定的交易费用或按一定比例抽取费用，还可以作为银行出现，提供存款账目。电子支票存款账户很可能是无利率的，因此给第三方金融机构带来了收益，而且银行也能为参与电子商务的商户提供标准化的资金信息，故而可能是最有效率的支付手段。

四、电子支票系统

目前主要的电子支票系统有：（1）美国南加利福尼亚大学的信息科学学院（Information Sciences Institute，ISI）开发的Net Chedue系统，这个系统使用Kerberos实现认证，并且中心服务器在认为有必要时，可以对所有主要的业务进行跟踪。(2) 美国匹兹堡卡内基梅隆大学开发的用于销售信息的 Net Bill 系统,这是一个小额支付系统,其协议可以使客户在付款前获取意欲购买商品的任何信息。(3) 美国金融服务技术联合会 (FSTC) 开发的 Electronic Check (eCheck) 协议。

(一) Net Bill 系统

Net Bill 是由美国匹兹堡卡内基梅隆大学与纽约梅隆银行合作设计开发的一个电子支票系统。它被设计成能够在互联网上传递文本、图像、软件等信息商品。其目的是提高账户转账的效益,使其成为一种顾客只需支付极少的手续费,银行即可提供结算服务的系统。

Net Bill 系统中的简单业务由客户、商家和中心服务器三方参与。客户使用的软件称为支票簿,中心服务器使用的软件称为钱柜,商家可以从钱柜收到客户想买或卖什么的信息。Net Bill 的业务流程如下:

(1) 客户选择欲购买的商品,支票簿向钱柜发出报价要求,钱柜将要求发送给商家。

(2) 商家对报价数字化签字,并将其返回给钱柜。客户如果决定购买,则通知钱柜,并对其购买要求数字化签字。

(3) 钱柜得到客户购买信息的要求,并向家商提出要求。商家用一随机私钥对以上要求加密,并把加密的结果发送给钱柜。钱柜对加密结果计算一个安全的校验和,并把加密结果发送给客户。

(4) 客户收到加密结果后,对加密结果计算一个校验和。把校验、时间戳、购买描述以及最终所接受的价钱打包在一起,形成电子购买订单,并把电子购买订单返回给钱柜。

(5) 钱柜收到电子购买订单后,检验其数据的完整性,然后就可安全地转账了。钱柜对账目进行核对,并通知商家已完成转账。

(6) 商家向钱柜发出一张发票,发票已经商家数字化签字,其中含有价格以及用于解密的私钥。

(7) 钱柜把发票传递给客户。

(8) 客户对商家的加密结果解密。

(二) Net Cheque 系统

Net Cheque 系统是在 1995 年由南加利福尼亚大学的信息科学学院开发的。购买者和销售者需要在 Net Cheque 系统中有一个账号。为了实现真正安全,该系统采用了一个 Kerberos 标识和一个口令。为了用支票付款,必须安装某种专门的客户机软件,该软件的功能就像一个支票本。顾客可以使用该软件向贸易商发送加密的支票。贸易商可以从银行提款,或在与供应商的交易中使用支票。一个专门的清算账目网络负责对支票进行验证并给贸易商发送一个

"OK"的消息，然后贸易商就可以将商品送出去了。虽然该系统也适合于微付款系统，但是它永远不会真正地发展起来。其主要问题是交换证书和给支票进行签名所需的公钥付款基础设施。这样的公钥付款基础设施并未出现，而且在其开发出来的同一时间，基于交易的信用卡也开始发展起来。Net Cheque 系统的另一个弱点是它的初始顾客和贸易商的基数太小。

Net Cheque 系统使用 Kerberos 实现认证，并且中心服务器在认为有必要时，可对所有主要的业务进行跟踪。Net Cheque 系统在很多方面是模仿普通的支票交易系统的。Kerberos 的主要优点是使用私钥加密，而私钥加密一般都未申请专利。因此，很多好的加密方案都可采用，不必担心侵犯了专利权。

使用 Kerberos 时，要求每个用户产生一个用于签署支票的票据，而票据常常会出现过期的问题，因此要求有一个更好的在线环境。Kerberos 环境仅在两方之间建立安全联系，因此无法使得某人签署的支票可由任何其他人验证。用户 B 不能验证用户 A 对支票的签字，因为票据仅在用户 A 和银行之间建立安全的联系。这一问题的解决方法是要求支票的产生者对银行和接收者分别建立两个不同的签字字段。

Net Cheque 系统利用 Kerberos 标签来产生电子签名，并对支票进行背书，包括支票数额、货币单位、日期、账户号码、收款人、客户签名以及商户和银行的背书等。其中前五项是明文，后几项对于收票行来说是可以验证的。在签发支票时，用户产生支票的明文部分。用户从 Kerberos 服务器上获得一个标签 T，用来向银行证实自己的身份，并与银行共同享有一个密钥，再根据支票内容产生一个校验和，然后把它放在一个证明器中，生成用户签名。

（三）eCheck

1996 年，美国颁布《改进债务偿还方式法案》，规定自 1999 年 1 月起，政府部门的大部分债务将通过电子方式偿还。1998 年中期，FSTC 推出银行网上支付系统（bank internet payment system，BIPS），电子支票 eCheck 可在其中使用。

FSTC 是由美国的银行、大学、企业、研究机构以及政府机构等联合成立的非营利团体，参加的主要银行有美洲银行、瑞士信贷第一波士顿银行、大通曼哈顿银行、化学银行、花旗银行等，FSTC 的使命是推动、测试、考察和验证下一代关键性金融服务技术并研究如何将其广泛应用于产业当中。FSTC 作为在线金融业务的推动者，推行了一系列电子货币试验项目，其中，最引人注目的当属电子支票项目。

eCheck 包含与纸质支票一样的信息，并且是建立在同样的法律框架的基础之上的。eCheck 可以直接在用户之间进行交换，而且可以代替在今天使用纸质支票的所有远程交易。顾客签写电子支票并将它发送给收款人。收款人将电子支票存入银行，得到银行存款，然后付款人的银行向付款银行结算该电子支票，付款银行使电子支票生效并从顾客的账户中收取支票金额。电子支票提供了可以通过互联网以安全的方式处理银行交易的能力。银行可以自动地验证电子支票的合法性，这样，就可以减少所有涉及用户被欺骗的损失。

eCheck 使用金融服务标识语言（financial service markup language，FSML）、数字签名以及数字证书等核心技术。该项目的基本内容是，使用密码技术将支票内容，例如支付人和支付金额等数据，加密之后用电子邮件授信进行结算。另外，该项目有关支付的详细数据，例如对该支票是为哪笔支付而签发的问题进行说明的数据，也可以连同支票一起授信。这一特点可以说是为了实现金融 EDI 以及对赊销债权的回收状况自动核对而特意设计的。eCheck 电子支票项目的系统结构，以及该项目中数据授信的具体方法详述如下。

1. 顾客方信息的传递

顾客方应传递以下五个方面的信息：有关支付的详细数据；有关支票内容的数据；对有关支票内容的数据用顾客的私人密钥加密之后得到的顾客的数字签名；对顾客的姓名和公共密钥用顾客开户银行的私人密钥加密之后的证明书 1；对顾客开户银行的行名和公共密钥中央机构（如美国联邦储备系统等联邦政府机构）的私人密钥加密之后的证明书 2。这些信息综合在一起用电子邮件传递给网上商店。

2. 商家对信息的确认

第一，对来自顾客方的数据进行确认。接收了以上数据的网上商店首先用预先保存的公共密钥对证明书 2 解密，得到顾客开户行的公共密钥，该公共密钥的正确性是由中央机构保证的；然后用顾客开户行的公共密钥对证明书 1 解密，得到顾客的公共密钥，该公共密钥的正确性是由顾客的开户行保证的；最后使用顾客的公共密钥对顾客的数字签名解密，并对解密的结果与支票内容进行比较，从而可以确认有关支票内容的数据在传递途中是否被篡改过。

第二，对已确认的数据进行处理之后传递给银行。在上述确认无误的基础上，对支票背书并附加数字签名。然后，将从顾客处接收到的数据、本商店对支票的背书以及商店的证明书一起，用电子邮件传递给本商店的开户银行。

3. 两家银行之间的信息处理

商店的开户银行和顾客的开户银行之间，对支票的内容和数据的合法性进行确认，在确认无误的基础上，进行支票的兑现处理，即顾客的开户银行从顾客的活期存款账户支出相应金额，而商店的开户银行则往商店的活期存款账户存入相应金额。

FSTC 的电子支票项目，除了使用数字签名防止信息被篡改，为了提高安全性还采用了其他一些措施。例如，顾客和商店均分别持有自己专用的、结构复杂得使第三者难以发现其中内容的 IC 卡，该卡内保存着各自的私人密钥。因此，第三者想对顾客和商店的数字签名以及背书进行伪造，会相当困难。另外，为了防止商店将受理的顾客数据复制并存储起来，用同一张支票请求第二次、第三次兑现。在支票数据中，特意附加了对支票签发日期安全保护的数字时间戳，并将支票兑现期限设定得比较短。而且，顾客的开户银行还将支票已支付完结的信息存储起来，当对方请求兑现时，首先会确认该支票是否使用过，这样就保证了电子支票结算的安全性。

关于 eCheck 的更多信息可在 http：//www. echeck. org/中查阅。

第 3 节　支票影像交换系统

韩国拥有一整套完善的支付系统，其支票清算系统特色十分鲜明。早在 2000 年韩国就在汉城推行支票自动截留清算系统，即依据银行间信息网络系统中的相关信息进行电子交换和清算，而不必进行支票的实物流动。2002 年这套系统在韩国全国范围进行了推广。现在，韩国绝大多数支票的清算均由自动截留系统完成。香港的支票影像处理系统是在 2003 年 6 月投入运行的，香港银行处理小额支票时，将以出示支票影像及有关支票数据，取代出示纸质支票作为结算依据。具体做法是在银行各网点或行内票据中心使用小型票据专用设备扫描支票影像，并通过光学识别系统自动识别支票号、银行代号、银行账号、金额等支票数据，根据预设的截留限额分离出小额支票。香港的支票影像结算系统的运行达到了以下目的：（1）截留大量的小额支票，提高了结算效率，显著降低了处理成本；（2）建立了支票影像数据库，并与计算机业务对接，实现了支票审核、入账、退票自动化；（3）不需要纸质支票从其他地区运回香港，有助于香港拓展跨境联合支票清算的工作；（4）与网上银行系统对接，逐步拓展了电子票据业务。

我国的支票清算长期以来一直受业务和技术条件的制约，基本只在同一城市范围内使用，不能满足区域经济发展和人们日益增长的多样化支付需要。因此，中国人民银行根据我国支票使用现状及发展趋势，借鉴国际支票截留的先进经验，在 21 世纪初开始着手建设全国支票影像交换系统，以支撑全国支票通用。全国支票影像交换系统建成后，于 2006 年 12 月 18 日在北京、天津、上海、河北、广东等地成功试点运行，并于 2007 年 6 月 25 日完成了此交换系统在全国的推广建设。

我国支票影像交换系统的基本原理是：运用计算机影像技术将实物支票转换为支票影像信息，通过网络将支票影像信息传递到出票人开户银行提示付款的业务处理系统，从而实现支票的全国通用。该系统涉及如下几项技术。

一、电子验印技术

银行客户的印鉴是银行多种业务的重要凭证和依据，传统的印鉴比对方式是人工折角核对。在全国支票影像交换系统中，使用基于模式识别和图像处理技术的电子验印技术，即通过摄像机、数码相机或扫描仪等图像采集设备，将客户的预留印鉴图像采集到计算机，经过图像处理算法形成电子标准印鉴。印鉴核验时，待测印鉴通过图像采集设备采集到计算机，同时，计算机调出相应的电子标准印鉴。经过预处理、定位、分割、配准和比对等图像处理算法，自动给出待测印鉴真伪的结论。

二、缩微技术

银行的票据要求长期保存，通常使用高速扫描仪作为图像采集设备，利用大容量硬盘技术和图像压缩技术。票据缩微系统可直接从全国支票影像交换系统和提入行自身的电子验印系统中获取票据图像。

三、图像采集技术

将票据图像采集到计算机通常有以下途径：摄像机、数码相机、平板扫描仪、高速扫描仪和票据清分机等。

四、图像识别技术

作为纸质支票的支票影像有许多关键要素要识别，包括金额、账号、票号、日期等。这些票据要素有着严格的规范。人工处理时，票据要素的录入和填写规范检测就是一件很重要的事情，在全国支票影像交换系统的背景下这一要求变得更加突出，用模式识别的方法自动地识别票据要素是关键技术之一。

五、票据涂改识别技术

涂改票据是犯罪分子作案的常用手段，人的肉眼分辨率有限，一些蛛丝马迹难以察觉。计算机可以根据纹理、笔画和前后关系等信息，智能地判断票据是否涂改过。

六、手写签字的计算机辅助识别

《票据法》规定，手写签字和盖章均可作为出票依据。因此，全自动地识别手写签字不仅是非常必要的，也是一项需要解决的技术难题。

七、支付密码技术

在全国支票影像交换系统中，采用了支付密码技术。支付密码也称为变码印鉴，其基本原理是：出票时，银行客户在专有的硬件或者软件上，输入金额、账号、票号、日期等信息，计算出一串数码，填写在票据上作为出票依据。

八、基于公开密钥体系的数字签名技术

按照中国人民银行的规定，支票影像及其捆绑信息应经过公开密钥体系（PKI）的数字签名，以确保信息的完整性、认证性和不可否认性。

支票影像交换系统解决了支票全国通用的问题，改变了传统的实物票据交换模式，其业务流程包括三个层次：第一个层次是纸质票据流，即实物支票经过出票、转让和提示付款等环节流通到收款行或票据交易所，完成实物支票的截留和影像采集；第二个层次是影像信息流，即将采集的支票影像业务信息通过影像交换系统传递给出票人开户行审核付款；第三个层次是资金清算流，即出票人开户行收到支票影像信息审核无误后，通过小额支付系统返回业务回执和完成资金清算。

支票影像交换系统的结构如图 4—4 所示。

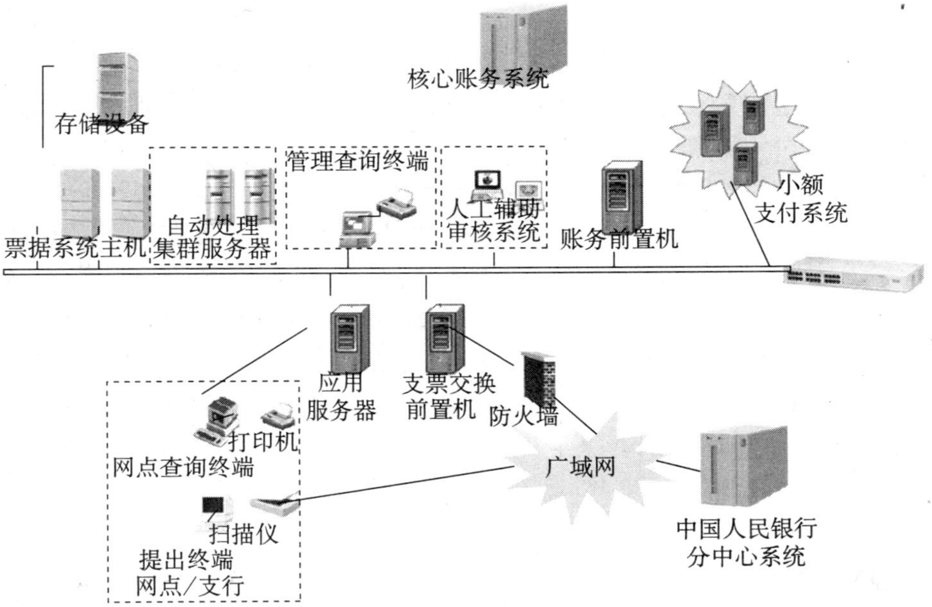

图 4—4　支票影像交换系统的结构

第4节 中国主要的电子票据系统

一、同城票据交换系统

同城票据交换是指中国人民银行分支机构组织同一城市内或同一经济区域内各银行机构办理的跨行票据交换及资金清算业务。

截至2010年年末，全国共有同城清算机构1 161家，比2009年减少78家。其中各省会城市（直辖市）22家，较2009年减少3家；地（市）级城市224家，较2009年减少16家；县城/镇915家，较2009年减少59家。其中采用清分机操作方式的30家，与2009年持平；采用清算系统方式的394家，较2009年减少49家；采用手工清分等操作方式的737家，较2009年减少29家。

2010年，同城票据交换系统业务量小幅增长。全年共处理业务4.50亿笔，金额73.19万亿元，同比分别增长4.45%和5.45%；平均每笔16.28万元，同比增长0.96%。

二、全国支票影像交换系统

全国支票影像交换系统是指运用影像技术将实物支票转换为支票影像信息，通过计算机及网络将影像信息传递至出票人开户银行提示付款的业务处理系统，它是中国人民银行继大额、小额支付系统建成后的又一重要金融基础设施。影像交换系统定位于处理银行机构跨行和行内的支票影像信息交换，其资金清算通过中国人民银行覆盖全国的小额支付系统处理。支票影像业务的处理分为影像信息交换和业务回执处理两个阶段，即支票提出银行通过影像交换系统将支票影像信息发送至提入行提示付款；提入行通过小额支付系统向提出行发送回执完成付款。它解决了长期以来我国支票基本只在同一城市范围内使用，不能满足区域经济发展和人们日益增长的多样化支付需要的问题。

我国支票影像交换系统于2007年7月建成，建成后异地使用支票款项最快可在2～3小时之内到账，一般在银行受理支票之日起3个工作日内均可到账。2010年，全国支票影像交换系统继续保持平稳增长态势。按照支付业务往账口径统计，全年共处理业务878.43万笔，金额4 042.46亿元，同比分别增长26.73%和40.21%；平均每笔4.60万元，同比增长10.64%；日均处理业务2.50万笔，金额11.48亿元。

详细信息可参阅《全国支票影像交换系统业务处理办法（试行）》。

三、电子商业汇票系统

电子商业汇票系统（electronic commercial draft system，ECDS）是由中国人民银行批准建立的，依托网络和计算机技术，接收、登记、转发电子商业汇票数据电文，提供与电子商业汇票货币给付、资金清算行为相关的服务，并提供纸质商业汇票登记查询和商业汇票公开报价服务的综合性业务处理平台。

商业汇票是主要的票据品种之一，兼具支付结算和短期融资功能，对满足企业支付需要、拓宽融资渠道、降低财务费用、提高商业银行支付服务水平、强化资产负债管理，以及丰富中央银行货币政策手段都有着非常重要的作用。

近年来，随着我国金融电子化水平不断提高和金融基础设施的完善，在银行票据业务方面，银行汇票、银行本票和支票都不同程度地实现了电子化，安全性和效率得到极大改善。2007年全国支票影像交换系统的建立，实现了纸质支票处理的部分电子化；2008年，银行本票和华东三省一市银行汇票的业务通过小额支付系统进行清算，实现了电子化处理。但是，相对而言，商业汇票的电子化步伐比较滞后，其业务处理基本上采用传统的手工、纸质方式，效率低、风险高，不利于商业汇票的进一步发展。2005年开始，虽然国内部分商业银行在票据电子化和电子票据应用方面进行了积极的探索和尝试，但由于缺乏统一的票据集中登记机制和跨行交易平台，业务开展受到了极大限制。

为进一步推动国内票据业务和票据市场发展，便利企业支付和融资，支持商业银行票据业务创新，在充分调研论证的基础上，中国人民银行于2008年1月决定组织建设电子商业汇票系统，同年6月正式立项，2009年10月28日建成投入运行。

2010年6月28日，电子商业汇票系统顺利实现在全国范围内的推广运行。截至2010年年底，接入系统的法人机构共有316家，网点6.5万余个，覆盖了我国主要的商业银行和财务公司。

详细信息可参阅《电子商业汇票系统管理办法》。

四、城市商业银行汇票处理系统和支付清算系统

从2010年1月18日起，城市商业银行资金清算中心支付清算系统正式上线运行，提供通存通兑等业务服务，并和原有城市商业银行汇票处理系统共同为以城市商业银行为代表的中小金融机构提供支付清算服务。城市商业银行资金清算中心支付清算系统及运营服务平台运行第一年，接入行就达64家，支付清算系统业务发生总额达307亿元；银行汇票处理系统当年新增业务开通行4家（其中村镇银行3家），完成银行汇票签发总量614亿元，自主兑付金额比率达到67.73%；两项合计全年业务发生金额921亿元，资金清算金额782亿

元。随着系统覆盖面的日益扩大以及新业务的推出，城市商业银行资金清算中心将为全国城市商业银行、各类中小金融机构提供更为广泛的支付清算服务。

研究拓展

电子商业汇票业务系统的应用与推广

推出电子票据业务，对降低票据业务风险和成本、促进全国统一的票据市场的形成、丰富支付结算工具、便利中小企业融资、完善利率生成机制、促进经济发展具有重要意义。然而，电子商业汇票业务系统上线至今，电子票据面临着诸多瓶颈，发展速度较慢。

一、电子票据业务发展的现状

来自中国人民银行的数据显示，2009 年 10 月 28 日至 2010 年 11 月 30 日，共处理电子商业汇票业务总数为 234 209 笔，金额 7 689.9 亿元。从笔数上看，纸票登记业务累计 9 867 001笔，电子汇票占比仅为 2.4%。电子票据推出以来，出票 66 131 笔，金额 2 014.71亿元；承兑 69 230 笔，金额 2 115.44 亿元；贴现 23 522 笔，金额 945.29 亿元；转贴现 15 453 笔，金额 998.91 亿元；通过大额支付系统发生票款对付业务共计 10 678 笔，金额 325.43 亿元。系统共收到纸票登记业务 9 867 001 笔。截至 2010 年年底，接入电子商业汇票系统的机构共有 316 家，其中银行业金融机构 246 家，财务公司 70 家。316 家机构全部开通纸质商业汇票登记查询业务，其中 232 家开通电子商业汇票业务，占比为 73%。

股份制银行较国有商业银行发展居前。在 23 家机构排名中，股份制银行显著居于前列。中信、光大承兑累计笔数分别为 14 186 笔、10616 笔，分居第 1 位、第 3 位。承兑累计金额上，深发展、中信占第 1 位、第 4 位，金额为 459.489 亿元、260.464 亿元。电子票据贴现方面，中信、招行贴现累计笔数居第 1 位、第 3 位。中信、招行贴现累计金额居第 2 位、第 3 位。

在国有商业银行中，工行抢眼，建行次之。工行、建行累计承兑 6 388 笔、2 123 笔，金额 335.069 亿元、92.589 亿元；累计贴现 3 654 笔、1 907 笔，金额 283.780 亿元、68.284 亿元，各指标居同业前五。中行、农行承兑累计笔数和金额、贴现累计笔数和金额排名居同业第 10 位左右，这与其资产规模并不相称。国有商业银行依托网点多、人员多的优势，更愿意处理纸质商业汇票，开展电子商业汇票业务的积极性不高。

二、影响电子票据发展的原因分析

1. 缺少价格优势

在参与机构缺乏、系统不稳、制度未建立等诸多因素掣肘下，做大电子票据业务量较为艰难。从月度曲线上看，出票、承兑、贴现、转贴现等主要业务基本呈现逐步增长的趋势。但在实际操作过程中，电子票据业务存在诸多障碍。与纸制票据相比，目前电子票据在流程上并没有得到简化，各种程序依然一个都不能少。在企业支付的承兑费用上，电子票据与纸票一样都是 0.05%，没有价格优势。

2. 电子票据参与范围不广

2009 年首批 18 家银行上线电子票据系统以来，仅有 4～5 家股份制银行开展了电子票据业务。2010 年 6 月第二批机构上线，大部分银行只是形式上上线，并没有推广此业务。同时，农信社、城商行等中小金融机构并没有进入电子票据市场，而纸质票据的主体是这些中小机构，没有它们的参与，电子票据就少了依托。

3. 电子票据流动性不高

一是目前电子票据业务在办理时需依托由各家机构自身开发的企业网上银行和内部电子票据系统，因而当一家机构在贴现所承兑的电子票据或将贴现后的电子票据转贴现给其他机构时，可能会因为各金融机构网上银行或内部电子票据系统开发设计模式以及操作使用流程方面的不一致，而影响到电子票据同业流通的交易效率和意愿。二是中小金融机构因自身科技实力等条件的限制，在企业网上银行系统开发建设方面较为滞后，尤其是农村金融机构和经济不发达地区金融机构在网上银行电子票据业务开展方面与大中型商业银行和发达地区存在明显差距。

4. 对电子票据难以定价

首批上线机构数量较少，有效的转贴现市场和利率报价机制尚未形成，导致难以对其准确定价。电子商业汇票付款期限已扩展到 1 年，但银行开出的电子票据期限 90%都在 6 个月以内，与纸质票据无异。这是因为各行都不知道 6 个月到 1 年期的电子票据应该如何定价，尝试风险较大，不如退守。

5. 社会认知程度较低

调查发现，无论是大型企业还是中小企业，其高层管理人员、财务人员对电子商业汇票业务的认知程度不高，对电子商业汇票业务的积极意义、办理流程及风险控制等内容了解不够，对电子商业汇票业务安全、快捷、便利的功能掌握不到位，导致有关人员对电子商业汇票不信任、不放心，仍偏重于纸质商业汇票，电子商业汇票业务宣传推广任务艰巨。

三、商业银行应对措施分析

1. 开展电子票据培训，抢占电子票据客户和市场

电子票据是一项新的产品和服务，依托过去的客户基础和市场优势，各商业银行应充分掌握电子票据的基本知识和操作技能，认真做好各项培训工作。在前期的推广和试点中，要及时发现和反馈电子票据系统中的问题，保证业务健康发展，并抓住时机，通过组织业务推介或客户培训，开展各种形式的宣传活动。同时，找准目标客户，尽快占有市场。可以将汽车金融、钢铁贸易、产供销业务链作为切入点，尽快占领市场。

2. 调整资产结构，加快票据周转，提升中长期贷款比例，防止利润受到冲击

股份制银行由于短期贷款占比高，而电子票据业务的短期融资替代作用明显，因此要防止利润受到冲击。首先，要在大力开展票据业务的基础上，做大直贴现，实现以量补价，依靠同业渠道建设，提高贴现资产的周转率，减少资金占用，增加利差收入。特别是在电子票据系统上线之后，直贴现与转贴现的交易成本显著降低，业务效率大幅提高，要做大直贴现，加速转贴现，在占用同等资金的情况下获取更大的收益。其次，要适当增加中长期贷款的比例，防止一般贷款规模受到过大影响，将电子票据对短期贷款造成的冲击降至最低。

3. 加快流程改造，提高业务办理效率

一是电子票据系统上线之后，业务本身的处理速度大大提高，当前的业务流程成为限

制效率提高的主要瓶颈。二是纸票业务竞争日益激烈，客户对银行贴现业务处理速度的要求持续提高，因此商业银行必须加快业务流程改造，尝试设立票据贴现专柜，实现专人录入资料、专人接单初审和专人放款审查，减少客户经理的等待时间和劳动强度，提高服务质量，增强票据贴现业务的竞争力。

4. 密切关注市场，建立适合电子票据的利率定价机制

由于电子票据中期限为6～12个月的票据贴现为新的业务品种，且对短期贷款有较大的替代作用，因此，其贴现利率应该在短期贷款利率与票据贴现利率之间。商业银行必须密切关注同业，根据市场变化灵活定价。在业务发展的初期，电子票据容量有限，未形成有效的转贴现市场前，长期电子票据的报价可以更多地参考1年期贷款利率。随着市场电子票据量逐渐增加，电子票据的转贴现市场逐步形成，电子票据的定价基础可能应更多地参考同期货币市场利率，在此基础上加上信贷规模溢价。

四、加快推进电子票据业务发展的建议

1. 试点开展电子票据再贴现业务

票据资产是商业银行最重要的高流动性资产之一，且电子票据相对纸质票据风险和操作成本均较低，是理想的再贴现业务操作载体。如果中国人民银行试点开展电子票据再贴现业务，不仅可以丰富其货币政策操作手段，而且可以提高电子票据的流动性，引导各商业银行对不同期限电子票据转贴现业务（尤其是6个月以上的转贴现业务）进行合理报价。

2. 建立电子票据转贴现报价体系，完善利率定价机制

转贴现市场的活跃对电子票据业务的发展起着至关重要的作用，由于电子票据的最长期限由6个月延长至1年，故纸质票据的转贴现价格很大程度上不适用于电子票据。建议中国人民银行结合市场情况，制定再贴现业务的基准价格，各家商业银行在此基础上调整，形成电子票据转贴现业务的报价体系，并在转贴现价格基础上形成直贴现业务价格体系，完善利率报价机制。

3. 提高电子票据的社会认知度

在实现全国集中宣传与银行机构个性化营销相结合的同时，切实发挥银行机构的个体优势，细分客户市场，提供差异化服务，通过已开通业务核心客户的示范效应，向其上下游企业开展有针对性的产品推介、市场营销，确立重点发展对象，有效解决企业加入电子票据系统的具体问题，提高电子票据签约客户量和使用率。通过培训班、研讨会、银企座谈、产品推介等形式，对电子票据业务处理流程、注意事项、电子票据的优点及条件等进行系统讲解，增强业务宣传活动的针对性和实效性。

4. 完善电子票据安全运行体制，维护交易双方合法权益

一是要成立权威认证机构，对银行网上业务的准入从技术上、制度上、管理上进行安全鉴定和认证。通过中国人民银行征信系统对客户自身的信誉度进行评价，防止恶意侵占银行资金的行为，把好入市关。二是要建立健全网上银行安全防范体制，严厉打击利用电子票据进行金融犯罪的行为。三是要加强对网上银行日常业务的监督，督促网上银行切实遵守有关法律制度，确保网上银行安全运行。四是要明确银行与客户在维护电子票据业务安全时的权利、义务和责任，以及在出现风险时银行与客户所应当承担的法律责任。

本章小结

本章讲述了电子票据的概念和典型的电子票据系统。电子票据较传统票据在支付效率、支付成本和安全性方面有明显优势，为企业间电子商务提供了实质的支持。我国电子票据系统在近年来得到快速的发展，通过建设各票据交换系统，使我国以中国人民银行大额、小额支付系统为核心，银行业金融机构行内支付系统为基础，票据支付系统、银行卡支付系统为重要组成部分的支付清算网络体系更趋完善，能够为社会和银行业金融机构提供高效、安全的支付清算公共平台，不断提高金融服务水平。此外，随着各票据交换系统建成，票据作为新的异地结算工具，将在经济活动中得到更广泛的运用，这有助于减少现金交易，推广使用非现金支付工具，方便经济活动，满足企业和居民日益多样化的支付需求。最后，银行间的票据资金清算通过大额、小额支付系统完成，有效控制了流动性风险和信用风险，极大提高了票据清算的安全和效率。

思考与练习

1. 通过 eCheck 图书馆（http：//www. echeck. org/library/）进一步了解有关电子支票系统的发展历史、关键技术和典型应用。

2. 案例：中国人民银行于 2007 年 6 月 25 日建成全国支票影像交换系统，实现了支票在全国范围的互通使用，企事业单位和个人持任何一家银行的支票均可在境内所有地区办理支付。目前，系统运行稳定，全国支票使用量逐步增加。根据中国人民银行的规定，支票全国通用后出票人签发的支票凭证不变，支票的提示付款期限仍为 10 天；异地使用支票款项最快可在 2～3 小时之内到账，一般在银行受理支票之日起 3 个工作日内均可到账。为防范支付风险，异地使用支票的单笔金额上限为 50 万元。对于超过规定限额的支付，收、付款人可约定采用其他支付方式。办理支票业务，银行向客户的收费暂按现行标准不变。

根据《票据法》的规定，禁止签发空头支票。出票人签发一张支票，如果账户余额不够支付所签发支票的金额，该支票就是一张空头支票。另外，与预留银行签章不符的支票，也被视为空头支票。同时，签发空头支票将依法受到处罚。对于签发空头支票或者与其预留的签章不符的支票，不以骗取财物为目的的，出票人将被处以支票票面金额 5%但不低于 1000 元的罚款，持票人还有权要求出票人赔偿支票票面金额 2%的赔偿金；以骗取财物为目的的，出票人还将被追究刑事责任。

问题：

（1）说明全国支票影像交换系统对支撑支票全国通用的重要意义。

（2）说明全国支票影像交换系统对有效控制流动性风险和信用风险的重要意义。

参考文献

[1] eCheck 官方网站. http：//www. echeck. org
[2] 中国人民银行官方网站. www. pbc. gov. cn

第 5 章

Chapter 5

第三方网上支付平台

随着实物经济的高速发展，电子商务迅速崛起，成为商品交易的最新模式，也为大众所广泛接受。作为中间环节的网上支付，是电子商务流程中交易双方最为关心的问题。由于电子商务中的商家与消费者之间的交易不是面对面进行的，而且物流与资金流在时间和空间上也是分离的，这种没有信用保证的信息不对称导致了商家与消费者之间的博弈：商家不愿先发货，怕货发出后不能收回货款；消费者不愿先支付，担心支付后拿不到商品或商品质量得不到保证，博弈的最终结果是双方都不愿意先冒险，网上购物无法进行。第三方支付平台正是在商家与消费者之间建立了一个公共的、可信任的中介，它满足了电子商务中商家和消费者对信誉和安全的要求，它的出现和发展是电子商务发展到一定阶段的必然结果。

第 1 节　第三方支付平台概述

第三方支付平台是马云 2005 年在瑞士达沃斯世界经济论坛上首先提出的，他在会议中表示，电子商务首先应该是安全的电子商务，一个没有安全保证的电子商务环境，是没有真正的诚信和信任可言的。而要解决安全问题，就必须先从交易环节入手，彻底解决支付问题。如果说电子支付解决了电子商务的资金流问题，那么第三方支付则加速了商务流的实践过程，第三方支付以其方便、快捷、高效、经济和即时性引领着电子商务的高速发展。

一、电子商务发展对资金流的新要求

随着电子商务的蓬勃发展以及网上购物人群的迅猛增长，我国的电子商务

市场在信息流、物流等方面的大部分难题已经得以解决，然而支付问题却成为了如今制约电子商务发展的瓶颈。随着网民对网络支付形式接受度的提高，更多的商家开始将网络支付作为自己业务的一种支付方式提供给消费者。支付宝、财付通等第三方支付工具以及赔付制度更是在很大程度上改善了电子商务的购买信任危机，第三方支付方式借着网上支付市场的东风得以迅速发展，同时也对电子商务的健康发展起到了不可估量的推动作用。第三方支付平台营运商独立于商家与消费者，采用与各大银行签约的方式同银行支付结算系统对接，为电子商务中的买卖交易双方提供一个货款交付的中转站。可以说，第三方支付平台作为资金代收代付的中介，有效地解决了制约电子商务发展的一大瓶颈——网上支付的信用与安全问题，从而促进了电子商务的飞速发展。

二、概念与分类

所谓第三方支付平台，是指具备一定实力和信誉保障的独立机构，采用与各大银行签约的方式，提供与银行支付结算系统接口的交易支持平台的网络支付模式。在第三方支付模式中，买方选购商品后，使用第三方平台提供的账户进行货款支付，并由第三方通知卖家货款到账、要求发货；买方收到货物，并检验商品进行确认后，就可以通知第三方付款给卖家，第三方再将款项转至卖家账户上。

第三方支付平台提供一系列的应用接口程序，将多种银行卡支付方式整合到一个界面上，负责交易结算中与银行的对接，使网上购物更加快捷、便利。消费者和商家不需要在不同的银行开设不同的账户，可以帮助消费者降低网上购物的成本，帮助商家降低运营成本；同时，还可以帮助银行节省网关开发费用，并为银行带来一定的潜在利润。相比安全套接层（SLL）、安全电子交易（SET）等支付协议，利用第三方支付平台进行支付操作更加简单，而且易于接受。SSL 是现在应用比较广泛的安全协议，在 SSL 协议中只需要验证商家的身份。SET 协议是目前发展的基于信用卡支付系统的比较成熟的技术。但在 SET 协议中，各方的身份都需要通过认证中心进行认证，程序复杂，手续繁多，速度慢且实现成本高。有了第三方支付平台，商家和客户之间的交涉由第三方来完成，使网上交易变得更加简单。第三方支付平台主要具有下列特点：

（1）安全性高和支付效率高，信用卡信息或账户信息仅须告知第三方支付机构，而无须告诉每一个收款人，大大减少了信用卡信息和账户信息失密的风险。

（2）支付成本较低。第三方支付机构集中了大量的电子小额交易，产生了规模效应，因而支付成本较低。

（3）使用方便。对支付者而言，他所面对的是友好的界面，不必考虑背后复杂的技术操作过程。

(4) 第三方支付机构的支付担保业务可以在很大程度上保障付款人的利益。

一般的第三方支付平台，如支付宝等，交易流程都大同小异，可以简单地总结如下：

(1) 客户通过浏览器发起支付请求。

(2) 签约的客户（指与第三方支付公司签约的商户并且拥有自己的支付管理系统）响应支付请求，返回支付页面。

(3) 客户根据支付页面需要填写的数据，填写表单，提交这些数据（如支付金额、支付密码和其他身份验证相关信息）。数据被提交到第三方支付公司的支付网关系统中。

(4) 支付网关系统返回一个网银对接接口页面，让客户填写与订单相关联的支付数据（一般是银行卡相关的卡号、密码等）。

(5) 填写完毕，提交所有订单数据（交易流水号）和银行卡数据到银行网银系统。

(6) 网银系统处理支付请求，将结果返回给支付网关。

(7) 支付网关将本次交易的结果存根到自己的后台系统。

(8) 同时将支付结果通知给签约的客户系统。

(9) 最终的支付结果也将以网页形式返回到客户端浏览器中。

三、典型第三方支付服务提供商

根据交易规模的大小、上线日期的早晚，我们选择支付宝、财付通和贝宝作为案例介绍典型第三方支付服务提供商。

根据艾瑞咨询公司的统计数据，2011 年第二季度支付宝以 49.62%的份额继续占据市场的首位；财付通以 20.97%的市场份额排名第二；银联在线支付、快钱和汇付天下分别以 8.07%、7.32%和 7.20%的市场占比居第三、第四和第五位。第二季度，支付宝在注册账户总量和业务规模方面等都有较快发展，截至 6 月 30 日，支付宝的注册用户总数达到 6.1 亿。在原有的网购和航空优势领域外，支付宝也积极进行行业拓展以及产品创新，第二季度支付宝快捷支付也得到了迅猛的发展，与银行和航空公司的战略合作逐步展开和深化。财付通在 2011 年第二季度的业务增长主要来自以下几个方面：第一，在团购和企业对客户（B2C）等网购领域，财付通的市场占比居于前列；第二，财付通开始陆续为物流和钢铁等行业提供解决方案和服务，大宗交易推高了财付通整体业务量的快速增长；第三，航空市场上，财付通的市场占有率稳固，与航空公司和机票代理人的合作更加深入。银联在线支付在 2011 年第二季度有多项重要动作，这包括：第一，银联启动了互联网业务部的管理机制，进一步整合了银联体系内各分、子公司的业务和资源，其市场拓展能力得到了进一步提升；

第二，中国银联在第二季度强力推出了其在线支付业务，并推出了认证支付、快捷支付等服务，对支付市场的发展产生了重要的影响。

从2010年到2011年第二季度第三方支付交易规模及2011年第二季度第三方支付核心企业交易规模分别如图5—1和图5—2所示。

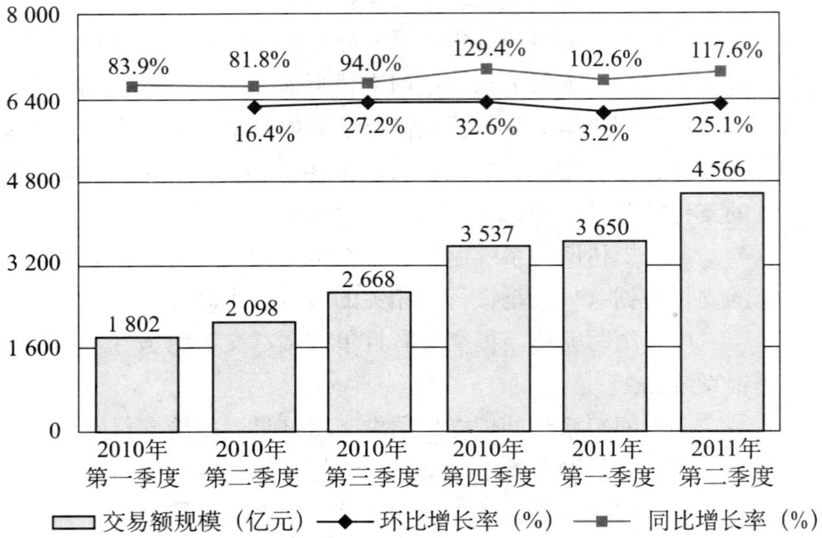

图5—1 2010年到2011年第二季度第三方支付交易规模

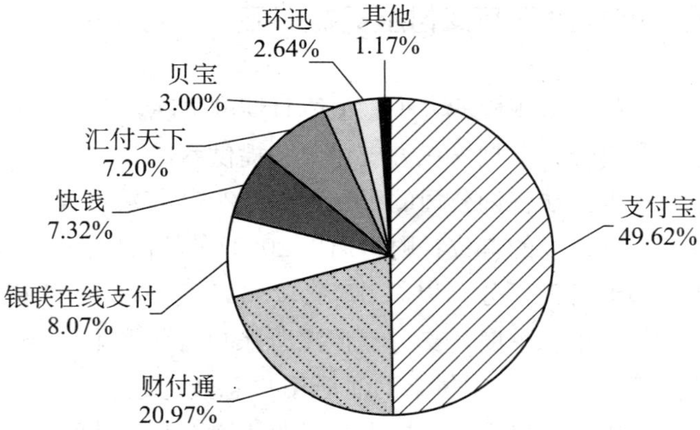

图5—2 2011年第二季度第三方支付核心企业交易规模

（一）支付宝

支付宝网站（www.alipay.com）是国内先进的网上支付平台，由阿里巴巴公司创办，致力于为网络交易用户提供优质的安全支付服务。支付宝服务自2003年10月18日在淘宝网推出以来，在短短的几年时间内，迅速成为会员网上交易不可缺少的支付方式，深受淘宝会员喜爱。经过不断的改进，支付宝服务日趋完善。为了更好地运营支付宝，为用户提供更优质的服务，成立了支付宝公司，并于 2004 年 12 月 30 日推出支付宝账户系统。到 2011 年 12 月，除淘宝和阿里巴巴，支持使用支付宝交易服务的商家已经超过 46 万家，涵盖 B2C、网游、航空旅游酒店、教育缴费、公共事业缴费、传统行业（物流、保险等）、海外商户等领域。这些商家在享用支付宝服务的同时，更是拥有了一个极具潜力的消费市场。支付宝的发展历史如图 5—3 所示。

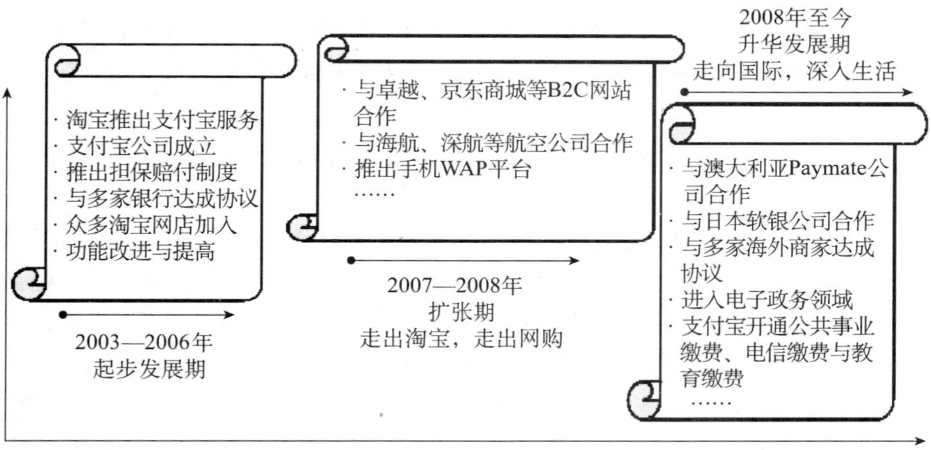

图 5—3　支付宝的发展历史

（二）财付通

财付通是腾讯公司于 2005 年 9 月正式推出的专业在线支付平台，致力于为互联网用户和企业提供安全、便捷、专业的在线支付服务。财付通构建了全新的综合支付平台，业务覆盖企业对企业（B2B）、B2C 和客户对客户（C2C）各领域，提供卓越的网上支付及清算服务。针对个人用户，财付通提供了在线充值、提现、支付、交易管理等丰富功能；针对企业用户，财付通提供了安全可靠的支付清算服务和极富特色的 QQ 营销资源支持。财付通网站（www.tenpay.com）作为功能强大的支付平台和在线支付工具，在 B2C，C2C 在线交易中，起到了信用中介的作用，同时为内容提供商、服务提供商提供了在线支付通道以及统一的计费平台，消除了个人用户和广大商家的安全顾虑，保证了在线交易的资金和商品安全。

财付通是一个专业的在线支付平台，其核心业务是帮助在互联网上进行交易的双方完成支付和收款。财付通服务有用户财付通账户的充值、提现、支付和交易管理等。并且，对于企业用户，财付通还提供支付清算服务和辅助营销服务。财付通还提供了商家工具，以方便用户使用财付通出售自己的商品，主要有财付通交易按钮、网站集成财付通、成为财付通商户等。财付通的后台管理功能非常丰富，主要包括以下几类功能：系统管理、商品管理、工具管理、会员管理、店铺管理、交易管理、财务管理和应用管理。每类功能都进一步划分为若干子功能。

（三）贝宝

贝宝是由上海网付易信息技术有限公司与世界领先的网络支付公司——PayPal 公司通力合作为中国市场度身定做的网络支付服务平台。贝宝利用 PayPal 公司在电子商务支付领域先进的技术和其在风险管理与控制、客户服务等方面的能力，通过开发适合中国电子商务市场与环境的产品，为电子商务的交易平台和交易者提供安全、便捷和快速的交易支付支持。

四、第三方支付平台发展现状与趋势

在 2011 艾瑞第六届年度高峰会议上，艾瑞咨询集团联合总裁兼首席运营官（COO）阮京文指出，2011 年整个中国网络经济规模将会达到 2 452 亿元，而 2009 年中国网络经济的增长率是 39%，2010 年是 53%，2011 年将保持 68%的增长，整个网络经济发展速度将是 GDP 增长速度的 5 倍。与此同时，作为网络经济的核心基础设施，第三方支付也在近几年持续高速发展。统计数据显示，2010 年，第三方在线支付市场交易规模在 2009 年基础上几乎翻番，达到 10 858 亿元，而 2011 年第一季度在线支付市场规模已达到 3 973 亿元，环比增长 10%，同比增长 98.7%。

“十二五”期间，电子商务将被列入战略性新兴产业的重要组成部分，而电子支付作为电子商务的重要一环，备受各方关注。电子支付打破了交易时间和空间限制，对支付结算影响深远，在社会发展中扮演着越来越重要的角色。电子商务实际上是通过企业信息流、物流和资金流完成相互的活动实现的，信息流应该是核心，物流是保障，资金流是实现手段。而只有将三者进行有机整合，才能保证电子商务的效率最大化。

从 C2C 到 B2C，再到 B2B，随着网络交易规模的暴增，行业对第三方支付的资金归集和管理的高度整合性及便捷性提出了更高的要求。第三方支付在提供基本的在线结算服务的同时，还必须满足企业整合订单、支付、运单系统，整合资金流、信息流、物流等各个环节的多元化需求。

第三方支付提供的方便快捷的支付模式可以使个人和企业不受时间和空间的限制，进行与网上交易同步的支付结算，同时它也是电子商务发展的关键环节和基础条件。随着传统企业进军电子商务的进程日趋加速，而企业的电子商务化与应用建立在电子支付持续创新发展的基础之上，电子商务的加速发展反过来也推动着第三方支付向细分市场深入。而随着市场的需求变化，第三方支付的应用特征也从行业细分进一步向行业整合过渡。

第 2 节 第三方支付与银行支付服务的合作竞争关系

整个第三方支付产业的价值链可以分为三层，从上到下分别为应用层、第三方支付服务层和基础服务层。应用层主要包括消费者和各种网上商城；第三方支付服务层是整个价值链的核心，包括各种第三方支付服务（支付宝等）；而基础服务层则由各家银行（包括中国银联）组成。根据美国哈佛商学院迈克尔·波特教授的价值链分析法可以知道，不同的企业所参与的价值创造活动是不同的，而且并非价值链上的任何一个环节都能创造出价值，只有其中的某些特定战略环节的价值活动才能真正创造出价值。第三方支付产业价值链上起最关键作用的是中间层，即第三方支付服务层，这一层是产生价值最大的一个环节。第三方支付平台提供一系列应用程序接口，在交易过程中与银行实现对接，把多种银行卡支付方式整合到一个界面。对不同的消费者来说，不需要和商家在相同的开户银行开设账号就可以通过第三方进行转账，减少了交易双方的手续，提高了银行的处理速度；作为商家或企业，通过第三方支付平台实现与多家银行连接，降低了商家或企业的运营成本以及网站的开发和维护费用。同时，第三方支付平台为银行节省了网关的开发费用，也为银行带来了一定的潜在利润。第三方支付服务也在一定程度上为应用层上的消费者提供的安全保障，而这种保障对于消费者不产生或者产生很少的交易成本，从而增加了消费者剩余。另外，银行利用第三方支付可以推广网上银行业务，提高银行服务质量与扩大市场推广力度，这样价值循环产生，促进了该产业的进一步发展。

第三方支付平台自诞生之日起，其与银行支付服务之间的竞争和合作关系就一直被人们关注。尽管目前产业链分工尚未十分明晰，但第三方支付平台经过十多年发展，除在单纯的技术方面合作，商业银行与第三方支付平台之间还在多个层次形成密切合作。但长远看来，由于第三方支付平台的形式和传统商业银行的中间业务、信用卡业务模式有很强的类似性，第三方支付机构和传统商业银行之间势必会发生竞争，两者之间存在一场博弈。

第三方支付平台的兴起之初得到了银行的大力支持，银行为其提供支付网关接口，甚至利用银行自身的信用来提升第三方支付平台的信用，这源于电子商务发展初期的业务量比较有限，从而网上支付的需求也比较有限，尤其是网上 C2C 交易的金额大多比较小，对于成本相对较高的银行而言没有多大的利润空间，因而起初银行并不怎么重视这部分业务，让第三方支付平台来开展支付业务，还能为银行带来新的客户。

一、合作关系

（一）商业银行对第三方支付的积极作用

1. 资金托管和结算

在网上支付中，商业银行作为资金结算、托管端的地位是无法取代的，账户资金的流动也依赖于商业银行。

2. 银行信用

商业银行与第三方支付平台的互通能确认买家的支付能力，为第三方支付提供担保，同时提高第三方支付的信誉度。

3. 提供网关

商业银行的专业技术和安全交易平台可以满足网上交易较高的安全性要求，为第三方支付平台降低了技术上的难度，同时使其节省更多精力，以专注于平台自身核心业务的开发。

（二）第三方支付平台对商业银行的积极作用

1. 利润分成

商业银行将零碎中小客户的支付业务交给第三方支付平台，既可为其节省服务与处理纠纷的时间和精力，大大减少服务成本，提高效率，同时也可以与第三方支付平台分享手续费。

2. 为银行拓展用户

第三方支付平台凭借自己的专业性与开放性，不断创新支付产品与服务，能为银行端带来更多的用户，提升商业银行用户的活跃度。

3. 开拓业务

第三方支付平台的发展可以为商业银行将来深入开拓网上支付业务开辟道路，使其网上业务的推出更加容易。

二、竞争关系

随着第三方支付平台的蓬勃发展，其用户数量的增长速度也越来越快，这就对商业银行拓展用户造成了一定的威胁，双方对用户源的争夺形成了激烈的竞争态势，主要体现在网络银行和第三方支付平台的竞争。作为从 C2C 起家的第三方支付平台，目前已经逐渐向 B2C 和 B2B 发展。从目前情况来看，网上银行和第三方支付都可以作为支付平台，在 B2C 和 B2B 领域，在争取大客户方面，第三方支付平台对商业银行形成了威胁和竞争。比如一些大型企业特别是在进行 B2B 交易时，就更愿意选择商业银行而不是第三方支付平台交易。一方面，商业银行在现实中有自己的信用体系，货款放在银行总比放在第三方支付平台更有保障，也减少了手续费，避免了第三方支付平台出现倒闭或失信的风险；另一方面，采用第三方支付平台会影响资金流传的效率。但当前第三方支付平台也在不断推进 B2C 和 B2B 领域网上支付的应用，并取得了不少成就，与商业银行的竞争是难免的。

现实中存在银行信用卡客户通过第三方支付平台套现的情况，这直接损害了银行的利益，导致了一些银行拒绝客户使用信用卡为第三方支付平台的账户充值，银行与第三方支付平台的摩擦不断发生。

虽然第三方支付企业的相关服务无法绕开银行等金融机构，但第三方支付企业具有稳固的竞争优势。首先，第三方支付是对传统金融服务体系的有益补充；其次，第三方支付企业极具创新能力，如支付宝为用户提供的担保交易形式、快钱为企业提供的支付和资金解决方案等；最后，中国人民银行非金融机构支付服务牌照的发放，将在政策上确保第三方支付行业未来的健康发展。

总之，双方未来的关系是合作多于竞争，只有这样才能整体促进我国支付行业的进步。对于第三方支付来讲，应进行产品创新，减轻对银行的依赖性。当第三方支付对于银行的威胁大于为其带来的收益，而银行又有足够的能力来管理小额支付时，银行就会拒绝与第三方支付进行合作，而此时第三方支付却仍然依赖银行的支付结算系统，故将失去与银行合作的话语权。第三方支付应该努力创新，开发新产品，提供强大的增值服务，多渠道开拓业务，以增加自己的盈利途径，而不是在网上支付领域与银行正面交锋，为将来面临的不确定性提供保障。而对于银行，应协助第三方支付进行业务转型。国内银行因多种因素限制而发展缓慢，金融创新产品数量少，可以通过与第三方支付的合作开发多种金融创新产品，以提高自己的核心能力。另外，银行应利用自身强大的技术和信用体系帮助第三方支付实现业务转型，这样才能避免正面竞争，从而维持长期的合作。银行与第三方支付都应努力降低合作成本，合作竞争的进化稳定策略取决于双方通过合作竞争所带来的效用，而该效用水平在很大程度上取决于双方合作的成本，如果将合作成本降低，增加净收益，有利于双方的共赢、长期合作以及和其他企业的竞争。

第 3 节　第三方支付平台存在的风险与管理措施

一、第三方支付平台存在的主要风险

尽管第三方支付平台为电子商务的发展起到了非常重要的促进作用，但是其广泛应用也暴露出一些金融隐患问题。媒体屡屡披露的所谓第三方支付平台“三宗罪”——信用卡套现、洗钱以及沉淀资金就是其中的典型代表。

2006年12月初，一篇题为《用支付宝，成功套现25 000元》的帖子在网上广为流传。这位网民详述了自己如何利用支付宝的账户，通过虚假的交易，从信用卡套现。信用卡套现是中国人民银行明令禁止的行为。信用卡有透支额度和免息期，如果有办法套现，就可以达到无偿占用银行资金的目的。此前，已经有一些不法分子在互联网上刊登广告，以贷款中介为名，帮助客户通过虚构POS机刷卡消费套取信用卡资金。事后，支付宝采取了一些措施，包括研发风险监控系统，以监控信用卡的违规操作行为。同时，银行本来就对信用卡在网上交易有限额。不过，此类事件仍层出不穷。

（一）收付时间差带来的资金安全隐患

沉淀资金问题的产生与第三方支付平台独特的支付系统不无关系。在一个理想的支付系统中，资金的支付过程和相关的账务处理是同时进行付款人账户的借记与收款人账户的贷记。而在第三方支付系统中，支付的账务处理与支付指令的处理并不同步，交易环节和支付结算环节的资金流是先由买方到第三方支付平台，等第三方支付平台得到买方确认授权付款后，再由第三方支付平台将资金转给卖方。在这一过程中，由于交易双方的货款普遍存在延时交付、延期清算的情况，导致大量的资金沉淀于第三方支付平台的账户上。例如，在2010年11月11日这一天，淘宝网单天的交易额达到了惊人的19.5亿元人民币，而支付宝作为淘宝网最常用的支付平台，这一天滞留在支付宝账户中的无疑是一笔庞大的资金。

对第三方支付平台中的大量资金沉淀，如果缺乏有效的流动性管理，则可能存在资金安全隐患，并可能引发支付风险和道德风险。几年前上海一家小型第三方支付公司卷款而逃的案例给我们敲响了警钟。2007年1月，网上有帖子广为流传，称支付宝的一位出纳人员卷走巨额资金，旋即引起轩然大波。虽然事后这一事件被认为是竞争对手造谣，但从中反映出电子支付工具的资金沉淀问题存在监管空白点。

2010年6月21日《非金融机构支付服务管理办法》出台，其第二十四条明确规定："支付机构接受的客户备付金不属于支付机构的自有财产。支付机构只能根据客户发起的支付指令转移备付金。禁止支付机构以任何形式挪用客户备付金。"可以看出中国人民银行将对此进行严厉监管。

在办法未出台之前，大部分企业都宣称未动用沉淀资金。包括支付宝、财付通、快钱在内的多家第三方支付公司都表态从未挪用沉淀资金，资金一直在银行账上。在所有第三方支付企业中，支付宝对沉淀资金的表态最为高调。从2006年起，支付宝就启动了向上沟通机制，由财务、法务及合规部具体负责向中国人民银行定期呈报业务文件，每个月大概将七八页纸的内容上交给中国人民银行浙江分行的支付结算处。与此同时，支付宝从2006年起开始委托中国工商银行进行客户交易保证金第三方托管，并每月将托管报告发布在网上。

但是到目前为止，托管报告也没有涉及沉淀资金的具体数额。

（二）突破支付结算特许经营限制

开立结算账户并提供支付结算服务，突破了特许经营限制。根据《中华人民共和国商业银行法（修正）》第三条的规定，结算业务属于商业银行的中间业务，必须经过中国银行监督管理委员会的批准才能从事。而第三方支付平台显然已突破了这种特许经营限制，急需监管部门出台相应的管理措施，规范业务范围，消除“灰色地带”。

（三）可能成为金融犯罪的工具

2006 年 10 月，反洗钱国际组织——金融行动工作组（FATF）的一份报告称：“互联网支付特别让 FATF 担心，因为用户可以在网上匿名开立账户，所需仅是信用卡和银行账号，有时甚至只是一张长途电话卡。信用卡与银行卡还能追溯到个人，长途电话卡则可以匿名购买，根本无从追溯到个人。”该报告还称，互联网支付与互联网赌博业互相推动，使互联网赌博年收入达 120 亿美元。各国监管法规的不一致是监管的最大难题。比如，2001 年，美国许多信用卡公司因为担心用户的违约风险，开始拒绝处理互联网赌博交易，但对美国用户影响不大，他们只需转用海外的互联网支付工具即可。再如中央电视台《经济信息联播》、《第一时间》等栏目报道，利用支付宝进行洗钱已经成为一股汹涌的暗流。“张黎案”是我国利用第三方支付平台进行网上交易逃税的第一案。伴随着第三方支付市场的迅速发展，类似上述网络经济金融犯罪的问题将会日益突出。

由于网络交易的匿名性、隐蔽性，利用支付平台进行的网络违法犯罪活动不断出现，其造成的危害也令人堪忧。第三方支付平台很难辨别资金的真实来源和去向，使得利用第三方平台进行资金的非法转移、洗钱、贿赂、诈骗、赌博以及逃税漏税等活动有了可乘之机。由于第三方支付的主要目的是通过提供技术平台，保障交易的安全和顺利完成，对资金的以及交易的目的、对象、真实性并不刻意注重，因而极易导致违规犯罪行为的乘虚而入。如利用网络交易的匿名性进行诈骗等不法活动。

下面几个条件决定了有可能利用第三方支付平台进行洗钱等违法犯罪活动。

1. 隐蔽的资金转移渠道

第三方支付可能会不再拘泥于电子商务的资金流环节而成为一种相对独立的结算模式。任何人只要在第三方支付企业注册了虚拟账户，就可以便捷、隐蔽地实现账户间的资金转移。

2. 便利的套现渠道

第三方支付企业为收款方实现了商户 POS 机功能，是收款方的虚拟商户

POS 机，并且这种 POS 机突破了时间、空间的限制，极大拓展了应用的范围。得到这种 POS 机功能的方法十分简单——注册为第三方支付企业的用户，无论收款方是否为商户，也无论交易是否真实存在。

3. 潜在的资金跨境支付渠道

随着电子商务的发展和国内第三方支付业务竞争加剧，跨境买卖双方的支付需求（更多的可能是纯粹的跨境转移资金）逐渐显现出商机，第三方支付企业为了生存和发展有开展跨境支付业务的要求。在缺乏对外支付途径的情况下，一些未取得外汇局批准的第三方支付企业有可能效仿地下钱庄，变相实现资金跨境支付——找到足够的境外对境内人民币的需求（即境外外汇供给）和境外合作伙伴，同时将国内支付时的轧差清算转变为跨境的两地平衡。

4. 隐匿的资金源头

现金是洗钱过程中经常被利用的一种资金状态，因为它的流转不再依托于银行体系，具有相对的独立性。现金是一条资金链的起点或终点，无法追索其来源或去向。在洗钱三阶段模型中，现金需要注入金融体系才能完成洗钱的后两个阶段，在金融体系内部的资金需要转变为现金来中断容易被识别的资金链。部分第三支付工具不需要实名制就可以完成交易，这样便给一些不法分子提供了利用第三方网上支付工具进行洗钱的机会，甚至为网络赌博等不法行为提供了资金渠道。当第三方支付机构参与结算业务时，客户的支付指令由第三方支付机构掌握，银行按照第三方支付机构的指令将资金由客户账户划入支付中介的账户并最终划入目标账户。在整个结算过程中，第三方支付机构充当买方的"卖方"和卖方的"买方"。由于银行无法确定这两笔交易的因果关系，第三方支付机构可以屏蔽银行对资金流向的识别，干扰交易的可追溯性，使得监管者很难确认交易的真实背景。因此，任何人只要在第三方支付企业注册了虚拟账户，就可以便捷隐蔽地实现账户间的资金转移。

通过第三方支付企业，客户可以将不记名的充值卡等支付工具内的资金余额方便地转入虚拟账户用于支付或转账。这一方式规避了虚拟账户不能存取现金的限制，隐匿了资金的源头。因此，第三方支付盘活了定向支付等工具内的隐匿资金存量，为其注入金融系统提供了通道，也无形中为洗钱等犯罪行为的滋生提供了环境。

5. 天然的资金池

由于不同客户的结算周期不同、部分第三方支付企业有货款担保功能，支付中介账户中难免存在在途结算资金。当业务达到一定规模时，支付中介账户中的资金存量会相当可观。

（四）隐私泄露

对于保留客户个人支付资料（银行卡号、姓名等内容）的第三方支付平台来说，存在着泄露网上消费者个人资料的道德风险。

顾客通过第三方支付平台进行支付时，一般会在平台上留下自己的银行账户信息，即使是在支付活动完成后，账户信息也仍然被保留于网络。这样就可能造成客户资料的泄露，包括客户的基本信息、银行卡信息等。一旦顾客的隐私被盗取，就会影响到顾客的财务安全，有些人甚至利用黑客手段查找到顾客的银行卡信息盗取银行卡密码，直接把卡里的钱转走。所以在第三方支付模式中需要着重考虑到顾客隐私的保密问题。

二、对第三方支付平台的规范管理思路和措施

（一）欧美对第三方支付平台的监管

1. 美国

在美国，第三方支付业务实行的是功能性监管，即将监管的重点放在交易的过程，而不是从事第三方支付的机构。美国采取的是多元化的监管体制，分为联邦层次和州层次两个层面进行监管。各州监管部门可依据本州法律，对第三方网上支付业务做出自己的定位，且第三方支付公司作为货币服务企业，需要在美国财政部的金融犯罪执法网络（FinCEN）注册，接受联邦和州两级的反洗钱监管，及时汇报可疑交易，记录和保存所有交易。美国没有制定针对第三方网上支付平台的专门法规条例，只是在现有的法规中寻求相关的监管依据，或者对已有法规进行增补。

首先，美国联邦存款保险公司（FDIC）认为第三方网上支付平台上的滞留资金是负债，而不是联邦银行法律中定义的存款，因此该平台不是银行或其他类型的存款机构，无须获得银行业务许可证。该平台只是货币转账企业或是货币服务企业（MSB）。但 FDIC 同时指出，各州监管部门可依据本州法律，对第三方网上支付平台开展的业务做出自己的定位。

其次，FDIC 通过提供存款延伸保险（pass through insurance coverage）实现对滞留资金的监管。第三方网上支付平台的留存资金需存放在 FDIC 的银行无息账户中（pooled account），每个用户账户的保险上限为 10 万美元。2009 年 11 月，美国财政部下属的国内税务局（Internal Revenue Service，IRS）对银行卡支付与第三方网上支付的信息披露问题作出了新规定：第三方网络交易为通过第三方支付网络进行清算的交易；而第三方清算组织只需要汇报当年交易总额超过 2 万美元或者交易笔数超过 200 笔的第三方网络支付交易。

再次，依据美国在“9·11”事件后颁布的《爱国者法案》，第三方网上支付平台作为货币服务企业，需要在美国财政部的金融犯罪执法网络注册，接受联邦和州两级的反洗钱监管，及时汇报可疑交易，记录和保存所有交易信息。

最后，美国并没有明确的电子货币概念，一般将储值卡作为电子货币的代

名词。

2. 欧洲

总体上，欧洲中央银行倾向于对新型支付产品给出清晰的定义，并且认为法律的确定性有利于创新。欧洲早在1998年就规定网上第三方支付媒介只能是商业银行货币或电子货币，这就意味着第三方网上支付机构必须取得银行业执照或电子货币机构执照才能展开相关业务。实际上，欧盟对第三方网上支付公司的监管是通过对电子货币的监管实现的，该监管的法律框架包括三个垂直指令：

第一个指令是2000年1月颁布的《电子签名共同框架指令》，此项指令确认了电子签名的法律有效性和在欧盟内的通用性。

后两个指令是同年颁布的《电子货币指令》和《电子货币机构监管指令》，要求非银行的电子支付服务商必须取得与金融部门有关的营业执照（完全银行业执照、有限银行业执照和电子货币机构执照），在中央银行的账户留存大量资金，并将电子货币的发行限定在传统的信用机构和新型的受监管的电子货币机构。

从以上情况我们可以看出，美国和欧盟对电子货币（包括第三方支付）的监管有许多共同之处：需要执照和审批、实行审慎的监管、限制将客户资金进行投资、反洗钱等。

（二）我国的管理思路

第三方支付平台在亚洲的出现比欧美略晚，仍处于发展初期，但各国监管当局一直密切关注其发展，不断调整相应的监管措施。新加坡在这方面是亚洲的领头羊，早在1998年就颁布了《电子签名法》。韩国在亚洲金融危机后成立了新的金融监管委员会（FSC），在1999年颁布《电子签名法》。我国的香港特别行政区则在2000年颁布《电子交易法令》，给予电子交易中的电子记录和数字签名与纸质对应物同等的法律地位，并增补了有关电子货币发行的法律。另外，香港金融管理局还采取了行业自律的监管方式，收到了较好的效果。但是，各国或地区都没有对第三方支付平台制定专门的监管法规，相应的监管政策仍处在探索阶段。

第三方支付无疑是目前最适合我国电子商务发展的支付方式。我国还没有出台专门针对第三方支付的法律法规，可以依据的只有“三个参考”，即一条法律、一条指引、一个办法。2005年4月1日起施行的《电子签名法》规定可靠的电子签名与手写签名或者盖章具有同等的法律效力，从而在法律层面上规范了网上支付中的电子签名行为。同年10月26日，中国人民银行针对电子支付的首个行政规定——《电子支付指引（第一号）》正式实施。2005年6月10日，中国人民银行发布了《支付清算组织管理办法（征求意见稿）》，征求意见稿中对从事网上支付业务的非银行机构的性质、业务开办资质、注册资本金、审批程序、机构风险监控以及组织人事等做出了相应规定。

《支付清算组织管理办法（征求意见稿）》提出了第三方网上支付结算属于支付清算组织提供的非银行类金融业务，第三方支付公司是金融增值业务服务商，这样的定位符合我国现有国情，物理上掌握或控制现金流并不是判断是不是银行的标准，第三方支付公司只是银行业务的补充和延伸，明确了第三方网上支付公司的法律身份。

同时，中国人民银行通过发放经营资格牌照的政策来提高第三方支付公司的门槛。这一措施有利于解决现有的盲目扩张现象，整合优良资源。同时，实力较弱的公司将面临被收购和兼并的可能，建立起完善的市场退出机制，有利于保护客户利益。

监管部门还需规范第三方网上支付公司的业务范围。应规定第三方支付公司的自有账户与客户沉淀资金的账户相分离，禁止将这部分资金进行贷款、投资或挪作他用。应由银行对客户账户进行托管，目前中国工商银行便为支付宝托管账户，并且每月都有账户资金的使用报告。对第三方网上支付平台交易金额的限制在考虑防范风险的同时，应为平台业务的开展提供便利。此外，汇款和转账业务是否可在平台开展也需规范。目前中国工商银行要求第三方网上支付公司要将上个月交易总额的 30%滞留在该公司在中国工商银行的保证金账户。如果该企业要停业，中国工商银行方面将立刻对外发布公告。这种措施有利于保障交易支付资金的安全，防范第三方支付平台的支付风险和信用风险。

虽然网上支付在我国还存在这样那样的问题，但伴随着电子商务的快速发展、网上支付监管力度的不断加强，我国网上支付行业必能更加健康、快速地发展。

值得庆幸的是，2010 年 5 月 19 日，专门针对第三方支付平台监管的《非金融机构支付服务管理办法》由中国人民银行正式发布，并从 2010 年 9 月 1 日起施行，为第三方支付平台的监管提供了法律依据。此次公布的《非金融机构支付服务管理办法》，是《支付清算组织管理办法（征求意见稿）》的正式公布版本，它设定了进入门槛，有助于清理支付行业鱼龙混杂的现状。

《非金融机构支付服务管理办法》明确了网络支付的范围，包括货币汇兑、互联网支付、移动电话支付、固定电话支付、数字电视支付等，直指目前应用广泛的第三方支付。《非金融机构支付服务管理办法》规定，从事支付业务的非金融机构，应当在 2011 年 9 月 1 日前，申请取得《支付业务许可证》，有效期为 5 年。拟在全国范围内从事支付业务的，注册资本最低限额为 1 亿元人民币；拟在省（自治区、直辖市）范围内从事支付业务的，注册资本最低限额为 3 000 万元人民币。另外，申请人的主要出资人还需满足服务时间、盈利状况等方面的条件。预付卡的发行与受理也被纳入规范。由于缺乏有效监管，预付卡往往成为企业避税的途径。公司客户购买预付卡的发票可随意开成办公用品等名目，从而增加成本开支，隐瞒真实利润，让公司少交企业所得税，然后再将预付卡进行套现。另一方面，由于发卡市场不规范，也给洗钱集团提供了可乘之机。据悉，截至 2009 年年底，中国预付卡市场规模已超过万亿元大关。

根据《非金融机构支付服务管理办法》的规定，2011 年 5 月 18 日，有 27 家单位获批“支付业务许可证”，名单如表 5—1 所示。

表 5—1　　第一批获得“支付业务许可证”的单位名单

许可证编号	单位名称	获批日期
Z2000133000019	支付宝（中国）网络技术有限公司	2011 年 5 月 18 日
Z2000231000010	银联商务有限公司	2011 年 5 月 18 日
Z2000311000013	北京商服通网络科技有限公司	2011 年 5 月 18 日
Z2000444000013	深圳市财付通科技有限公司	2011 年 5 月 18 日
Z2000531000017	通联支付网络服务股份有限公司	2011 年 5 月 18 日
Z2000611000010	开联通网络技术服务有限公司	2011 年 5 月 18 日
Z2000711000019	北京通融通信息技术有限公司	2011 年 5 月 18 日
Z2000831000014	快钱支付清算信息有限公司	2011 年 5 月 18 日
Z2000931000013	上海汇付数据服务有限公司	2011 年 5 月 18 日
Z2001031000010	上海盛付通电子商务有限公司	2011 年 5 月 18 日
Z2001111000013	钱袋网（北京）信息技术有限公司	2011 年 5 月 18 日
Z2001231000018	上海东方电子支付有限公司	2011 年 5 月 18 日
Z2001344000012	深圳市快付通金融网络科技服务有限公司	2011 年 5 月 18 日
Z2001444000011	广州银联网络支付有限公司	2011 年 5 月 18 日
Z2001511000019	北京数字王府井科技有限公司	2011 年 5 月 18 日
Z2001611000018	北京银联商务有限公司	2011 年 5 月 18 日
Z2001731000013	杉德电子商务服务有限公司	2011 年 5 月 18 日
Z2001811000016	裕福网络科技有限公司	2011 年 5 月 18 日
Z2001912000014	渤海易生商务服务有限公司	2011 年 5 月 18 日
Z2002044000013	深圳银盛电子支付科技有限公司	2011 年 5 月 18 日
Z2002131000017	迅付信息科技有限公司	2011 年 5 月 18 日
Z2002211000010	网银在线（北京）科技有限公司	2011 年 5 月 18 日
Z2002346000018	海南新生信息技术有限公司	2011 年 5 月 18 日
Z2002431000014	上海捷银信息技术有限公司	2011 年 5 月 18 日
Z2002511000017	北京拉卡拉网络技术有限公司	2011 年 5 月 18 日
Z2002631000012	上海付费通信息服务有限公司	2011 年 5 月 18 日
Z2002744000016	深圳市壹卡会科技服务有限公司	2011 年 5 月 18 日

（三）《非金融机构支付服务管理办法》解析

中国人民银行于 2010 年 6 月 21 日发布了支付行业期盼已久的《非金融机构支付服务管理办法》。在这之前，相关部门已经发布了多个与支付行业有关的文件（见表 5—2）。《非金融机构支付服务管理办法》对从事支付服务的非金融机构提出了资质要求，符合资质要求的机构可按规定取得支付业务许可证，成为合法的支付机构。它还对支付业务许可证的申请方式、申请人和出资人要符合的条件做出了具体要求。已经从事支付业务的非金融机构可在 2011 年 9 月 1 日前申请取得支付业务许可证。从 2005 年出台征求意见稿以来，《非金融机构支付服务管理办法》经历多次调研、讨论和修改，它的正式出台说明中国人民银行对管理整顿支付行业的意图和决心是非常明确的。第三方支付行业由于门槛较低，而且涉及大量资金流动，其风险管理一直是参与者、用户以及监管层共同关注的问题。出台管理办法的主要目的是对第三方支付市场进行规范并控制风险。《非金融机构支付服务管理办法》对非金融机构开展支付服务的内容、范围作了明确定义，对支付业务许可证的申请方式、申请条件进行了明确阐述，对非金融机构从事支付服务的监管也提出了明确的要求。其中所指的提供支付服务的非金融机构同样也包括以商户网络为基础的收单专业化服务机构以及预付卡业务机构等。截至 2009 年年底，全国受理银行卡商户数量达到 156 万家，受理银行卡 POS 终端数量达到 240 万台。

表 5—2　　中国支付行业相关规范文件

颁布时间	颁布部门	具体名称	所属领域
2004 年 8 月	商务部	《中华人民共和国电子签名法》	电子认证
2005 年 4 月	中国电子商务协会	《网上交易平台服务自律规范》	网上交易
2005 年 6 月	中国人民银行	《支付清算组织管理办法（征求意见稿）》	网上支付
2005 年 10 月	中国人民银行	《电子支付指引（第一号）》	网上支付
2007 年 3 月	商务部	《关于网上交易的指导意见（暂行）》	网上交易
2007 年 12 月	商务部	《关于促进电子商务规范发展的意见》	电子商务
2008 年 4 月	商务部	《电子商务模式规范》、《网络购物服务规范》	电子商务
2009 年 11 月	商务部	《关于加快流通领域电子商务发展的意见》	电子商务
2010 年 6 月	国家工商行政管理总局	《网络商品交易及有关服务行为管理暂行办法》	网上交易
2010 年 6 月	中国人民银行	《非金融机构支付服务管理办法》	网上支付

尽管其中有些要求被认为不是很合理，但《非金融机构支付服务管理办法》势必将改善行业竞争环境。随着支付业务许可证的发放，一批具备竞争力的合法支付机构将诞生，部分机构还拥有较强的行业背景。这些机构将会利用其在全国领域的用户和行业资源迅速切入市场，做大市场规模。在这一点上，中国人民银行以及国有银行关联企业的介入，无疑将对现有的企业造成一定的影响。

研究拓展

第三方支付平台的监管

2010 年 2 月初，江苏省苏州市公安局网警支队在打击网络赌博专项行动中，抓获了一名为境外赌博网站做代理的犯罪嫌疑人汪天宝。警方发现，在汪天宝代理的多家境外赌博网站中，有一家名叫乐天堂的赌博网站异常火爆。它建立的赛事体系非常全，足球、赛马、篮球、曲棍球还有网球都可以进行下注赌博。这个网站最大的体育博彩项目是娱乐场。乐天堂是境外一家赌博集团开设的一个专门针对我国境内网民的赌博网站，为了吸引参赌的会员，乐天堂在中国境内广泛招募代理，汪天宝就是其中的一个。他的主要任务就是每天通过在网上群发乐天堂网站链接的方式为其发展参赌会员。

据汪天宝交代，赌博公司给他的佣金每月会定时打到他的银行卡上。而自 2009 年 10 月起到被抓获，他替赌博公司发展了 400 多名会员，累计赌资达 1 000 多万元，非法获利 90 多万元。案件侦办至此，似乎就是一个普通的网络赌博案件，然而苏州警方在侦查中发现一个了奇怪的现象：汪天宝本人虽然被抓了，但赌博公司还在不停地给他汇代理费用，其中一个月的总金额达到了 8 万余元。

警方通过侦查，终于找到了问题所在。通过查询汪天宝的银行卡就发现了问题，这笔钱来自于第三方支付平台，是第三方支付公司给他的。警方很快查明，汪天宝银行卡里的资金全都来自上海的一家第三方支付平台——快钱公司。警方在调查后发现，与汪天宝的赌资回扣有关的共有五个虚拟账户，这五个虚拟账户支出的银行账号达 8 万多个，收付总金额竟然高达 36 亿元！快钱账户中的这些巨额资金都是境外赌博公司收付的赌资，而操控这笔巨额赌资的，是珠海市一家名叫谷中城的信息咨询有限公司。随着调查的不断深入，与谷中城公司往来甚密的深圳星宇讯科技有限公司和深圳星乐源广告传媒有限公司也进入了侦查员的视线。原来，这三家公司正是境外赌博集团乐天堂在中国境内设立的分支机构。

谷中城公司是整个赌博集团的一个财会部，相当于一个小的支付平台，专门为那些赌徒进行资金的流转和资金的收付。正是通过第三方支付平台，谷中城公司为境外赌博集团在我国境内建立起了一个庞大的赌资收付系统，随心所欲地操纵和运作巨额赌资。截至案发，谷中城公司每个月的转账金额在 2 亿元左右，短短两年时间里，共计收付赌资达 50 亿元。及时到账及时支付，甚至比去赌场还要方便，因为赌场还要去购买筹码，现在只需要一台上网的电脑就完成了整个收支过程。钱都在网上银行、第三方支付平台和赌博公司这三方之间进行流转，通过一个很便捷的渠道，整个网络赌博就变成了网络购物行为。

资料来源：《央视揭网络赌博幕后推手　多家支付公司染指》，新华网，http：//news.xinhuanet.com/politics/2010-07/14/c_12331735.htm，2010-07-14。

本章小结

除了网上银行、电子信用卡等支付方式，还有一种方式也可以相对降低网络支付的风险，那就是正在迅猛发展的利用第三方机构的支付模式及其支付流程，而这个第三方机构必须具有一定的诚信度。在实际的操作过程中这个第三方机构可以是发行信用卡的银行本身。在进行网络支付时，信用卡卡号以及密码的披露只在持卡人和银行之间转移，降低了应通过商家转移而导致的风险。同样当第三方是除了银行以外的具有良好信誉和技术支持能力的某个机构时，支付也通过第三方在持卡人或者客户和银行之间进行。持卡人首先和第三方以替代银行账号的某种电子数据的形式（例如邮件）传递账户信息，避免了持卡人将银行信息直接透露给商家，另外也可以不必登录不同的网上银行界面，取而代之的是每次登录时，都能看到相对熟悉和简单的第三方机构的界面。第三方机构与各个主要银行之间又签订有关协议，使得第三方机构与银行可以进行某种形式的数据交换和相关信息确认。这样第三方机构就能在持卡人或消费者与各个银行，以及最终的收款人或者是商家之间建立一个支付的流程。

在企业结算中，电子支付与其他交易结算形式相比，使用率越来越高，在某些行业中甚至已近 70%，而此趋势在今后相当长的时间内还将一直持续下去。企业间的电子支付与结算也必将带动整个电子商务产业链的发展。在此背景下，行业对电子支付的资金归集和管理的高度整合性及便捷性提出了更高的要求。

思考与练习

1. 请查阅现有文献，综述当前关于第三方支付在学术领域的研究现状。

2. 查阅资料，从技术、模式和发展现状的角度比较分析市场上现有第三方支付平台。

参考文献

[1] 杨琦峰，冯彬，杨恩宁．第三方电子商务支付平台的构建．当代经济，2006（11）

[2] 马克强．信用卡套现？洗钱？资金沉淀？支付宝陷入“三宗罪”漩涡——支付宝回应质疑：我们是健康安全的．市场导报，2007-01-09

[3] 张春燕．第三方支付平台沉淀资金及利息之法律权属初探——以支付宝为样本．河北法学，2011（29）

[4] 范如倩，石玉洲，叶青．第三方支付业务的洗钱风险分析及监管建议．上海金融，2008（5）

[5] 毛志斌．第三方支付平台与商业银行间竞合关系浅析．管理观察，2010（31）

[6] 刘洪波．论网上银行与第三方支付平台的竞合关系．商业时代，2009（34）

第 6 章

Chapter 6 移动支付

引导案例

八达通卡

八达通卡是香港目前普遍使用的小额移动支付卡，但不单限于卡的款式，还有手表、平板电脑，甚至各种流行饰品的款式。八达通卡采用的是非接触式设计，就算隔着衣服或手袋也能进行交易或储值。在香港，搭乘港铁、买咖啡或到便利店买报纸，都可以用八达通卡结算。八达通卡是世界上发展最早也最成功的电子货币，普及程度也是全世界最高的，是全球多国发展电子货币系统的重要案例及参考对象。八达通卡于 1997 年面市，到 2009 年 3 月，香港已经有超过 2 000 万张八达通卡，相当于每人平均有 2.8 张八达通卡，每日交易宗数也超过 1 000 万。八达通公司凭此经验取得了在荷兰、中国长沙、奥克兰和迪拜发展电子收费系统的合约，而中国移动目前有 8 亿多的用户，如果其网内的每部手机都变成“移动八达通卡”，其移动支付的金额将非常巨大。

互联网的出现推动并加速了信息的获取与传递，使得基于互联网的电子商务应运而生。近几年来，随着移动通信技术的不断发展及移动终端设备的大量普及，融合移动通信技术的电子商务即移动电子商务显示出巨大的发展潜力。移动电子商务（mobile electronic commerce）是指通过移动通信网络进行数据传输，利用手机、PDA 等移动终端开展各种商业经营活动的一种新型电子商务模式，是电子商务在移动环境中的发展和延伸。

移动电子商务要成功实现商务处理，除了要有无处不在、随时可获取的商业信息流和发达、快捷的物流网络支撑，更重要的是要求支持移动电子商务开展的商业支付活动也能够随时随地、安全便捷地进行，也就是资金流要能够安全、方便地从支付方流向受付方。因此移动电子商务的兴起必然会促进移动支付产业的发展。移动支付打破了电子商务发展中的支付瓶颈，为移动电子商务的发展铺平了道路，是移动电子商务的一个重要流程和组成部分。

第 1 节　移动支付概述

移动电子商务是与商务活动参与主体最贴近的一类电子商务模式，其商务活动中以应用移动通信技术、使用移动终端为特性。由于用户与移动终端的对应关系，通过与移动终端的通信可以在第一时间准确地与对象进行沟通，使用户更多脱离设备网络环境的束缚，最大限度地驰骋于自由的商务空间。移动电子商务的开展以移动支付为基础，移动支付的应用情况将直接影响到移动电子商务的开展。

一、概念及分类

（一）定义

根据移动电子交易（Mobile Electronic Transaction，MET）组织的定义，移动支付是指借助手机、掌上电脑、笔记本电脑等移动通信终端和设备，通过无线方式进行银行转账、缴费和购物等商业交易的活动。移动支付和手机支付还是有一些区别的，移动支付涵盖手机支付。移动设备中除了手机，还有其他类型，比如移动互联网设备（Mobile Internet Devices，MID），虽然现在其使用不是特别广泛，但是本书认为它也是一种移动设备，也可以进行移动支付。由于大多数移动支付都是用手机进行的，因此通常来讲用手机支付代替移动支付也是可以的。整个移动支付价值链包括移动运营商、支付服务商（银行、银联等）、应用提供商（公交、校园、公共事业等）、设备提供商（终端厂商、卡供应商、芯片提供商等）、系统集成商、商家和终端用户等。

移动支付和传统网络支付相比，具有一些不同的特性。与移动支付相比，目前传统网络支付很发达，比如阿里巴巴等第三方支付企业的业务相对比较成熟，而且市场的占有率非常高。货币交易的演变经历了几个过程，最早人们用实际的等价品来支付和交易，比如绵羊等，之后是贵金属货币，比如金币、银币，然后随着社会的进步变成了纸币，现在则是电子化的货币。电子化货币交易最先由固网来承载，其后又以移动通信来承载。通过固网、移动通信等不同的承载方式，彼此协调发展、相互促进。

目前，随着移动支付的发展，其交易金额也越来越大。据国外媒体报道，市场研究公司扬基集团（Yankee Group）最新发表的移动支付预测报告称，2015 年全球移动交易的金额将从 2011 年的 2 410 亿美元增长到 1 万亿美元以上，年复合增长率为56%。

（二）分类

根据MET组织的定义，移动支付按照金额大小可分为宏支付和微支付。宏支付是指交易金额较大的支付行为，在线购物或者近距离支付（微支付方式同样也包括近距离支付，例如交停车费等）、银行的转账、买价值1 000多美元的衣服等都属于宏支付。微支付是指交易额少于10美元，通常是指购买移动内容业务，例如游戏、视频下载等，还有如买一杯咖啡、乘坐公共交通工具都是典型的微支付。宏支付重要的是安全性而非便利性，就是可以多输入一些密码，但是安全性一定最重要。而微支付是便利性优先而非安全性。

按照支付者和受付者之间的距离，移动支付可分为远程支付和本地支付。远程支付包括买水、买电等公共事业缴费，如果水卡、电卡里没有钱了，用手机就可以进行充值，刷一下就能够完成刷卡支付。还有一种是公交卡，这是典型的本地支付，公交车上的车载POS机就是公交公司的收费点。如果移动支付真正进入到我们的生活中，包括宏支付、微支付、远程支付、本地支付都可以实现的话，我们通过手机浏览网页可以及时买到东西，买水、买电也可以直接在手机上操作，外出时也不用带各种各样的公交卡、银行卡，手机可以实现所有卡的功能。

参考欧洲银行标准委员会（European Committee for Banking Standards）在TR603（Business and Functional Requirements for Mobile Payments）的定义以及分类体系的互斥性和完备性，诺盛电信咨询按照支付金额的大小、地理位置的远近、账号设立的不同、用户与商家交互方式、移动运营商提供的移动支付业务类型等多个角度对移动支付业务进行了分类。具体分类如表6—1所示。

表6—1　　移动支付业务分类

分类依据	具体分类	定义	差异性	
支付金额	小额支付	单笔交易金额在10美元以下的移动支付业务	安全级别	可使用移动网络本身的SIM鉴权
	大额支付	单笔交易金额在10美元以上的移动支付业务		需要通过可靠的金融机构进行交易鉴权
支付方式	接触式	利用手机在线从远程购买货物和服务	双方交易所处地理位置	远程交易，不受地理位置的限制
	非接触式	在面对面的交易中购买货物或服务		面对面交易
业务种类	卡类业务	购买电信卡、话费充值卡等	业务领域	付费卡服务
	宽带业务	宽带内容、流媒体服务、远程教育等		宽带服务
	移动增值	移动增值领域的移动支付		支付移动增值服务费用
	其他应用	彩票、保险、票务等		行业费用

二、产业链分析

移动支付业务是由移动运营商、移动应用服务提供商（mobile application service provider，MASP）和金融机构共同推出的、构建在移动运营支撑系统上的一种移动数据增值业务应用。移动支付系统将为每个移动用户建立一个与其移动设备（主要是手机）关联的支付账户，其功能相当于电子钱包，为移动用户提供了一个通过移动设备进行交易支付和身份认证的途径。用户通过拨打电话、发送短信或者使用无线应用协议（WAP）接入移动支付系统，移动支付系统将此次交易的要求传送给 MASP，由 MASP 确定此次交易的金额，并通过移动支付系统通知用户，在用户确认后，付费方式可通过多种途径实现，如直接转入银行、用户电话账单或者实时在专用预付账户上借记，这些都由移动支付系统（或与用户和 MASP 开户银行的主机系统协作）来完成。

从整体上看，移动支付产业链包括两部分：应用层和规则制定层。应用层直接参与移动支付的交易过程，又分为供应者和需求者；规则制定层虽不直接参与现实的交易过程，但对移动支付的发展起着非常重要的作用，规则制定层又分为终端设备提供商、移动支付相关法律法规制定者及技术提供者，如图 6—1所示。应用层中的移动运营商、金融机构、第三方移动支付服务提供商、商家和用户是移动支付产业链的主要参与者。

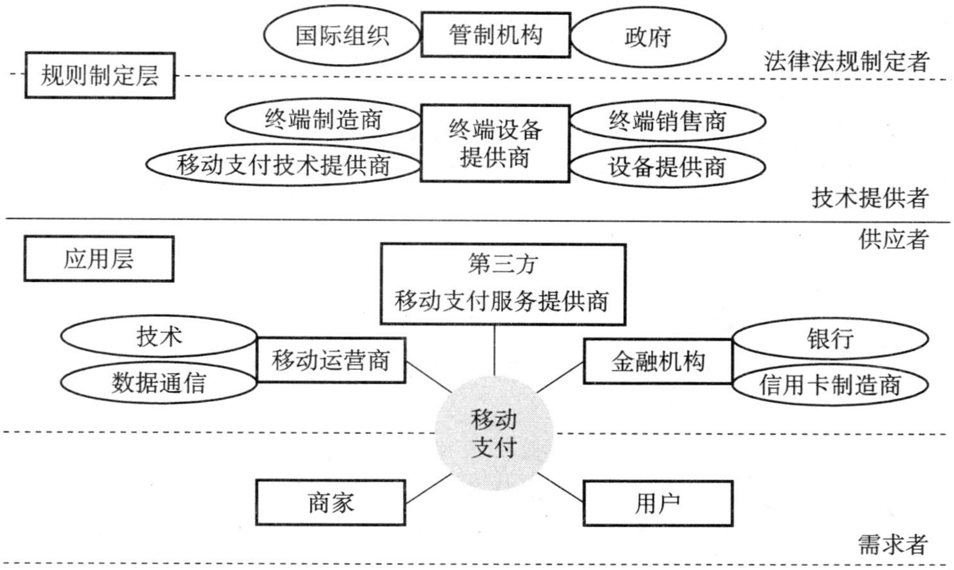

图 6—1　移动支付产业链层次

（一）终端设备提供商

目前，主要的移动通信设备制造商包括国外的诺基亚、飞利浦、爱立信、西门子、索尼、摩托罗拉，国内的复旦微电子、大唐、握奇数据、天喻信息等都提出了各自的移动支付解决方案。例如，爱立信与中国联通在无锡推出了小额支付移动解决方案实验系统，手机用户能够随时随地用手机进行小额支付，通过手机享受订购车票、购买鲜花、购买CD、缴纳公用事业费等多种类型的个人支付服务。

移动支付的应用对移动终端也提出了特殊的功能要求。如果移动终端具备以下功能，将使移动支付的应用更方便、更具有竞争力。

(1) 移动终端上的嵌入式条形码阅读器将使移动电子商务公司避开一个最大的障碍——数据录入，在移动现场支付时，可以发挥重要的作用。

(2) 要保障交易数据的安全，附加复杂的加密与解密功能，要求移动终端必须具备运算能力更强的CPU。

(3) 依托于移动运营商的无缝覆盖网络，再加之移动终端的模块化设计及开放特性，把各种满足不同客户需求的移动金融增值服务集成到该系统中，如移动终端的位置服务、短信等功能将给使用移动支付的用户提供更加丰富的具有移动特色的增值服务。

(4) 手持终端能根据用户的需要提供使用十分方便和个性化的人机界面，可根据用户喜好更新与定制终端上的菜单，允许用户添加各种应用程序。

（二）移动运营商

移动运营商在移动支付业务中扮演着十分重要的角色：一方面，移动支付系统的通信方式正在向多样化方向发展，有语音、短信、GPRS、CDMA以及基于WAP的方式等；另一方面，移动支付系统的安全保障体系正在逐步走向复杂化、多样化，移动运营商需要为不同类别的移动支付业务提供不同的安全和保密服务等级。因此，移动运营商不仅成为连接用户、金融机构和服务提供商的桥梁，甚至可以控制整个金融交易的流程。

移动运营商通过移动小额支付可以很容易地进入支付领域，甚至涉足银行业，这是由于移动运营商的计费系统可以方便地被用来进行支付账户管理与清算。根据ARC顾问集团的预测，移动运营商在小额支付领域的收益将超过银行与信用卡组织。

移动支付业务在直接收入方面带给电信运营商的价值有限（如日本移动支付业务带来的交易手续费分成、平台管理费、授权费等直接收入仅占移动增值业务总收入的0.6%），但在推动电信运营商整体绩效提升方面却意义巨大。移动支付业务可创造间接收入，提升平均每个用户每月贡献的业务收入（用户在业务使用过程中的浏览、查询、下载等操作将产生数据流量）；可促进内容应用发展，由于支付便利性的提升和购买习惯的形成，用户购买和使用其他相关应用的积极性将有所提升；可提升用户的黏性，降低离网率（所谓离网率，是指放弃目前所使用网络（移动、联通、电信等业务产品）的用户数量占该网络全部用户数量的比例，也可以说是客户流失率，NTT DoCoMo 数据显示，使用移动现场支付业务的用户离网率仅为其他移动用户的 1/3）；可吸引新入网用户，作为一项新型增值业务，移动现场支付广泛的社会应用属性对新入网用户有着较高的吸引力；还可提升企业品牌形象，通过该业务对社会应用的广泛渗透，用户对公司价值定位的认知和品牌好感度会显著提升。

（三）金融机构

在移动支付价值链中，银行占据着非常重要的地位。首先，在移动支付业务中，结算方主要是银行，用户对银行的依赖程度要远高于对商家和移动运营商的依赖程度。其次，在整个价值链中银行所拥有的资源比较多，如个人银行卡用户、拥有银行账户的商户信息、多年积累的交易数据清算的经验和强大的数据处理支持平台等。最后，银行对于开展移动支付业务的灵活度最大。一方面，银行可以和移动运营商结合起来提供移动支付业务；另一方面，银行也可以自己进行应用开发。

（四）第三方移动支付服务提供商

移动支付服务提供商通过整合产业链的所有资源，最终面对商家和消费用户提供移动支付服务。其移动支付平台的主要功能是用户账户管理、安全与认证管理、费用清算管理以及支持各种移动支付的通信手段的管理。移动支付服务提供商既可以是独立的新兴企业，也可以是移动运营商、银行或信用卡组织建立的分支机构，还可以直接由移动运营商、银行或信用卡组织提供移动支付服务。

如果移动支付业务没有独立的业务提供者，就无法开展，这句话在某种程度上是对的。商家的需求是多种多样的，琐碎而且缺乏规律性，并且商家及最终用户和移动运营商所处的悬殊地位往往容易挫伤其中一方的积极性。而独立的移动支付业务的提供者作为缓和矛盾的桥梁，可以很好地协调双方的利益关系。例如，目前影响比较大的 PayBox 业务，就是由专门的移动支付服务提供商来为移动用户提供的，不管用户是哪家移动运营商的，也不管其个人金融账号是哪家银行的，只要用户在这家公司登记后，就可以在该公司的平台上享受到众多的移动支付业务。

（五）商家和用户

商家是与最终消费者发生交易的主体，商家能够接受移动支付主要是为了降低交易成本，提高服务质量。移动支付平台为各种商家提供了便利、灵活的支付渠道；同时移动支付服务提供商自身特有的客户群也帮助商家拓展了销售渠道。

商家可以是网站、商场、零售商、停车场、电影院、航空公司等各种类型。由于各商家纷繁复杂的业务类型，它们需要能可靠支持各种产品或服务销售的移动支付业务解决方案。例如，用手机在自动售货机上购买汽水，需要具有支持手机付费模块的可以销售汽水的自动售货机；用手机购买电影票，需要具有支持移动支付的票务销售系统。安全、方便、稳定是商家与终端用户对移动支付系统最基本的要求。

用户是移动支付系统的使用者，从用户的角度出发，移动支付系统最重要的功能是提供简便快捷的操作界面、安全的保护机制和丰富多彩的应用程序。

三、业务模式

从国际上看，移动支付的发展主要存在四种运营模式：一是由移动运营商主导的商业模式，这种模式在日本已经取得成功；二是由金融机构主导的商业模式，例如中国银联倡导的 13.56MHz 标准的 NFC 手机支付方案；三是由第三方移动支付服务提供商主导的商业模式，这种模式已经基本在欧盟确立；四是银行与运营商合作的运营模式。这四种模式各有优缺点，在移动支付业务产业价值链中，移动运营商、银行、第三方移动支付服务提供商拥有各自不同的资源优势，只有彼此合理分工、密切合作，建立科学合理的移动支付业务运作模式，才能推动移动支付业务的健康发展，实现各个环节之间的共赢。

（一）移动运营商主导

当移动运营商作为移动支付平台的运营主体时，运营商会提供三种账户设置方式，分别是手机账户、虚拟银行账户以及网银账户。用户可以选择直接用手机账户进行支付，即不需要银行的参与；也可以在银行账户中建立一个专门用于移动支付的虚拟银行账户，来使用移动支付业务，如图 6—2 所示。

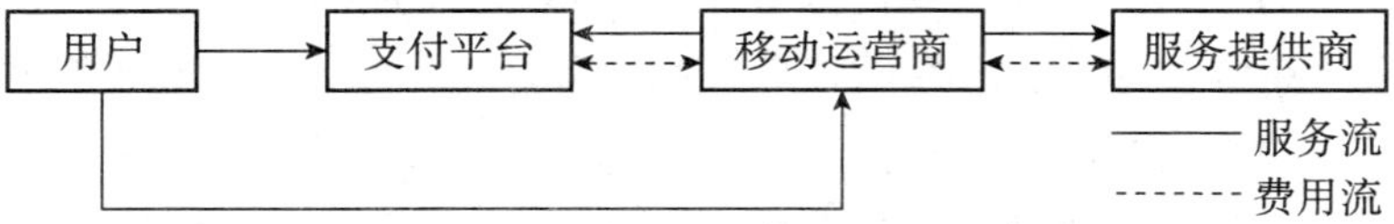

图 6—2 以移动运营商为运营主体的移动支付业务示意图

中国移动与新浪、搜狐等网站联合推出的短信服务以及与中国少年儿童基金会等福利机构联合推出的募捐服务都是由移动公司从用户的话费中扣除用户定制短信以及捐款等费用的方式来实现的。这种模式的特点为：

（1）基于移动运营商的网络资源优势，技术实现起来更方便。

（2）直接与用户联系，不需要银行参与，但需要承担部分金融机构的责任和风险，如果发生大额交易将与国家金融政策发生抵触。

（3）无法对非话费类业务出具发票。

（4）税务处理复杂。

（二）金融机构主导

银行通过专线与移动通信网络实现互联，提供自己独立的支付平台。用户将手机账户与银行账户绑定，并通过银行卡账户进行移动支付。银行控制所有的交易以及信息流，移动运营商只是充当此业务系统的信息通道，并不参与具体的支付活动，如图 6—3 所示。

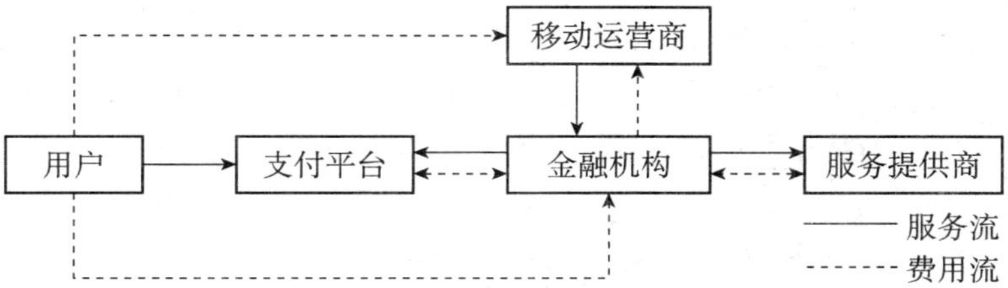

图 6—3　以金融机构为运营主体的移动支付业务示意图

银行需要为用户的手机将 SIM 卡换为 STK（SIM to kit）卡，用户在手机上可以直接登录所在银行的账户，进行手机支付交易。该模式产生的费用主要有三部分：一是数据流量费用，由移动运营商收取；二是账户业务费用，由银行收取；三是支付业务服务费用，由银行、移动运营商、移动支付服务提供商分成。这种模式的典型案例是中国工商银行推出的手机银行业务。中国工商银行的用户使用手机直接登录或发送特定格式的短信到银行的特服号码，银行按照客户的指令可以为客户办理查询、转账以及缴费等业务。该模式的特点是：

（1）各个银行只可以为本行的用户提供手机银行服务，不同银行之间不能互通，很大程度上限制了移动支付业务在行业间的推广。

（2）各银行都要购置自己的设备并开发自己的系统，造成资源极大的浪费。

（3）对终端设备的安全要求很高，用户需要更换手机或 STK 卡，特定的手机终端和 STK 卡换置也会造成用户成本的上升。

（4）给移动支持服务提供商带来很大不便，移动支持服务提供商要与多家银行进行连接。

（三）第三方移动支持服务提供商主导

在第三方移动支持服务提供商主导的移动支付模式中，移动支付服务提供商（或移动支付平台运营商）是独立于银行和移动运营商的第三方。在此模式下，移动运营商仅作为信息通道，或者是手机账户支付中的代理结算单位；银行是最终结算单位以及账户管理者；第三方移动支付服务提供商则独立运营支付平台。如图 6—4 所示。

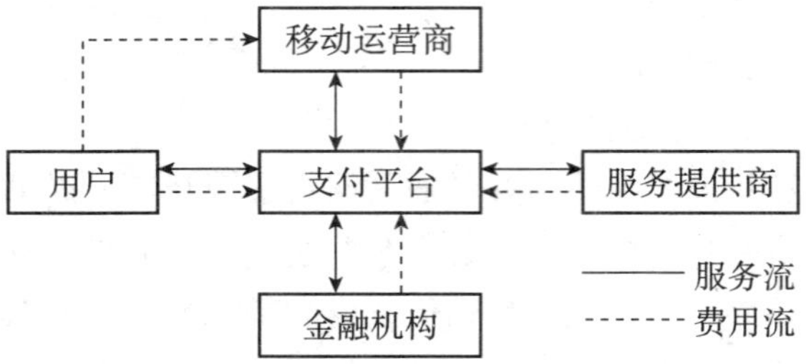

图 6—4　以第三方移动支付服务提供商为运营主体的移动支付业务示意图

例如，PayBox. netAG 与 IBM 公司合作开发的 Web Sphere 平台、北京泰康亚洲科技有限公司的万信通平台、广州金中华通讯公司的金钱包等，就是由独立的第三方移动支付服务提供商运营的移动支付平台。

目前，该模式最成功的案例是瑞典的 PayBox 公司在欧洲推出的手机支付系统。用户如果想使用该服务，需要去服务提供商处注册账号，并与自己的手机绑定。在购买商品后进行费用支付时，直接向商家提供用户的手机号码。商家向 PayBox 提出询问，经过用户确认后完成支付。第三方移动支付服务提供商的收益主要来自两个部分：一是向运营商、银行和商户收取设备和技术使用许可费用；二是与移动运营商以及银行就用户业务使用费进行分成。

这种模式的特点是：

(1) 银行、移动运营商、平台运营商以及服务提供商之间分工明确，责任到位。

(2) 平台运营商起到插转器的作用，将移动运营商、银行、服务提供商、用户等各利益群体之间错综复杂的关系简单化，将多对多的关系变为多对一的关系，从而大大提高了商务运作的效率。

(3) 不同银行之间的手机支付业务得到了互联互通。

(4) 平台运营商虽然简化了其他群体之间的关系，但必须同时协调好多方的利益关系，无形中为自己增加了处理各种关系的负担，因此大大增加了运作成功的复杂程度，尤其在商务运作上工作量和难度比较大。

(5) 对第三方移动支付服务提供商的技术能力、市场能力、资金运作能力要求很高。

(四) 金融机构与移动运营商合作

金融机构与移动运营商合作的运营模式最为普遍，用户将手机号码与银行卡等用户支付账号绑定，通过短信、WAP 等形式利用银行卡等账户进行交易(见图 6—5)。运营商和金融机构之间需要加强合作，从目前的情况来看，二者都有自己的优势资源，只有加强合作、优势互补才能促进手机支付行业的发展。但是，移动运营商和金融机构均属于移动支付产业链中的核心环节，双方都想要绕开彼此各成体系获得主导权，存在着利益冲突。

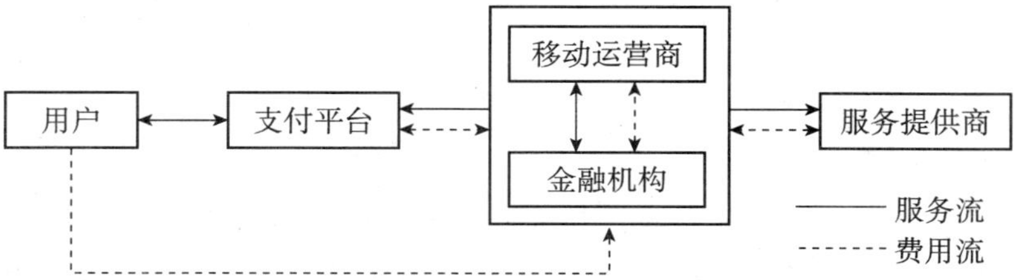

图 6—5　以金融机构与移动运营商合作为运营主体的移动支付业务示意图

这种模式的特点是：

（1）移动运营商与银行关注各自的核心产品，形成一种战略联盟关系，合作控制整条产业链。

（2）在信息安全、产品开发和资源共享方面合作更加紧密。

（3）移动运营商需要与各银行合作，或与银行合作组织建立联盟关系。

第 2 节　移动支付系统解决方案

移动支付必须依靠相应的 IT 技术来实现。除了相应的软件开发，还涉及系统集成，如硬件提供商、系统软件提供商、支付接口提供商等。总之，这是一个复杂的系统，必须依赖于相关各方的协调才能顺利完成。

一、移动支付涉及的相关技术

目前移动支付技术实现方案主要有四种：SIM Pass，RFID-SIM，近场通信技术和智能 SD 卡。

（一）SIM Pass 技术

SIM Pass 是一种多功能的 SIM 卡，基于 13.56 MHz，支持 SIM 卡功能和移动支付的功能。SIM Pass 运行于手机内，为解决非接触界面工作所需的天线布置问题给予了两种方案：定制手机方案和低成本天线组方案。

（二）RFID-SIM

RFID-SIM 是双界面智能卡技术向手机领域渗透的产品，基于 2.4 GHz。RFID-SIM 既有 SIM 卡的功能，也可实现近距离无线通信。

（三）近场通信技术

近场通信技术（near field communication，NFC）是一种非接触式识别和互联技术，基于 13.56 MHz。NFC 手机内置 NFC 芯片，组成 RFID 模块的一部分，可以当作 RFID 无源标签来支付使用，也可以当作 RFID 读写器进行数据交换和采集。

（四）智能 SD 卡

在目前 SIM 卡的封装形势下，只读存储器（EEPROM）容量已经达到极限。通过使用智能 SD 卡来扩大 SIM 卡的容量，可以满足业务拓展的需要。

在我国，移动支付行业标准之争已经持续了很多年。2011 年 11 月，在 2011 中国移动支付产业年会上，工业与信息化部称已与中国人民银行共同启动移动支付标准制定工作，国际通行的 13.56 MHz 方案和国内拥有自主知识产权的 2.4 GHz 方案各有优势和不足，都将纳入行业标准。前者是由中国银联主导，得到中国联通和中国电信的支持；而后者则是由中国移动主导。根据中国人民银行的统计数据，2010 年手机支付客户数量为 9 028 万户，这与 9.5 亿户的手机用户规模相比，仍有巨大的提升空间。

二、典型移动支付系统解决方案

本节以电子商务环境下的移动支付为例，对移动支付系统的解决方案进行说明，在其他环境下可以参考，在支付环节上基本上大同小异。按照分层模式，一个典型的电子商务平台可以分为以下三层：业务层、支撑层和基础层，如图 6—6 所示。

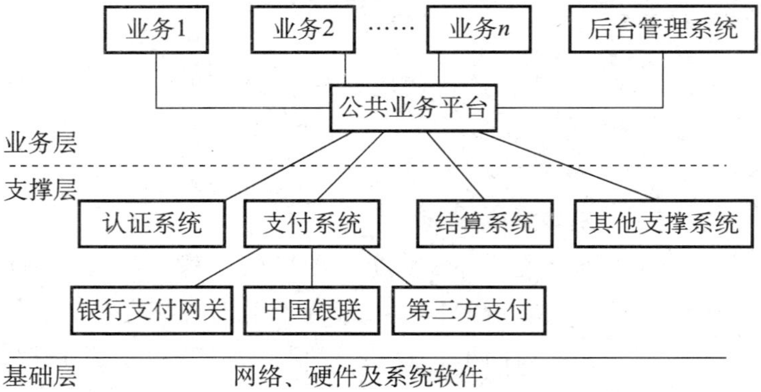

图 6—6 电子商务环境下的移动支付解决方案示意图

业务层负责各种电子商务业务的开展，为便于新业务的开展，降低以后新系统的开发量，将各种业务所需的公共功能作为业务平台建设，各种电子商务业务应用依托业务平台开发。支撑层为业务层提供各种服务，如身份认证服务、支付服务等。基础层则负责整个方案的系统级服务，包括网络、硬件及各种系统软件。

在电子商务平台提供的支付功能中，可以集成移动支付，如手机支付等。

通过与手机号码绑定银行账号就可以实现支付。通过手机支付的一种典型应用如图 6—7 所示。

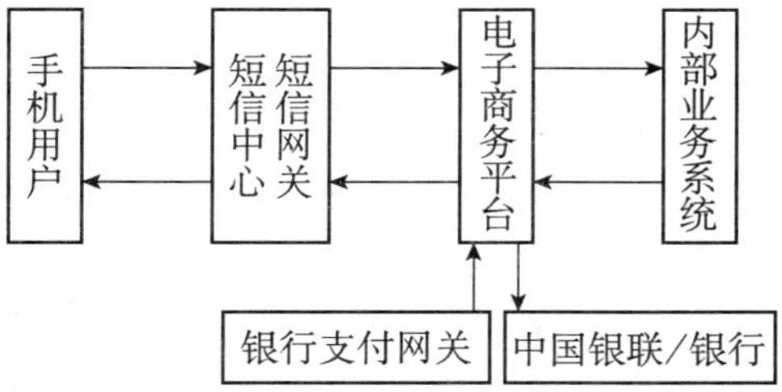

图 6—7　短信移动支付流程图

(1) 用户发送支付消息到电子商务平台，支付请求先传送到接入系统（短信网关/短信中心）。

(2) 接入系统（短信网关/短信中心）把消息发送到电子商务平台。

(3) 电子商务平台将消费请求转发到中国银联/银行。

(4) 中国银联/银行验证用户，查询用户对应的银行账号，扣除费用，将扣款请求处理结果回应给电子商务平台。

(5) 电子商务平台将业务处理请求转发到内部业务系统。

(6) 内部业务系统回应业务处理结果。

(7) 电子商务平台将支付处理结果转发到短信中心/短信网关。

(8) 短信中心/短信网关将支付处理结果转发到用户手机。

在实际应用中，可以根据需求进行定制，如在用户手机上安装专门的支付客户端、通过 SIM Pass 刷卡（通过定制的刷卡器，如公交车上的读卡器）直接进行支付等。

第 3 节　各经济体移动支付发展模式、典型案例与状况

各国移动支付业务发展水平存在很大的差异，采用的技术方案也不同。日本采用由本土公司索尼开发的 FeliCa 技术，韩国主要采用红外技术，非洲一些国家主要采用短信业务（short message service，SMS）技术等。各国的移动支付业务采用的商业模式也不尽相同。日本主要是移动运营商主导模式；在欧洲，第三方联合运营模式发展较好。早期的移动支付都是基于 WAP，SMS 等技术展开的，目前无论是欧美还是国内，在电信运营商的积极推进下，支付技术正在向 RFID 和 NFC 方式发展。RFID 和 NFC 相比传统的支付技术，实现了近场非接触式支付，扩展了移动支付的应用范围，极大地促进了移动手机支付产业的发展。每一个经济体由于社会环境、技术环境等存在一定的差异，因此在移动支付的使用模式、技术选择等方面都存在或多或少的差异。本节将主

要介绍日本、韩国、欧盟、美国和中国这五个主要经济体的移动支付发展模式。

一、日本

日本是移动支付业务发展最为成功的国家之一。三家移动运营商 NTT DoCoMo、KDDI 和软银（原 VodafoneK. K）分别于 2004 年 7 月、2005 年 7 月和 2005 年 11 月推出了移动支付业务，采用的都是索尼公司开发的 FeliCa 技术。经过几年的发展，移动支付业务在日本已具备相当的规模。截至 2007 年 4 月，NTT DoCoMo 移动支付业务用户 2 150 万户，占其 FOMA 用户的 44%。2005 年 11 月以信用卡公司 JCB 为主导，由多家运营商和信用卡机构发起成立的移动支付联盟旨在建立跨发卡机构、跨运营商的移动支付标准，推进消费者使用手机购物。2006 年 4 月 NTT DoCoMo 将移动支付业务渗透到消费信贷，推出 DCMX 品牌的移动信用卡，用户可选择小额和大额两种信贷方式，使移动支付业务在日本的发展向前推进了一大步。

日本的移动运营商普遍采取注资金融机构的方式主导产业链发展。NTT DoCoMo 采用注资的方式拥有了两家信用卡公司的股份。2005 年 4 月注资 1 000亿日元（9.45 亿美元）获得三井住友信用卡公司 34%的股份；2006 年 3 月又注资 10 亿日元获得瑞穗关联企业 UC Card 18%的股权。日本第二大移动运营商 KDDI 也采取了同样的方法，于 2006 年 4 月宣布将和三菱东京 UFJ 银行共同出资筹建首家以移动电话作为主渠道的银行。

日本的移动运营商在全球最早进入移动支付领域，不仅进行了成熟的商用，而且成为移动支付产业的主导者，并因此成为全球移动运营商心目中的典范，被竞相模仿。日本移动支付市场主要运营商包括 NTT DoCoMo、KDDI、软银等。从日本移动支付业务的开展情况来看，未来移动支付业务将呈现以下两个发展方向。

（一）近距离非接触通信技术将成为移动支付业务的主流技术

日本 FeliCa 技术在移动支付业务中的应用已经初见成效。FeliCa 技术由于能够极大地方便用户操作，因而有利于培养用户使用移动支付业务消费的习惯。可以预见，未来近距离非接触通信技术将成为未来移动支付业务的主流技术。

近距离非接触通信技术在移动支付业务中的应用，也相应带来了一些问题，如终端价格相对较高、可选择终端种类不多，从而限制了大众用户的使用；内容提供商/零售商需要额外投资购买和安装特殊阅读器等。由于受到这些阻碍因素的限制，NTT DoCoMo 预期未来一两年内移动支付业务将不会为其收入的增长带来大的影响，因此只在其高端 3G 手机上安装 FeliCa 芯片，小范围推广具有 FeliCa 功能的手机。

未来需要成本更低、更具开放性的近距离非接触通信技术应用到移动支付业务中，唯有这样才能够促进全球移动支付业务的发展。

（二）价值链上各环节更有效的合作关系

分析认为，NTT DoCoMo 这种通过注资控股掌控金融机构的合作方式，只是一种在移动支付业务初期促进发展的权宜之计，不适用于未来形成规模效应的移动支付业务价值链上的合作关系。随着用户需求的增大，只有一家金融机构合作提供业务将成为移动支付业务的发展瓶颈。如果想联合多家金融机构提供业务，再采取这种注资控股的方式就不可取了，一是成本过高，二是将会违反政府对反垄断的相关规定。

但在当前，移动支付业务发展初期，用户对该业务的需求不足，还没有形成规模效应，NTT DoCoMo 采取的这种价值链合作模式，符合日本本土市场的要求，能够调动支付业务提供商的积极性，对初期发展非常有利。这一阶段对于开展移动支付业务的运营商来说是不可以逾越的，各运营商应该根据本国的实际情况，建立有效的价值链合作模式，调动价值链上各环节尤其是支付业务提供商的积极性。

随着移动支付业务的发展，更有效的价值链合作关系、利益分成模式以及运营商在其中所起的作用和地位等都是需要根据实际发展所要探讨的问题。预计未来随着用户的需求越来越大，规模效应将逐渐形成，会有更多的零售商和支付业务提供商主动加入到这一行列中来。未来产业价值链上需要解决的问题不是如何调动这些提供商的积极性，而是如何最大地发挥它们的积极性，实现价值链上各方的共赢。

二、韩国

韩国的移动支付业务实现方式主要采用红外技术。韩国三大移动运营商 SKT，KTF，LGT 分别于 2004 年 3 月、2004 年 8 月、2003 年 9 月联合金融机构开通了使用红外技术的移动支付业务。

韩国移动运营商善于对移动支付业务进行整合，其移动支付业务体系非常清晰，业务规划中针对每个发展阶段都制定了非常明确的发展目标。

以韩国 SKT 为例，移动支付总业务品牌为 MONETA。在 MONETA 名下又分 MONETA card（红外线近距离非接触支付，也称离线交易）、MONETA pass（乘车卡）、MONETA bank（银行信息查询、转账等）、MONETA stock trading（股票交易）、MONETA sign（身份认证）、MONETA bill（在线购物）等。

对于移动支付业务的发展，SKT 有着非常清晰的规划。SKT 将自己的移动业务发展分为了四个阶段，每个阶段都有不同的发展目标：第一步是初步建立移动支付系统；第二步是成功开展移动支付业务；第三步是向其他金融业务领域扩展；第四步是向移动电子商务领域扩展。

三、欧盟

欧洲国家的移动支付一如其他产业一样，同时进军欧洲多国，所以欧洲品牌多数采用多国运营商联合运作的方式，即银行作为合作者并不参与运营。业务模式往往是通过 WAP，SMS，交互式语音应答等方式接入来验证身份等，操作较为烦琐，不适合时间性要求很高的支付行为，所以多用于 WAP 业务、电子票务等。

四、美国

虽然美国近两年移动数据业务发展日新月异，但移动上网、图片铃声下载、PTT、MMS/SMS 和流媒体是其业务发展的重点，在移动支付业务领域没有太多的举措。

在美国，PayPal 的应用是人们关注的焦点。PayPal 原来就是一个电子支付业务提供商。PayPal 提供的移动支付业务通过短信的方式不仅能购买数字产品，还能购买真实的商品，并且提供货到付款服务。2006 年 4 月，在线支付服务公司 PayPal 正式推出了基于短信服务的手机支付服务，美国和加拿大的用户可以随时随地通过自己的手机进行支付。用户可以利用移动通信设备进行支付、购物或者慈善捐赠。借助 PayPal 手机支付的短信购买服务，用户只需以短信形式发送商品代码，即可购买 CD、DVD、鞋、服装等商品。

五、中国

（一）我国移动支付的发展过程①

1. 第一阶段：2002—2004 年

国外移动支付的迅速发展向中国市场展现了该服务的美好前景。国内的移动运营商尝试性地推出了一些移动支付业务，如彩票的投注、电子邮件服务费的代收、自动售货机零售商品的购买等。同时，媒体进行了大量的炒作性报道。但由于刚刚开始涉及移动支付业务，国内的移动运营商并没有太多的经验，而且技术也不成熟，导致市场发展十分缓慢。这个时期的移动支付市场还处于业务导入阶段。

---

① 参见果华：《移动支付产业市场研究》，北京，北京邮电大学经济管理学院，2010。

2. 第二阶段：2004年下半年到2007年

随着国外移动支付技术不断改进，该业务的安全性和便捷性进一步提高。与此同时，国内的物理基础（移动通信网络以及其他相关技术）也在不断改进。越来越多的银行开始和移动运营商合作，在更多的地区和更多的领域开展了该业务。互联网用户和移动用户的普及率逐步提高、网上支付和移动增值业务的迅速发展，为该业务奠定了良好的产业环境。此时，国内的移动支付用户的认知度和接受度有了普遍提高。这个时期的移动支付市场步入了地域扩展阶段。

3. 第三阶段：2007—2009年

2007—2009年为移动支付业务的商业模式探索阶段。移动支付产业环节复杂，价值链的构成需要多方的共同参与。在这一阶段，金融机构和移动运营商的议价能力都很有限，导致产业主导者并不清晰，产业实际投入力度很低。相关规范和标准的不统一、市场的缓慢发展，使得许多商户都处于观望状态，价值链的构建与合作机制的完善都非常缓慢。这时用户的体验较差，由于国内信用体系的不健全和安全保障问题并未根本解决，用户通过移动支付购买的物品和服务并不丰富，因此并未带来真正的便捷。尽管如此，由于电子商务的普及和人们对于消费支付新的需求，这个时期移动支付市场的规模扩展还是十分令人震惊的。这个时期为移动支付产业的规模成长阶段。

4. 第四阶段：2009年至今

2009年以后，移动支付服务进入了快速发展的阶段。在日益激烈的竞争压力下，移动运营商和金融机构为了能够增强业务的吸引力，纷纷拓展更为广泛的服务内容和支付通道，双方展开了进一步的深层次合作，市场推广力度加大，价值链不断完善。3G网络覆盖区域的扩大和网络优化的持续，不仅为更复杂的移动支付应用提供了相应的带宽支持，而且保障用户可以进行更便捷的实时在线处理。随着移动运营商的定制手机在终端销售市场中的比重不断加大，对移动支付有特殊要求的支持终端的平均价格不断下降，这些因素促进了相应终端普及率的提高。移动支付服务内容的不断丰富，加之不断改善的硬件环境，用户体验不断提升，越来越多的用户开始使用该服务。监管政策的完善、商业模式的创新有效地平衡了价值链上各方的利益，促使了价值链的良性发展。相信在不久的将来，正在飞速发展的中国移动支付产业，一定会进入成熟阶段。

（二）移动支付业务存在的问题

移动支付业务在我国虽已推出数年，但发展一直不理想。当前，移动支付业务发展中存在的主要问题有以下三点：移动运营商和金融机构间缺乏合作；交易的安全问题没有得到很好的解决；缺乏统一的行业标准。

1. 移动运营商和金融机构间缺乏合作

在提供移动支付业务方面，移动运营商和金融机构之间，一方的优势恰好是另一方的劣势，双方是互补的关系。移动运营商在支付流程管理上缺乏经验，而这恰恰是金融机构的优势所在；金融机构缺乏对移动支付业务传输渠道的控制，而移动运营商不仅控制着移动支付业务的传输渠道——移动通信网，还拥有庞大的移动用户群。移动运营商和金融机构的通力合作是移动支付业务成功开展的必备因素之一。

但从移动运营商和金融机构在实际开展移动支付业务的表现来看，双方的合作不容乐观。移动运营商和金融机构从自身利益考虑，都想成为移动支付产业链的主导者。移动运营商希望借助移动支付提升移动通信业务收入，金融机构希望移动支付成为其支付业务的新发展渠道。另外，移动支付业务带来了新的竞争者——移动运营商，这是金融机构不愿意看到的。因此，移动运营商和金融机构的竞争关系大于合作关系。

另外，还有一点不可忽略，绝大多数国家的金融管制政策比较严格，对非金融机构经营金融类业务有着严格的控制，这就使得移动运营商和金融机构的合作不可能太深入。

2. 安全问题

与所有的支付业务相同，安全问题是影响移动支付业务成功开展的关键因素之一。用户在考虑是否采用移动支付业务时，考虑的首要问题是交易的安全性。实际上，在开放的移动通信网络上传输这些涉及用户支付信息的敏感数据，不可能保证完全的交易安全性。由于存在被窃取的威胁，交易的安全认证和数据传输的机密性要求必不可少。

（1）客户端的安全认证。客户端的安全认证一种是基于手机终端的设计。基于手机终端设计的安全认证限制了消费者更换手机的范围。为此，一些移动支付业务提供商采用基于 SMS 和 USSD 的安全认证解决方案。

（2）网络传输层的机密性。除了在客户端进行交易的安全认证，在网络传输层还要保证数据传输的机密性。在现有网络传输层安全草案（如 TLS 和 WTLS）中，提供了一个接入应用层的编解码系统。当前主要采用的编解码系统是 SHA-1 和 3DES。传统支付业务的安全标准主要有两个：Visa3-D 标准和 MasterCard SPA。在移动支付领域，一些金融机构和社会团体（如 MeT、Mobey 论坛、移动支付论坛等）都在进行交易安全标准的制定工作，但仍然缺乏统一的被广泛认可的交易安全标准。

3. 缺乏统一的行业标准

没有统一标准问题虽然在移动支付业务发展的初期没有明显体现出来，但终将随着移动支付业务的发展日益突出。韩国移动支付业务的发展就因为两大运营商 SKT 和 KTF 使用的标准不统一而受阻。三家运营商在最初提供移动支付业务时都不愿意合作开发这个市场。SKT 的 Moneta 业务和 KTF 的 K-merce业务需要不同的红外接收器，两种不同的接收器不能互联互通。全球移动通信系统协会（GSMA）于 2007 年 2 月公布了制定 NFC 移动支付全球统一标准的新计划——“Pay-Buy Mobile”，该计划旨在建立一个在不同设备提供商和金融机构之间实现互操作的全球统一 NFC 移动支付标准。统一的行业标准使参与生产和研发的终端和设备厂商数量更多，有利于降低 NFC 移动支付手机和读卡器的成本，从而使该业务的受众面更大，业务更加普及。

值得庆幸的是，2011 年 6 月 2 日，在第九届中国（北京）RFID 与物联网国际峰会上，中国银联副总裁柴洪峰表示，目前移动支付国家标准草案已经研制完成。草案集中展现了产业前沿水平，汇聚了从智能卡、手机终端到手机操作系统、客户端软件和金融应用等各个环节的先进工艺和技术；草案参考国际上先进的安全标准，对智能卡、手机等关键环节都提出了新的安全等级要求，以建立一整套覆盖移动支付流程的支付安全体系。该草案的完成将有力地推动我国移动支付业务的发展和市场的繁荣。

研究拓展

移动支付的四种业务

一、世博手机票

（一）背景

中国 2010 年上海世界博览会（Expo 2010）于 2010 年 5 月 1 日至 10 月 31 日期间举行。此次世博会也是首届由中国举办的世博会，以“城市，让生活更美好”（Better City, Better Life）为主题，超过 240 个国家和地区组织参展。

在上海世博会期间，中国移动为节省用户购票及在园内购物的时间，并借由世博会这一平台大力推广移动支付业务，精心打造手机支付这个平台。世博手机票平台功能繁多，不仅可以购买世博会门票，而且具有手机钱包、乘坐地铁等功能，为世博游客带来观展新体验，打通畅游世博会的“最后一公里”。

（二）选用技术及操作流程

世博手机票所使用的是近距离和远距离相结合的支付技术。对于近距离移动支付，中国移动一直主推 RFID-SIM 卡。RFID-SIM 卡是双界面智能卡（RFID 卡和 SIM 卡）技术向手机领域渗透的产品，采用的是 2.4 GHz 的技术标准。RFID-SIM 卡既能像一般的 SIM 卡一样进行移动通信，又能通过与之相连的天线与读卡器进行近距离无线通信，从而能够扩展至手机现场支付这一新型领域。对于远距离移动支付来说，世博手机票摒弃了传统的远距离支付技术，使用二维码来进行身份确认。世博手机票的具体操作流程如下所示：

（1）在用户更换 RFID-SIM 卡之后，就可以使用手机入园和进行消费。

（2）手机购票：可以登录中国移动官网进行购票，从手机账户扣除相应的金额，收到二维码之后，即可使用世博手机票。

（3）手机支付：将手机贴近 POS 机具感应区，即可完成手机支付。对每一笔成功支付的交易，用户都会收到及时的短信提醒，告知交易结果。

（三）评述

世博手机票是基于我国自有RFID-SIM卡技术的手机门票和移动支付的大规模应用，也是世博会历史上首创的手机门票。此举引起了社会的广泛关注，大大提高了移动支付的用户接受程度，也向国际宣告中国的移动支付业务已经成熟并可以投入商用。

无疑，世博手机票是运营商主导的移动支付业务，它具有以下优点：

（1）产业链各环节组织协调较容易：中国移动推广世博手机票业务发挥了自己作为运营商的优势，可以整合其现有的各项业务，将手机的作用发挥到极致。同时借助世博会的影响力，以及政府的重视，产业链各方也将全力支持。

（2）交易过程简单：运营商主导的业务可以直接在通信话费账户中进行支付活动，世博手机票就提供了手机账户支付的功能，只要手机账户中有足够的余额，就不需要再进行转账、创建账户等相关设置。

（3）技术实现方便：运营商对于移动支付的研究从十几年前就开始了，相关技术已经相当成熟，只需要合适的业务来进行大范围的推广，此次的世博手机票是我国移动支付行业的一个经典。

不过，移动运营商主导的运营模式也存在一些不足：首先，世博手机票采用的是2.4 GHz标准的RFID-SIM卡，在使用世博手机票时需要更换SIM卡，这加大了移动支付推广的难度；其次，移动运营商主导的运营模式只能进行小额的移动支付，例如购买世博会门票或一些低额的商品，如果需要大额交易则必定需要金融机构的介入；另外，对于整个价值链的总体发展来说，如果某一环节长期处于强势地位，则不利于整个行业的发展，因此，移动运营商应该提供更多的机会，以使整个价值链都能保持均衡发展。

二、中国银联手付通

（一）背景

手付通是中国银联委托瀚银科技开发的手机移动电子商务平台，它支持新一代的移动支付业务，为用户提供创新、便利的支付渠道，用户只需在手机端下载软件并进行简单的操作，就能实现银行卡、账单支付、移动电子商务等操作，目前已开通了机票购买、酒店预订、公用事业缴费、保险购买、购物及信用卡还款等多种手机支付应用。

手付通最大的特点在于其对于不同类型的用户提供更为专业、安全的服务，其推出的专业版业务采用魔盾硬件加密。魔盾可称为手机上的U盾，安全技术通过国家银行卡检测中心以及中国银联的权威认证，使用硬件级加密，为手机大额支付提供了安全保障。所有交易都通过用户的手机向银联平台发起交易；交易发起之后，交易信息由手机端软件从加密智能芯片卡获取，以加密方式保存，通过移动网络发送到银联平台。在从加密芯片到银联平台之间的任何一点，信息即使被截获，也因无法解密而没有用处。银联平台解密后，将银行卡磁条信息和银行卡密码在再加密后发送到银行平台进行验证。

（二）采用技术及操作流程

手付通是以手机中的金融智能卡（SIM卡或智能SD卡）为支付账户载体，以手机为支付信息处理终端，通过无线通信网络以及非接触通信技术进行远程和现场支付的新型支付方式。手付通专业版采用基于13.56 MHz标准非接触技术的NFC方案，相比之前的短信支付等手机支付方式消除了安全隐患；手付通将金融支付卡封装成 Micro SD 卡来实现硬件加密，解决了手机远程支付所存在的安全隐患；同时，手付通大众版还使用了智能 IC 卡加密技术、K-JAVA 安全认证客户端，也可以选用现场 WAP 和短信支付方式，安全性大大加强；另外通过中国银联网络的加密互联技术，一张手付通智能卡可以绑定多张银行卡。

（三）评述

作为中国银联认证的移动支付产品，手付通采用多重安全保障机制，为消费者和商家提供安全的交易环境。其中魔盾采用国际先进的加密技术，已在行业内率先实现手机跨行异地卡卡转账、信用卡还款、账户查询等功能，被誉为移动支付技术、应用和服务行业的创新领导者。作为金融机构主导的移动支付，其优势显而易见：

（1）安全性高：根据手付通的业务介绍就不难发现，银行主导的移动支付最关注的是移动支付的安全问题，魔盾的出现提供了一套移动支付安全的解决方案，保障了移动支付的安全性。

（2）用户认可度高：传统的消费模式培养了用户对于金融机构的信赖。金融机构专注于账户的管理和现金流向的安全，打消了用户对于移动支付安全性的疑虑。

（3）清算便利：移动支付的清算一直是一个热点问题。在手付通中，移动支付平台归金融机构所有，资金的流向只在银行的账户里进行，有利于提高清算效率。

当然，银行主导的运营模式也存在着诸多问题：首先，使用手付通的用户如需要进行支付必须至服务网点办理魔盾，服务网点的数量大大限制了该业务的推广；其次，银联如果参与到移动支付平台的运营中，就会同时具有政策发布者和实施者的双重身份，引起其他参与方的不满。

三、支付宝手机安全支付方案

（一）背景

2010 年 10 月 19 日，支付宝（中国）网络技术有限公司主办的支付与移动互联网峰会在北京举行。支付宝携手到会的国内外知名手机芯片商、手机制造商和手机应用商等 60 多家厂商共同成立安全支付产业联盟，并推出了手机安全支付产品方案。会上，支付宝同时发布了名为手机安全支付产品方案的开放式支付方案。此方案实施之后，手机用户将可以安装带有支付宝接口的应用软件，通过支付宝账号完成软件中所包含的支付请求。手机用户不需要使用电脑或其他设备，而只需安装带有支付宝接口的应用软件，之后就可通过支付宝账号完成该应用软件的所有付费操作。第三方移动支付平台的开发利用支付宝的优势，无须换卡，降低了用户的使用门槛，有利于整体市场的发展。

（二）操作流程

由于手机安全支付方案刚推出不长时间，对于支付过程中具体的操作流程还不得而知。不过根据会议及新闻的相关报道不难发现：对于用户来说，只要熟悉一般的支付宝操作流程即可在手机上进行操作，特别是对于使用过淘宝手机客户端的用户则更为便捷。而对于其他想通过支付宝来进行移动支付的开发者来说，在与支付宝签约之后，只要在自己的客户端上添加一个支付宝接口，即可使用支付宝进行移动支付。因为支付宝的开源平台还未公之于众，支付宝未来是采取 J2EE，K-Java，USSD 等传统的远程支付技术，还是另辟蹊径采用另外一种模式提供移动支付，都还是一个未知数。

（三）评述

支付宝作为网上支付领域的领军者，此次将业务延伸至手机支付，从侧面证明了移动支付未来广阔的发展前景。支付宝的手机安全支付方案具备多种优势：

（1）拥有庞大的资源：支付宝是市场占有率最高的电子支付平台，约占整个市场份额的50%。支付宝成为专业的电子支付平台，技术上已不存在什么问题；此外庞大的用户群以及用户的品牌认可度，都使得支付宝在移动支付的推广中如鱼得水。

（2）效率高：第三方移动支付平台起到信息中心的作用，将移动运营商、金融机构等各利益群体之间的复杂关系简单化，大大提高了商务运作的效率。移动运营商、金融机构只需要分别同支付宝所提供的移动支付平台进行交互即可实现移动支付。

（3）推动移动支付产业持久发展：支付宝在解决支付的瓶颈后，其建立的产业联盟则可从中受益，这将大大激发产业链各方的积极性，开发的应用增多，用户从中受益，进而形成良性循环。

不过第三方移动支付服务提供商主导的运营模式存在的问题也很多：首先，非金融机构进入支付业务的门槛较高，支付宝必须满足新出台的管理办法的规定才能进入。其次，虽然第三方支付平台简化了支付流程，但是对于支付宝本身如何协调与移动运营商及金融机构之间的关系也是一个很大的挑战。

四、北京电信的银联翼宝

（一）背景

2011年9月初，北京电信推出了银联翼宝。用户只要更换一张UIM卡，便可在不影响任何已有业务的情况下，将手机升级为一台移动支付终端。通过使用绑定在UIM卡上的任意个人银行卡进行支付，用户可随时随地享受金融服务。

（二）操作流程

开通支付功能的手机等同于一部已安全存储用户账户信息的POS机，可实现刷卡功能，不用再去银行或营业厅排队，甚至可以不用带银行卡进行消费。

（三）评述

目前国内手机支付标准主要有两个，一是中国移动主导的2.4 GHz标准；二是中国银联主导的、获得中国联通和中国电信支持的13.56 MHz手机支付标准。现如今，中国银联主导的手机支付标准尚处于市场推广初期，用户不多。北京电信的银联翼宝是银联手机支付标准较早的大规模商用。在银联翼宝推出之前，已有不少消费者提前享受了手机支付带来的便捷。例如，深圳移动推出RFID-SIM卡，消费者坐出租车可刷手机付款；广东电信推出天翼羊城通、天翼广佛通双界面SIM卡，用户用手机可乘坐公交、地铁；广州联通携手银联、中国工商银行推出牡丹—沃银移动支付卡等。三大运营商在手机支付市场的竞争如火如荼，从用户占有量来看，中国移动略胜一筹。在移动支付市场，移动运营商、金融机构、第三方支付企业多方博弈。手机支付行业对相关产业链影响巨大，所有支付企业都会受到影响。

本章小结

移动互联网产业的高速增长很大程度推动了移动电子商务的发展，2011年移动电子商务市场规模接近120亿元，同比增长超过400%，用户规模同比增长近140%，用户总量突破2亿。移动互联网技术的发展带动了移动支付的技术不断创新，而用户对于支付便捷性的需求同样在催生新的支付方式。随着移动互联网向纵深发展，移动支付已经成为移动互联网市场规模增长的主要驱动因素和核心工具之一。

首先，移动支付已经成为移动互联网发展的基础服务，相比在线互联网商务，可提供丰富的个性化服务，带来更大的价值，从而创造一个全新价值的互联网经济，激活整个电子商务市场。

其次，移动电子商务对产业链上下游带动作用巨大，随着业务的不断发展，必将对包括终端制造业、软件开发与系统集成业、信息服务业及相关传统产业产生深远影响。只有积极探索、创新商务模式，促进产业链上下游的合作共赢，才能推动移动电子商务的持续发展。

最后，移动支付正在逐步成为应用企业、用户一起关注的发展方向，用户认可度持续提高，根据中国互联网络信息中心的统计，移动用户在通过手机上网时，移动在线支付的使用比率由第26次调查的6.1%上升到了第27次调查时的8.4%。这说明，传统的支付方式正在发生改变，新的支付习惯正在形成。

移动支付除了是既有电子支付的延伸，还会产生出更多的支付方式，这些支付方式有效利用了终端的特点，利用终端配置的摄像头进行信用卡的信息识别从而进行支付，利用终端耳机插口进行信用卡刷卡业务等，这都将更好地带动移动互联网及其应用市场的良好发展。

思考与练习

托米·达尔伯格（Tomi Dahlberg）在《移动支付研究的过去、现在、将来——文献回顾》一文中对移动支付研究领域的研究成果进行系统的梳理。他对ProQuest Direct，EBSCO Business Source Premier，Science-Direct，IEEE Xplore，ACM Digital Library，AIS eLibrary，M-lit online bibliographical database dedicated to mobile business literature，Google Scholar for academic conference papers等数据库进行了搜索，共找到1999—2006年期间发表的73篇学术论文（其中会议论文57篇、研究期刊论文16篇；理论研究为43篇，实证研究30篇）。他以研究主题为线索，对这73篇文献进行了回顾，并就每

一个研究主题提出了未来的研究方向。该文是对移动支付最为详尽的文献研究，为移动支付后续的研究领域奠定了一个坚实的基础。

请查找该文献，并基于该文献的研究结论进行延伸的文献检索，最后写出一篇迄今为止在移动支付领域的国内外研究综述。

参考文献

［1］李旻茜，黄卫东，于瑞强．移动支付运营模式案例浅析．现代电信科技，2011（3）

［2］张权．基于产业价值链的移动支付商业模式．西安邮电学院学报，2010，15（2）

［3］http：//doc. mbalib. com/view/c9966cb56fa959c03cd99e996c32dc8f. html

［4］冯伟涛，韩李枚．国外移动支付业务发展现状．通信企业管理，2008（7）

第 7 章

Chapter 7

银行服务电子化

引导案例

电子银行让农民享受贴心服务

近年来，随着农村经济和城乡一体化的发展以及广大城乡居民、商户和中小企业对金融服务的需求不断增多，农村信用社和农村商业银行面临着诸多新挑战。借着信息技术和电子科技日新月异的契机，它们积极提升金融科技水平，包括网上银行、电话银行、短信服务、ATM 等自助终端等在内的电子银行服务体系“飞入寻常百姓家”，真正实现了具有科技含量的跨越式发展。

2007 年 5 月 18 日，北京农商行推出了全国农信社系统首家网上银行金凤凰网银，开始向包括城乡居民、各类企事业单位等在内的所有客户提供高效、安全、先进、创新化和全方位的网上银行金融产品和服务。使用该服务直接登录网上银行，就可以缴纳家里的固定电话费，不用再去银行大厅拿号排队，很多农村用户对这种足不出户就能办理业务的方式十分喜欢。

金凤凰网银实现了五个第一，即全国农信社系统第一家获得中国银行监督管理委员会正式批准开办的网上银行，第一家为农民提供自助金融服务的网上银行，第一家实现个人客户与企业客户共享安全机制与功能平台的网上银行，第一家使用指纹识别加数字证书技术进行客户身份验证的网上银行，第一家为客户提供自助设置个性化首页和常用功能快速通道服务的网上银行。

该行相关负责人表示：“这是北京农商行进一步提升服务‘三农’功能和层次的创新之举，也是实现现代商业银行发展战略和提升核心竞争力的重大选择。”

事实上，对于农村百姓而言，金融科技水平的提升和电子银行业务的推广，能让其得到更便利的惠农贷款、更灵活的申请方式、更省钱的业务选择和更快捷的客户服务。因此，多层次、立体化的现代电子银行服务体系的建立，不仅是北京农商行的战略选择，更是整个农村合作金融系统的发展大方向，即电子科技支农惠农，金融扶植“三农”事业。

近日，中国人民银行第二代网上支付跨行清算系统即超级网银又成功上线，这种超级网银通过构建“一点接入、多点对接”的系统架构来实现一站式网上跨银行财务管理，也就是说，用户可以通过统一的操作界面，查询、管理在多家商业银行开立的结算账户的资金余额和交易明细等，通过这个系统用户最终可实现跨行账户管理、跨行资金汇划等金融活动。在获批的银行业金融机构名单中，全国有广州农商行、顺德农商行、北京农商行、深圳农商行、东莞农商行等5家农村合作金融机构被获准接入和开通超级网银，这为农村合作金融系统的电子化提供了机遇和挑战。

资料来源：篪埙：《“电子银行”让农民享受“贴心服务”》，载《中国金融家》，2010（11）。

随着计算机和网络技术的发展，银行传统服务方式的竞争力逐渐减弱，服务电子化成为银行得以生存和发展的必要手段，银行服务电子化是指采用计算机、通信、网络等现代化技术手段，通过彻底改造银行业传统的作业方式，实现银行业务处理自动化、服务电子化、管理信息化和决策科学化，为国民经济各部门提供及时、准确的金融信息的过程。

第1节 电子银行

随着互联网的普及和信息安全技术的快速发展，基于计算机、通信、网络等现代化技术的电子银行业务以传统银行业务不可比拟的优势，越来越成为金融业最具竞争力的营销工具，成为商业银行创新金融产品、增强核心竞争力的动力和源泉。同时，发展电子银行业务也是我国商业银行应对金融全球化挑战的必然选择。

到2009年，国内已经有超过40家银行推出了各具特色的电子银行业务，各家银行都将电子银行作为分流柜面业务、提高服务水平、竞争优质客户的重要手段。越来越多的企业选择电子银行进行日常资金结算业务，普通百姓也开始大量使用电子银行进行缴费、理财、购物、娱乐、旅游等。从各银行近年来电子银行系统升级的常态化、电子银行产品发布的频繁性可以看出，电子银行的重要性已成银行业的共识。

一、电子银行的概念

（一）电子银行的定义

由于电子金融活动正处于飞速发展阶段，究竟何为电子银行，目前国内外存在狭义与广义两种观点。

第一种观点将电子银行（electronic bank，E-Bank）局限于网上银行（I-Bank），这是一种狭义的定义。1998 年 3 月巴塞尔银行监管委员会发布了一份报告《电子银行与电子货币风险管理》，其中将电子银行定义为：通过电子渠道提供零售性的小额银行产品和服务。这些产品和服务包括存贷、账户管理、金融顾问、电子账户支付以及其他一些诸如电子货币等电子支付的产品与服务。从这个定义可以看出，该委员会将电子银行业务局限于零售性的小额银行业务。

另一种观点认为 E-Bank 的概念应是一种广义的电子银行，即是指商业银行利用计算机和网络通信技术，通过语音或其他自动化设备以人工辅助形式或自动形式，向客户提供方便快捷的金融服务。呼叫中心（call center）、ATM、POS 机、自助银行等多种多样的金融服务形式都包含在电子银行的范畴之内。本书讨论的电子银行就是一个广义的概念。

在传统的金融机构中，手工处理流程有两个瓶颈，如图 7—1 所示，因为后台只能处理一定量的交易，所以这限制了业务量的快速增长。这里，瓶颈是由从事处理工作的员工引起的。通过建立两个电子化接口可以消除该瓶颈，改进后的情况如图 7—2 所示。在前台系统与后台处理系统间有一个接口，在该接口处将会自动检查交易细节的精确性和完整性。在后台处理系统与会计系统之间有第二个接口。在图 7—2 中，引入带阴影的方框有助于处理更大的业务量，改善银行的收支情况。更大的业务量会增加收入，改善交易能力利用情况。后者能够带来规模经济，从而降低单位成本。

（二）主要业务

根据银监会 2006 年 3 月 1 日施行的《电子银行业务管理办法》，电子银行业务是指商业银行等银行业金融机构利用面向社会公众开放的通信通道或开放型公众网络，以及银行为特定自助服务设施或客户建立的专用网络，向客户提供的银行服务。电子银行是金融创新与科技创新相结合的产物，其主要业务涵盖如下几个方面：

（1）利用计算机和互联网开展的网上银行业务。

（2）利用电话等声讯设备和电信网络开展的电话银行业务。

（3）利用移动电话和无线网络开展的手机银行业务。

（4）其他利用电子服务设备和网络、由客户通过自助服务方式完成金融交易的业务，如自助终端、ATM、POS 机等。

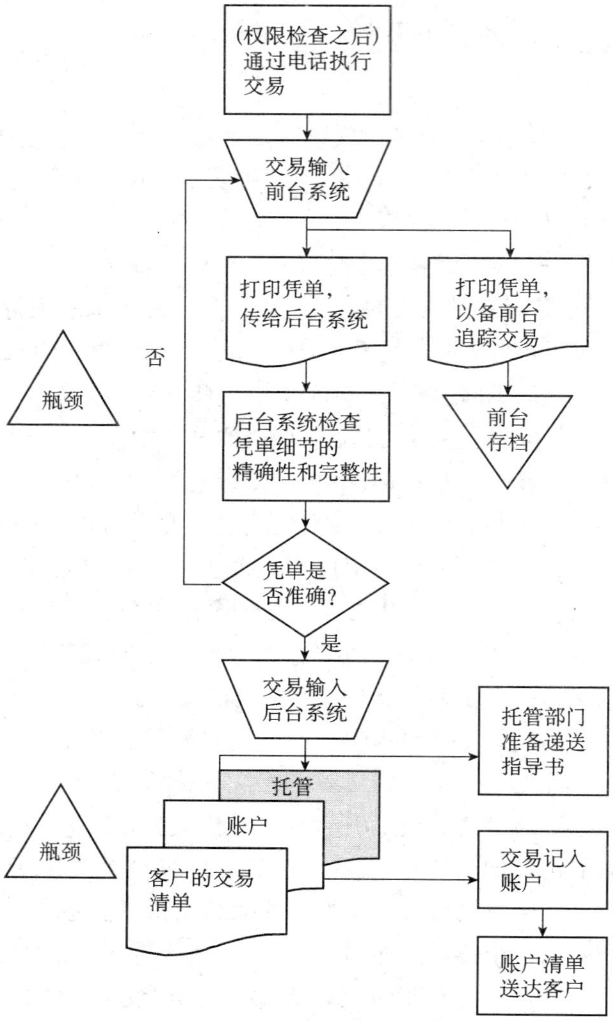

图 7—1 手工处理流程图

二、电子银行的体系结构（银行内部）

在银行电子化的初期，银行为了进行资金转账建立的电子通信系统，称为电子资金转账系统。随着银行电子化的发展，这种电子系统不仅能进行资金转账，还能对客户进行信息服务，电子资金转账系统逐发展为电子银行系统。电子资金转账系统是银行同各种客户之间共享的通信网络，这些客户包括：国内外的行政管理机构，国内外的往来银行和其他金融机构，包括制造业和服务业在内的各类企业，从事零售业和批发业的商业部门，以及包括消费者和个体客户在内的银行大众，如图 7—3 所示。

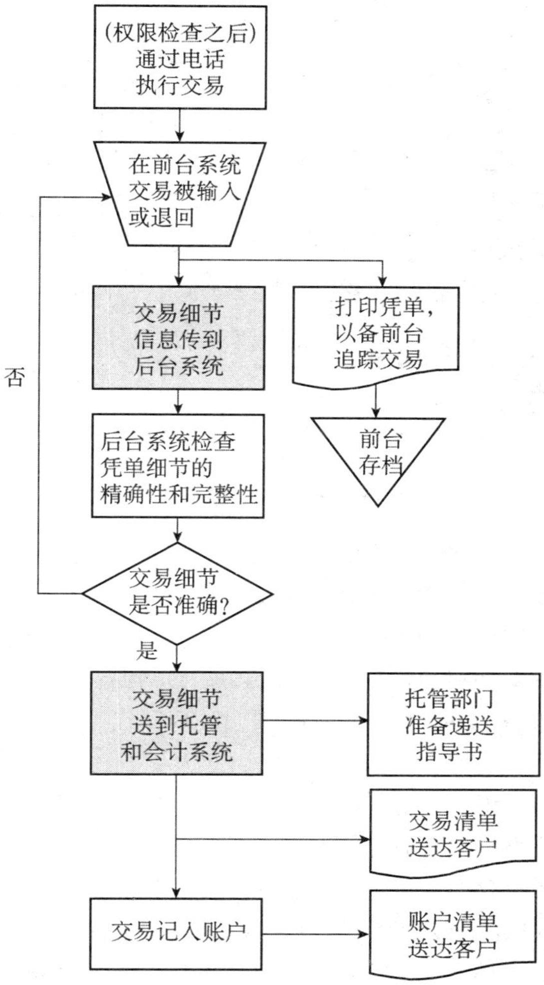

图 7—2　电子化处理流程图

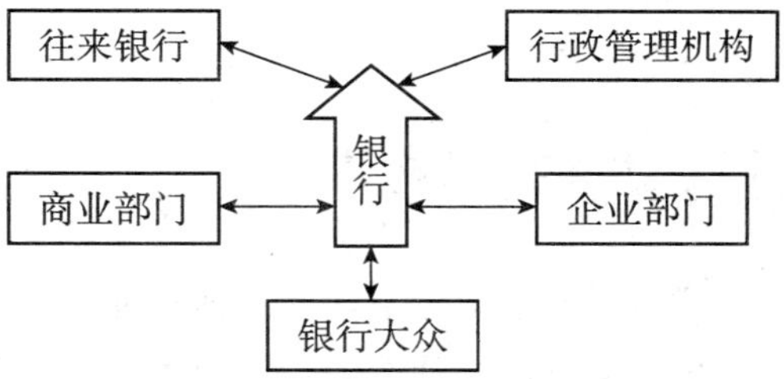

图 7—3　银行电子资金转账系统

现在，不同国家采用不同的电子资金转账体系（又称银行的综合业务处理体系）。图 7—4 所示的电子银行综合业务处理体系结构就是目前国际银行业普遍采用的一种解决方案。在该体系结构中，电子银行的业务处理系统分为客户、往来银行、网上银行和银行内部管理四大类。

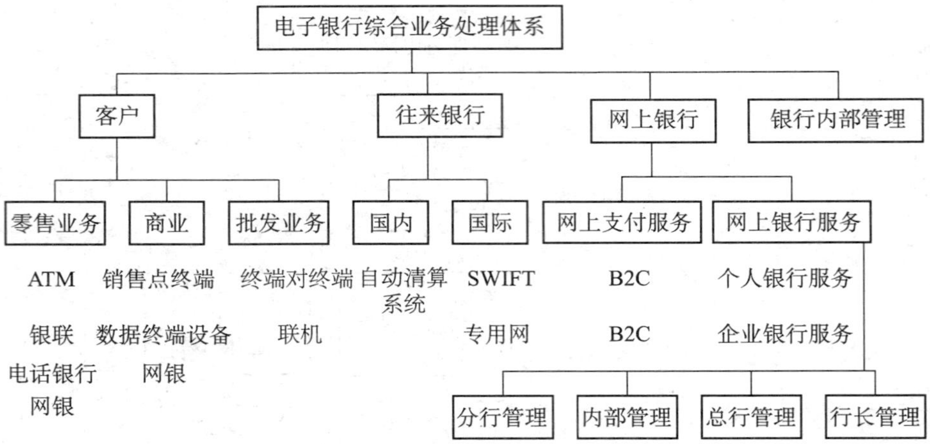

图 7—4　电子银行综合业务处理体系

面向客户的银行业务系统又可细分为零售业务系统、面向商业的银行业务系统和批发银行业务系统三类。

面向往来银行的业务系统可完成国内银行之间的结算业务等金融交易，这主要是通过自动清算系统（ACH）和各种国内电子汇兑系统完成的。同国际往来银行的金融交易则通过 SWIFT、CHIPS 网络或其他专用金融网络进行。

网上银行系统是在 20 世纪 90 年代中期基于互联网的应用发展起来的，主要用于为电子商务提供网上支付服务和为客户提供网上银行服务。网上支付服务主要包含 B2C 和 B2B 两类支付服务。网上银行服务主要包括通过互联网为客户提供的个人网上银行服务和企业网上银行服务。

银行内部管理系统主要包括行长管理系统、总行管理系统、内部管理系统和分行管理系统等。银行服务的电子化必须以高效、科学、现代化的银行内部管理作为保证，因此银行内部管理系统是电子银行的重要组成部分。

三、电子银行的技术架构

目前，世界各地有很多银行及其他企业正在尝试引导客户使用网络电子交易服务。互联网正成为一种新的向客户提供产品服务、与现有客户建立更好的关系或发展新客户的方式。

这里将要介绍的是根据银行的业务需求和其现有 IT 系统，并基于中国金融认证中心证书安全体系的电子银行建设架构。其主要功能及特点包括：高性能 Web 服务器，支持 SSL 3.0；基本和全面的电子银行业务功能，包括银行及业务介绍、金融信息账户查询、转账、支付等金融交易；基本成熟的电子银行软件包，兼具系统稳定性好、实施周期短、未来扩展性好的特点；完整的安全防范措施，确保企业内部网络数据安全；数字安全证书，确保访问和交易安全性；B2B 及 B2C 网上支付；全面 WAP 服务支持。

（一）系统总体结构

电子银行系统采取客户、电子银行中心、银行业务系统三层体系结构，提供信息服务、客户服务、账务查询和支付转账功能，其中信息服务和客户服务由总行指定部门在全行范围规划、运作和管理，电子银行中心具体实现账务查询和实时交易功能，总行、分行实现业务主机系统与电子银行中心的实时联接。电子银行总体结构如图 7—5 所示。

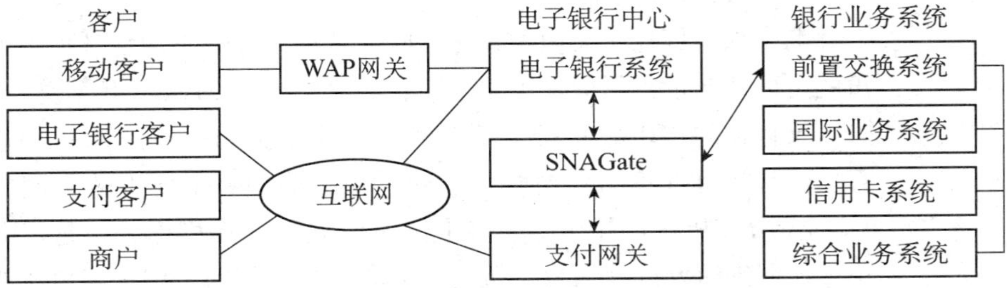

图 7—5　电子银行总体结构图

首先要在全行系统内建立一个统一的电子银行处理中心，这样的配置有利于提高管理效率、系统安全系数。电子银行中心的主要构成部分包括过滤路由器，防火墙，Web/应用服务器，数据库服务器和通信服务器。

（二）网络通信结构

1. 主机系统现状

电脑主机一般设在银行总部，各省分行设有电脑中心，负责处理不同地区的业务运作。从基本情况看，无论各地业务系统是在同一物理主机运行还是异地运行，其运行的系统和数据在逻辑上是相对独立的，这就有必要建立一套运行稳定、效率高的通信前置系统，以保证电子银行系统能可靠、高效地与各系统互联。

2. 电子银行系统与主机系统通信架构

在总部，采用 SNAGate①for AIX 与 ES/9000 及 AS/400 互联，采用 Token Ring 为网络接入方式，以保证 SNAGate 能与各系统可靠、高速地通信。在各省分行，采用 SNAGate for NT 与当地电脑中心的 ES/9000 或 AS/400 互联，采用 Token Ring 或 Ethernet 为网络接入方式。采用上述互联后，保证了电子银行系统的通信模块与银行各分行系统的通信，并保证了电子银行系统以一致的通信方式和交易报文格式与所有主机系统通信。

① SNA 是 IBM 公司开发的网络体系结构。

3. 电子银行系统多主机、多系统连接方法

由于电子银行系统需要与多主机、多系统通信，就有必要选择一种通信分流的策略，以保证交易请求发向合适的系统。可能的策略有：以账号为中心的路由策略和以客户为中心的路由策略。

四、电子银行的特征

电子银行与传统银行相比，具有以下几个特征。

（一）没有分支机构

电子银行依托于无边无界的互联网开展业务，不用设任何分支机构，其触角就可以伸向世界任何一个角落。花旗银行总裁约翰·里德说："如果有谁认为今天存在的一切都将永远真实存在，那么他就输定了。"正是这个信条激励着里德与旅行者集团公司联合组建了银行业中一个庞大的集团，该集团拥有 1 124个分支机构，并在 100 多个国家设立了代表机构。但是，电子银行可以不在任何国家开办任何分支机构。成立已经 4 年的美国一家电子银行只存在于互联网上，它的总部就设在得克萨斯州休斯敦市一间办公室的一个 5.25 英寸硬盘驱动器上，职员工作地点却远在佐治亚州阿尔法雷塔的一个工业园内。因此，电子银行可以设在非黄金地段的廉价房子里，拥有极少的职员，从而大大降低经营费用。此外，随着全球经济一体化步伐的加快，电子银行比传统银行将更容易开展跨国界业务。

（二）低廉的成本优势和高额的回报

尽管电子银行也不得不支付相当的费用在互联网上做广告，但电子银行在费用方面还是拥有优势。一方面，普通银行每年都把收益的 4.1%用于无息支出项目，而电子银行可以把这项支出所占的比例降至 3%以下。目前，美国亚特兰大互联网银行已把此项支出所占比例降至 2.7%，以后还很可能降至 2%。另一方面，电子银行的储户往往是结存额较高的储户，这对电子银行的发展有所助益。美国一家咨询公司提供的数据表明，实体银行储户必须在活期存款账户上存有 6 万美元的余额，才能获得 1%的利息。而电子银行规定的最低限额是 100 美元，存款所付利息为 4%。花旗银行一年定期存款的利息为 4.8%，而电子银行为 6%。高额利息吸引了网上的用户，美国电子银行的存款额正以每月 19%的速度增加。

（三）3A 式服务

随着网络化时代的到来，银行业的变化将更为迅速，日益自由化、全球化的经济金融环境将在强化银行业务的全能化、垄断化、竞争白热化、国际化、

信息化的基础上，更加迅速地动摇传统的银行观念。电子银行不受时间、地点、业务的限制，客户可以随时随地在不同的计算机终端上上网去申请和办理银行业务，它的功能和优势远远超过电话银行，也无须自助银行和无人银行的固定场所，它是一种能在任何时间（anytime）、任何地方（anywhere）、以任何方式（anyhow）提供服务的银行，因此可称之为 3A 银行。

五、银行电子化的发展趋势

高速发展的网络经济、电子支付环境的改善为银行电子化发展带来了大量的业务需求和价值增长机会，电子银行将成为现代商业银行新的战略性业务和利润增长点。电子银行业务赋予了商业银行新的生命力，成为电子商务时代商业银行核心竞争力的重要标志，并成为提高银行的整体竞争力的关键业务。在我国，银行电子化的发展可以概括为以下六大趋势。

（一）强力推进消费者日常交易活动向电子渠道转移

电子银行对商业银行降低经营成本，促进经营模式转型将起举足轻重的作用。电子渠道运营成本远低于网点。根据中国工商银行的有关统计数据，网点单笔业务的平均成本约为 3.06 元人民币，而网上银行的单笔业务成本仅为 0.49 元人民币。另外，根据美国银行业对单笔交易成本的统计，网点为 1.07 美元，电话银行为 0.55 美元，ATM 为 0.27 美元，网上银行仅为 0.1 美元，网上银行的运营成本远远低于网点。

各商业银行主动引导消费者日常交易活动向电子银行渠道转移，由此引发的电子银行收费价格战愈演愈烈。各商业银行直接对消费者采取的相应措施主要包括：网上银行安全工具“U 盾”打折，甚至免费；电子渠道转账、汇款等业务打折，甚至免费；部分商业银行承诺提供客户使用个人网上银行和电话银行的安全保障。

（二）抢推或优化升级手机银行

手机银行是电子银行未来发展的重要方向。手机银行有两个基本的发展趋势：一是替代银行卡，将手机的 SIM 卡与银行卡芯片集成，实现刷手机消费；二是替代网上银行，手机可以作为替代台式机和笔记本的终端，实现移动上网的功能。

1. 替代网上银行

3G 商机日益拓宽了手机银行的市场。2009 年 8 月，中国建设银行、光大银行、中国工商银行、民生银行、兴业银行、招商银行、中国农业银行、交通银行、浦发银行等高调推出 3G 手机业务，如中国工商银行推出了手机银行 WAP 体验版，交通银行推出了新版“e 动交行”等。手机银行几乎覆盖网上银行的常用功能，此外新功能、新服务也成为银行业3G手机的亮点。过去金融业务尚无法实现无卡取钱，随着手机银行业务功能和服务的完善，这一愿望完全成真。

2. 替代银行卡

中国银联正在试点推出新一代移动支付产品手付通。手付通通过POS机及3G无线网络，用手机代替银行卡实现移动支付的功能。这意味着，在不久的将来，消费者到商家消费不用再刷信用卡，只要把手机在POS机上一照，即可完成支付过程。手付通能够实现银行卡余额查询、信用卡还款、跨行转账、公用事业费用支付、彩票购买、机票订购、点卡充值、在线购物等功能。中国银联先期在上海、济南、宁波等地开展了试点应用工作，目前正在全国范围内进行推广应用。

（三）银行与第三方支付的合作与竞争成为趋势

第三方支付的兴起日益弱化了银行作为社会支付平台的基本功能，蚕食着银行传统的支付领域垄断地位。银行有两个传统的基本功能：社会融资的中介、社会支付的平台。社会支付的平台过去是银行独家完成的，但随着支付宝、便民支付点以及中国移动的手机支付等新兴第三方支付手段的兴起，银行传统的支付领域垄断地位受到前所未有的挑战。银行只有加快转型，不断创新经营模式，才能获得新的生存发展空间。

以支付宝为例，目前，我国已经有多家银行和支付宝合作，实现多领域付款。中国工商银行率先与支付宝在2005年签订了合作协议，使得支付宝获得了在自己的平台上使用中国工商银行借记卡和信用卡的权利，也就等于把中国工商银行网上银行的部分功能变相转移到支付宝平台。从2006年3月开始，中国农业银行、中国建设银行、浦发银行、民生银行等10多家银行相继携手支付宝，共同开拓中国电子商务市场。2009年4月，中国银行新版网上银行正式与阿里巴巴集团旗下的支付宝达成合作，客户开通中国银行的新版网上银行服务后，可以通过支付宝完成出游、网上购物、网上交水电费等服务。

（四）网上银行差异化品牌发展战略

我国网上银行正逐步从产品竞争、价格竞争转向品牌竞争。打造个性鲜明的品牌成为网上银行跳出产品同质化和价格战红海的新思路。各大商业银行不断强化电子银行的差异化品牌建设，其中以光大银行电子银行差异化品牌建设最具代表性。光大银行推出了电子银行业务品牌E路阳光。它包括个人网上银行、企业网上银行、手机银行、电话银行、电子支付、自助银行和阳光信使七大电子渠道。其目标是为用户提供“随时随地，任何方式”的专业化电子银行服务。目前，光大电子银行已建立起一套包括品牌理念、产品服务体系和营销手段等在内的全方位、综合性营销策略，力图让E路阳光引领的电子银行深入人心。

（五）对公业务成为网上银行新的竞争点

目前，我国主要商业银行电子银行业务竞争的重心逐渐由对私业务向对公业务转移，对公业务是电子银行最大的利润来源。但是，对电子银行来说，与个人客户相比，企业客户对个性化要求更高。我国电子银行业正致力于探索如何通过电子渠道满足对公客户的个性化需求，并系统分析企业网上银行的哪些功能和服务是绝大多数对公客户都需要的。中国工商银行、招商银行、中信银行等已推出一些有借鉴意义的做法。

中国工商银行于 2009 年 6 月正式推出了企业网上银行在线财务软件服务，成为国内第一家向市场推出在线财务软件服务的银行。该软件嵌套于中国工商银行企业网上银行内部，具有资金管理、会计处理、财务分析及进销存管理等功能，可随时随地为企业提供专业便捷、整合高效的金融及财务服务，帮助企业提高经营管理水平。

招商银行于 2009 年 5 月正式向市场推出企业网上银行门户——超级网上企业银行，并宣告其面向企业客户的网上金融服务从此步入全新整合发展阶段。此次推出的超级网上企业银行通过银企直联系统搭建对接各商业银行网上银行服务的直联接入平台，共有 8 大项标准化跨银行功能实现方案，更全面支持网上企业银行 60 余项产品功能的菜单定制服务和便利操作特性。

中信银行在 2009 年年初正式对外推出公司网银社区服务，通过网银社区推出问问吧、在线客服、Webcall、论坛、朋友圈、积分兑换、银行产品介绍和分行空间等服务板块，把客户和银行客服人员以及银行内部专业人员紧密联系起来，将银行传统的通过客户经理或者电话银行一对一开展客户服务的方式逐步扩展为一对多的网络平台服务方式，也就是说任何客户通过社区平台得到解决的问题即刻能被所有客户参考。

（六）远程银行是银行服务模式的一次全新变革

远程银行是以全新的理念、全新的模式、全新的体验、全新的技术打造的新一代银行，其将远程渠道的方便快捷和柜台面对面亲切体贴的服务融为一体，以客户经营管理为核心，以客户价值实现为目标，由远程理财专家通过多媒体、全方位、立体化、零距离的服务方式，并利用高度集约化、流程化、智能化的银行交易系统和客户经营管理平台，为客户提供实时、全面、快速、专业的各类银行交易、顾问式投资理财、产品销售和增值服务。

2009 年 3 月招商银行推出远程银行。对招商银行而言，远程银行的推出一方面开创行业之先河，全新的服务模式再次提升了招商银行服务领先、技术领先的形象；另一方面是招商银行推进“二次转型”，进行内涵集约化经营，降低运营成本，提高效率，提高投入产出比，扩大收入来源的重要举措之一。

第 2 节 面向客户的银行业务系统

当今发达国家的所有电子银行系统都以全天候（每周 7 天，每天 24 小时）服务和有专家系统支持为特色。因此，它们除了具有支付功能，还都提供包含各种精确的金融信息的增值服务功能。面向客户的银行业务系统主要分为零售银行业务系统、面向商业的零售银行业务系统和批发银行业务系统三种。

一、零售银行业务系统

零售银行业务系统包括联机柜员系统、ATM 系统和家庭银行系统。客户可到银行柜台通过联机柜员系统进行金融交易，也可通过街头的 ATM 系统进行存取款和转账交易，还可利用电视/视频转换器（TV/VD）、电话和计算机通过家庭银行系统进行金融交易。

（一）联机柜员系统

银行联机柜员系统的处理过程可分为临柜业务处理和账务批处理两部分。

临柜业务是在日间银行营业时间进行的，主要完成客户在银行提交的资金结算凭证的处理，客户在银行中的开户、销户，客户在银行办理的各项存款、取款业务及各类查询余额等业务。

账务批处理是银行营业结束、结账平衡后进行的，由主机操作执行，主要完成分户账记账、总账科目更新、打印有关报表、统计有关数据、在特殊日期计息、月底处理和年终决算等。

联机柜员系统的处理过程一般要经过凭证审核、输入数据、柜台账务处理、账务批处理、输出信息 5 个阶段，如图 7—6 所示。

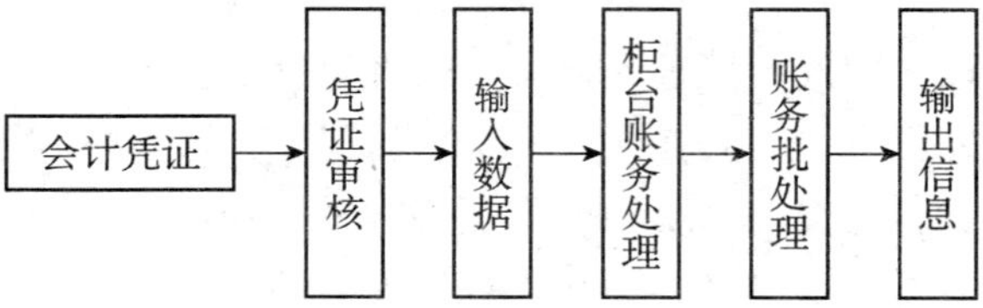

图 7—6 联机柜员系统的处理过程

资料来源：帅青红、夏军飞：《网上支付与电子银行》，66 页，大连，东北财经大学出版社，2009。

1. 凭证审核

凭证审核是指通过人工审核、微机印鉴识别系统、编码机核定，以及使用密码核对等方式，对会计凭证进行各种合法性、有效性的审核，确保数据的正确性、可靠性。

2. 输入数据

原始数据通常要两次录入，并换人复核，确保会计凭证数据输入正确。

3. 柜台账务处理

运用借贷记账法记账，并进行相应的财务核对。核对的内容主要包括：按科目每日进行上日余额与当日发生额及当日余额轧差；科目总账与分户账余额核对；现金库存余额分别与实际库存现金和库存现金科目总账的余额核对。

4. 账务批处理

该阶段主要完成登记分户账，更新总账，产生各类统计、会计报表，以及相应的定期结息等工作。

5. 输出信息

既可以输出各种相关的会计报表，如日报表、月报表、半年报表、决算报表，也可以输出各类分户账信息、总账信息、登记簿信息以及各种统计报表信息等，以满足不同的要求。

（二）ATM系统

1. ATM系统概述

ATM系统是利用银行发行的银行卡，在自动取款机或自动柜员机上，执行存取款和转账等功能的一种自助银行系统。该系统深受客户的欢迎，有效地提高了银行的效率，降低了银行的运行成本，是最早获得成功的电子资金转账系统。

ATM是无人管理的自动、自助的出纳装置，它是一种为方便银行卡持卡人进行自我服务的关键设备。由于ATM系统可在广泛的场所为客户提供全天候日常的银行业务服务，大大方便了客户，同时它具有快捷、安全的特点，深受客户的欢迎。

2. ATM系统的结构

ATM系统的结构一般由前端设备和控制中心两部分组成。

（1）前端设备。系统所需的前端设备主要由ATM监控主机、解码器、摄像机、传感器等组成，系统实现本地监控的模拟结构如图7—7所示。其安装方式为摄像机1以及接近传感器安装于自动柜员机面板的荧屏附近，拍摄取款人的面部及上身；摄像机2以及出钞传感器安装于合适的位置，以监视出钞情况和取款过程；振动传感器安装于ATM内壁上。摄像机1和摄像机2获取的图像信息经过数字化处理后，存储于前端ATM监控主机中，在需要的时候可以调出图像记录进行回放、查询。

（2）控制中心。控制中心非常简单，只需一台装有控制中心软件的个人电脑即可通过网络实现中心对前端监控主的集中控制，中心可主动观察各ATM的当前图像，查询以前所录的图像，还可以根据需要上传一般图像在控制中心储存。其网络结构如图 7—8 所示。

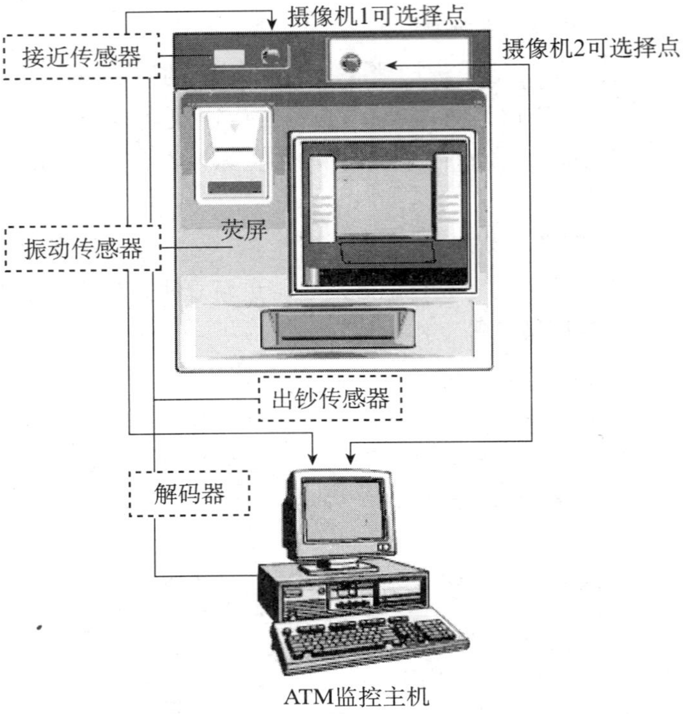

图 7—7 ATM 前端设备

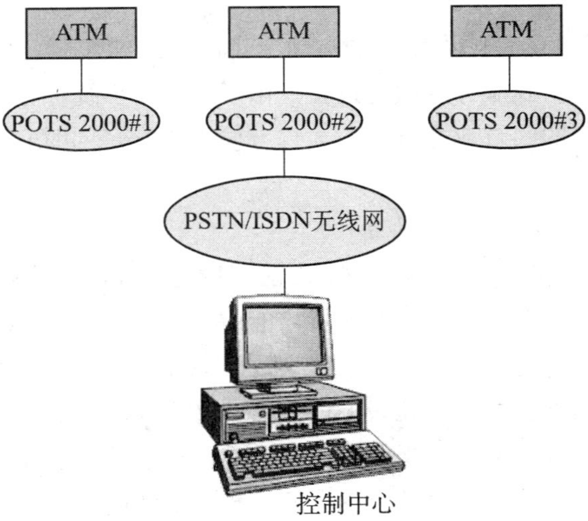

图 7—8 ATM 控制中心

3. ATM 系统的管理模式

ATM 的管理模式可以分为集中管理模式和分散管理模式两种。集中管理模式适合于安装地点远离银行机构的 ATM。ATM 的开关机、配钞、更换钱箱、更新会计周期、业务咨询均由发卡行集中管理。发卡行要成立专门的ATM管理小组，配备必要的交通工具，并有一定的保安措施。分散管理模式适合于安装地点在银行储蓄所或营业厅附近的ATM。ATM的开关机、配钞、更换钱箱、更新会计周期、业务咨询均由代理行处（所）代管。代理行处（所）要成立ATM管理小组，组长和小组成员由代理行处（所）指定。

4. ATM系统的发展趋势

40多年前，巴克莱银行推出了第一台ATM。此后，自助服务技术便开始飞速地发展。ATM唯一不能突破的可能就是银行的想象或野心。

ATM的革新体现在很多方面：存取款自动化（如支票影像、存储的实时便利性）、网上银行服务、一对一营销、第三方支付账单、移动电话或过境卡充值等。但是，ATM的实际推行则因地制宜，这在很大程度上取决于个别银行对自助服务渠道的策略——是作为一个战略重点，还是仅仅作为一种基本必需品。

随着技术的不断改进，已有越来越多的方法可供选择，而外包正是ATM更新方面较好的一种方法。在外部合作伙伴提供维修或者现金供应服务时，ATM网络则可以在内部进行全面管理，因为它能提供核心的银行服务。法国巴黎银行的做法是联合所有相关的技能，无论是技术还是与零售银行业务线相关的，通通将其“收入囊中”。

（三）家庭银行系统

1. 电视银行

电视银行（见图7—9）指的是通过电视媒介，使用有线电视网络或无线网络向用户提供一系列的银行业务，用户只需轻松地操作电视机遥控器便可获得相应的银行服务。由于电视的普及率极高，因此电视银行的推出对电子银行业务的3A式服务提供了极为有利的环境。

图7—9　电视银行

实际上，电视银行可以实现除现金业务、特殊业务的所有银行自助服务功能。现有电视银行业务主要包括账务查询、转账业务、银行开办的各种代收费业务、银证转账业务、银证通业务、外汇宝业务、口头挂失业务等，在有条件的基础上，可以实现对公业务的账务查询和转账业务。实际上，电视银行已经可以作为银行业务的一个窗口，服务于更加广泛的客户群体。

2. 视频银行

近年来，许多发达国家已完成了三网融合的社会化普及。所谓三网融合，是指通过对电信网、数据网和有线电视网三大网络技术改造，提供包括语音、数据、图像等多媒体的通信服务。它不仅是对现有公用网络资源的整合，而且还会引发通信传输方式和金融服务模式的重大变革。2010 年 7 月 1 日，国内第一批三网融合试点城市名单终于揭晓，北京、上海、大连等成为首批试点城市。对于电视银行的发展来说，三网融合无疑提供了一个契机。

从视觉体验上看，三网融合就是手机、电视和电脑屏幕的三屏融合。它使商业银行的网络资源、产品信息资源和渠道业务资源得到充分的整合和共享。从客户角度来，视频银行利用手机、电脑和电视等远程终端可实现银行业务的实时办理，如客户对业务流程、操作方法等有疑问，可通过视频语音方式，得到银行客服人员的实时提示和解答，如同直接在银行柜面办理业务。

二、面向商业的银行业务系统

面向商业的银行业务系统是指销售点电子资金转账（EFTPOS）系统。消费者在商店和其他消费场所的消费和购物，通过系统中的 POS 机服务、数据终端设备（DTE）或计算机等设备，在销售点就可实现电子转账。

（一）POS 系统

POS 系统是通过把 POS 机安装在银行卡的特约商户和受理网点中，而形成的具有消费、预授权、余额查询和转账等功能的自助银行系统。POS 系统能记录客户记录，并能处理银行卡和网络上其他系统的连接。

POS 机是一种多功能终端，POS 系统的网络覆盖面广，服务网点多，能够提供实时的、全天候的电子资金转账服务。POS 系统最早应用于零售业，后来逐渐扩展到金融、服务行业等。

随着电子商务的迅速发展，POS 系统在商业自动化中的地位与作用正在发生巨大的变化。今天的 POS 机已不仅用作记账，国外许多用户正在逐渐将它用做客户关系管理、商品促销、多渠道销售等方面的工具。为此，许多原来的用户向 POS 系统提出了一系列能满足企业发展的新需求，这些来自用户的新需求成为推动 POS 系统技术前进的动力。在 IT 技术的支持下，近年来 POS

系统获得了迅速发展。通过对国外市场的调查，我们发现目前在国际上POS系统有六个方面的发展趋势值得注意。

1. 市场需求增加，发展迅速

在全球范围内，对POS系统的需求量正在不断增加。根据美国服务业技术网站最近发布的一次调研报告，美国服务企业将增加POS软件方面的投资。在接受调查的企业中，44.5%的企业计划增加原有POS软件的功能，比之前的调研结果增加了19.7个百分点；32.9%的企业表示要购买新的POS软件，比之前增加了17.8个百分点；24%的企业计划增添移动POS软件；22.6%的企业计划升级POS软件，使其符合PCI标准；20.5%的企业将研究与测试新的POS解决方案。另外，还有7.5%的企业打算在无线网络上建立POS系统以及采用由新的软件开发商提供的POS软件。

2. 新技术不断融入POS系统

从计算机技术的角度看，POS机是一种能工作在恶劣环境，具有较高防尘性、防水性与抗震性的专用计算机。由于传统上POS机只用作销售终端，在计算机排列中，它是一种低档机。然而，在高端的POS机中这种情况正在发生改变。以POS机的CPU而言，除了常用的赛扬，有些POS机采用了VIA C3，VIA C7，奔腾Ⅲ，奔腾Ⅳ，有些高档机采用了奔腾双核技术，支持64位数据处理。令人瞩目的是，有的POS机还采用了更先进的英特尔处理器来提高POS机的性能与节省能耗。另一方面，在新型高端POS机中，存储容量也在不断增加。

随着POS机应用范围的扩大，一些新技术正在不断融入新型的POS机，以满足用户不断提高的新需求：签字采集、无接触支付、生物识别、RFID等，这些新技术的引入都是为了达到一个目的：加快结账速度。

3. POS系统功能多元化

众所周知，POS的定义已从销售点（point of sales）提升为服务点（point of service）。服务点的服务主要指向两个方面：零售商与顾客。这类服务就像硬币的两面，指向不同但紧密联接、相辅相成。POS系统这些多功能化的服务，在中小型企业中一般都是由POS软件来完成的；在大型企业中，后台系统的功能十分强大，有些是由POS机与后台服务器联合完成的。除了传统的服务，POS系统新增加的功能主要有库存管理、多渠道营销、商品促销、客户关系管理、支持多种智能卡支付、快捷结账等。

4. 无线POS机进入市场速度加快

无线POS（wireless POS，WPOS）机是一种用无线装置来实现产品或服务的订购、付款的装置。一个WPOS系统通常包括一个与中央服务点相连的工作站以及一个或多个与该工作站进行无线通信的手持计算机或其他PDA装置。WPOS机最早出现在20世纪末，近几年来发展很快，目前国外大部分POS机制造商开始推出这类产品。美国一家从事财务管理的咨询公司

Mereator 认为，WPOS 机在北美的潜在市场至少达 10 亿美元，其中餐饮业占 4.38 亿美元，将近一半。这个估计与 Verifone 公司的估计相吻合。

5. WebPOS 机备受欢迎

基于互联网的 WebPOS 机是一种用户通过互联网向软件服务商租用应用软件的 POS 机。采用 WebPOS 机的用户不需要购置应用软件，也无须配合工厂人员来维护软件，包括软件的升级，一切都由软件服务商来承担。WebPOS 机的运作方式实际上就是软件外包给互联网应用服务商的“软件即服务”（SaaS）模式。这类 SaaS 模式在国外备受中小企业的欢迎。互联网的安全性与保密性都已提高到足以使用户放心的水平，更重要的是在 POS 软件内出现了一批经过时间考验的规范化的应用软件产品，使 WebPOS 机提供商通过互联网向 WebPOS 机用户提供应用软件服务成为可能。

6. EMV 标准与《电子电气设备中限制使用某些有害物质的指令》令人关注

近年来在电子支付领域出现的 EMV 标准与欧盟制定的《电子电气设备中限制使用某些有害物质的指令》，在全球经济一体化的今天，对于各国 POS 机制造商都产生了一定的影响。

由世界最大的三家银行卡组织欧陆卡、万事达卡与威士于 1999 年联合成立的 EMV 公司，为了在全球范围内统一智能卡与终端接口标准，制定了 EMV 标准。日本最大的信用卡公司 JCB 也于 2006 年 1 月加入，EMV 标准已成为一种国际标准。EMV 公司要求全球所有的智能卡与有关终端在一定的限期内完成向 EMV 标准的转移。从当前的情况看，转移过程在澳大利亚与欧洲进展较快，在北美与亚洲较迟缓。新西兰自 2006 年 1 月起，所有新安装的支付终端均已符合 EMV 标准；到 2007 年 7 月 30 日，全新西兰的所有支付终端与有关电子转账的网络均符合 EMV 标准。我国银行界也制定了向 EMV 标准转移的计划，2005 年 1 月启动，2012 年 12 月完成全部转移。

尽管 EMV 标准是为 EFTPOS 制定的，随着持卡消费的客户与日俱增，EFTPOS 中的某些功能已与零售 POS 机融为一体，有些零售商已将 POS 机与 EFTPOS 直接联在一起。因此，这一发展动向也颇受各国 POS 机制造商的注意。

（二）POS 系统银行收单业务

POS 系统自 1968 年出现以来，经历了几个发展时期：第一代是使用借记卡的专有系统；第二代是共享的，即联机的 POS 系统，这种系统既可用借记卡，也可用信用卡进行购物消费；第三阶段是近几年随着电子商务的迅速兴起，出现了能完成网上购物、网上支付和电子转账的 POS 系统。目前，较普遍使用的是联机的 POS 系统，下面所提到的就是这种 POS 系统。

共享的 POS 系统涉及持卡人、成员金融机构、特约商店、清算中心和国外信用卡集团等多个实体对象，各成员之间的业务处理关系如图7—10所示。

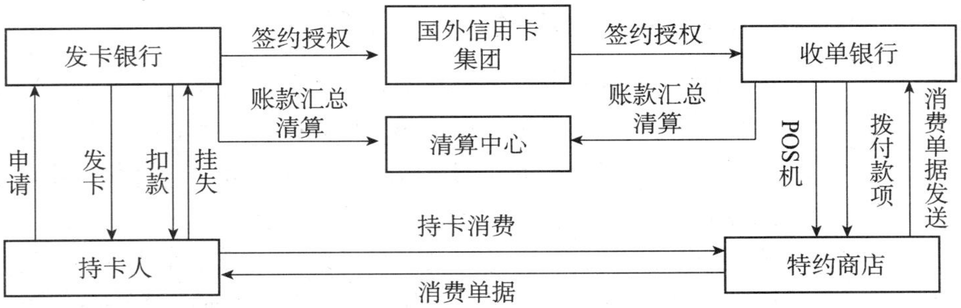

图7—10 POS系统业务处理关系图

（1）持卡人，即消费者。他们持有可用于消费的银行卡。

（2）成员金融机构，即参加POS系统的金融机构。按执行的业务功能，将成员金融机构分为发卡银行和收单银行。发卡银行是将其银行卡发行给持卡人的银行。收单银行是同特约商店签约，处理EFTPOS及相关事项的银行。成员金融机构可同时兼具发卡银行和收单银行两者的功能。由于系统运营中涉及许多特约商店，而与特约商店往来、协调和业务推广等事务又十分烦琐，因此，最好由收单银行来担任特约商店的管理者。

（3）特约商店。与收单银行签约提供POS机服务的商店。POS机就装在特约商店内。

（4）清算中心。负责执行参加POS系统成员行间跨行账务清算的金融机构，在我国为各级的中国人民银行。

（5）国外信用卡集团。如威士、万事达卡等国际知名的信用卡机构。国内金融机构若同这些国际信用卡集团签约获得授权，就可在国内发行和使用它们的银行卡。此时，国内银行通过地区交换中心与国际信用卡组织的全球网络连接起来，本国的国际卡持卡人即可在全球任何地方购物消费，他国的国际卡持卡人也可在本地购物消费。如果该特约商店安装有联机POS机，还可利用联机方式与原发卡银行通信，进行银行卡和PIN的检验授权和账务处理工作。持卡人持卡消费时，特约商店将销售单据数据发送给收单银行，收单银行同发卡银行通过清算中心进行资金清算后，即将货款拨付给商店。如果是国际旅行者用国际卡消费，则需经由国外信用卡集团进行资金清算。POS系统各成员之间通过交换中心连接成一个大型的共享网络。交换中心负责与共享POS系统有关的各种交易信息的转换和处理工作，如各种信息的转送、结账、清算及管理。

此外，由于WPOS系统和金融主机之间的通信数据都是极为保密的金融数据，而其数据传输网络包含了公共无线传输网、有线数据传输网，同时由于TCP/IP协议的广泛使用和IP安全的脆弱性，不可避免地增加了WPOS系统通信数据的安全性。因此必须考虑安全策略以提高数据传输的准确性和安全性。

三、批发银行业务系统

批发银行业务系统，主要是指有较大资金业务的企事业单位与银行联机的企业银行系统，相当于银行在企业的财务办公室里专门设置了银行办事处。企事业单位通过专门的财务联网终端对终端（T to T）的方式或企业的财务服务器与银行主机联机（on-line）的方式进行金融交易。

通过上述各种面向客户的电子银行系统，银行可以把对客户的服务，包括支付服务和金融信息增值服务，从银行柜台延伸到各个企事业单位、商店、消费场所和家庭。

第3节 网络银行的基本业务

电子商务的飞速发展向银行业提出了新的要求，也带来了全新的发展机遇。网络银行是银行业在信息技术，特别是网络技术发展的推动下，不断努力获取市场竞争优势的创新结果，是电子商务在银行业的表现形式。如今，网络银行以优质、快捷、全面的服务向人们展现了未来银行的思维模式，成为金融发展的方向。

一、网络银行概述

（一）网络银行的定义

一般来说，网络银行就是指基于互联网和其他电子通信网络手段，提供各种金融服务的银行机构，其网站与各类客户使用的电子交易终端共同构成金融交易网络。但是，关于网络银行，目前还没有一个统一的认识，很多权威结构各自给出了它们的定义。

1998年，巴塞尔银行监管委员会对网络银行给出了这样的定义：网络银行是指那些通过电子通道，提供零售与小额支付产品和服务的银行。这些产品和服务包括存货、账户管理、金融顾问、电子账单支付以及其他一些注入电子货币等电子支付的产品和服务。2000年10月，巴塞尔银行监管委员会又对该定义进行了进一步的补充，指出网络银行是利用电子手段为消费者提供金融服务的银行，这种服务既包括零售业务，也包括批发和大额业务。按照该定义，网络银行具有与传统银行对等的业务职能，至此网络银行具有了相对独立的地位。

美国联邦储备系统于2000年提出了一个关于网络银行的内部定义：网络银行是指利用互联网作为其产品、服务和信息的业务渠道，向其零售和公司客户提供服务的银行。

欧洲银行标准委员会在 1999 年发布的《电子银行》报告中将网络银行定义为：那些利用网络为通过使用计算机、网络、机顶盒及其他一些个人数字设备连接上网的消费者和中小企业提供银行产品服务的银行。

相对于传统银行，网络银行是一种全新的银行服务手段或全新的企业组织。国内外许多 IT 厂商和商业银行都在推出自己的网络银行解决方案，目前，网络银行的构成还没有形成固定的模式。

（二）网络银行的类型

按照不同的标准，网络银行可以分为不同的类型

1. 按服务对象分类

按服务对象，可以分为个人银行与企业银行。

个人网络银行主要适用于个人与家庭的日常消费支付与转账。客户可以通过个人网络银行服务，完成实时查询、转账、网上支付和汇款等功能。个人网络银行服务的出现标志着银行的业务触角直接伸展到个人客户的家庭个人电脑桌面上，方便实用，真正体现了家庭银行的作用。

企业网络银行主要针对企业与政府部门等企事业组织客户。企事业组织可以通过企业网络银行实时了解企业财务运作情况，及时在组织内部调配资金，轻松处理大批量的网上支付和工资发放业务，并可处理信用证相关业务。

2. 按经营方式分类

按经营组织方式，可以分为分支型网络银行和纯网络银行。

分支型网络银行是指现有的传统银行利用互联网作为新的服务手段，建立银行站点，提供在线服务而设立的网络银行。它类似于该银行的其他物理分支机构或柜台，是原有的银行业务与网络信息技术相结合的产物，相当于银行的一个特殊分支机构或营业点，因而又称为网上分行、网上柜台、网上分理处等。分支型网络银行一般既独立开展业务，又为其他非网上分支机构提供辅助服务。

纯网络银行又称虚拟银行，起源于美国 1995 年开业的 SFNB。纯网络银行本身就是一家银行，是专门为提供在线银行服务而成立的，因而，也称为“只有一个站点的银行”。纯网络银行一般只设有一个办公地址，既无分支机构，又无营业网点，几乎所有业务都通过网络进行。以 SFNB 为例，客户进入该银行网站后，可以看到网页中显示的“开户”、“个人财务”、“咨询台”、“行长”菜单，用鼠标点击所需服务，就可以按照提示进入自己所需的业务项目。这种银行开户与传统银行不同，客户只要在网页上填一张电子银行开户表，输入自己的姓名、住址、联系电话以及开户金额等基本信息发送给银行，并用打印机打出开户表，签上自己的名字连同存款支票一并寄给银行即可。几天后，顾客

会收到一张电子银行的银行卡，顾客用它就可以在大部分银行提款或存款，并进行各类投资与结算。目前，世界上比较著名的纯网络银行有 Egg，Telebank，ING Direct，NetBank，SFNB，First Internet 等。

（三）网络银行的特点

1. 以客户为中心，以技术为基础，创造独特品牌

网络银行不面对面与客户接触，一切交易和沟通均是通过互联网和电话进行的，这就要求网络银行的营销理念从过去的注重一般性金融产品的开发和管理，转向以客户为核心，根据每个客户不同的金融和财务需求，量身定做个人的金融产品并提供银行业务服务。此外，由于网络银行是以技术为基础的银行，因此技术力量要雄厚，对计算机系统软件的开发、应用和管理的能力要更强。网络银行要将客户作为一个独立的个人来对待，在为客户解决金融疑问和困难的时候，使客户感到解决的方案是按自己的想法和愿望而形成的，并且最适合自己的需求；同时也要使客户感到自己拥有自由和灵活控制的资金，这就是创造独特品牌的内在含义之一，同时也是成熟市场消费者的要求。

2. 应用计算机软件系统进行操作和管理

网络银行的全部业务，如贷款申请、发行信用卡和开设存款账户等，均通过互联网进行并由系统软件处理。因为计算机软件系统是网络银行顺利运行的核心，所以它的维护和管理显得十分重要。

3. 需要良好的社会基础设施的支持

首先，网络银行的平稳运作要有高度发达的通信设施支持；其次，需要技术开发能力强、了解银行业务的计算机软件公司、互联网服务提供商及数据处理和存储公司的通力合作；最后，社会资信咨询公司则是网络银行的业务运作，特别是贷款业务运作的重要保证。它不仅是网络银行，也是西方国家商业银行进行个人风险评估和控制的重要手段之一。

4. 容易进行成本控制

网络银行无分支机构，人员少，通信费用低，操作无纸化，产品价格竞争力强。网络银行容易进行成本控制，其贷款利率比一般的商业银行要低1/4。

5. 信息共享

网络银行的业务操作可以形象地比喻为一条生产流水线。因此，员工之间、员工与上司之间及各部门之间要建立沟通和协调的渠道和机制；同时，各部门要大量收集客户的有关信息，通过内部信息网络管理系统，进行信息共享（包括社会信息的共享），以达到提高效率的目的。

6. 不关门的银行

网络银行由于所拥有的技术和计算机软件系统优势，因此能承诺并保证为

客户提供一天 24 小时、全年 365 天的全天候服务。

（四）网络银行的组织结构

商业银行推出的网上金融服务打破了传统银行的组织结构——金字塔形的组织结构。网络银行的基本组织结构是在银行主服务器提供虚拟金融服务柜台，客户通过个人电脑或其他终端方式连接互联网进入主页，以银行主页为平台进行各种金融交易。因此，网络银行与传统银行组织结构的最大区别在于，完全省却了中间分销网络。最后，通过客户平台的中介功能，形成对最终客户群的分销。这个最终客户群是建立在卡平台上的客户群，如图 7—11 所示。

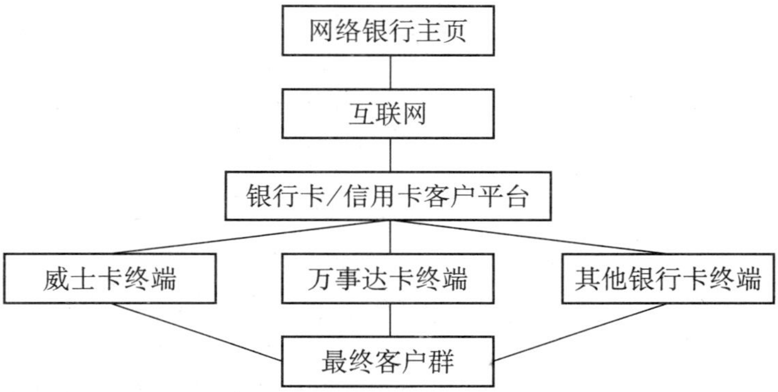

图 7—11　网络银行基本组织结构图

二、个人网络银行业务

（一）客户

通常，网络银行个人客户分为注册客户和公共客户，以中国工商银行为例，注册客户又分为普通客户和贵宾客户。

凡在中国工商银行开立本地工银财富卡、理财金账户、工银灵通卡、牡丹信用卡、活期存折等账户且信誉良好的个人客户，均可申请成为个人网上银行注册客户。其中，贵宾客户是开通个人网上银行的中高端客户群体。个人网上银行客户中五星级客户及持有理财金账户或信用卡金卡的客户为会员，六星级客户及持有白金卡或财富卡的客户为银牌会员，七星级客户或私人银行客户为金牌会员。

（二）主要业务

以中国工商银行为例，其个人网上银行提供的主要业务包含了全面的账户管理，即账户查询、转账汇款、捐款、买卖基金、国债、黄金、外汇、理财产品、代理缴费等服务，能够满足不同层次客户的各种金融服务需求，并提供高度安全、高度个性化的服务，如图 7—12 所示。

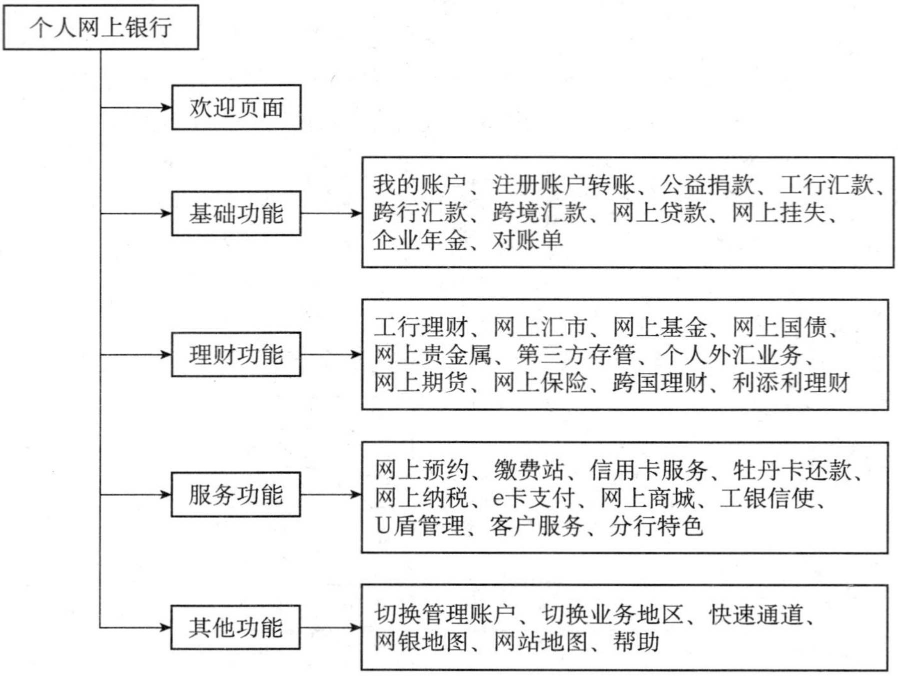

图 7—12　中国工商银行网上银行个人客户服务功能

资料来源：中国工商银行网站。

三、企业网络银行业务

（一）客户

以中国工商银行为例，在中国工商银行开立账户、信誉良好的企业客户，包括企业、行政事业单位、社会团体等，均可开通企业网络银行。

（二）主要业务

以中国工商银行为例，企业网上银行业务功能分为基本功能和特定功能。基本功能包括账户管理、网上汇款、在线支付等功能；特定功能包括贵宾室、网上支付结算代理、网上收款、网上信用证、网上票据和账户高级管理等业务功能，如图 7—13 所示。

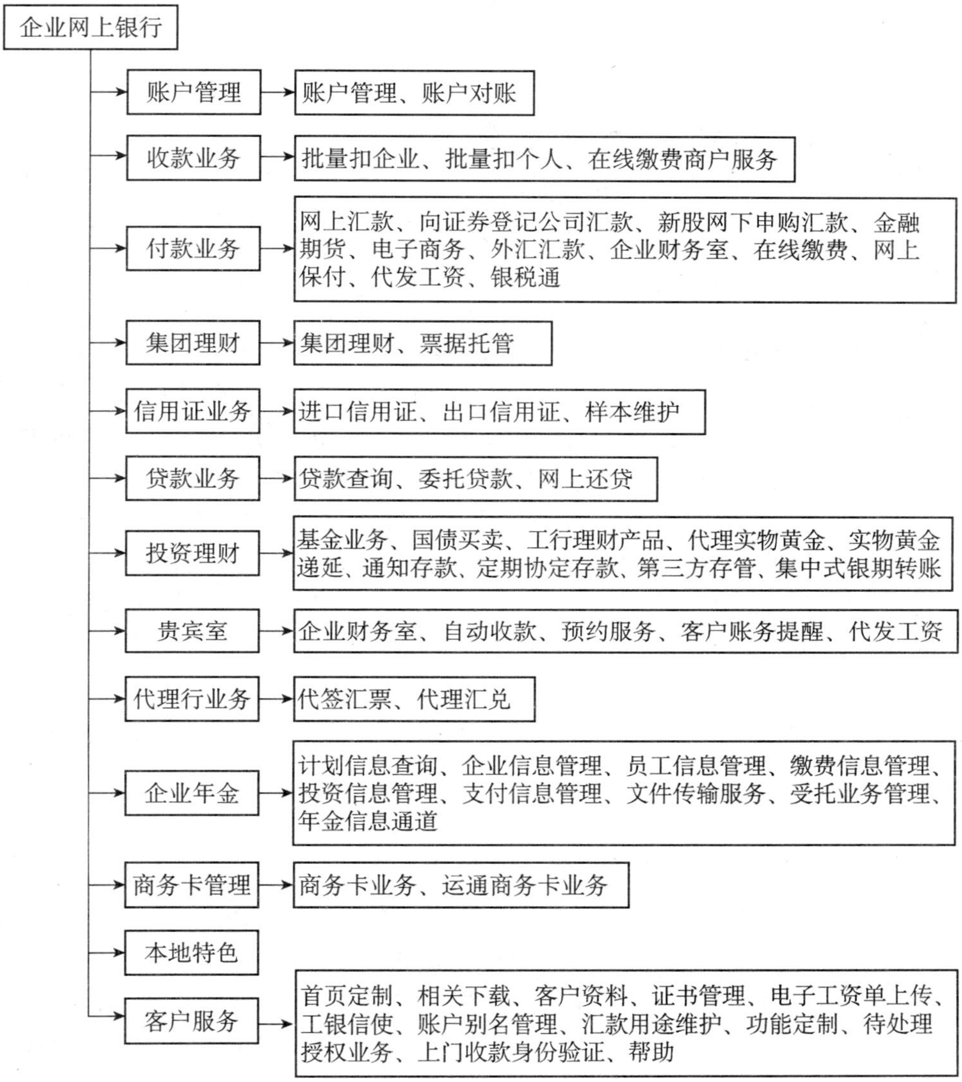

图 7—13　中国工商银行网上银行企业客户服务功能

资料来源：中国工商银行网站。

第 4 节　“金”字工程中的电子支付

随着互联网的急速发展、信息技术和多媒体技术的广泛应用以及电子商务的普及，社会的产业结构、经济结构、就业结构、教育结构和生活结构等各个方面都在发生着深刻的变化。为加快我国国家经济信息化的建设，1993 年，国务院启动了以发展中国电子货币为目的、以电子货币应用为重点的各类卡应用系统工程——金卡工程，拉开了“三金工程”的序幕。之后，中国以“金”字打头的电子政务工程如雨后春笋般涌起。2002 年国务院 17 号文件明确提出“十二金”的概念，将十二个重要业务系统建设统称为“十二金”工程。

一、“金”字工程中的支付业务

“十二金”工程是我国国民经济信息化的基础建设工程，是依据我国走向现代化和国际化的客观需要而提出来的。经过十几年的建设，“金”字工程的建设规模不断扩大，推进了银行、保险、证券、电信、航空、旅游等行业的信息化进程，并取得了巨大的成绩，直接带动了国民经济的发展。

在我国电子支付系统的发展中，“金”字工程也起到了重要的推动作用。“金卡”工程，即电子货币工程，在我国实现了现代化的电子货币系统，有效地推动了我国自助银行服务及电子支付系统的发展。除了“金卡”工程，“金关”工程的建设推动了海关报关业务的电子化，既节约了时间和成本，又控制了海关支付中的偷税、漏税等不法行为。“金税”工程实施以后，通过计算机网络和相关系统实现了税务机关对纳税人增值税专用发票和经营状况的严密控制，及时有效地打击了涉税犯罪行为，为电子支付提供了重要的保障。下面将主要介绍“金关”和“金税”工程的详细情况。

二、“金关”工程

（一）“金关”工程概述

1993年，国务院提出实施“金关”工程，“金关”工程就是要推动海关报关业务的电子化，取代传统的报关方式以节省单据传送的时间和成本。2001年，“金关”工程正式启动。

“金关”工程是外贸系统的信息网工程，它的目标是开发外贸专用网络的应用系统，在整个外贸专用网中使用EDI，实现通关的自动化和国际贸易的无纸化。EDI在国际经贸领域已得到广泛应用。EDI系统能够把与经贸有关的商务、海关、运输、保险、银行、税务等业务信息，按国际统一的格式，通过通信网络，传输到有关部门、公司或企业，进行必要的处理后，即可在无人干预和极短的时间内，完成以经贸为中心，包括订货、生产、库存、市场需求、销售、进出口、运输、保险、银行支付结算、收据等全部交易过程，免除了传统经贸活动中的各种票证、单据等纸张文件往来的繁乱，所以被称为无纸贸易，是一次全球性的商贸革命。世界各国，特别是发达国家和发展较快的国家和地区，都广泛地采用了EDI技术。如美国100强大企业中，已有97%使用了EDI技术；英国海关结关手续有90%使用了EDI技术。

“金关”的核心有两部分：一是海关内部的通关系统；二是外部口岸电子执法系统。在海关内部的联通基础上，由海关总署等12个部委牵头建立了电子口岸中心。电子口岸中心又称口岸电子执法系统，利用现代信息技术，借助国家电信公网，将外经贸、海关、工商、税务、外汇、运输等部门分别掌握的进出口业务信息流、资金流、货物流的电子底账数据，集中存放在一个公共数据中心，各行政管理机关可以进行跨部门、跨行业的联网数据核查，企业可以上网办理出口退税、报关、进出口结售汇核销、转关运输等多种进出口手续。

（二）招商银行银关通

网上支付税费项目是“金关”工程的重要组成部分。招商银行银关通——电子口岸网上税费支付业务是招商银行为进出口纳税企业提供的、通过中国电子口岸平台完成企业进出口通关应缴税费的网上报缴、网上支付业务。业务类型可分为一般网上支付业务和网上支付银行担保业务两种类型。

1. 一般网上支付业务

一般网上支付业务是指海关系统、电子口岸数据中心与招商银行业务系统相连接，企业用户通过登录电子口岸平台，快速完成货物报关后应缴税费的网上查询和缴纳，提高企业进出口货物的通关效率。

企业使用一般网上支付业务，可通过登录电子口岸平台进行进出口税费查询、税费支付的指令发送等操作，电子口岸数据中心、招商银行在接收到相应税费支付指令后，银行系统自动完成税款实时扣缴和划转，企业在银行扣缴成功后即可现场办理通关手续，有效缩短货物通关时间，其业务流程如图 7—14 所示。

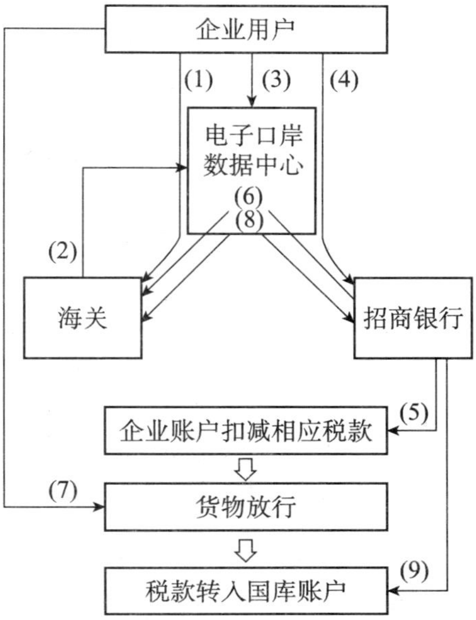

图 7—14　银关通网上支付业务流程

（1）企业通过电子口岸系统向海关进行申报。

（2）海关审结报关单并发送“税费通知”。

（3）企业登录“中国电子口岸”系统查询“税费通知”。

（4）企业通过电子口岸发送“税费支付”指令至招商银行。

（5）招商银行系统自动完成预扣款（企业账户减少相应资金）。

（6）招商银行通过电子口岸系统向海关反馈预扣款成功回执。

（7）企业到现场海关办理验放手续。

（8）海关货物放行后，通过电子口岸系统向招商银行发送“确认扣款”通知。

（9）招商银行核对税费单据后，将款项划转国库账户。

2. 网上支付银行担保业务

网上支付银行担保业务是指根据海关总署进出口税费担保的有关规定，由招商银行对优质进出口纳税企业一定时期内通过网上缴纳进出口税费提供总额担保。在该循环担保额度内，企业可以在海关审结报关单后先行办理货物通关，并在海关规定的纳税期限内后缴纳相关税费，招商银行对企业应缴税费承担担保责任。

网上支付银行担保业务是将银行的信用中介支持与海关关税担保措施有效结合，充分利用招商银行专业的风险评价能力和完善的风险控制手段，为海关税收征管和企业快捷通关提供服务。

企业使用网上支付银行担保业务，可以选择在海关规定缴款期限内主动发送“担保实缴”指令实时完成税款划转，恢复担保额度；也可以待“缴款期限”到期后由银行系统自动完成税款划转，恢复担保额度。其业务流程如图7—15所示。

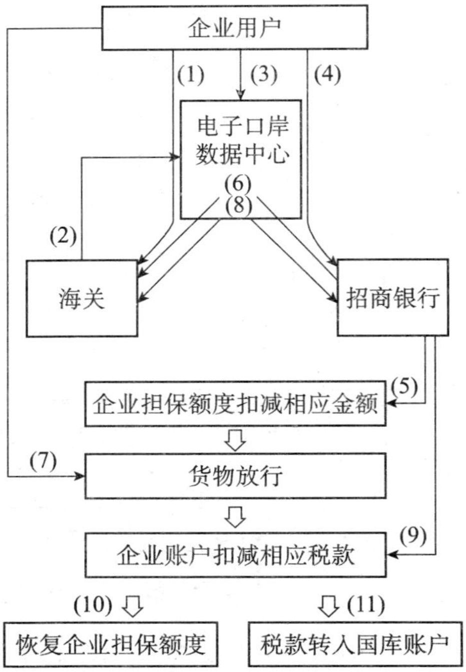

图 7—15　银关通网上支付银行担保业务流程（缴款期限内担保实缴）

（1）企业通过电子口岸系统向海关进行申报。

（2）海关审结报关单并发送“税费通知”。

（3）企业登录“中国电子口岸”系统查询“税费通知”。

（4）企业通过电子口岸发送“税费支付”指令至招商银行。

（5）招商银行在海关税费支付担保额度下为该笔税费进行担保（在担保额度内扣减相应金额）。

（6）招商银行系统将“担保成功”信息反馈海关。

（7）企业到现场海关办理验放手续。

（8）海关放行后，打印税单并向招商银行发送实扣指令和缴款期限。

（9）纳税期限到期前，企业主动通过电子口岸系统向招商银行发送“担保实缴”的指令，招商银行即时扣减企业账户相应税款。

（10）招商银行系统恢复相应金额的海关税费支付担保额度。

（11）招商银行将核对后的款项划转国库账户。

2011 年年底，招商银行召开银关通全国海关税费支付业务推介会，并宣布银关通交易额已突破 7 000 亿元。此外，招商银行在海关总署、上海海关和东方电子支付公司的大力配合下，还将正式上线新一代银关通全国海关税费电子支付系统。新一代系统全面整合了原上海 EDI 电子支付系统与中国电子口岸网上支付系统的优势，不仅能支付全国各地海关关区的进出口税，更新增了保证金、滞纳金等税费支付种类支持以及多项服务功能，并且客户通关时可直接在海关现场迅速取得税单，提升了客户在办理税费抵扣业务上的资金使用效率。

三、“金税”工程

“金税”工程是一项非常复杂的系统工程，总体上要求在全国范围内建立有效运行的统一征管网络，研发出具有自主知识产权的高效率的信息管理系统。设计方案概括说来就是“1 个网络，4 个系统”。“1 个网络”就是建设遍布全国，从国家到省、地、县四级统一的税务专用计算机主干网；“4 个系统”就是建立覆盖全国增值税一般纳税人的增值税防伪税控开票系统、认证系统、交叉稽核系统和协查系统。最终通过计算机网络和相关系统实现税务机关对纳税人增值税专用发票和经营状况的严密监控，及时有效地打击涉税犯罪行为。

增值税是我国现行税制下第一大税种，如何有效解决增值税管理的各种问题是一个世界性难题。1994 年新税制出台后，由于征管手段落后，不法分子利用伪造、虚开专用发票等手段偷、逃、骗国家税款，造成国家税收大量流失。为此实施了以加强增值税管理为主要目标的“金税”工程。时至今日，“金税”工程已经成为保障增值税征收的主要手段，是目前实施最为成功的电子政务工程之一。

在“金税”工程实施之前，犯罪分子利用手写专用发票偷逃骗税的案件层出不穷，国家税款流失严重，国家相关部门曾采用了特殊油墨、水印、荧光等多种物理防伪方法，都未达到预期效果。为切实保障发票的真实性，在增值税防伪税控系统中率先采用数字密码技术和“黑匣子”技术实现发票防伪；集成数字密码技术和高速光电扫描识别技术实现发票识伪，同时采用多道防线实现严密税控。在开具发票时，系统自动将发票信息存入税控“黑匣子”中；在每个月的报税期必须通过 IC 卡向税务机关进行申报，否则将锁死金税卡，使之不能继续开具发票；通过 IC 卡和“黑匣子”对增值税专用发票的领、用、存进行管理和控制，“黑匣子”中的数据只能读取，不能更改；通过系统授权，控制企业的最大开票限额和每月开票数量。此外，在增值税防伪税控系统中还建立了严格的密码管理机制，按照最小权力分配原则，实现对密码产品的严格控制和管理，在税务端，国家、省、地、县四级逐级授权，分级管理；在企业端，实现一卡一密钥、一票一密文。整个增值税防伪税控系统集数字密码技术、高速光电扫描识别技术、微控制器技术、大容量半导体存储储技术及智能 IC 卡技术为一体，以增值税专用发票为核心，从发售发票时的源头控制、发票填开时的防伪与计税，到发票抵扣时的识伪以及增值税专用发票的抄报税等各个环节提供了强有力的监控手段，达到对增值税专用发票防伪、识伪和税控的多重功效。

“金税”工程是在中国特色的增值税管理模式下建立的，是我国完全拥有自主知识产权的一套复杂、高效的信息管理系统，具有起点高、技术先进、应用面广等特点，经过 10 年多的应用、改进和推广，已经建立服务全国 159 万户增值税一般纳税人和 4 000 多个税务机关的税收征管网络，保证了我国税制改革的成功，保证了增值税收入的稳定增长，对公平税负、整顿和规范市场经济秩序起到了重大作用，为我国税收连续几年稳定增长作出了重大贡献。对打击犯罪分子利用专用发票偷骗国家税款行为发挥了重要作用，使得利用发票进行犯罪的案件大大下降，一方面减少了公安机关管理成本，另一方面从扼制犯罪角度看，它又不失为一项慈善工程。在国际上，已经有些国家对我国“金税”工程二期表现出浓厚的兴趣，取得的成效也开始得到国际相关组织认可。

“金税”工程获取了全国所有一般纳税人开具的每一张增值税专用发票的第一手数据，为国家宏观经济分析和决策提供了海量真实数据，在此基础上深入、有效地利用涉税数据，对各种数据进行挖掘、分析，发现经济发展背后的客观规律，为国家经济发展提供有价值的资料。此外，“金税”工程在全国范围内的全面实施，推动了税务系统及企业信息化快速发展的进程；为税务行业锻炼了一支技术过硬的信息化队伍，也规范了企业财务会计核算，提高了企业财务会计人员的计算机操作水平，提高了全员的科技素质，带动了社会信息化应用水平的提高。同时带动了其他税收业务及管理的信息化发展，在“金税”工程网络及软硬件平台基础上，自主开发或合作开发了许多满足行业需要的信息化应用系统，将税务系统的各个业务环节和管理内容都采用信息化手段实现，达到了科技兴税的发展目标，为国家电子政务建设提供了宝贵经验。

第 5 节　电话银行与手机银行

随着电子技术的飞速发展，对银行的交易方式提出了新的要求和挑战，电话银行正是基于电话、计算机等通信工具建立的一种交互式服务增值系统，而手机银行则是因移动通信技术迅猛发展而出现的一种新的电子银行服务渠道，集中体现了移动通信随时随地的独特性。它们都是高科技与银行业务结合的产物，具有服务优质、高效、便捷、成本低的优势。

一、电话银行

（一）电话银行的定义

电话银行是指银行利用计算机电话集成（CTI）技术，借助公共电话网络，通过电话自动语音应答和人工服务等方式为客户提供账户信息查询、转账汇款、缴费支付、投资理财、业务咨询等金融服务的电子银行系统。

（二）体系结构与技术基础

通常，电话银行系统主要由三部分构成：处理银行业务的计算机主机处理系统、前置机和城市公共电话网与客户电话，如图 7—16 所示。电话银行系统中的银行业务处理系统与通常的电子银行业务处理系统相比并没有太大的变化，只是增加了一台语音机，来完成数字和语音的转换。因此，电话银行中最关键的设备是前置机。

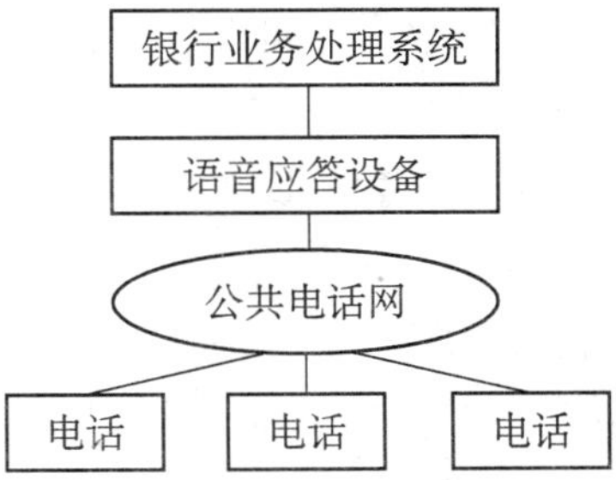

图 7—16　电话银行系统结构

电话银行系统中的前置机由计算机、以太网卡、语音卡和传真卡组成，主要完成电话用户的电话接入、主叫识别、按键设别、语音播放、传真处理等功能。目前，通常采用交互式语音应答（interactive voice response，IVR）设备作为前置机。IVR 作为银行主机和客户用电话机之间的一道桥梁，一端接银行主机，另一端接电话线，客户利用按键/音频电话接通银行主机，就可以进行数据查询和财务处理。

电话银行性能好坏的关键在于语音，而语音质量的好坏依赖于 IVR，作为电话与计算机通信连接的中介，它一方面扮演“电话接线生”，接受客户通过电话键入的各种请求，另一方面把客户程序的执行结果以人类语言的方式会送给客户。客户用电话接通电话银行系统后，IVR 用语音引导客户，或依据客户按键输入的指令输入主机，进行指定的作业。另外，电话终端上要求的各种银行服务直接由银行主机系统完成，无须银行柜员操作，提高了效率，安全性也有了保障。

（三）功能（主要业务）

根据提供服务的方式，电话银行业务一般可以分为两种：一是自动语音服务，即客户根据语音提示自行完成操作；二是人工坐席服务，即客户根据语音提示，选择转人工服务，然后由业务代表根据客户要求完成相应的操作。

电话银行为客户主要提供了两大类服务功能：一是交易处理功能；二是交易处理功能以外的功能。

1. 交易处理功能

电话银行为注册客户，特别是个人注册客户提供了较为完善的交易处理功能，通过电话银行，客户几乎可以办理除现金交易外的各类金融服务。对于单位注册客户来说，主要为账户查询功能以及支票功能等；而对于个人注册客户来说，除账户查询，还提供账务处理、代理交费、银证通等业务功能。

2. 交易处理功能以外的功能

在交易处理功能以外，电话银行的功能还表现在客户服务和产品营销上，这方面的功能也是电话银行中心的重要功能，具体来说，主要包括金融产品咨询、处理客户投诉、提供应急服务、推介金融产品等。

与其他形式的电子银行相比，电话银行具有安全、操作简单、使用方便、服务形式多、实时操作、覆盖面广等特点。但是，由于电话银行系统通过公共电话网络与用户进行连接，在管理上存在着很多风险，因此，不仅要求商业银行自身应加强防范，对于普通客户来说，也应当提高电话银行安全意识，以避免不必要的损失。

二、手机银行

（一）手机银行的定义

手机银行，也称移动银行，是利用移动网络和移动技术实现银行与客户之间安全、方便、友好的连接，通过移动网络为客户提供各种金融服务的一类电子银行业务产品。

相比网上银行和电话银行，手机银行更能体现电子银行3A式服务的根本特征，因此，有人把手机银行形象地叫做“贴身金融管家”，其主要表现在以下三个方面：一是操作的便捷性。客户可凭随身携带的手机根据需要即时办理银行业务，而无须强调上网条件。二是良好的私密性。手机银行的使用者一般为手机机主，客户只要保护好自己的手机，即可安全地进行各项交易，信息更为保密。三是良好的安全技术保证。由于手机终端和手机卡是最具有私人特征的电子器具，本身具有身份认证的功能，能有效提高银行业务的安全性，降低交易风险，对业务发展能起到重要的推动作用。

(二) 类型

根据实现技术的不同，手机银行可以分为STK，SMS，K-JAVA，WAP几种主要的类型。

1. STK手机银行

作为首先应用于手机银行的技术，这种方式是将银行服务的菜单写入特制的STK卡，从而便于客户的菜单式操作，同时，STK卡本身有比较完善的身份认证机制，能有效保障交易安全。这种方式的一个重要前提就是用户必须将手机原有的SIM卡换成SIK卡，存在换卡成本。其缺陷有几个方面：第一，STK卡的容量有限，通常只能在卡里写入一家银行的应用程序，而且不能更改。最近出现的OTA空中下载技术可以更新STK卡里的内容，对服务进行升级，但仍然比较麻烦。第二，短信的存储转发机制会使交易在网络运营商的服务器那里留下痕迹。第三，业务和商业模式存在致命缺陷，尽管有人提出可以将换卡手续改在银行柜台办理，但这需要银行与网络运营商更深层次的合作。实际上，中国银行、中国建设银行、招商银行等都曾提供过SIK手机银行，但在随后的发展中，多数都被其他类型的手机银行替代。

2. SMS手机银行

SMS手机银行，也称短信手机银行，是指客户通过手机编辑发送特定格式的短信到银行的特服号码，银行按照客户的指令为客户办理各种业务的服务形式，而操作的结果也以短信的形式告知客户。这种类型的手机银行的优势是客户容易接入；缺点是复杂业务输入不便、交互性差。

3. K-JAVA手机银行

K-JAVA手机银行是通过手机上网方式，用户登录移动网上服务界面，根据菜单提示，自主进行相关业务操作。该类型的手机银行不管是对硬件还是对软件都有特殊要求：一方面对手机型号有一定要求，必须支持JAVA的扩展应用；另一方面用户需要在GSM和CDMA手机上下载客户端软件，而且客户端软件是针对特定的手机终端开发的，因而在很大程度上限制了客户群的范围。

4. WAP手机银行

WAP手机银行是指通过移动电话，基于WAP，利用移动通信网络，为客户提供网上银行产品与服务的一种服务方式。WAP 手机银行出现于 2005 年，其实现形式是通过手机内嵌的 WAP 浏览器可以访问银行网站，无须下载客户端，便可获得在线的金融服务，实现实时交互。有人曾经提出，WAP 手机银行与 K-JAVA 手机银行的区别其实就类似于大众版网上银行和客户端软件版网上银行的区别。WAP 方式的手机银行较为方便、实用，成为国际发展趋势。在我国，几乎所有银行都在着力提供 WAP 手机银行服务，竞相抢占市场。

（三）功能（主要业务）

尽管不同类型手机银行的用户界面和操作方式不尽相同，但其提供的服务功能基本一致，主要包括以下几个大类：账户查询、转账汇款、缴费支付、投资理财等。

从目前手机银行所提供功能来看，与网上银行和电话银行相比，其功能相对比较简单，而且也以小额支付为主，这主要受目前有关技术环境和条件的影响。一是由于整个手机银行的交易过程涉及手机终端厂商、移动运营商、银行和客户，整个生产链比较长，任何一个环节对数据和技术的不兼容都会影响客户的正常使用。二是网络环境的制约。手机银行应用的基础是无线网络，而无线网络相对有线网络的带宽比较窄，容易产生信息阻塞，且稳定性也相对较差。这些都对手机银行的应用推广形成了一定的制约。

以中国工商银行的手机银行（WAP）业务为例，其主要功能包括账户管理、转账汇款、缴费业务、手机股市、基金业务、国债业务、外汇业务、贵金属、银期转账、信用卡、客户服务、个人结售汇业务、工银信使、个人贷款业务、理财服务等，图 7—17 是 3G 版的界面。

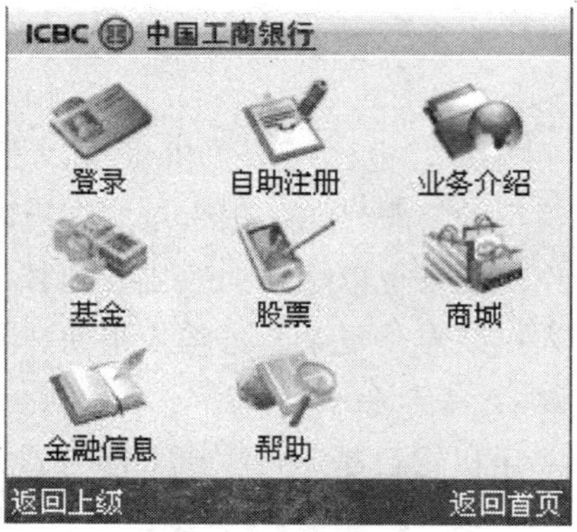

图 7—17 工商银行手机银行（WAP）3G 版

（四）电话银行与手机银行的区别

手机银行和电话银行是不同的，电话银行是基于银行语音服务的，按照语音提示操作。有些银行的电话银行只提供简单的转账交易、查询等功能；有些银行提供的服务就很多，转账、理财，甚至网上购物。电话银行功能也是要到柜台开通才可以使用，如果没有办理此项业务，只可以简单地查询，不可以做诸如转账、缴费等任何交易。

手机银行如同移动版网银，通过 WAP 上网进入自己的账户进行转账、缴费、基金、黄金和外汇交易，全部采用可视操作，比电话银行更直观，可以清楚地看到自己的资金状况，进行转账或者是交易都和网银一样，操作简单。开通手机银行，客户只需提供本人的身份证、银行卡和手机号码即可，办理有三种方式：第一，柜台办理；第二，网上注册；第三，手机上网到想要办理银行的网站注册。只有柜台办理开通手机银行的客户，才可以在手机银行中做对外支付，比如转账和缴费等业务。支持手机银行的手机类型有中国移动客户、中国联通客户和中国电信的 CDMA 用户。中国移动与手机银行直接绑定，客户使用起来更方便。

第 6 节　电子银行业务创新研究

电子银行作为商业银行业务发展的新型金融企业组织形式和服务渠道，已成为银行业务经营的重要组成部分，并成为展示银行经营形象和竞争实力的重要窗口，它的产生与发展给银行业注入了新的活力，代表银行的发展方向。随着国际经济一体化和银行金融业国际化而带来的激烈的国际竞争，中国银行业正经历着最为重要的开放阶段。为了在日益激烈的竞争环境中求生存、求发展，国内银行必须构建基于效率的核心竞争能力。要想在新世纪立于不败之地，加快电子银行的进程是我国银行的战略性选择。

一、我国电子银行发展的现状和存在的问题

（一）管理工作存在薄弱环节

从经营运作层面上看，电子银行是一项综合系统工程，其业务与科技、银行卡、会计、个人业务、机构业务、公司业务及其他行业的业务有着千丝万缕的联系，许多商业银行缺乏一个专门的部门对其进行统一的规划和指导，造成了电子银行在业务拓展和管理控制上各自为政、管理职能分散的局面，使得前台操作与后台控制、产品营销与技术支持、业务经理与客户经理之间难以协调，部门之间的协同合作无法形成。同时，电子银行产品在立项、上线、运营和风险防范等方面缺乏一套规范的操作流程和完整、系统的制度及方法，阻碍了电子银行的发展。

（二）电子银行产品功能单一

虽然国内电子银行业务高速发展，但电子银行产品功能同质化的倾向仍然非常严重。尽管各家商业银行都奉行“以客户为中心”的经营策略，但电子银行发展过程中“以产品为导向”的痕迹依然明显。此外，与客户的互动性不足导致客户的细分需求无法满足，未能与银行其他业务渠道进行有效融合，开发出有针对性的产品。

在电子银行产品的种类上，许多银行存在特色产品、拳头产品、名牌产品严重匮乏的现象，已有的电子银行产品存在注册手续复杂、等候时间长、操作步骤烦琐、一些银行专业术语难懂等问题。例如，电话银行语音报读菜单的时间冗长，造成客户不必要的话费浪费，导致了客户的流失。由于大量的银行低端客户中能熟练使用电脑的人数相对较少，网上银行的普及与推广十分有限。同时，网上银行频繁改版、升级也使客户产生陌生感，影响了客户的使用热情。

（三）营销机制不健全

目前一些商业银行对电子银行的营销缺乏主动性和持久性，对电子银行产品的宣传方式不够丰富，宣传投入不够有利。在营业网点，电子银行宣传品缺乏，柜员对电子银行产品缺乏足够了解，不能主动地为客户推介既能方便客户又能减轻自身工作压力的电子银行业务。同时，大部分商业银行没有组建一支专门的营销队伍，针对不同的客户推介适销对路的电子银行产品，因而电子银行市场认知度较低，客户对电子银行产品热情不高。

（四）售后服务不到位

一是有的电子银行产品在使用后，部分功能的缺陷没有及时得到改进。如企业银行中，查询业务可以说是最基本的一项操作，查询功能中的余额查询、历史明细查询、网银交易流水查询比较容易实现，客户的使用频率也比较高。由于通信或网络故障原因，可能造成交易结果的不确定性，因此还需要增加一种不确定交易查询，操作员可通过此查询来确定该笔交易的确切状态，避免因此产生的错误或损失。此项功能的缺失会挫伤客户的使用热情。二是缺乏有效的反馈和售后服务体系。相当一部分客户在电子银行开户后，使用过程中对存在的问题寻求帮助时没有及时得到服务人员的援助，导致中途放弃使用，造成银行系统资源的浪费。

（五）电子银行的安全性问题

电子银行中，客户的资金全部存放在网络上。互联网由于具有虚拟和开放的特点，客户自然对安全问题比较敏感，客户希望能确信其私人信息和资金在网络上传输是安全的，但银行并没有让客户方便地获取电子银行安全的有关知识，没有采取适当措施使客户了解他在网络上所传送信息的安全性，以及电子银行所采取的物理、技术措施的可靠性和先进性。由于信息的不对称使得客户对电子银行的安全性产生了疑虑，加之网上黑客猖獗，假冒网站防不胜防，使得网上交易的安全性难以预料，因此客户宁愿接受面对面的临柜服务，而不愿意选择方便快捷的电子银行做业务，这将不利于电子银行的发展。

二、发展我国电子银行的创新思路

（一）提升经营层次，实现管理模式创新

针对电子银行管理分散、效率不高等问题，当务之急是在经营运作层面对现有电子银行管理部门进行改造，构建专业化经营的管理体系。可以参考以下三种模式：第一种是设置独立的电子银行部，全面负责电子银行产品的营销、调研、售后管理以及电子银行服务渠道的技术支持。第二种是在银行卡部门内部再组建一个电子银行部，实行“一家两制”职能，在履行原有银行卡业务管理的同时，行使电子银行业务的全部经营和管理职能。第三种是转变部门工作职能，比如将商业银行的科技部门更名为电子银行部门，具体负责电子银行业务的集中管理，兼顾传统业务的技术支持；与此同时，在银行内部制定并完善电子银行管理制度和办法，规范业务操作流程，进一步明确各协作部门在电子银行运营中的工作内容，并结合审计、财会等部门进行自律监管，将电子银行的业务收益作为附加指标纳入全行业务经营考评中。

（二）整合银行业务，实现业务品种创新

业务创新的过程就是业务流程的整合过程，将信贷业务、企业集团服务、电子钱包、电子证书等功能整合到现有电子银行中，构建全行统一的在线服务系统，大力发展中间业务，开发和推广电子银行地方特色平台，把电子银行做大、做强。以市场需求为导向，删繁就简，着力打造品牌产品，形成核心竞争力。各商业银行可在已有的业务品种基础之上，不断推出新的电子银行产品，并把它们树立成品牌产品。比如民生银行的民生财富 e 管家、招商银行的一网通、华夏银行的汇通华夏等品牌，这些品牌大多单方面地强调网银的功能，对电子支付、手机支付、网站门户等电子银行的各个渠道并未真正整合。而光大银行以易用性为主打的 E 路阳光电子银行品牌，则是一种将品牌之下各个渠道的统一管理和协调发展的创新产品。

（三）细分客户群体，实现营销机制创新

目前，各行电子银行高、中、低端客户均存在，其中低端客户的占比较为突出。面对这样的市场和客户群体，商业银行应首先以特定的分类标准（如企业规模、分布区域、营运能力、年龄结构、受教育程度、家庭经济状况直至网

络搜索习惯等形成单一分类指标或交叉分类指标体系），对企业客户和个人客户进行高、中、低端市场细分，建立客户档案，确定电子银行目标客户群体。如利用产品技术优势，以行业龙头和资金龙头为主攻方向，把资产比重大、信誉度好、有发展前景的大型企业集团和财团这些高端客户优先发展为电子银行客户，形成核心群体，以点带面，推动电子银行全面发展。

同时，应不断丰富营销方式和手段，逐步建立上门营销、媒体营销、交互式营销、广告营销等多元化营销格局。还可以采取打包推介和捆绑销售方式，建立畅通的营销渠道，实现电子银行产品销售渠道的多功能发展，促进营业网点转型。金融超市、营业网点应设立电子银行自助服务区，配置互联网上网设备，让客户利用银行提供的电子银行平台直接办理业务，并配备专职人员进行操作指导。同时可采取电子银行收费降价和柜台业务收费涨价的调控措施，逐步实现将大量低效及占用柜台资源多的业务向电子银行渠道分流。

目前我国欠发达地区电子银行发展几乎是空白，但实际上恰恰是这些欠发达地区可以利用网上银行、手机银行、电话银行等方式来弥补各商业银行在这些地区的物理网点的不足。因此，银行应加强在欠发达地区的电子资源的投放，以扩大电子银行的覆盖区域范围。

（四）健全服务体系，实现售后服务创新

通过对银行业务的重组和再造，推行多样化的业务流程安排和多种经营形式，提高银行业务集成处理能力，为客户提供一站式、全方位便捷服务，做到售前有推介、售中有辅导、售后有回访，及时反馈客户信息。在提供规范化服务（咨询、上门换卡、紧急援助、发放对账单等服务项目）的同时，开展差异化服务。针对高端客户，可配备专职客户经理，实现一对一、双向交互式 VIP 服务，向客户公布手机号码，随时解答和解决客户的问题，并组织客户答谢会、高端客户体验等活动，以锁定高端客户。还可以提供以下售后服务，来树立客户使用电子银行的信心、保持使用电子银行的热情：一是提供客户积分、换卡抽奖、刷卡返券等增值服务，开展免费订房、订票及网上支付等社会化服务。二是以对账单为介质，提供最新业务信息、信用级别提示、天气预报、生活指南等附加服务。三是建立电子银行售后服务登记簿，提供定期回访服务。

（五）实现电子银行安全技术创新

随着电子银行用户规模的迅速增加，银行客户在互联网的开放领域的风险暴露程度也有所加深，各商业银行应进一步增强电子银行安全防护手段的开发和应用。实际上，国内电子银行综合化、多样化的安全技术保护手段正在得到进一步推广。除密码和预留身份信息、账户余额变动提醒、指纹识别、IC 卡等传统安全保障方式，移动电子证书、手机动态密码、动态密码器、动态口令卡、口令卡绑定等创新技术和服务得到了较好的普及，国家金融权威认证中心系统为网上支付提供了法律保障。

第 7 节　电子银行业务研究新进展

一、从电子银行业务走向电子金融服务

20 世纪末，我国各家商业银行紧跟国际金融服务创新步伐，陆续推出了电子银行业务。经过 10 多年的高速发展，我国网上银行、电话银行、自助银行和手机银行等金融服务已经得到了大众的认同和接受，客户数量和交易规模每年均成倍增长。银行的各项业务与电子银行的全面融合，降低了银行经营成本，分流了柜面业务压力，提高了客户服务水准，促进了银行经营方式的转型，提升了银行的综合竞争力。

随着电子银行业务功能和业务范围的不断拓展，电子渠道替代传统渠道的比例将逐年提高，并最终接近完全替代的极限。电子银行业务未来的发展方向逐渐成为学术界和实务界研究的课题。

（一）电子金融服务的概念

电子金融服务是指利用银行的网站平台、电子银行渠道、网络和系统资源、信息技术应用优势、外部合作资源等，为本行客户提供行业咨询、网上推介、优惠网络广告、网络危机公关、网上商城、坐席托管服务等一系列网络金融服务。

与以网络为媒介、以离柜和客户自助服务为特征的传统电子银行业务相比，电子金融服务是以互联网的思维方式、以银行的门户网站为依托，借助银行的品牌和信誉优势、网络和信息技术应用优势以及各类资源，为客户提供全方位的网络金融服务。电子金融服务概念的确立，拓宽了现有电子银行业务的发展思路，改变了电子银行的服务和盈利模式，势必会给目前电子银行的增长方式和发展模式带来一个全新的业态。

（二）电子金融服务概念产生的背景

电子银行业务是电子商务时代商业银行核心竞争力的重要体现，也是各家现代商业银行新的战略突破点。在传统电子银行业务相对成熟的情况下，各大型商业银行都致力于金融产品的创新、服务渠道的发掘、客户关系的维护。要想在竞争中立于不败就要先行变革，银行必须通过整合全行资源、创新服务模式、优化组织结构满足客户需求，电子金融服务的概念应运而生。

1. 传统电子银行业态成熟

从世界电子银行发展史看，1995 年 10 月，全球第一家真正意义的网上银

行——安全第一网络银行在美国诞生。1996 年，招商银行国内首推网上银行一网通；1997 年年底，中国银行与两家互联网服务提供商进行网上交易合作，1998 年 3 月实现了客户在线购买功能；1999 年，中国建设银行成立电子银行部，同年 7 月推出网上银行服务，并首推网上支付功能，2000 年年初又首次推出网上银行与呼叫中心的整合，实现全方位金融电子化服务。2000 年前后，中国工商银行、招商银行、中国建设银行在网上银行中推出基于 B2B 模式的企业集团服务。目前，我国大部分商业银行都已经建立了完备的电子银行业务体系，电子渠道日趋成熟。在先进的股份制银行中，除了少量现金业务在柜面完成，电子渠道已经成为交易主渠道（见表 7—1）。2009 年，中国银行业全行业电子银行交易达 243.28 亿笔，交易额达 402.69 亿元，业务收入（包括年费、手续费等）达 137.07 亿元，平均电子渠道柜面分流率为 28.14%。

表 7—1　　部分商业银行 2009 年电子渠道柜面分流率

大型国有商业银行	分流率	股份制商业银行	分流率
中国工商银行	50.1%	招商银行（零售业务）	84.1%
中国建设银行	42.8%	招商银行（公司业务）	44.3%
中国银行	42%	兴业银行	48.49%
交通银行	49.7%		

资料来源：摘自各银行 2009 年年报。

由表 7—1 可以看出，大型国有商业银行电子渠道的柜面分流率已经达到 40%以上，股份制银行的分流率更高。当传统的电子银行业态完全成熟，银行通过电子渠道实现了几乎所有业务的“复制”时，下一步该如何前进呢？如果不从服务模式上进行创新，电子银行业务的发展之路将越走越窄。

2. 中小企业对于电子金融服务的需求已经存在

随着电子银行业务的普及，许多银行都根据“二八定律”，注重发展大客户、优质客户和高端客户，而对占比最高的中小企业服务则存在严重的服务和支持不足。但是，这些中小企业同样需要通过网络进行营销，需要建设和优化自身的网站，需要行业资讯等金融服务。但是，部分大型银行无暇考虑为中小企业提供高质量的服务，反而中小银行能够利用本身的资源和技术优势，批量集中中小企业，通过网络广告代理商进行优惠的网络广告投放，为客户提供企业财富管理和行业资讯等个性化电子金融服务。从银行整体经营讲，很多中小企业是银行的优质信贷客户，银行对于其财务经营状况最为了解，帮助它们提升企业形象、降低经营成本、提高生产收益，也同时确保了银行信贷资金的安全回笼，促成了双方的共赢局面。

3. 商业银行具备开展电子金融服务的资源优势

客户需要一个完全值得信赖的平台来提供专业、完整、优惠的电子金融服务。银行在这方面具有其他行业或企业无法超越的资源优势。

4. 电子金融服务是促进电子银行、科技部门转型的捷径

在各家银行的体系中，电子银行部、科技部大多被看做渠道部门、技术支

持部门，经常被定义为提供非主流银行业务，甚至被认为是投入巨大、收效甚微的部门。开展电子金融服务，电子银行将成为连接科技部门、各业务部门和客户之间的纽带，为客户提供网络宣传、财务管理、客服外包等增值服务，为银行带来中间业务收入，实现电子银行和科技部门的转型。

综上，创新推出面向客户的电子金融服务，既基于客户对银行服务的客观需求，也是银行业务创新和发展的需要。同时，银行也具备提供该项服务的能力和基础，电子金融服务的条件和基础均已成熟。

（三）全方位推进电子金融服务

开展电子金融服务需要银行从门户网站运营、电子银行渠道整合、内部资源挖潜、外部资源利用等多方面协同推进，是一项涉及面广、协调性强的新兴业务。

1. 银行官方网站门户化

当前，一般银行的官方网站内容集中于行内信息及相关银行产品的介绍，与客户日常生活联系较少，无法吸引客户使用网站，点击率低且客户体验较差。开展电子金融服务，银行要使其网站以客户需求为中心，提供房产、汽车、财经、旅游、家居、健康等与普通百姓生活相关的丰富信息，提高银行网站的商业价值，将银行官方网站转型为金融服务的门户网站。客户可以一站式从银行网站获得与其经营生产和日常生活相关的所有信息。

2. 网上开辟专区推介优质企业

银行可在门户网站上开辟专区，将企业按不同行业分类，定期提供相关行业报告、政策法规、最新动态、发展趋势等，帮助企业进行市场推广活动。企业通过银行的网络宣传平台，可以最大限度地提升自身形象和知名度、信誉度。同时，银行也可从此项服务中获得一定的中间业务收入。

3. 帮助客户进行网络广告推广

大部分中小企业客户对互联网的运作模式并非十分了解，但存在通过网站发布企业产品信息和最新动态的需求。一般来说，单一小企业的网络广告投入成本巨大，但收益甚微。而银行有长期合作的网络广告代理商，可以将众多中小企业客户集中，与网络广告服务商洽谈合作，以优惠价格精准投放，提高点击率和收益回报率。

4. 为客户提供网络危机公关

随着互联网的普及和网民数量的不断增加，网络负面新闻的杀伤力越来越大。中小企业遭遇网络负面新闻时，大多没有能力和手段及时消除、应对。银行可利用网络广告服务商的资源，帮助客户制定危机公关计划、策略并付诸实施。另一方面，中小企业很有可能是银行的信贷客户，其声誉受损，不但影响企业利益，而且对银行的资金安全也构成隐患。

5. 为客户提供客服外包服务

当前，很多中小企业在日常经营中需要为客户提供售后服务和技术支持，有建立客户服务中心的需求。但客服中心投建成本高昂，设备、人员投入巨大。从理论上讲，银行客服中心可以同时接入多个服务号码，以利用已经成型的软硬件设施和管理经验为企业客户提供客服外包服务，或在系统中分配一块资源为客户所用。同时，帮助企业培训客服人员的电话接听技巧，让企业客户享受与银行客服一样的接入、排班、知识库、工单、电话营销、产品咨询、售后服务、客户关怀等一系列专业服务。

6. 高标准的企业网站建设

中小企业对于自身网站建设的需求十分迫切，但缺乏互联网和 IT 建设经验，导致网站建设费用高、效果差，大多最终成为“网上摆设”。电子银行与互联网紧密相连，并与很多网站建设服务商都有良好的合作关系，可以批量为客户提供外包网站建设和后期维护工作，建立符合行业惯例的网站标准，也可针对不同行业提供个性化网站建设，有效提高企业的影响力。

7. 为客户提供行业咨询信息

银行的中小企业客户较多，可依据行业划分，使其形成条块清晰的脉络。一方面可以利用银行内部的信息和人员专业优势，为不同行业的中小企业提供行业相关咨询和信息；另一方面，也可以集中购买专业机构的行业研究报告，为本行中小企业客户提供信息咨询服务，降低单一企业购买行业报告的高额费用。

8. 连接城乡，服务“三农”

中小银行特别是地方区域性商业银行，营业网点覆盖城乡，客观上具备开展电子金融服务的条件。银行可在网站中将郊区客户的农家乐旅游、农副产品等予以展示，推荐给本行的城市居民客户，同时开展网上预约、支付定金等电子商务支付，并提供一定的消费折扣，将城区居民的消费引向农村。同时，也可将城市的餐饮、娱乐、购物等特色消费热点商户引入银行的网上商城。

伴随 10 多年电子银行业务的高速发展，银行和客户都从电子银行业务中受益匪浅。在传统电子银行业务发展逐渐饱和的情况下，银行要求新求变，转变发展思路，创新服务模式，建设和推广电子金融服务平台，整合行内外资源，满足客户个性化的金融需求。待服务模式成熟后，可以推广到整个银行业，形成一个银行信息交互的整体平台，在资金清算问题解决的基础上，建立合理的利益分配机制，将所有银行产品向全社会公众开放。

二、二代支付系统将给商业银行带来的变化

2010 年 8 月 30 日，中国人民银行第二代支付系统在北京、天津、广州和深圳四个城市正式上线，之后将扩展到更多城市。这意味着银行之间以及银行和企业客户之间增加了一条新的支付渠道。为了接入该系统，获准接入的首批 27 家银行的信息科技部做了大量工作，确保其稳定和安全运行。

二代支付系统建成后，商业银行将在自主和集约经营的驱动下，充分利用“一点对接，集中清算”的机制，将原来的按省区建设并接入支付系统转变为集中一点接入支付系统，将原来的分散开立清算账户和分散存放清算资金，转变为总行集中开立一个或多个清算账户，集中管理清算资金，以保证流动性和追求资金的盈利性。商业银行在支付系统行号的使用上，也将发生“集约化”的改变，因为在“一点接入”和支付系统可以覆盖几乎所有跨行清算业务后，商业银行内部哪个网点做或不做跨行清算业务、做或不做哪种跨行清算业务，完全是行内资源和功能配置的事，根本不用告知中国人民银行。因此，商业银行将完全可以根据自己的需要申请使用一个或多个支付系统行号，这将使现有的支付系统行号数量大幅减少。商业银行也将因为外部行政约束的减少，更加注重以经济的原则配置行内资源和管理系统。可以预见，未来商业银行将设立更多的以经济区划为主、跨行政区划的分支机构，更加集中地管理其行内资产。

研究拓展

中国建设银行的电子银行产品

中国建设银行是四大国有商业银行之一，是首先推出手机银行产品的银行，其电子银行产品也从原来的网上银行、手机银行、电话银行和短信金融，继而又增加两项新的银行产品，即自助银行和家居银行。中国建设银行的家居银行和重要客户系统的推出是其他银行所没有的，这个特色有很好的发展前景。为确保网上交易的安全，中国建设银行还引进国际先进的安全技术设施，建立了国内最高安全强度的特别安全体系，使客户享受到安全、方便、快捷的金融服务。为了制定适合的营销策略，下面就中国建设银行与同业竞争对手的电子银行产品做简单的比较研究。

一、网上银行服务对比

（一）宣传多元化、和谐化

在整体的网络环境中关于中国建设银行网上银行的操作描述是最多的，中国工商银行次之，中国银行最后。这是一种宣传优势。宣传文章越多，网友接触到它的比例就越大。另外，在中国建设银行的主页上有网上银行的演示，而中国工商银行和中国银行没有。中国建设银行在主页的连接中设有相关的flash介绍网上银行的作用，以及相关的游戏，这些都是用以提高相关产品的市场占有率的。

（二）网站的风格

如表7—2所示，总的来说，中国建设银行网上银行以蓝色为基调，给人以清爽和稳重大气的感觉；在网上银行的整体项目排布上，中国建设银行把网上银行放在网页的左上角，这个位置很符合搜索引擎最佳排名位置，而且电子银行的快速登录方式在醒目的左上方，这对初次登录网上银行的用户来说比较方便；中上部是网站导航的关键字设置，这方便用户直接得到自己想要的服务；中国建设银行总体是自上而下分为三部分，从主页面而言中国建设银行、中国银行和中国农业银行简约，而中国工商银行较华丽，但中国建设银行简约而不简单，而且更方便、内容齐全。

表 7—2　四大国有银行网站风格对比

项目	中国建设银行	中国银行	中国工商银行	中国农业银行
背景颜色	蓝色	白色	红色	绿色
快捷服务	网页的左上角	网页的右上角	网页的左上角	网页的左上角
导航关键字设置	简单	简单	较详细	简单
主页面	简约	简约	较华丽	简约

（三）网银服务

网上银行服务对比如表 7—3 所示。

表 7—3　网上银行服务对比

项目	中国建设银行	中国银行	中国工商银行	中国农业银行
操作简练程度	较烦琐	较简单	简单	较简单
网银功能	服务项目较全	服务功能单一	服务项目全	个性化
使用费用	服务费低，无年费	服务费偏高	服务费低	服务费高

根据以上对网上银行服务的对比分析结果并结合实际使用情况，中国建设银行的电子银行产品在使用费用上具有很明显的优势，而且目前在网上银行服务项目上略占优势。

二、电子银行安全产品对比

中国建设银行有两种电子银行安全产品：动态口令卡和网银盾。网银盾是中国建设银行近期在全国范围内推广的高强度网上银行安全产品，动态口令卡已经基本上不使用了。

（一）动态口令卡

动态口令是一种动态密码技术，每次在网上银行进行资金交易时使用不同的密码，进行交易确认。

（二）网银盾

中国建设银行新款网银盾是一种已经内置银行数字证书的 USBKey，客户在银行柜台签约开通网上银行后即可申领使用，领取网银盾的客户在电脑上安装管理工具后就可以登录中国建设银行网上银行设置交易密码，办理各项网上银行业务。

在价格上，目前所采用的 USBKey 价格为 48 元，与其他各行差距不大，中国建设银行网上银行最大的优势在于使用时不产生任何形式的年费，但这一点是常常被消费者忽略的。相比之下，中国工商银行及其他银行购买动态口令卡的用户以及使用招商银行信用卡直接进行网购的用户对中国建设银行的市场冲击较大，但是在性能上，中国建设银行网银盾可以做到即领即用，客户只需安装网银盾管理工具，不再需要下载数字证书，操作流程更简单、快捷，在最新的操作系统下也可以直接使用，客户应用体验得到了很大的改善。另外在安全方面，中国建设银行电子银行产品的安全性在所有的网上银行服务提供商中可以说是首屈一指的，唯一的缺点是在坚持安全上的不打折导致了操作较烦琐，但是只要通过宣传，让顾客明白这其中的原因所在，还是能够在安全性方面形成很强的竞争优势的。

三、手机银行产品对比

手机银行具有传统网点银行、网上银行和电话银行的优势，可以说手机银行是传统网点银行，网上银行和电话银行的结合体。手机银行不仅可以办理传统网点银行的业务，还具有网上银行的实时在线业务处理功能和电话银行及时、方便、快捷的功能。中国建设银行手机银行与中国银行手机银行、中国工商银行手机银行和中国农业银行手机银行的比较如表 7—4 所示。

表 7—4 手机银行产品对比

项目	中国建设银行手机银行	中国银行手机银行	中国工商银行手机银行	中国农业银行手机银行
对终端的要求	可支持 BREW 和 WAP 两种方式上网，需要卡号绑定	支持 WAP 方式上网，需卡号绑定	2G 以上手机都可以，具有手机银行短信服务及支持 WAP 两种方式	2G 以上手机都可以，无特殊要求
收取费用	费用较低，可免费试用	价格优惠	费用偏高	费用偏高
服务功能	系统、全面	较全面	较弱	较弱
安全	安全	较安全	较安全	较安全

从表 7—4 可以看出目前几大银行的手机银行业务差不多，相比而言，中国建设银行的低价手续费是其他任何银行所不能比拟的，这是中国建设银行的优势，同时试用期结束后依旧能够免费查账的功能也为顾客带来了很大的实惠。而且，就手机银行的成熟程度而言，中国建设银行手机银行是最成熟的，中国建设银行早在 2005 就开通了手机银行业务，也是业内（银行）第一家开通在线手机银行的银行。也正因为手机银行够成熟，所以它所推出的手机银行服务是各个行中最为系统和完善的，具有很强的技术优势。

四、同业市场份额比较

根据艾瑞咨询调查，可以看到中国建设银行与中国银行、中国工商银行、中国农业银行从 2008 年 10 月到 2009 年 9 月电子银行产品的市场份额，如图 7—18 所示。

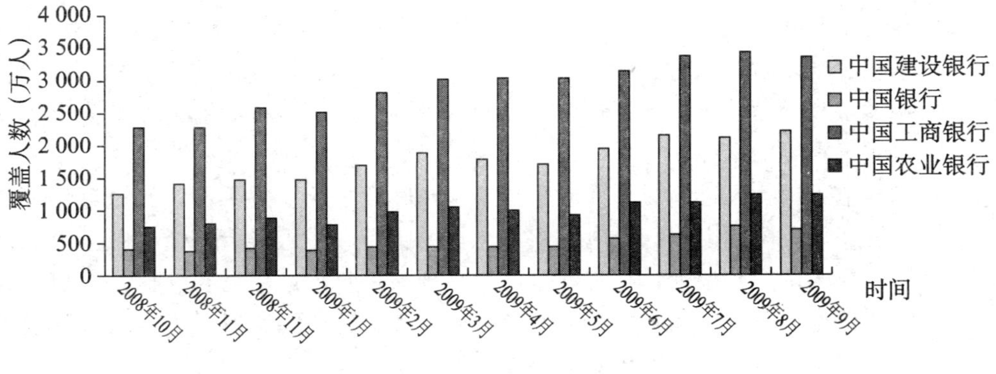

图 7—18 电子银行产品市场份额

资料来源：艾瑞咨询网。

由图 7—18 可得出：中国建设银行网银产品市场份额较高，在行业中具有领先优势，但是与中国工商银行差距明显。

综上，中国建设银行电子银行产品的总体优势在于安全，产品技术领先，并具有价格优势，使用费用低廉，加之现在学生群体的知识水平和生活水平都增加了他们银行电子产品的使用频率和使用密度；不足之处在于产品使用较为烦琐，以及所谓的性价比可能比较低，针对以上的问题可以得出，要让顾客明白中国建设银行的优势，首先要做的是在宣传上多下点工夫，特别是在安全问题上所作出的努力，让顾客对于中国建设银行的服务价值产生认同。因此，要让顾客感受到最大的实惠是中国建设银行在营销活动中的核心内容。

五、思考题

根据以上资料，试根据我国电子银行业的发展情况，分析中国建设银行的电子银行在行业内的优势和劣势，并讨论其在将来可采用的发展策略。

资料来源：唐莲莲、倪玲、韩荣华、黄娟、符骏斌、邢晌骅、庄丽婷：《电子银行产品校园营销策略——以中国建设银行为例》，载《电子商务》，2011（5）。

本章小结

随着信息技术的发展，银行服务电子化已成为现代银行业的重要发展方向，具体体现为电子银行业务的发展。电子银行是指商业银行利用计算机和网络通信技术，通过语音或其他自动化设备以人工辅助或自动形式，向客户提供方便快捷的金融服务。电子银行是金融创新与科技创新相结合的产物，其主要业务涵盖了利用计算机和互联网开展的网上银行业务、电话银行业务、手机银行业务，以及其他利用电子服务设备和网络、由客户通过自助服务方式完成金融交易的业务，比如自助终端、ATM、POS 机等。

在我国银行服务电子化及电子支付系统的发展中，“金”字工程起到了重要的推动作用，其中，“金关”工程的建设推动了海关报关业务的电子化，既节约了时间和成本，又控制了海关支付中的偷税、漏税等不法行为；“金税”工程实施以后，通过计算机网络和相关系统实现了税务机关对纳税人增值税专用发票和经营状况的严密控制，及时有效地打击了涉税犯罪行为，为电子支付提供了重要的保障。

电子银行已逐渐成为商业银行参与国际竞争的重要手段，经过近年来的高速发展，我国网上银行、电话银行、自助银行和手机银行等金融服务已经得到了大众的认同和接受，客户数量和交易规模每年均成倍增长。但是，目前我国电子银行的发展还面临着很多问题，如何解决这些问题以及确定未来的发展方向仍然是学术界和实务界亟待研究的课题。

思考与练习

1. 什么是电子银行？简述电子银行的特征有哪些。

2. 银行联机柜员系统的处理过程由哪些部分组成？
3. 什么是 ATM 系统和 POS 系统？
4. 什么是电视银行和视频银行？
5. 网络银行的业务有哪些？
6. 试举例说明网络银行个人业务和企业客户业务的服务特点。
7. 什么是电话银行和手机银行？二者有什么区别？
8. 简述我国银行电子化的发展趋势。
9. 简述我国电子银行业存在的问题。

参考文献

[1] 帅青红，夏军飞．网上支付与电子银行．大连：东北财经大学出版社，2009

[2] 帅青红等．网上支付与电子银行．北京：机械工业出版社，2010

[3] 帅青红．电子支付结算系统．成都：西南财经大学出版社，2006

[4] 张卓其．电子银行安全技术．北京：电子工业出版社，2003

[5] 刘刚．网上支付与电子银行．武汉：华中师范大学出版社，2002

[6] 张波，孟祥瑞，许忠，邵康．网上支付与电子银行．上海：华东理工大学出版社，2007

[7] 顾浩，胡乃静，董建寅．银行计算机系统．北京：清华大学出版社，2006

[8] 祝凌曦，王艳辉，肖雪梅，张晨琛．电子支付与网络银行．北京：清华大学出版社，2010

[9] 张劲松．网络金融（第 2 版）．北京：机械工业出版社，2010

[10]“金字工程”系列报道——金税工程．电力信息化，2009（5）

[11] 张衢．商业银行电子银行业务．北京：中国金融出版社，2007

[12] 王萍．我国电子银行创新问题研究．金融与经济，2010（11）

[13] 王直华，高丽华，刘克丽，徐洲．奔向信息化：简述“三金工程”的历史意义．北京；电子工业出版社，1995

[14] 篪埙．“电子银行”让农民享受“贴心服务”．中国金融家，2010（11）

[15] 聂庆，陈予．我国电子银行业务发展的六大趋势．中国集体经济，2010（6）

[16] 叶文．自动柜员机（ATM）的革新．华南金融电脑，2010（7）

[17] 宋国勇．发展电视银行．金融理论与实践，2002（10）

[18] 冯娜娜．电视银行概念先行．卓越理财，2010（12）

[19] 杨晓春．三网融合助推“视频银行”．中国金融电脑，2010（9）

[20] 郭亚文. 国外POS机发展动向. 信息与电脑，2008（4）

[21] 韦余红. 无线POS机数据传输安全控制策略研究. 通信技术，2009（2）

[22] 尚阳，翁德立. 从电子银行业务走向电子金融服务. 金融电子化，2010（12）

[23] 段志田. 浅析二代支付系统“一点对接”与支付清算体系的变革. 金融科技时代，2011（9）

第 8 章 Chapter 8 金融信息增值服务

随着金融行业的竞争日益激烈，大部分银行和金融机构开始提供丰富多样的银行服务（如个人存款）、信用服务（如贷款、个人信用卡）和投资服务（如共同基金）。由于交易的频繁性、信息的不对称性，分析决策对金融数据的依赖性和敏感度越来越高。在此背景下，许多金融机构开始运用更先进的信息技术与智能决策支持技术，对业务系统中积累的海量金融交易数据进行深入的分析，协助银行部门描述客户以往的需求并预测未来的发展趋势；分析潜在的信誉较差的客户，及时采取措施减少资产损失；查找到有效的信息用来帮助监管部门及投资部门进行有效的监督和投资管理。作为一种新兴的智能决策支持技术，数据挖掘逐步在金融行业中得到应用，在金融信息增值服务、品牌营销战略制定与优化、信用卡持卡人细分、卡基支付工具恶意套现防范、可疑金融交易甄别、反洗钱监测系统构建等方面发挥着重要作用。

第 1 节 数据挖掘与金融智能

社会经济金融的快速发展对宏观调控政策的及时性、准确性提出了更高的要求。管理部门必须能够及时、准确地获取有关信息，作为进行宏观调控决策的依据。支付信息具有实时性、客观性和准确性等特点，能够反映社会资金的活动规律，有助于管理部门进行科学决策。对支付信息进行加工分析，可以为国家宏观调控提供参考；可以帮助商业银行了解自身的资金状况，有助于其提升经营管理水平。对商业银行大额和可疑支付信息进行收集、分析和甄别，还可以为反腐败、反洗钱提供重要线索。

目前，支付信息的挖掘利用尚处于研究探索阶段，对宏观调控决策提供的信息量仍然有限。从长远来看，随着研究实践的深入，监测评估指标体系逐步系统化、完整化，支付信息的挖掘和分析将在广度和深度上不断拓展，成为宏观调控决策的重要信息源。

一、支付信息的特点

支付信息实际上就是全社会资金运作的信息，蕴涵着资金运动的规律，具有以下主要特点：

第一，支付信息具有客观性。支付信息是全社会资金运作状态的最直接反映，例如资金规模、运行规律、分布状况及运行速度等，都可以通过支付信息直观地反映出来。对支付信息进一步分析，还可以了解到全社会经济活动的规律、规模和活跃度。

第二，支付信息具有实时性。因为从基础数据到统计数据需要一个加工、汇总的过程，现有的统计数据发布通常有一段时期的时滞。但对于支付信息，随着支付手段无纸化、电子化程度日益提高，以及现代化支付系统的建成运行，所有业务均通过系统的主机进行处理，单笔支付业务瞬间即可完成，支付信息已做到实时获取，能够实时地反映国家的经济状况。

第三，支付信息具有全面性。支付信息既能反映非现金支付工具的使用情况，也能反映支付系统的运行情况；既能反映某一时段全国的情况，也可以反映全国各个地区的经济状况。根据不同的时段、地域、支付工具等维度，整理分析支付信息，能够全面地获取经济运行的形态。

第四，支付信息具有相关性。支付信息内部蕴涵着资金运动的规律，与社会发展、国民经济运行中一些重要的社会指标、宏观经济指标密切相关，如GDP、第三方支付市场交易量、网民数量（运用网上支付）等，通过对特定时期内（如SARS、金融危机）的支付业务量、资金运动规律、支付规模等信息的分析，可以揭示经济在该时期的波动规律、演化机制。

基于支付信息的客观性、全面性、相关性等特点，金融机构采用人工智能、数据挖掘、联机分析处理等技术、方法，对支付系统数据、账户信息、交易信息等数据进行实时监测、智能聚类、持卡者细分处理，以科学的方法优化金融服务品牌营销战略，积极防范洗钱、套现等犯罪行为。

二、常见方法、分析工具

近年来，数据挖掘技术的兴起使人们开始关注基于数据挖掘技术的可疑交易甄别、欺诈侦测研究，通过分析金融交易信息的层次和数据结构，剖析与之对应的可疑金融交易特征，构建适合可疑金融交易识别的数据结构，汇总不同数据结构下的可疑数据特征，采用人工神经网络、决策树、回归分析等数据挖掘方法、工具规避信用风险、甄别欺诈交易。目前数据挖掘常用的方法、工具主要有以下几种。

(一) 聚类分析

聚类分析通过将数据对象分成多个类或簇，实现同一个类中的对象之间具有较高的相似度，而不同类中的对象之间差别较大。当研究的对象缺乏描述信息或无法组织成任何分类模式时，聚类分析可根据样本数据发现规律，从而找出全体数据的描述。

目前，一些发达国家的反洗钱系统正在应用聚类分析协助反洗钱的调查分析，美国金融犯罪执法网络的 FAIS 系统就利用数据挖掘的一些技术如聚类分析等，对可疑交易报告进行分析和评估。并且，聚类分析通过关注交易记录和交易主体、交易账户之间的转换，在聚类过程中选取不同的属性和不同的聚类方法，将具有相似交易行为的个人或者企业的账户聚为一类，然后，针对个人和企业的金融交易数据，选取不同的数据属性进行多角度分析，发掘交易金额属性值和交易频率属性值的异常孤立点，识别与其交易的背景信息不一致的可疑金融交易，为反洗钱系统预处理交易数据提供甄别线索。

(二) 小波分析

小波分析作为一种数据归约化的时间序列分析方法，广泛应用于各类科学研究领域，有丰富的成功经验可以借鉴。金融交易数据具有的非平稳、非线性特征，使传统的模式匹配交易序列分析方法难以识别快速变化的洗钱交易行为，误报率高。同时，面对复杂多变的金融交易情形，单一时间尺度分析有很大的局限性。小波分析在数学上具有严格意义上的突变点诊断能力，不依赖于模型设定，很适合检测金融交易序列中的奇异性成分。小波分析具备多尺度分析的优势，不仅可以检测孤立的异常交易，还能将密集频繁交易平滑处理，结合交易惯性，在大尺度的交易时间序列上对异常交易进行综合识别。

(三) 贝叶斯分类

贝叶斯分类的原理是通过某对象的先验概率，利用贝叶斯公式计算出其后验概率，即该对象属于某一类的概率，选择具有最大后验概率的类作为该对象所属的类。目前研究较多的贝叶斯分类主要有四种，分别是 Naive Bayes，TAN，BAN 和 GBN。

贝叶斯网络是一个带有概率注释的有向无环图，图中的每一个节点均表示一个随机变量，图中两节点间若存在着一条弧，则表示这两节点相对应的随机变量是概率相依的，反之则说明这两个随机变量是条件独立的。网络中任意一个节点 X 均有一个相应的条件概率表（conditional probability table，CPT），用以表示节点 X 在其父节点取各可能值时的条件概率。若节点 X 无父节点，

则 X 的 CPT 为其先验概率分布。贝叶斯网络的结构及各节点的 CPT 定义了网络中各变量的概率分布。

贝叶斯分类是用分类的贝叶斯网络。该网络中包含类节点 C，C 的取值来自类集合（c_1，c_2，…，c_m），还包含一组节点 $X=$（X_1，X_2，…，X_n），表示用于分类的特征。对于贝叶斯网络分类器，若某一待分类的样本 D，其分类特征向量为 $x=$（x_1，x_2，…，x_n），则样本 D 属于类别 c_i 的概率为：

$$P(C=c_i \mid X=x) = P(C=c_i \mid X_1=x_1, X_2=x_2, \cdots, X_n=x_n),\quad i=1, 2, \cdots, m$$

而由贝叶斯公式可得：

$$P(C=c_i \mid X=x) = P(X=x \mid C=c_i)\, P(C=c_i) / P(X=x)$$

式中，$P(C=c_i)$ 可由领域专家的经验得到，称为先验概率；而 $P(X=x \mid C=c_i)$ 和 $P(X=x)$ 的计算则较困难；$P(C=c_i \mid X=x)$ 称为后验概率。

应用贝叶斯网络分类器进行分类主要分成两阶段。第一阶段是贝叶斯网络分类器的学习，即从样本数据中构造分类器；第二阶段是贝叶斯网络分类器的推理，即计算类节点的条件概率，对分类数据进行分类。这两个阶段的时间复杂性均取决于特征值间的依赖程度，因而在实际应用中，往往需要对贝叶斯网络分类器进行简化。根据对特征值之间不同关联程度的假设，可以得出各种贝叶斯分类，Naive Bayes，TAN，BAN，GBN 就是其中较典型、研究较深入的贝叶斯分类。

（四）决策树方法

决策树（decision tree）是用于分类和预测的主要技术，它着眼于从一组无规则的事例中推理出用决策树表示形式的分类规则，采用自顶向下的递归方式，在决策树的内部节点进行属性值的比较，并根据不同的属性判断从该节点向下的分支，在决策树的叶节点得到结论。因此，从根节点到叶节点就对应着一条合理规则，整棵树就对应着一组表达式规则。基于决策树算法的一个最大优点是它在学习过程中不需要使用者了解很多背景知识，只要训练事例能够用属性即结论的方式表达出来，就能使用该算法进行学习。基于决策树的分类模型有如下几个特点：(1) 决策树方法结构简单，便于理解；(2) 决策树模型效率高，对训练集数据量较大的情况较为适用；(3) 决策树方法通常不需要接受训练集数据外的知识；(4) 决策树方法具有较高的分类精确度。国际上最有影响和最早的决策树算法是由昆兰（J. R. Quinlan）研制的 ID 方法。在方法的基础上，后人又发展了诸如 ID 4，C 4.5，IBLE 等其他决策树方法。C 4.5 算法采用了信息增益比例作为选择测试属性的标准，克服了 ID 3 用信息增益作为分裂属性选择的标准时，有偏向于取值较多的属性的缺陷；不仅可以处理离散值属性，还能处理连续值属性。

（五）关联规则

数据关联是数据库中存在的一类重要的可被发现的知识。若两个或多个变量的取值之间存在某种规律性，就称为关联。关联可分为简单关联、时序关联和因果关联。关联分析的目的是找出数据库中隐藏的关联网。有时并不知道数据库中数据的关联函数，即使知道也是不确定的，因此关联分析生成的规则带有置信度（confidence）和支持度（support）。置信度表示了这条规则在多大程度上可信。设条件的项的集合为 A，结果的集合为 B。置信度计算在 A 中，同时也含有 B 的概率，即 $\text{Confidence}(A\Rightarrow B)=P(B \mid A)$。支持度计算在所有的交易集中既有 A 又有 B 的概率。

关联规则挖掘能发现大量数据中项集之间有趣的关联或相关联系。阿格拉沃尔（Agrawal）等于1993年首先提出了挖掘顾客交易数据库中项集间的关联规则问题，以后诸多研究人员对关联规则的挖掘问题进行了大量的研究。他们的工作包括对原有的算法进行优化，如引入随机采样、并行的思想等，以提高算法挖掘规则的效率；对关联规则的应用进行推广。关联规则挖掘在数据挖掘中是一个重要的课题，最近几年已被业界广泛研究。

（六）K最近邻分类

K最近邻（k-nearest neighbor，KNN）分类是一种理论上比较成熟的方法。该方法的思路是：在特征空间中，如果一个样本的 k 个最相似（即特征空间中最邻近）的样本大多数属于某一个类别，则该样本也属于这个类别。KNN方法中，所选择的邻居都是已经正确分类的对象。该方法在定类决策上只依据最邻近的一个或者几个样本的类别来决定待分样本所属的类别。KNN方法虽然从原理上也依赖于极限定理，但在类别决策时，只与极少量的相邻样本有关。由于KNN方法主要靠周围有限的邻近的样本，而不是靠判别类域的方法来确定所属类别的，因此对于类域的交叉或重叠较多的待分样本集来说，KNN方法较其他方法更为适合。

KNN方法不仅可以用于分类，还可以用于回归。通过找出一个样本的 k 个最近邻居，将这些邻居的属性的平均值赋给该样本，就可以得到该样本的属性。更有用的方法是将不同距离的邻居对该样本产生的影响给予不同的权值（weight），如权值与距离成正比。

该算法在分类时主要的不足是，当样本不平衡时，如一个类的样本容量很大，而其他类的样本容量很小时，有可能导致当输入一个新样本时，该样本的 k 个邻居中大容量类的样本占多数。因此可以采用权值的方法（和该样本距离小的邻居权值大）来改进。该方法的另一个不足之处是计算量较大，因为对每一个待分类的文本都要计算它到全体已知样本的距离，才能求得它的 k 个最近邻点。目前常用的解决方法是事先对已知样本点进行剪辑，剔除对分类作用不大的样本。该方法比较适用于样本容量比较大的类域的自动分类，而那些样本容量较小的类域采用这种方法比较容易产生误分。

（七）神经网络

神经网络模拟脑神经元结构，利用自身的泛化能力，使用许多参数（隐藏层中的节点）来建立模型。此模型采用并结合一套输入来预测一个后续或范畴变元。每一个隐藏节点的值都是所有这些前述节点值的加权函数。建立模型的过程包括找出连接权的值，通过使用数据训练神经网络，产生最精确的结果。较常用的训练方法是逆向传播，使输出结果和已知的正确值进行比较。每次比较之后对权数进行调整并计算新的结果。经过足够的训练之后，神经网络就会变成一个非常好的预测机，可以对新的数据进行分类预测。

人工神经网络以其具有自学习、自组织、较好的容错性和优良的非线性逼近能力，受到众多领域学者的关注。在实际应用中，80％～90％的人工神经网络模型是采用误差反传算法或其变化形式的网络（BP 网络）模型，目前主要应用于函数逼近、模式识别、分类和数据压缩或数据挖掘。

采用 BP 网络方法建模的首要和前提条件是有足够多典型性好和精度高的样本。而且，为监控训练（学习）过程使之不发生“过拟合”和评价建立的网络模型的性能及泛化能力，必须将收集到的数据随机分成训练样本、检验样本（10％以上）和测试样本（10％以上）三部分。此外，数据分组时还应尽可能考虑样本模式间的平衡。

由于传统的误差反传 BP 方法较为成熟，且应用广泛，因此努力提高该方法的学习速度具有较高的实用价值。BP 方法中有几个常用的参数，包括学习率 η，动量因子 α，形状因子 λ 及收敛误差界值 E 等。这些参数对训练速度的影响最为关键。

（八）粗集理论

粗集（rough set）理论是一种刻画不完整性和不确定性的数学工具，能有效地分析和处理各种不精确、不一致、不完整的不完备信息，并在保持分类能力不变的前提下，通过知识约简，推导出概念的分类规则。粗集方法与传统的统计及模糊集方法不同的是：后者需要依赖先验知识对不确定性的定量描述，如统计分析中的先验概率、模糊集理论中的模糊度等；而前者只依赖数据内部的知识，用数据之间的近似来表示知识的不确定性。用粗集来处理不确定性问题的最大优点在于，它不需要关于数据的预先或附加的信息，而且容易掌握和使用。粗集中不精确的要领包含下近似和上近似两个定义，前者指的是所有对象都一定被包含，后者指的是所有对象可能被包含。

粗集的一些理论和方法可用来从数据库中发现分类规则。其基本思想是，将数据库中的属性分为条件属性和结论属性，对数据库中的元组根据各个属性不同的属性值分成相应的子集，然后对条件属性划分的子集与结论属性划分的子集之间的上下近似关系生成判定规则。

粗集将决策表作为研究对象的知识表达系统的一种具体形式，即

$$T=<U, C, D, V, f>$$

式中，U 是对象的集合；$C \cup D=A$ 是对象的属性集合，子集 C 为条件属性集合，子集 D 为决策属性集合；$V=\cup r \in {}_A V_r$ 属性值的集合，V_r 为属性 $r \in A$ 的取值范围；f 为一个信息函数，它唯一确定了 U 中每一对象 X 的某个属性的属性值；通过等价关系 ind（C）和 ind（D）分别构成了 U 的条件类 X 和决策类 Y。在等价关系的基础上，该理论定义了知识粗糙性、不精确范畴、核、约简、上下近似等概念，为数据分析、决策分析提供了新的数学工具。

第 2 节 基于决策树的持卡人信用评价

中国商业银行的信息化在近 10 年内有了长足的发展，从最初的业务处理电子化，到后来各银行内部网络和垂直业务体系的建成，直至数据大集中工程的实施，达到了前所未有的高度。按照“数据=资产”的新观念，中国银行业应该已经具有极为优势的核心竞争力，但是目前中国银行业数据管理应用的普遍现状是，银行具有世界最先进的硬件设施和数据仓库，汇集了大量数据，但缺乏挖掘数据底层隐藏知识的手段和工具，往往导致数据爆炸但知识贫乏。如何游出数据海洋，把海量数据用于提升客户关系、挖掘客户价值和掌握业务规律是我国银行业普遍需要解决的问题。同时由于银行产品具有相当的同质性，因此银行之间的差别，往往在于谁掌握了海量的业务和客户信息背后的独特业务规律，谁就可以科学地制定决策，从而在激烈的市场竞争中取胜。可以预见，在与外资银行的竞争中，我国中资商业银行的核心竞争力应该首先体现在对本土客户关系的理解和对客户资源利用的优势上，金融界专家称之为原生性。而信用评估与信用决策正是基于这类丰富而珍贵的本土客户资源。在此方面，银行数据挖掘的首要任务就应该是立足于这种原生性，遵循客户驱动（customer-driven）的原则，充分利用已有的海量数据资源，使用强有力的数据挖掘工具建立符合中国经济和人格特点的信用评估模型，并且切实地推行到整个银行体系中。这是一个“数据—信息—知识”的复杂过程，同时也是一个“知识—利润”的过程，简单的、定性的和主观的信用评估体系已经不能满足银行业开发和推广新的金融产品和服务的需要，只有在这一过程中应用数据挖掘技术，才能沿着“数据分析—知识发现—决策支持”的发展之路走向数据挖掘在银行应用的最高阶段——金融智能（financial business intelligence，FI）。

随着中国经济的快速发展，信用消费已逐步浮出水面，住房按揭、汽车贷款、教育贷款、信用卡等各种个人消费贷款的规模在迅速扩大。在消费信贷热

不断升温的形势下，各商业银行均把发展零售业务作为未来发展战略的重要组成部分。但是由于目前国内商业银行对零售业务的风险管理水平较低，管理技术手段与方法均较落后，其中大部分银行缺乏一套有效的持卡人信用分类方法，即便是存在一定的信用评价准则，也因为准则本身以及实施问题而没有获得预期的效果。专家分析，缺乏对现有客户信用的有效评估是阻碍个人消费信贷业务进一步开展的主要因素之一。

如何结合我国社会个人征信体系的特点，把计算机的应用技术以及数据挖掘的相关算法与现有的银行业大规模数据源结合起来，针对银行持卡人信用评分过程存在的不足，构建持卡人信用评分模型，科学有效细分持卡人，为制定、优化金融信息服务品牌营销提供决策的支持，是目前实务界、学术界面临的一大难题。

目前客观的个人信用评价方法归纳起来有三类：传统的统计方法（判别分析、回归分析和数学规划）；神经网络方法；决策树方法。本质上，这三类方法都是针对个人信用级别的分类和预测问题，在解决分类的问题上，它们各有特点和优势。从预测的准确率、运行速度、算法健壮性、可伸缩性、可解释性五项标准对上述三类方法进行比较发现，决策树与判别分析相比从直观上更易理解，且应用时对专业知识也无较高的要求。决策树相比神经网络的优点在于方便地将结果以可视化的形式表达出来，并且生成一些规则，具有很好的可解释性。虽然神经网络的结果往往要优于决策树的结果，但当进行一些决策同时需要相应的理由时，使用神经网络就很难再满足要求。

综合比较来看，对于个人信用评价问题，决策树方法从可操作性上以及可解释性上都是最好的选择。为此，这里构建了基于决策树的个人信用评分模型，具体步骤如下。

一、属性的重要性测算

首先，我们利用整理好的SPSS格式的测试数据集和训练数据集，生成决策树，在CART算法中，有一个衡量变量重要性的指标（variable importance rankings)，该指标以相对百分数表示，在预测和分类中发挥最大作用的属性赋值为100，而其他的属性以贡献值为依据一直减少到0。

在三次建立树模型的过程中选取预测正确率（prediction success）最高的一种树，从而得出16个因素的重要性，排序依次为：家庭年收入，家庭人均月收入，行业，职位，最高学历，居住情况，现单位工作时间，年龄，家庭资产负债比，本地居住时间，是否参加养老保险，婚姻状况，是否有本行定期存款，是否有本行信用卡，性别，健康状况。

二、决策树与规则的生成

在具体决策树的生成过程中，组建了训练集（2 563 条记录）、测试集（957 条记录），采取分离训练样本和测试样本的方式，进行决策树的生成。

根据其重要性的大小，对属性进行删减，保留最重要的 9 项：家庭年收入，家庭人均月收入，行业，职位，最高学历，居住情况，现单位工作时间，年龄，家庭资产负债比。

以此 9 个因素作为条件属性，我们得到预测准确率最高、错判代价（misclassification）最小的决策树，其部分如图 8—1 所示。

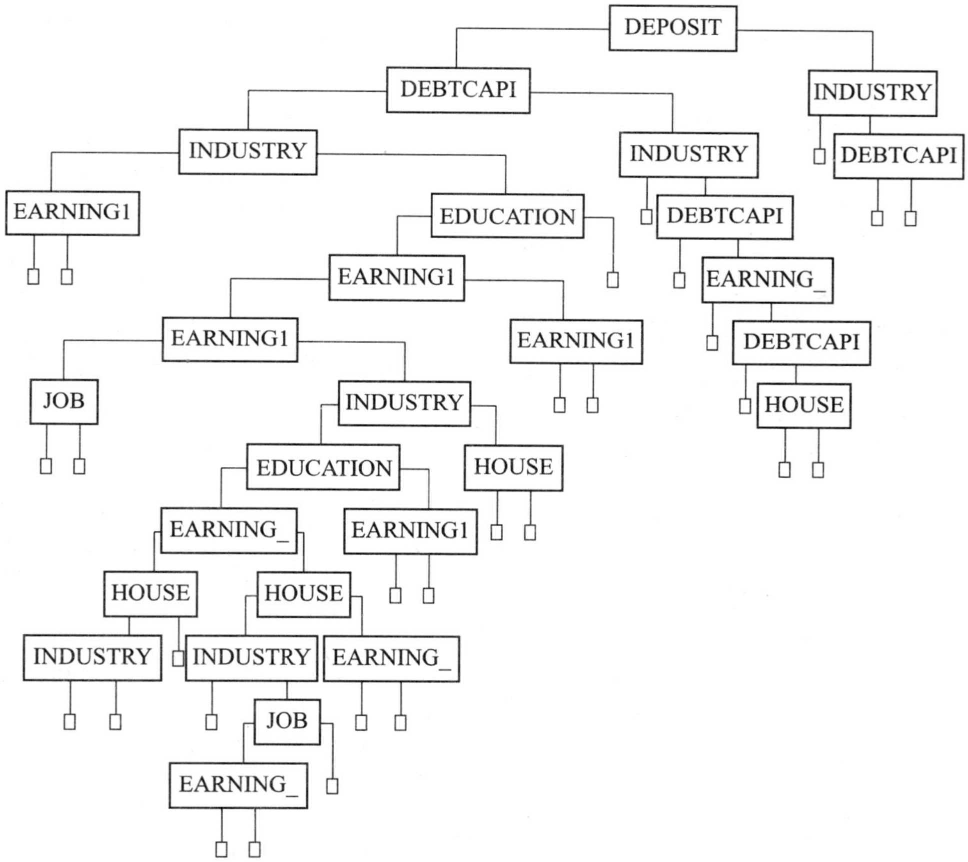

图 8—1 决策树示意图

通过该决策树，得到一组规则。如对于节点 64，我们可以总结出相应的规律：

{

处在除了“批发和零售业务、租赁和商务服务、居民服务和其他服务业”和“其他”的任何行业；

(INDUSTRY == 503 || INDUSTRY == 504 || INDUSTRY ==

```
506 || INDUSTRY == 507 || INDUSTRY == 508 || INDUSTRY ==
509 || INDUSTRY == 510 || INDUSTRY== 511 || INDUSTRY ==
512 );
    在该银行有储蓄账户（DEPOSIT == 21)；
    信用级别为好信用级别（CLASS == 0)；
    }
```

并且可以获知这种分类的正确率在样本中约为 86.6%（Prob CLASS0 = 0.866 051)。

建立好决策树模型、总结出规则只是信用评分工作的一部分，要想最大限度地支持快速、直观、可批量控制的信用决策，就势必要进行权重量化的工作。下面就根据在生成决策树过程中判断出的属性重要程度来量化各个属性。

三、属性的权重确定

属性重要性排序中，家庭年收入是最重要的变量；家庭人均月收入次之，相当于家庭年收入的 69.167%；行业再次之，相当于家庭年收入的 68.057%，以此类推。为了更好地反映决策属性和条件属性的关系，需要建立一个函数，函数关系中的因变量为对决策属性的影响程度，影响程度越大，y 值就越大，自变量为各属性的重要程度。同时假设一个人信用评分的满分为 100 分，也就是 y 值在 0～100 之间，那么按照上述函数将各项权重进行分配后也映射到 0～100 之间。

令 $X=\begin{Bmatrix} x_1 \\ \cdots \\ x_{17} \end{Bmatrix}$，其中 $x_2=0.691\,67\,x_1$，$x_3=0.680\,57$，…，$x_{17}=0.096\,57\,x_1$，函数为

$$Y = \text{INT}\left(\frac{X}{\sum_{i=1}^{17} x_1} \times 100\right) \tag{8.1}$$

解得 $Y=\{17, 12, 12, 9, 8, 6, 6, 6, 5, 5, 4, 3, 2, 2, 2, 1\}'$，也就是说在信用评分中，各因素所占百分比由 17%到 1%不等，顺序对应的分别是前述 16 个变量，该百分比就是各个属性的决策影响程度值。

四、每个属性不同取值的量化

确定完 16 个属性的权重，也就确定了某个属性在决策中的重要程度。要想根据个人信息得到信用评分模型，还需要确定每个属性的各个取值的重要程度，也就是对离散型变量的每个变量赋值，对连续型变量首先将其离散化，然

后找到分层后每一层量化后的分值。

首先，对连续型变量进行离散化。数据集中有两个连续型变量——家庭年收入和家庭资产负债比，对于家庭年收入，按照“前 5%，后 5%”的惯例，我们把家庭年收入离散化成 4 层：10 000 以下（频率 4.82%）；10 000～60 000（累计频率 79.3%）；60 000～180 000（累计频率 96.1%）；180 000 以上。同样，家庭资产负债比也分成 4 层：0（频率 0%）；1～10（累计频率 80%）；10～60（累计频率 96.89%）；60 以上。

这样所有的变量都成为离散型变量。对于一种变量，下面就可以构造一种方法计算各个取值的权数：

（1）确定各个信用级别的信用保险系数 a_i（$i=0$，1，2）。

（2）构造 $X_j=(x_{j0},\ x_{j1},\ x_{j2})$，代表该属性在 j 层次上信用级别为 0，1，2 的频数。

（3）令 S_j 为设在 j 层次上的信用分值。

$$S_j=(x_{j0}a_0+x_{j1}a_1+x_{j2}a_2)/(x_{j0}+x_{j1}+x_{j2}) \tag{8.2}$$

（4）取分值最高的层 S_j 为该属性的决策影响程度值，也就是占有 100%的比例。同时沿用 CART 算法中重要程度比的概念，按照与最好取值的比例，依次确定其他层次取值的分数。

通过与业务人员的探讨以及查阅相关的资料，得出信用级别为 0，1，2 的信用保险系数为 0.9，0.3，0.01，其意义相当于信用级别最好的人（即没有拖欠贷款的人）违约概率小，会有 90%的把握继续成为信用好的人；而信用级别一般的人（即拖欠贷款在 6 个月以下的人），有 30%会在未来的趋势中成为信用好的人；信用差的人（即拖欠贷款已经在 6 个月以上），基本上在未来也不会成为信用好的人，也就是说已经造成了信用的欠缺，因而其信用保险系数为 1%。在此，以最高学历为例，以测试集为样本演示该方法的计算过程：

明确最高学历分为 5 层：研究生及以上；大学本科；大学专科；高中/中专、技校；其他。相对于决策属性的列联表如表 8—1 所示。

表 8—1　　最高学历—累计拖欠月数

最高学历	累计拖欠月数			总计
	0	1	2	
大学本科	100	28	19	147
大学专科	170	63	56	289
高中/中专、技校	200	105	74	379
其他	53	41	36	130
研究生及以上	9	0	3	12
总计	532	237	188	957

按照默认的顺序

$$S_1=(100\times0.9+28\times0.3+19\times0.01)/147=0.67$$

同理，可以计算得出 $S_2=0.60$，$S_3=0.56$，$S_4=0.46$，$S_5=0.68$，其中最高分值为 S_5，即研究生及以上，前面我们得出的决策影响程度中最高学历为 8，则 S_5 转化为 8，按照比例分别转化为以下结果：$S_1=8$，$S_2=7$，$S_3=6.5$，$S_4=5$。对于其他 15 个因素，同样用此方法，形成最终的信用评分模型，具体的权重和处理过的分值如表 8—2 所示。

表 8—2　　个人信用评分因素、权重及取值

因素名称	因素总权重	取值（范围）	值权重
性别	2	男	1
		女	2
年龄	6	18～25 岁（含）	2
		25～35 岁（含）	5
		35～50 岁（含）	6
		50 岁以上	4
婚姻状况	3	未婚	2
		已婚	3
健康状况	1	良好	1
		一般	0
最高学历	8	研究生及以上	8
		大学本科	8
		大学专科	7
		高中/中专、技校	6.5
		其他	5
行业	12	其他	1
		批发和零售业务，租赁和商务服务，居民服务和其他服务业	3
		农、林、牧、渔业，采矿业，地质勘察	5
		住宿和餐饮业，娱乐业	4
		房地产业，建筑业	5
		交通运输、仓储业	6
		邮政、电信业、计算机服务和软件业	10
		金融业，会计师，律师，咨询业	10
		电力、燃气及水的生产和供应业（能源）	9
		制造业	8
		公共管理和社会组织，国际组织	10
		教育，卫生、社会保障和福利业，体育，水利、环境和公共设施	12
职位	9	企事业单位负责人	9
		专业技术人员	7
		基层服务人员	4
		个体工商户及其他	5

续前表

个人信用评分表			
因素名称	因素总权重	取值（范围）	值权重
现单位工作时间	6	≤2 年	2
		2～5 年（含）	3
		5～8 年（含）	5
		8 年以上	6
		其他	1
本地居住时间	5	≤3 年	1
		3～10 年（含）	3
		10 年以上	5
居住情况	6	自置	6
		集体宿舍/使用亲友住房	3
		贷款购买住房	4
		租房	1
		其他	1
家庭人均月收入（元）	12	500 以下（含 500）	1
		500～800（含）	3
		800～1 200（含）	5
		1 200～2 000（含）	6
		2 000～3 000（含）	7
		3 000～4 000（含）	8
		4 000～5 000（含）	9
		5 000～8 000（含）	11
		8 000～10 000（含）	11
		10 000 以上	12
是否有本行定期存款	2	是	2
		否	1.5
是否有本行信用卡	2	是	2
		否	1
是否参加养老保险	4	是	4
		否	3
家庭年收入（元）	17	0～10 000（含）	17
		10 000～60 000（含）	14
		60 000～180 000（含）	12
		180 000 以上	9
家庭资产负债比（%）	5	0	5
		1～10（含）	2
		10～60（含）	3
		60 以上	0

基于以上评分表，就可以对一个记录进行信用评分，最终得出一个百分制的信用分值。当对于新信息进行量化时，该分值是具体的，但是并没有直观地说明信用的好坏，例如，很难形容 80 分是一个什么概念，代表着信用的好还

是不好。因而，下一步的工作就是根据已有样本的比例，对于信用等级进行分类，明确信用级别与信用得分的关系。

五、个人信用等级及拒绝标准的确定

想要解决个人信用等级与信用分值的对应关系问题，首先要明确在随机的样本中每个信用级别的样本个数和比例。

这里信用级别分为三等：信用好，信用一般，信用差。通过分别对 957 条记录和 2 563 条数据的两个大样本分析，我们得出了三类记录的实际存在比例分别为 55.59%，24.03%，20.37%和 55.8%，24%，20.2%，取其均值结果为 55.7%，24.01%，20.28%。同样我们在共 3 520 个样本中随机取出 500 个样本，并利用上面得到的信用评分表进行评分，得到 500 个 0～100 之间的信用分值。在这 500 个分值中做简单的映射，即按照样本中得到的三个类别的比例均值来划分信用评分，得到如下的结果：

（1）信用分值在 70 分以上——信用级别为 0。

（2）信用分值在 65～70 分之间——信用级别为 1。

（3）信用分值在 65 分以下——信用级别为 2。

如上所示，对于一个新的预测问题，当新的记录进入到评分系统中，我们根据信用评分模型计算出其具体的分值，然后对应到信用级别中。银行的相关业务人员只需根据级别，就能判断是否会有风险、风险有多大，是否授信（放贷）、授信（贷款）额度有多大。

第 3 节　可疑金融交易的聚类发现

随着世界经济一体化进程的逐步加快，金融作为现代经济的核心，交易规模日益庞大，交易手段不断翻新，交易处理的自动化、电子化水平逐步提高。现代金融产品在为参与者提供便利的同时，也为洗钱犯罪带来了可乘之机。选择适当的洗钱交易识别策略与监测方法是当前反洗钱监测的迫切需要。

面对海量的金融交易记录，传统的手工核查方式和简单的数据库查询技术已经不能满足反洗钱监测的需要，近年来迅速发展和应用的数据挖掘技术是解决这一问题的有效工具之一。目前应用于反洗钱监测领域的技术有决策树、小波分析、贝叶斯分类、关联规则、支持向量机、粗集理论和神经网络。相对于洗钱方式的隐蔽性、专业性和创新性，目前被动静止、基于规则监测大额和可疑支付交易的反洗钱监测方法很难适应反洗钱形势的需要，金融领域的海量数据和过高的误检测率迫切需要反洗钱监测的技术创新。

在众多数据挖掘方法中，聚类分析作为一种重要的数据挖掘技术，通常用

于信息的探索性分析，它通过非监督学习将数据划分成相交或不相交的群组，由于簇不是预先定义的，聚类结果具有不确定性，借助领域专家对所产生的簇的含义进行解释，可为后续数据分析提供有价值的线索。基于这一特点，聚类分析在可疑金融交易信息搜索中被广泛应用。

从国内外研究现状看，聚类算法在可疑金融交易中的应用，主要侧重于探索性数据分析，掌握大规模正常交易的行为特征，对于隐藏于海量交易数据中的少量可疑交易，很少直接用聚类算法予以搜索。可疑金融交易在信息处理上表现为异常点。基于该思想，张成虎等人提出了基于 CURE 聚类的可疑金融交易侦测算法，旨在通过结合可疑金融交易的特征，将原先聚类过程中剔除的异常点予以保留并做分类处理，以提高可疑金融交易信息搜索效率和甄别的准确性。其具体步骤如下。

一、算法描述

采用随机抽样与分割相结合的办法来提高算法的空间和时间效率。首先，对源数据库进行抽样，得到一个随机样本；采用欧氏距离，将样本 n 划分为 p 个分区，每个分区的规模为 n/p；并对每个分区利用层次算法进行局部聚类，删除异常点；最后对样本中的全部数据进行聚类，用相应的簇标签标记数据。

为了保证对异常点处理的有效性，张成虎等人对算法进行了改进和优化。首先将处理删除的异常点汇总起来，单独汇总为一个数据集合（假设为 m 个数据项）。在全部样本数据聚类结束后，假设期望的簇的数目为 k，同时使用 c 个点代表每个簇，则产生 ck 个代表点和 m 个异常点。然后，将数据库中的全部 n 个数据项逐一与 ck 个代表点相比较，找出与其最近的代表点 A，然后逐一与 m 个异常点相比较，得到与其最近的异常点 B。如果 $\mathrm{dis}(A)\leqslant\mathrm{dis}(B)$，则数据库中的该点并入 A 点表示的簇中；如果 $\mathrm{dis}(A)>\mathrm{dis}(B)$，则数据库中的该点并入异常点集合。在对全部数据进行聚类标记的过程中，利用这种新的异常点判定方法，实现了对全部交易数据集中异常点的提取。

二、数据准备

首先对企业原始交易数据进行数据预处理操作，对一些错误和缺失值使用经验值或背景资料进行填充，然后增加一些有利于分析的字段。由于所填报表格中的数据字段相应较少，通过借鉴领域专家的经验并对源数据进行分析，增加了一些字段，来反映交易频率、交易金额以及交易主体的特征。

三、实验分析

基于 CURE 算法，对 8 357 条观测交易数据进行聚类分析，其中的 8 304

条数据被聚为 6 类。第 1 类至第 6 类的观测数据值分别为 147，227，7 072，709，35，114。第 5 类中所包含的企业具有交易金额大、交易频繁、现金交易少等特点，分析该类中客户的背景特征，发现该类中的客户大多为规模较大且从事进出口业务的企业客户。第 6 类中所包含的企业资金交易不活跃，年交易金额和交易次数相对其他类较低（平均年交易金额为 5 万美元，年交易次数低于 3 次），分析发现该类中的客户多为一些经营不善的企业，账户多为睡眠户。另外有 53 条观测数据被归到异常交易集合中，对该集合中客户的身份特征进行分析，发现企业 A 的交易行为符合大规模进出口公司的交易行为模式，但其背景特征与交易特征差异很大。企业 A 的规模很小且属于食品制造业，但却进行与其身份不相符合的大额频繁外汇交易，经业内专家认定，该企业被列为可疑外汇交易重点监控对象。

第 4 节 基于消费行为的客户细分模型

一、消费行为概述

消费行为原指消费者为获取、使用、处置消费物品或服务所采取的各种行为，包括之前决定这些行为的决策过程。在此只考虑消费行为的结果，即消费者是否消费的事实及消费的金额。它可以从两个方面来加以认识：一是消费者的消费层次，它体现了消费者的消费能力；二是消费者消费的波动情况，它体现的是消费者消费变动的个性特点。

对消费行为的研究最早可追溯到 18 世纪的英国，随着社会的发展，企业的经营观念越来越关注消费行为的规律和变化。从 20 世纪 60 年代起，在市场营销观念的推动下，企业的经营理念就从最初的生产导向（productive-oriented）、销售导向（sale-oriented），发展到现在的以营销为导向（marketing-oriented）和客户需求为导向（customer-oriented）。

从消费者研究到消费行为研究可分为三个层次，即消费者研究、消费研究和消费行为研究，如图 8—2 所示。消费行为研究是最基础的研究，它的研究对象是消费者具体的消费行为，是比较微观的研究，它为消费研究和消费者研究进行实证性的检验及开拓新的研究课题；而消费者研究和消费研究则是对消费者消费规律性的研究，是在消费行为基础上进行的上层研究，并为消费行为研究奠定理论基石，三者从下到上是一个由具体到抽象的过程。

根据上面提到的消费研究金字塔层次图，图 8—3 是对提出的基于消费行为客户细分的方法在消费行为研究范畴内进行的层次上的划分。

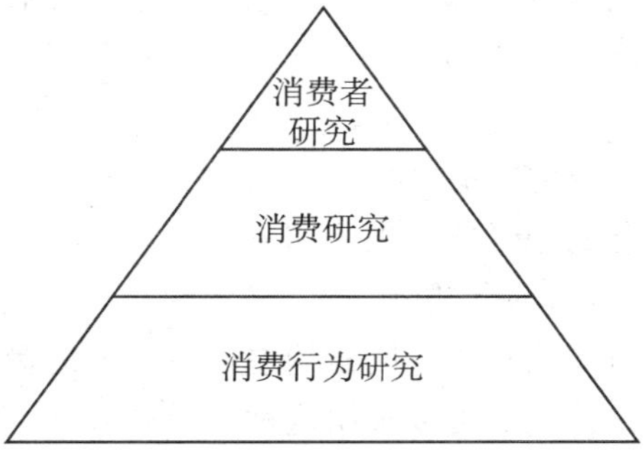

图 8—2　消费行为研究的三层金字塔图

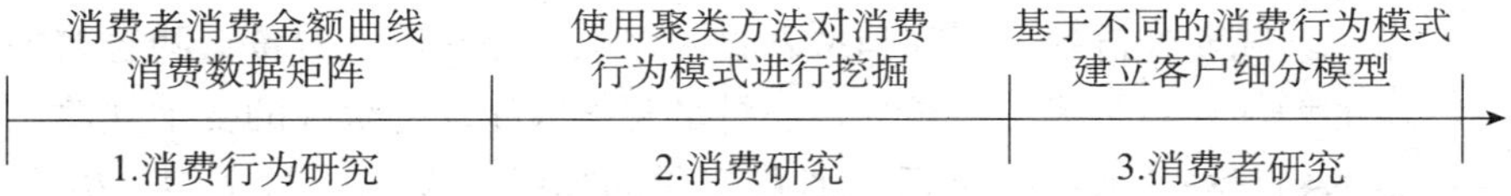

图 8—3　消费行为研究范畴内的层次图

目前消费行为研究部分包括对消费者数据的清洗、建立消费者个人消费金额曲线和建立消费群体的消费数据矩阵。消费研究部分主要是提供聚类方法对消费数据矩阵进行处理，从数据矩阵中挖掘出不同的消费行为模式。消费者研究部分主要是利用挖掘出的消费行为模式，建立客户细分模型。整个研究过程是从具体行为分析到抽象行为模式分类、由微观上升到宏观的过程。

二、客户细分的概念、原则和方法

（一）客户细分的概念

客户细分的概念是美国市场学家温德尔·史密斯（Wendell R. Smith）于20世纪50年代中期提出的。所谓客户细分，主要是指企业在明确的战略、业务模式和专注的市场条件下，根据客户的价值、需求和偏好等综合因素对客户进行分类，分属于同一客户群的消费者具备一定程度的相似性，而不同的细分客户群间存在明显的差异性。

客户细分理论是指用于指导客户细分的理论，它是建立客户细分模型的基础和理论依据。

客户细分模型是指选择一定的细分变量，按照一定的划分标准对客户进行分类的方法。一个好的细分模型首先要满足细分深度的要求，不同的使用者对客户细分的深度会有不同的要求，这就要求模型划分的结果能满足不同使用者的需要。其次要有对数据的处理能力和容错能力，现代数据库的存储容量越来越大，数据结构也趋于多样性，误差数据也会随之增多，这就要求模型能适应数据在数量和多样性上的膨胀，对误差数据做出判别和处理。最后要有很强的适用能力，变化是绝对的，而稳定只是相对的，无论是个人消费者还是客户群，他们的消费行为都是存在变化的，这就要求模型对客户的细分标准要随情况变化而不断更新。

（二）客户细分的依据

客户细分的理论依据主要如下。

1. 客户需求的异质性

影响消费者购买决策因素的差异决定了消费者的需求、消费者的消费行为必然存在区别，我们可以根据这种差异来区分不同的客户。客户需求的异质性是进行客户细分的内在依据。

2. 消费档次假说

随着经济的发展和消费者收入水平的提高，消费量会随着增加，但消费量的增加并不是线形增长的，而是呈现出区间性台阶式的变动规律，一旦消费者达到某种消费层次之后，消费变化的趋势将变得非常平缓。根据消费档次假说，消费者的消费档次或消费习惯在一段时期内是相对稳定的，这就为我们通过消费行为来划分客户群提供了理论前提和基础。

3. 企业资源的有限性和有效市场竞争的目的性

由经济学我们知道资源总是稀缺的，由于缺乏足够的资源去应对整个客户群，因此必须有选择性地分配资源。为了充分发挥资源的最大效用，企业必须区分不同的客户群，对不同的客户制定不同的服务策略，集中资源服务好重点客户。

（三）客户细分的原则

客户细分的目的一般是为了选择适合企业发展目标和资源条件的目标市场。客户细分可以根据很多划分标准来进行，但不论采用何种划分方法，都应遵循以下原则。

1. 可衡量性

可衡量性是指细分出的客户群不仅范围要比较明确，而且规模要能大致判断出，细分后的客户群特征是可以识别和衡量的。

2. 可接受性

可接受性是指在实际的应用过程中，客户群的细分程度达到企业的要求，并且对企业的实践应用有指导作用。

3. 稳定性

有效的客户细分还必须具有相对的稳定性，足以实现在此基础上进行的实际应用，如果变化太快，应用方案还未来得及实施，群体就已面目全非，这样的细分方法就显得毫无意义。

三、基于消费行为的客户细分

目前在对客户进行细分的方法中，除了传统的按照客户基本属性进行分类的方法，还有其他多种客户细分模型，如基于客户价值贡献度的细分模型、基于不同需求偏好的细分模型和基于消费行为的细分模型。每一种细分模型首先都要确定基于何种细分变量，不同的变量得到的细分效果也不一样。细分变量按其性质可分为自然属性和行为属性，自然属性主要是利用人口统计学、社会经济学、地理环境等提供的有关个人的主要信息来细分客户。传统的细分方法所选的细分变量以自然属性变量为主。行为属性是通过对人们的心理分析、个性特征、生活方式的研究来划分不同的客户，这类细分模型对数据的要求较高，能反映出客户更深层次的信息。根据所选择划分变量属性的不同，细分模型可以分为采用自然属性的细分模型和采用行为属性的细分模型，选用不同的细分变量的模型从各自的角度来对客户进行分类，使得我们可以从不同的角度来认识消费者，从而加深对客户的了解。

这里选取消费者的消费行为作为细分客户研究的出发点，选取的细分变量是消费者的消费金额和消费变动率。现在也有一些基于消费者购买行为的客户细分模型，主要是以消费者的购买频率、消费金额等为细分变量，如 RFM 模型和客户价值矩阵模型，下面就对这些客户细分方法进行简要的介绍。

（一）RFM 模型

RFM 模型是根据消费者消费的间隔、频率和金额三个变量来识别重点客户的细分模型。R 是指客户上次消费行为发生至今的间隔，间隔越短则 R 越大；F 是指在一段时期内消费行为的频率；M 是指在某一时期内消费的金额。研究发现，R 值越大、F 值越大的客户越有可能与企业达成新的交易，M 越大的客户越有可能再次响应企业的产品和服务。

RFM 模型是一种有效的客户细分方法，根据客户的消费日期将客户排序，最近的排在前面，这样就可以将客户分为若干部分，对于 F 和 M 值需要先经过标准化处理，然后根据相同的方法确定 F 和 M 的排序，这样每个客户就可以被定位在一个三维空间内，每一个客户都存在相应的（R，F，M）坐标。计算 $R\times F\times M$，可以得到每位客户的 RFM 值，将 RFM 值从大到小排序，再按照一定的比例划分客户群。例如对于某商业企业而言，RFM 值在前 20%的客户可以被看做企业的重点客户。

RFM 模型的缺点是分析过程过于复杂，需要耗费大量的时间，得到的客户群过多，并且消费次数 F 和消费金额 M 间存在多重共线性，即消费者每增加一次消费行为，其消费总额也会相应增加。

（二）客户价值矩阵模型

客户价值矩阵模型是马库斯（Marcus）在对传统的RFM模型修正的基础上提出的改进模型。马库斯用购买次数F和平均购买额A构成客户价值矩阵，用平均购买额替代了RFM模型中存在多重共线性的两个变量，消除了RFM模型中购买次数和总购买额的多重共线性的影响。

在客户价值矩阵中，确定购买次数F和平均购买额A的基准是各自的平均值，一旦确定了坐标轴的划分，客户就被定位在客户价值矩阵的某一象限内。依据客户购买次数的高低和平均购买额的多少，客户价值矩阵将客户划分成四种类型，即乐于消费型客户、优质型客户、经常型客户和不确定客户，如图8—4所示。

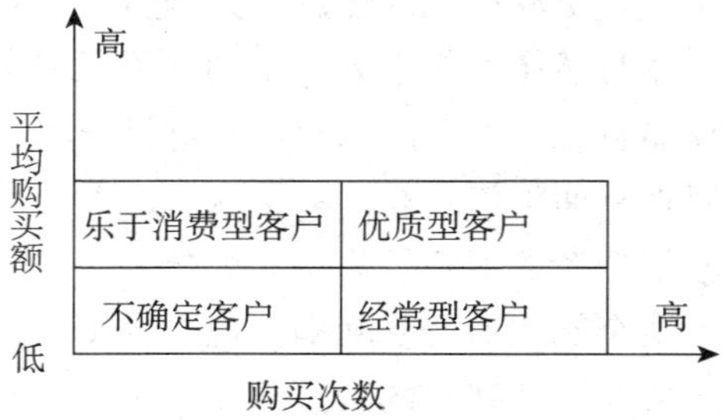

图8—4 马库斯提出的客户价值矩阵

四、基于消费行为的客户细分模型

（一）模型前提和假设

1. 消费行为的规律性

基于消费行为的模型成立的首要前提是消费者的消费行为存在一种内在的规律性，并且这种规律是可以通过消费者的消费行为来发现和认识的。由于消费者的消费行为是众多内在、外在影响因素共同作用的结果，通过研究消费行为可以达到认识规律性和挖掘出有价值的信息的目的。

在日常生活中，消费者的消费行为受内在和外在因素的影响，即消费行为是内因和外因共同作用的结果，内因为主，外因为辅。这些内外因素包括消费者的收入、性格、消费习惯、参照群体、生活环境等诸多方面。由于绝大多数消费者内因和外因都具有相对稳定性，并且起主要决定作用的内因比外因更稳定，这就决定了消费者的消费行为也保持了相对的稳定性，这种稳定性在消费者长期的消费行为中表现为一种规律性。

2. 消费者群体可被划分为具有相似性的群体

消费者的消费行为是由许多因素一起影响的结果，下面是对这种影响关系的理想化定义：

$$Y = f(\alpha_1, \alpha_2, \alpha_3, \cdots, \alpha_n)$$

式中，Y 代表消费行为；α_1，α_2，α_3，…，α_n 代表收入、预期、年龄、受教育程度、性格等对消费行为产生影响的因素（n 为影响因素的个数）。

虽然很难确定这些影响因素的函数关系，但是我们可以认为，当影响因素存在近似情况时，会对消费者产生同样的影响效果，使得不同消费者的消费行为存在某些近似的情况。

比较消费者的消费行为，由于影响消费决策的因素存在相似或这些因素综合作用的结果相似，不同消费者的消费行为会存在某种近似性或明显的差异性，这导致了在消费群体中存在消费行为类似的群体。类似是相对的，差异是绝对的，利用消费者消费行为的这种相似性或差异性可以将消费者划分为消费行为相似的群体，我们也将这些群体称为消费亚文化群体。

（二）聚类分析的过程

根据上述对消费行为的研究，消费行为可从两个方面来进行研究：消费层次和消费变动情况。在具体分析中，消费层次可以用消费金额矩阵来表示，消费变动情况可以用消费差异率矩阵来表示。分析过程分为三个主要阶段：第一阶段是对消费金额矩阵进行聚类分析，从消费金额的区别上对消费者的消费档次进行细分；第二阶段是对消费差异率矩阵进行聚类分析，从消费者消费金额的变化特点上对消费者的消费特点进行类别划分；第三阶段是结合消费层次的聚类结果和消费变动情况的聚类结果，建立消费者消费模式细分模型。

在对消费金额矩阵和消费额差异率阵进行聚类分析时，将使用 SPSS 统计软件提供的快速聚类功能和层次聚类功能分别进行聚类分析，按照一定的评价标准来最终选取较优的聚类结果。

1. 对消费金额矩阵的聚类分析

消费金额矩阵体现的是消费者的消费层次情况，它是一个相对量，即相对于整个消费群体消费者所处的位置。

按聚类的方法来划分消费档次区别于按消费总额或平均消费金额划分的方法。按消费总额或平均消费金额的划分方法将消费视为一个整体，在加总或平均以后按一定的区间来对消费者进行分类。聚类的方法是将各月的消费金额单独看做一个属性，综合评价每一个月的消费，按照一定的聚类算法来划分消费者的消费档次。当采用聚类的划分方法时，我们可能会看到不同层次的客户群中出现这样的现象：有些被分在较低消费档次的消费者其消费总额或平均消费金额比分在较高消费档次消费群的一些客户者还要多，这种现象是可以解释的。因为消费档次描述的是一种稳定的消费行为，它体现在消费者平时的消费行为中，具体表现为消费者的各月消费均维持在一定的水平上，它不会因一时的消费扩张而改变。也许某位低消费水平的消费者因旅游或进行其他需要支付大量资金的活动，其消费总额及平均消费金额会因此而大幅提升，甚至超过消费层次在其之上的人，但这种活动毕竟只是一时的消费，因此消费者的消费档次也绝不会因此而提升。在消除这种由暂时性消费扩张导致的划分消费水平误差的能力上，聚类的划分方法明显强于一般的按消费总额或平均消费金额的方法，这也是采用聚类而不是其他方法来从消费水平角度划分客户群的原因。

下面就对消费金额矩阵进行聚类挖掘分析。

步骤 1：通过 k-均值聚类算法剔除样本数据中的孤立点数据。

首先对样本进行第一次快速聚类，目的在于找出样本数据中不易直观发现的孤立点样本。为保证尽可能地剔除孤立点数据，k 尽量取大一些，这里取 $k=20$，总体样本容量 $N=186\ 835$ 条。图 8—5 所示的是聚类结果中各簇中心点的月消费金额曲线，由于其中掺杂了部分孤立点数据，对应下面各簇样本数量分布图，结合之前设定的孤立点判定标准，我们就可以找出这些孤立点数据。

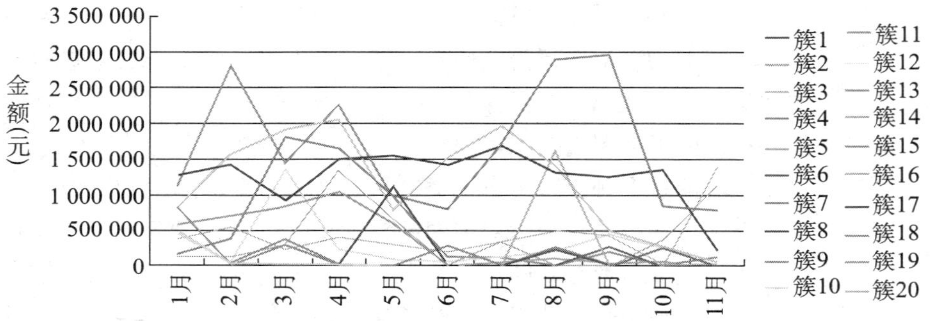

图 8—5 初始聚类各簇中心点分布图

根据孤立点样本判定标准：

$$T=\frac{N}{K}$$

K 取 10 000 时，阈值 $T=18.6\approx 19$，即当簇中对象数小于 19 时，该簇所包含对象为孤立点数据。可以看出，$T(S_1)$，$T(S_3)$，$T(S_8)$，$T(S_9)$，$T(S_{10})$，$T(S_{11})$，$T(S_{12})$，$T(S_{14})$，$T(S_{15})$，$T(S_{16})$，$T(S_{18})$，$T(S_{19})$ 和 $T(S_{20})$ 中所含的对象都小于阈值 19，所以这些簇中所含的对象为孤立点（见表 8—3）。

表 8—3　　各簇样本数量分布

	各簇对象聚类数量									
簇	S_1	S_2	S_3	S_4	S_5	S_6	S_7	S_8	S_9	S_{10}
对象数量	1	62	3	33	186 381	102	76	4	1	16
簇	S_{11}	S_{12}	S_{13}	S_{14}	S_{15}	S_{16}	S_{17}	S_{18}	S_{19}	S_{20}
对象数量	1	1	77	2	1	1	70	1	1	1

观察这些孤立点所在簇中心点曲线，发现这些对象都是巨额消费行为曲线。由于这种巨额消费很罕见，严重偏离了广大消费者的消费实际，且出现的概率小于万分之一，不具有群体代表性。因此，应将这些对象从样本中剔除。

合计剔除的孤立点对象 34 个，占总量的 0.018%。剔除孤立点后样本剩余 186 801个。

步骤 2：对经过清洗后的数据样本使用 k-均值聚类算法进行第一层聚类。

对样本进行快速聚类，分别取聚类数 $k=2$，3，4，5，对其结果分别使用欧氏距离和曼哈顿距离进行比较，选取最优的聚类划分。$k=2$ 时，各簇所含对象数量、均值及中心点结果如表 8—4 所示。

表 8—4　　$k=2$ 时各簇所含对象数量、均值及中心点结果

簇	聚类对象数	第一层聚类簇中心点					
		1 月	2 月	3 月	4 月	5 月	6 月
S_1	421	7 096.21	3 875.19	7 899.50	4 790.11	32 731.76	65 582.85
S_2	186 380	1 338.85	635.98	578.01	389.28	490.07	471.22
簇	月均值	第一层聚类簇中心点					
		7 月	8 月	9 月	10 月	11 月	
S_1	30 002.71	75 386.45	50 814.47	50 262.00	28 126.88	3 464.44	
S_2	543.48	425.95	409.15	437.24	401.43	401.10	

当 $k=2$ 时，只有 S_1 和 S_2 两个簇，因此各簇中心点的距离可以直接计算。

欧氏距离：

$$d(1,2)=\sqrt{(\chi_{1,1}-\chi_{2,1})^2+(\chi_{1,2}-\chi_{2,2})^2+\cdots+(\chi_{1,11}-\chi_{2,11})^2}=129\ 676.62$$

曼哈顿距离：

$$d(1,2)=|\chi_{1,1}-\chi_{2,1}|+|\chi_{1,2}-\chi_{2,2}|+\cdots+|\chi_{1,11}-\chi_{2,11}|=324\ 051.58$$

$k=3$ 时，各簇所含对象数量、均值及中心点结果如表 8—5 所示。

表 8—5　　$k=3$ 时各簇所含对象数量、均值及中心点结果

簇	聚类对象数	第一层聚类簇中心点					
		1 月	2 月	3 月	4 月	5 月	6 月
S_1	80	3 872.18	3 521.22	2 157.85	1 652.26	5 021.28	6 852.72
S_2	186 656	1 347.59	641.16	592.98	397.46	556.54	607.51
S_3	65	10 421.64	3 205.89	3 093.09	3 856.26	12 887.84	22 962.38
簇	月均值	第一层聚类簇中心点					
		7 月	8 月	9 月	10 月	11 月	
S_1	28 923.73	1 880.43	18 631.99	266 178.30	7 503.94	888.85	
S_2	583.75	471.66	508.55	434.29	458.64	404.86	
S_3	40 784.33	352 880.40	19 010.46	4 538.70	6 949.36	8 821.62	

由于 $k=3$ 时，聚类结果中包含三个簇，因此采用加权距离计算聚类中心点的距离，加权距离 D 的计算公式如下：

$$D=\frac{\sum_{i,j}(N_i+N_j)\cdot d(i,j)}{(k-1)N},\quad i,j=1,2,\cdots,k,i\neq j$$

式中，N_i和N_j表示第i和第j簇中的对象容量；N表示总体样本容量；k表示自由度。

欧氏距离：

$$d(1,2)=\sqrt{(\chi_{1,1}-\chi_{2,1})^2+(\chi_{1,2}-\chi_{2,2})^2+\cdots+(\chi_{1,11}-\chi_{2,11})^2}=266\ 604.24$$

$$d(1,3)=\sqrt{(\chi_{1,1}-\chi_{3,1})^2+(\chi_{1,2}-\chi_{3,2})^2+\cdots+(\chi_{1,11}-\chi_{3,11})^2}=438\ 280.47$$

$$d(2,3)=\sqrt{(\chi_{2,1}-\chi_{3,1})^2+(\chi_{2,2}-\chi_{3,2})^2+\cdots+(\chi_{2,11}-\chi_{3,11})^2}=354\ 151.08$$

$$D=\frac{\sum_{i,j}(N_i+N_j)\cdot d(i,j)}{(k-1)N}=310\ 425.54$$

曼哈顿距离：

$$d(1,2)=|\chi_{1,1}-\chi_{2,1}|+|\chi_{1,2}-\chi_{2,2}|+\cdots+|\chi_{1,11}-\chi_{2,11}|=311\ 739.78$$

$$d(1,3)=|\chi_{1,1}-\chi_{3,1}|+|\chi_{1,2}-\chi_{3,2}|+\cdots+|\chi_{1,11}-\chi_{3,11}|=655\ 485.64$$

$$d(2,3)=|\chi_{2,1}-\chi_{3,1}|+|\chi_{2,2}-\chi_{3,2}|+\cdots+|\chi_{2,11}-\chi_{3,11}|=442\ 206.4$$

$$D=\frac{\sum_{i,j}(N_i+N_j)\cdot d(i,j)}{(k-1)N}=377\ 078.57$$

k=4 时，各簇所含对象数量、均值及中心点结果如表 8—6 所示。

表 8—6　　k=4 时各簇所含对象数量、均值及中心点结果

簇	聚类对象数	第一层聚类簇中心点					
		1 月	2 月	3 月	4 月	5 月	6 月
S_1	79	3 890.08	3 565.80	2 177.61	1 673.17	1 944.61	2 002.76
S_2	186 593	1 346.62	640.62	590.58	396.04	554.84	490.26
S_3	46	7 090.86	1 166.18	1 173.95	2 393.10	12 792.18	8 697.87
S_4	83	7 296.96	3 566.96	7 620.75	5 181.79	10 237.20	281 915.10
簇	月均值	第一层聚类簇中心点					
		7 月	8 月	9 月	10 月	11 月	
S_1	27 918.48	1 904.23	14 437.46	267 008.50	7 598.93	900.10	
S_2	573.44	486.88	506.54	433.44	458.12	403.94	
S_3	43 968.20	412 804.00	21 653.27	4 796.76	7 859.75	3 222.31	
S_4	32 472.43	13 708.64	12 002.36	5 565.05	2 598.23	7 503.69	

各簇中心点的距离及中心点加权距离计算结果如表 8—7 所示。

表 8—7 各簇中心点的距离及中心点加权距离计算结果

计算后果	$d(1,2)$	$d(1,3)$	$d(1,4)$	$d(2,3)$	$d(2,4)$	$d(3,4)$	D
欧氏距离	267 082.3	487 679.3	383 457.6	413 266.3	282 485.8	483 865.8	321 031.91
曼哈顿距离	300 795.3	707 777.0	587 851.9	477 342.3	350 888.8	706 672.0	376 547.17

$k=5$ 时，各簇所含对象数量、均值及中心点结果如表 8—8 所示。

表 8—8 $k=5$ 各簇所含对象数量、均值及中心点结果

簇	聚类对象数	第一层聚类簇中心点					
		1 月	2 月	3 月	4 月	5 月	6 月
S_1	186 563	1 344.36	639.33	537.93	393.62	553.14	490.03
S_2	46	7 090.86	1 166.18	1 173.95	2 393.10	12 792.18	8 697.87
S_3	82	7 383.05	3 010.96	3 539.49	2 710.44	10 287.63	283 082.90
S_4	77	3 798.07	3 637.66	2 203.00	1 702.14	1 995.12	2 054.78
S_5	33	14 897.26	9 382.50	308 599.10	20 376.85	10 284.27	7 424.17
簇	月均值	第一层聚类簇中心点					
		7 月	8 月	9 月	10 月	11 月	
S_1	568.22	486.71	506.41	434.69	460.22	403.94	
S_2	43 968.20	412 804.00	21 653.27	4 796.76	7 859.75	3 222.31	
S_3	31 873.88	12 916.27	11 832.61	5 632.73	2 629.91	7 586.71	
S_4	27 817.69	1 940.50	14 552.72	270 455.70	2 731.37	923.48	
S_5	34 519.37	3 855.81	2 631.64	1 448.37	407.69	405.37	

各簇中心点的距离及中心点加权距离计算结果如表 8—9 所示。

表 8—9 各簇中心点的距离及中心点加权距离计算结果

计算后果	$d(1,2)$	$d(1,3)$	$d(1,4)$	$d(1,5)$	$d(2,3)$	$d(2,4)$
欧氏距离	413 266.65	283 506.71	270 444.47	309 387.80	485 135.39	489 535.17
曼哈顿距离	477 399.85	344 362.32	299 744.16	373 567.71	701 848.03	715 974.63
计算后果	$d(2,5)$	$d(3,4)$	$d(3,5)$	$d(4,5)$	D	
欧氏距离	512 489.14	386 477.81	411 945.42	408 653.21	319 266.55	
曼哈顿距离	786 800.44	581 160.64	644 123.21	641 258.89	374 045.35	

k 的取值可以根据需要来确定，k 值取得越大，聚类结果中簇的数量也就越多。但在对经济问题进行分析时，应恰当把握 k 的取值，能够满足实际应用对聚类簇个数的要求就可以了。在对 k 进行了不同取值的聚类分析之后，我们下一步需要根据计算出来的簇中心距离来比较 k 取不同值时的聚类效果（见表 8—10）。

表 8—10 k 取不同值时的聚类效果

效果	$k=2$	$k=3$	$k=4$	$k=5$	Max()	最优 k 值
欧氏距离	129 676.62	310 425.54	321 031.91	319 266.55	321 031.91	4
曼哈顿距离	324 051.58	377 078.57	376 547.17	374 045.35	377 078.57	3

在判定聚类效果时，原则是根据簇分散程度来进行评价，簇中心点的距离越大，表示簇越分散，不同客户群的区别越明显，聚类的效果也越佳。具体的评价指标是 k 取不同值时簇中心点的欧氏距离和曼哈顿距离。通过比较表 8—10 k 取不同值时簇中心点的距离，我们可以看出：$k=4$ 时，欧氏距离达到最大值；$k=3$ 时，曼哈顿距离达到最大。两种判别标准出现了不一致情况，这里我们选择欧氏距离为主要判定标准，因此取 $k=4$ 时的聚类为最优方案，并得出初步聚类结果。此时聚类得到了四个簇，这些簇中心点的分布情况如图 8—6 所示。

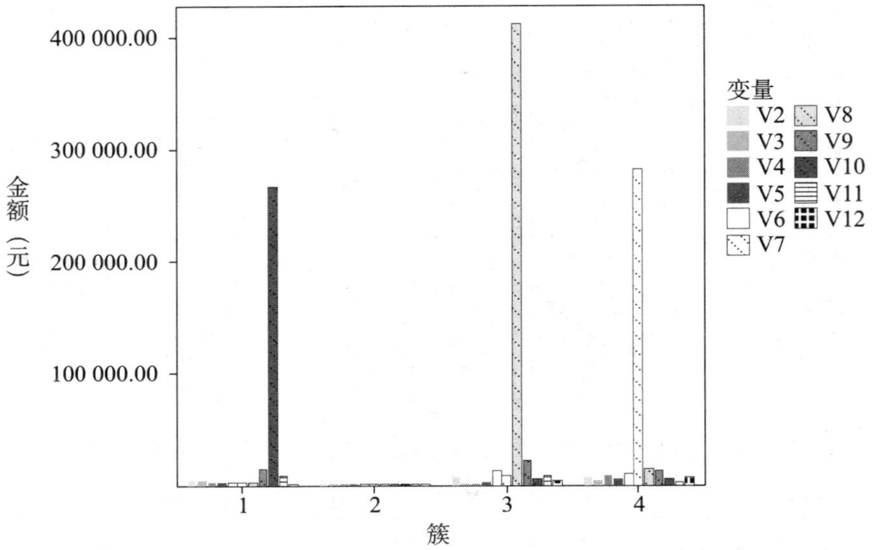

图 8—6 第一层聚类各簇中心点分布图

从图 8—6 中可以看出，簇 1，3，4 的消费金额明显强于簇 2，而簇 1，3，4 表现出来的消费特点都是突发型消费，即某个月的消费金额会明显超出其余各月的消费金额，这三个簇的差别主要是集中消费的时间不同，从簇 1，3，4 的平均消费金额来看，这三个簇的平均金额都集中在［35 943－8 024，35 943＋8 024］间，因此从消费层次上将这三个簇划为同一消费档次的客户群。根据这部分客户在消费总额上与其他簇的差异，我们将这部分客户群认为是超高消费阶层，这部分消费者月消费金额远远超出其他客户群。根据样本研究，这部分消费者所占比例约为 0.111 3%。

由于簇中仍有 99%以上的样本包含在一个簇中，因此需要对该簇再进行深度聚类，从中找出更细化的特征行为模式。在去除掉了先前簇 1，3，4 的样本后，我们对簇 2 进行第二层聚类挖掘。

步骤 3：对第一层聚类结果中的簇 2 样本进行第二层聚类，此时的样本容量为 186 593。

由于采用的分析方法和第一层聚类基本一致，考虑到篇幅，这里仅给出结果。第二层聚类挖掘采用快速聚类，分别取 $k=2$，3，4 和 5，通过比较 k 取不同值时簇中心点的距离，得出当 k 取 5 时欧氏距离和曼哈顿距离都显示此时各簇中心点的距离最远，聚类效果最好，因此取 $k=5$ 的聚类结果为第二层聚类的最终结果。此时各簇中心点的分布情况如图 8—7 所示。

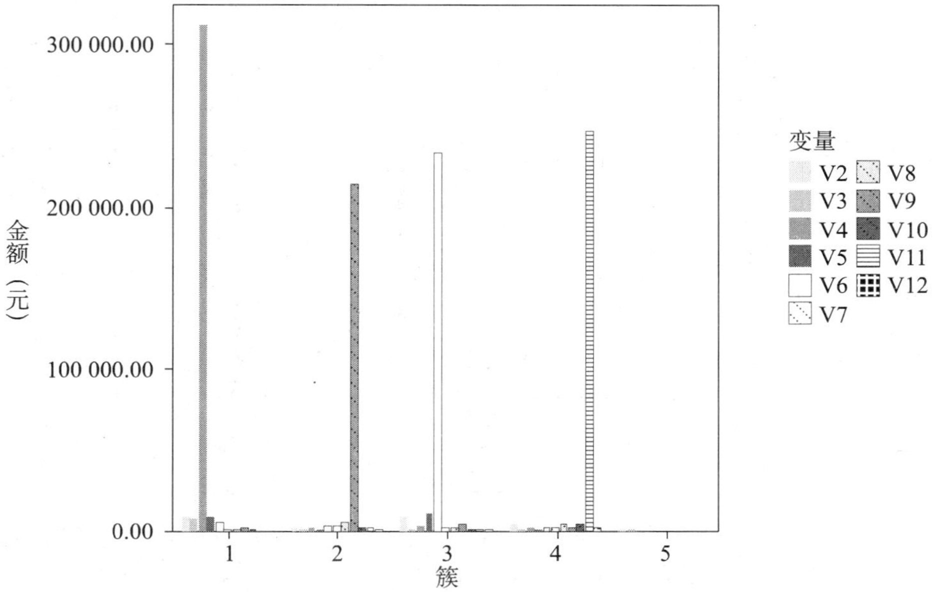

图 8—7　第二层聚类各簇中心点分布图

从图 8—7 中我们可以发现，前四个簇的消费金额明显多于最后一簇，并且前四个簇的消费中还是存在突发型消费的情况，它们的差别主要集中在消费时间上的不同，但在消费金额总量上这几个簇存在显著的相似性。从簇 1，2，3，4 的平均消费金额来看，这四簇的平均消费金额重心位于 24 433.13 元附近，这些簇的中心点与重心的最大差额大小为 7 515.32 元，变化幅度接近 30%。由于是从消费档次上对消费者进行细分，这四个簇所代表的客户群消费金额又比较相近，因此可以将这四个簇划为同一消费档次的客户群。根据这部分客户在消费总额上与其他簇的模式差异，我们认为这部分客户群是高消费阶层，这部分消费者月平均消费金额主要集中在 24 433×（1±30%）元范围内。根据研究样本，这部分高消费阶层所占比例约为 0.153%。

由于划分结果仍有大量样本包含在同一个簇中，因此需要对大容量簇做进一步的深度聚类，从中找出更细化的特征行为模式。

步骤 4：对第二层聚类结果中簇 5 中对象进行第三层聚类，这时的样本容量为 186 308。

仍然采用 k-均值聚类，分别取 $k=2$，3，4 和 5，本书只给出结果。比较不同 k 值的簇中心点距离，当 k 取 5 时，簇中心点的距离最远，因此选 $k=5$ 时的聚类结果为第三层聚类的最终结果，此时各簇中心点的分布情况如图 8—8 所示。

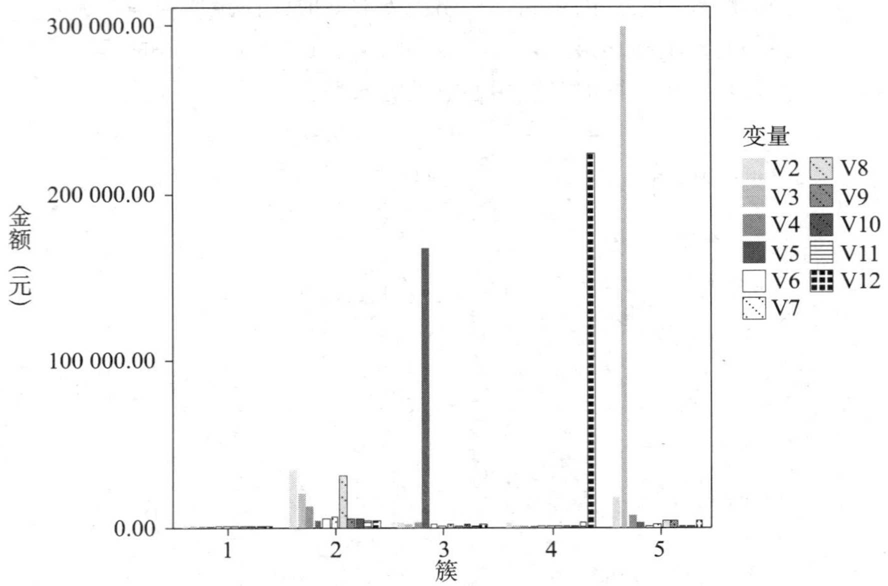

图 8—8 第三层聚类各簇中心点分布图

从各月消费金额的特点来看，簇 2，3，4，5 的月消费金额明显高于簇 1，簇 2 的对象各月消费金额都保持在较高水平，虽然也存在个别月份消费金额增多的情况，但同簇 3，4，5 相比，这种消费的扩张显得相对温和。簇 3，4，5 明显呈现出突发型消费的特点。从平均消费金额上来看，簇 2 的月平均消费金额为11 784.71元，而簇 3，4，5 的月平均消费金额分布在［16 751，31 305］的区域内，这三个簇的重心为 20 748.39 元，差别主要是突发消费的月份不一样。由于是从消费档次的角度来划分客户群，考虑到这些簇存在的相似性和差异性，因此将簇 2 单独作为一个消费层次，簇 3，4，5 的对象被划为另一具有相似消费层次的客户群，结合其在整个研究样本中消费档次所处的位置，我们认为这两个客户群都是中高档消费的阶层。从消费金额来看，簇 2 的消费总额不如簇 3，4，5，但簇 2 各月消费都保持在一个相对较高的水平，不像簇 3，4，5 那样存在剧烈变化。簇 2 比例约占整个消费群体的 0.343%，而由簇 3，4，5 构成的消费阶层占整体的 0.095%。

第三层聚类后簇 1 中仍然包含 185 489 的大容量样本，因此我们需要再对簇 1 的对象进行细分，即开始第四层聚类。

步骤 5：参与第四层聚类的样本容量 185 489，仍采用 k-均值聚类进行分析。通过比较 $k=2$，3，4，5 时簇中心点的距离，得出 $k=4$ 时的聚类效果最佳。此时各簇中心点的分布情况如图 8—9 所示。

从各月消费金额来看，簇 2，3，4 的消费金额明显高于簇 1，簇 4 中对象各月消费金额都保持在较高水平，并且比较稳定。簇 2，3 明显表现出突发型消费的特点。从平均消费金额上来看，簇 4 的月平均消费金额为 4 911.66 元，而簇 2，3 的月平均消费金额比较接近，集中在［7 948，8 511］范围内，簇 2，

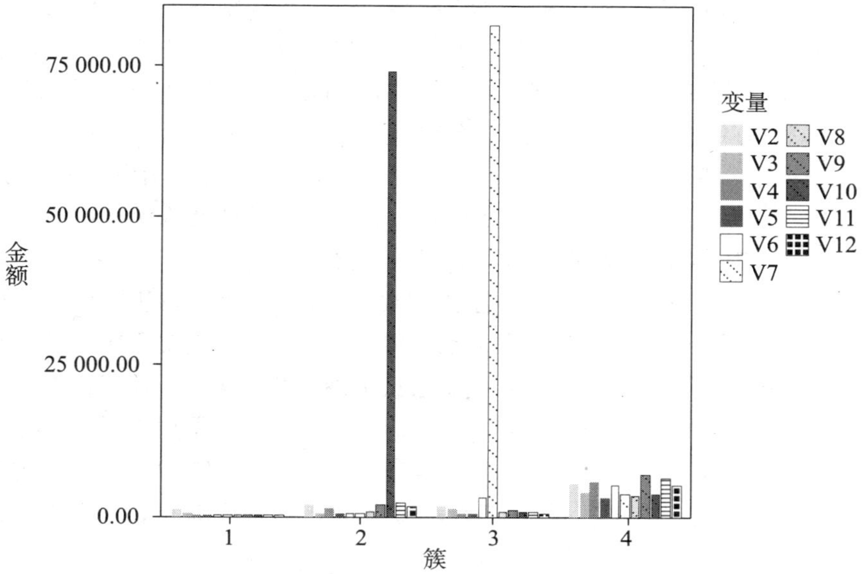

图 8—9　第四层聚类各簇中心点分布图

3 的差别主要是突发消费的月份不一样。将簇 4 单独作为一个消费层次，簇 2，3 被划归为另一消费层次，结合第四层聚类得出的这两个客户群在整体样本中所处的消费档次的位置，我们认为这两个客户群都属于中档消费的阶层。簇 4 的消费者月平均消费金额在 5 000 元左右，数量约占总体的 1.52%，簇 2 和簇 3 的消费者消费金额在 8 000 元左右，数量约占总体的 0.108%。

步骤 6：对第四层聚类的簇 1 中的对象进行第五层聚类，样本容量为 182 447。在比较了 $k=2$，3，4，5 时簇中心点的距离，得出 k 为 5 时的聚类效果最优。此时各簇中心点的分布情况如图 8—10 所示。

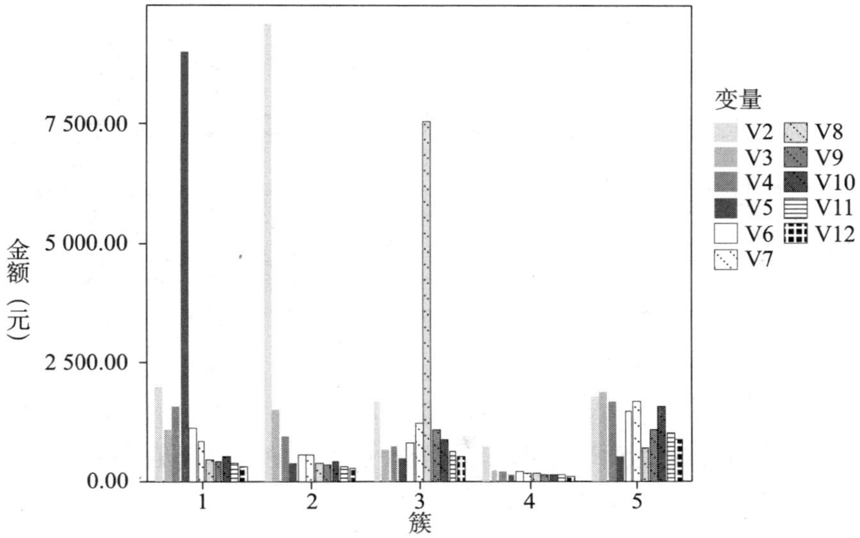

图 8—10　第五层聚类各簇中心点分布图

观察图 8—10，我们可以将消费者大致被划分为三个层次，第一层次包括了簇 1，2，3，这三个簇中对象呈现出突发性消费的特征，其月平均消费金额都集中在［1 390，1 620］范围内，该层消费者的重心为 1 445 元，数量约占整体的 5.027%；第二层次包含簇 5，簇中对象月消费平均金额在 1 300 元左右，数量约占整体的 9.534%；剩余部分的银行卡消费者月消费金额普遍在 1 000元以下，平均金额为 235.33 元，属于低消费阶层，这部分消费者人数最多，占据了消费整体近 83.128%的份额。

关于聚类的阶数可以根据需要来设定，阶数越多时则客户划分程度越细，所做的分析经过 5 阶的聚类后，得到的关于客户消费层次上的分类结果大致已经达到了我们对客户群在消费层次上细分的要求，因此不再进一步细分。按照消费者的消费层次大致可将消费者划分为 9 个消费层次，由于这些客户群的特征模式很难用简单的词汇概括清楚，因此按照从低到高的顺序分别以 A1，A2，…，A9 来表示，A1 表示最低的普通消费阶层，A9 表示最顶端的消费阶层。

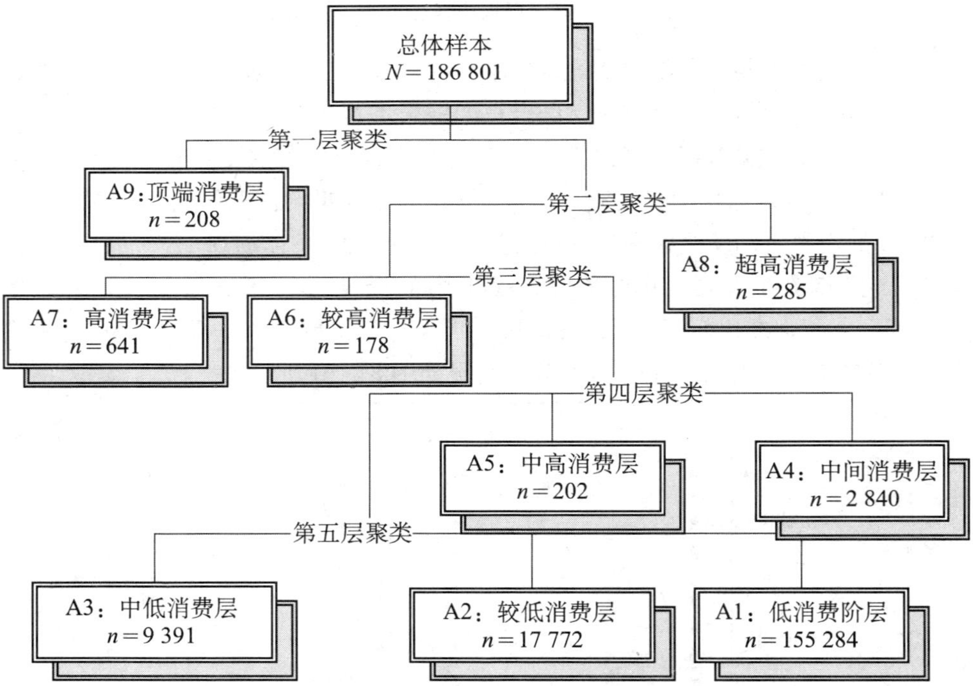

图 8—11 消费金额矩阵聚类结果层次结构图

2. 对消费差异率矩阵的聚类分析

对消费差异率矩阵的研究是从消费者消费波动的角度对消费行为进行的分析。由于对消费差异率矩阵的处理过程同消费金额矩阵的聚类处理基本一样，因此对消费差异率矩阵的聚类分析仅给出结果。

对消费差异率矩阵分别进行 k 等于 2，3，4，5，6 的 k-均值聚类运算，通

过比较不同 k 值时簇中心点的距离，我们得出 $k=6$ 时簇中心点的距离最大，不同簇间对象的差异最为明显，聚类的效果最优，因此选择 $k=6$ 的聚类为分析的最终结果。各簇中心点分布情况和各簇比例结构情况如图 8—12 和图 8—13所示

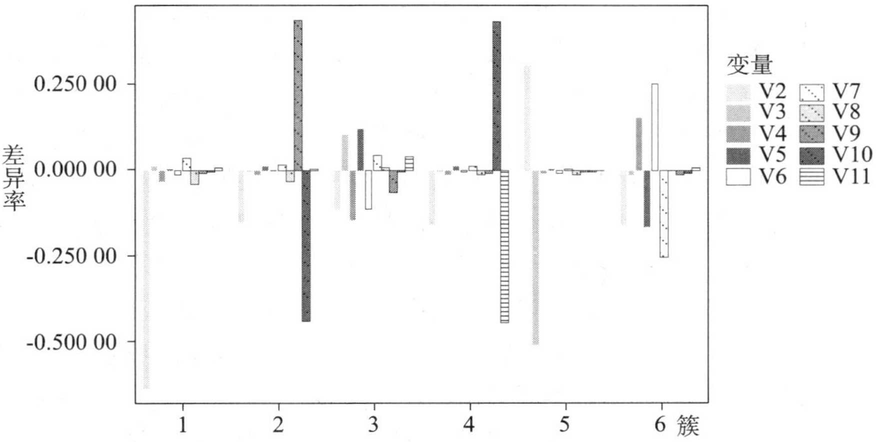

图 8—12　消费差异率矩阵聚类各簇中心点分布图

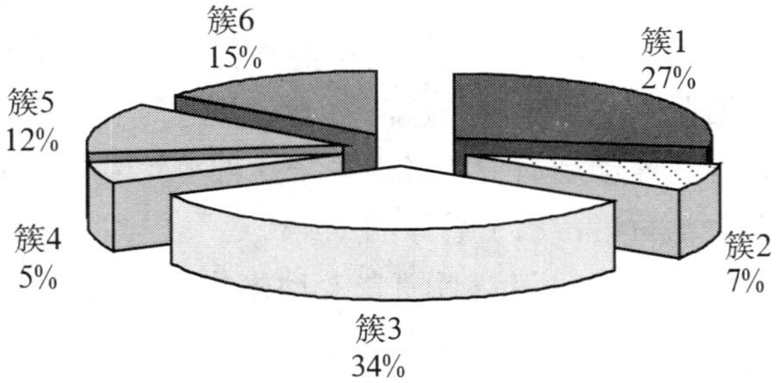

图 8—13　消费差异率矩阵聚类结果样本数量分布图

图中每一簇代表了一类消费波动特征模式。观察上面各簇中心点分布的柱状图，发现簇 1 所代表的消费者数量约占整体的 27%，这部分消费者消费行为的波动表现为前期急剧减少，然后持续保持波动不大的消费，对于出现这样的行为波动特征，结合中国人的消费文化就可以很好地理解了：在每年过春节的 1 月，消费者总会习惯性地购置年货，这造成了 1 月的消费金额远远高于其平时的消费金额，在年后，消费金额回复到正常水平，使得 2 月中旬以后的消费比 1 月回落了很多，并且在以后的各月中，消费波动不大，体现在波动图中就是 2 月出现了很高的负增长线，然后消费一直保持很小的波动，从中还可以揣测出这类消费者的消费观念比较传统，他们的高消费时期主要集中在每年农历新年前这一段时间，之后消费就保持一种相对稳定的水平。根据这类消费者消费波动的特征，我们认为他们具有相对平稳的消费模式。簇 5 表示的客户群在很长的一段时期内和簇 1 一样，也表现出一种平稳型消费特征，并且平稳程度

更胜于簇 1，但簇 5 这部分消费者表现出来的波动特点是在 2 月中旬以后出现了消费高峰，之后到 3 月回落到正常水平一直到年末。这部分消费者的数量占总体的 12%。

簇 2 代表的消费波动模式表现出来的是一种间歇性消费，消费高峰期存在于较长平稳消费期的间隔，这部分消费者数量约占整体的 7%，图中表现出来的消费波动模式是 2 月出现了很大的消费负增长，之后保持比较小的消费波动一直到 9 月上旬，在 9 月下旬到 10 月上旬这段时期，消费金额出现了很强的增长，然后又猛然回落，保持平稳消费直到年末。这部分消费者显示出了两个剧烈波动期，分别是 2 月消费大幅减少和 10 月消费猛增，然后到 11 月又恢复原有水平，其余时期相对平稳。根据这部分消费者消费行为波动的特征，结合 2003 年 SARS 影响的结果，人们在五一长假普遍没有外出，这为十一的旅游热集聚了力量。我们可以推测出这部分消费者是比较乐于在几个重要的节假日进行消费的群体，例如在国庆节期间商家促销打折时购物或十一长假时外出旅游等，这使得这部分消费者在 1 月和 10 月出现了两个消费高峰。簇 4 代表的客户群波动特征和簇 2 很类似，也属于间歇性消费，区别主要在于这部分消费者第二个消费高峰期提前了近一个月，这部分消费者占到了总体的 5%。

簇 3 代表的客户群展现出来的消费行为特点则是一种波动性很强的消费模式。从图中我们可以看出这类消费者消费周期性很强，小金额消费月份和大金额消费月份交替出现，这部分消费者占到了总体的 34%。簇 6 和簇 3 类似，前期也存在波动型消费，区别在于这部分消费者在后期出现了一段平稳消费期。这部分消费者占到了总体的 15%。

综合上面对消费者消费变动模式的分析，我们可以得出消费者变动模式大致有以下几类：强平稳型消费（簇 5）、相对平稳型消费（簇 1）、长期间歇型消费（簇 2）、短期间歇型消费（簇 4）、周期型消费（簇 3）和混合型消费（簇 6）。

五、建立客户细分模型

任何消费者的消费行为都存在于一定的消费层次和变化模式中，我们可以从这两个方面来剖析消费者的消费行为，消费层次体现的是消费者在消费金额上的差异，这种差异是个相对量，即相对于其他消费者而言消费金额或多或少；消费波动情况体现的是消费者各月消费的差异程度，它是相对于消费者自身而言的比较量。了解这两个方面后我们就大致可以从消费行为上对一位消费者的消费行为模式进行划分。

我们的最终目的是建立基于消费行为的客户细分模型，对消费金额和消费变动的研究最终也是为建立模型服务的，即通过消费者消费层次和消费变化情况来确定消费者的消费模式，进而根据不同的消费模式来细分客户群。

不同行业、不同范围的消费者的消费也必然存在差别，因此模型在实际应用于客户细分时，需要先结合大量的历史数据确定出消费层次和消费波动情况具体维度的划分，数据容量的大小和时序数据的长度直接影响了模型的使用价值，数据容量越大、时间序列越长，则越能反映出消费者真实的行为模式。下面就针对所选的银行卡行业的研究样本，给出面向银行卡行业的客户细分模型。

模型选择了客户消费层次和消费波动情况两个维度指标，对于维度的划分数量可根据需要灵活掌握，通过调整聚类挖掘时 k 的取值和聚类的层次数目就可调节维度的单位数。所建的模型按照前面的聚类结果，消费层次维度被分为 9 类，消费波动维度被分为 6 类，于是在坐标系中就存在 54 种不同消费特征的客户群。

在模型中我们同样使用 A1，A2，…，A9 来表示 9 个不同的消费层次，A1 到 A9 消费水平逐渐升高。使用 B1，B2，…，B6 来表示 6 个不同的消费波动类型（B1 强平稳型消费；B2 相对平稳型消费；B3 长期间歇型消费；B4 短期间歇型消费；B5 周期型消费；B6 混合型消费）。纵向表示消费波动类型，横向表示消费层次类型，消费波动类型与消费层次类型的每一种组合代表了一类客户群。如 A9B1 代表的是超高平稳型消费的客户群，A4B4 代表的是中层短期间歇型消费的客户群（见图 8—14）。

B6	A1B6	A2B6	A3B6	A4B6	A5B6	A6B6	A7B6	A8B6	A9B6
B5	A1B5	A2B5	A3B5	A4B5	A5B5	A6B5	A7B5	A8B5	A9B5
B4	A1B4	A2B4	A3B4	A4B4	A5B4	A6B4	A7B4	A8B4	A9B4
B3	A1B3	A2B3	A3B3	A4B3	A5B3	A6B3	A7B3	A8B3	A9B3
B2	A1B2	A2B2	A3B2	A4B2	A5B2	A6B2	A7B2	A8B2	A9B2
B1	A1B1	A2B1	A3B1	A4B1	A5B1	A6B1	A7B1	A8B1	A9B1
	A1	A2	A3	A4	A5	A6	A7	A8	A9

图 8—14　基于消费层次和消费波动的客户细分矩阵

模型不仅可以根据历史消费数据对客户进行细分，还可以根据一段时期的新客户的消费数据对新的客户进行模式归类。由于维度的划分是采用聚类挖掘得到的，作为先验数据的样本采集面较广且样本容量足够大，能够提炼出几乎所有的消费行为模式。当客户行为数据被记录并输入导入模型后，模型根据新客户各时间单位消费的情况，按照一定的弹性范围查找与新客户消费行为最相似的样本客户，找到后，这位新客户就会被标注为与之最相似的样本客户同样的消费模式。当新客户被确定消费模式之后，他的消费行为数据以及他所属的消费模式又会被存放在样本客户数据库中，供其他新的客户比较用。当然也可能会碰到模型无法在样本数据库中找到与新客户消费行为类似的样本客户，这时模型将该新客户作为特殊消费行为客户暂时存放，在持续一段较长时期以后，模型为了适应客户群新的变化，需要在维度的确定和客户群的划分上进行升级，这样就使模型具备了处理新消费模式的能力，同时又延长了模型的生命周期。随着新客户信息的不断添加，模型所涵盖的消费行为模式将越来越全面。

模型的构建及确定新客户消费行为模式的流程如图 8—15 所示。

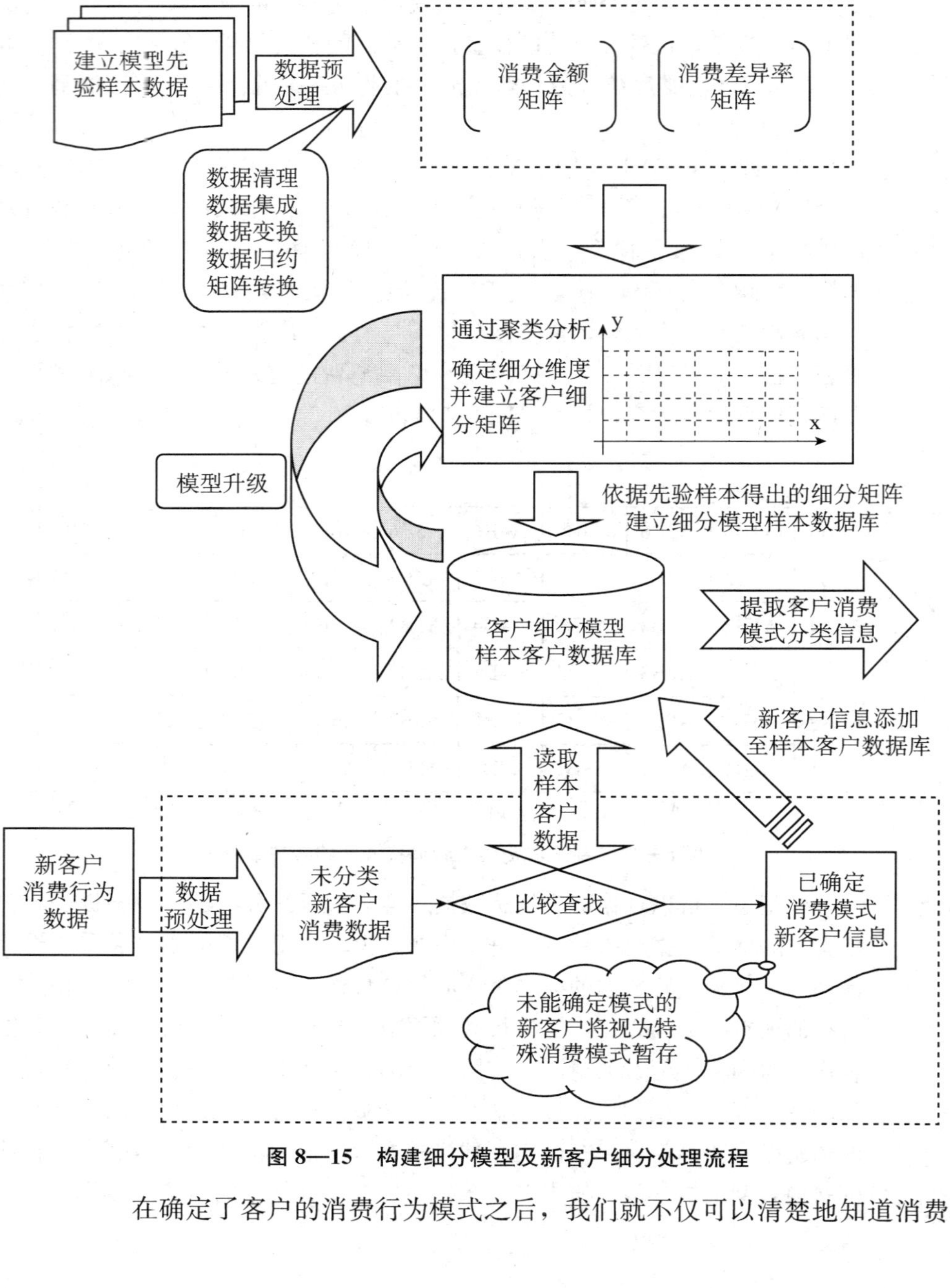

图 8—15 构建细分模型及新客户细分处理流程

在确定了客户的消费行为模式之后，我们就不仅可以清楚地知道消费者属于何种客户群及其消费行为的模式，而且我们可以通过特征模式轻松查找到我们感兴趣的特征客户群。例如对于商家而言，高层平稳型客户群无疑是它们的黄金客户群，这类客户消费金额高，且这种高额消费长期稳定，对商家的价值贡献度最大。而中高层间歇型客户群和中高层波动型客户群是商家需要大力挖掘的客户群，这类客户具有较强的购买力，但这种购买不是持续性的，这就要商家不断研究这类消费者的需求，提供这类消费者需要的产品和服务。在对消费者消费行为模式熟知的前提下，就能分析客户价值提升的潜力，这样客户服务就更有希望做到事半功倍。

研究拓展

银行卡可疑交易监控

2008 年中国信用卡发卡量高达 1.4 亿张，一线城市超过 50%的持卡用户每周至少使用一次信用卡，刷信用卡成为常见的消费方式。由于每笔刷卡银行都会从中获得 0.5%～2%不等的提成，可观的收益使得信用卡发卡量成为各银行争夺用户的重要参数指标。各银行之间为了争夺用户展开了发卡的激烈竞争，信用卡呈泛滥趋势。随之而来的是，利用信用卡非法套现的犯罪问题日益凸显。

所谓信用卡套现，就是信用卡持卡人不通过 ATM 或银行柜台等正规渠道提取卡内现金，而是通过一些非法中介机构以刷卡消费的名义，例如 POS 机刷卡直接套取现金，并逃避信用卡取现所需支付的相关手续费用。另一种方式是通过网上虚假交易套取现金，例如通过第三方电子支付平台。由于电子支付的相对虚拟性，通过电子支付来套现更加便利并容易被不法商家钻空子。

信用卡恶意套现现象频发，已引起中国人民银行、公安部、国家工商行政管理总局等部门的高度警觉。中国人民银行发布了《关于加强银行卡安全管理预防和打击银行卡犯罪的通知》，并正配合最高人民法院和检察院研究起草《关于信用卡套现及其他信用卡犯罪适用问题的司法解释》，提出为预防和打击银行卡犯罪，规范银行卡市场秩序，今后将加强银行卡安全管理，严厉打击银行卡犯罪。对持卡人开通网上银行转账的，要求应采用数字证书、电子签名等安全认证方式，否则单笔转账金额不应超过 1 000 元人民币，每日累计转账金额不得超过 5 000 元人民币等，以打击非法信用卡中介、遏制银行卡套现行为，未来信用卡套现行为将被纳入刑事打击范围。

中国电子商务协会正常法律委员会副主任阿拉木斯认为，套现行为是在钻信用卡适用法律规范整体的空子，它反映出我们在信用卡发放、使用、监管等方面有效措施的缺位。网上支付中恶意套现行为的治理和防范，必然要依靠信用卡与支付整体的规范和监管体系，而行业内的支付企业应该起到维护网上交易和支付安全的作用，承担起推广信用要求的责任。

随着我国第三方电子支付市场迅猛发展，第三方支付为消费者提供了几乎所有可以接触到的支付终端，如电话、手机、互联网、电子邮箱、信用卡、外卡等专用支付通道。由于电子支付的便利性和套现的有利可图性，催生出针对电子支付可能存在的交易规则漏洞

（如虚假交易）进行非法套现的问题。电子支付平台已成为避免非法套现、打击银行卡犯罪行动的重点区域。防止非法套现成为众多第三方电子支付平台面临的问题。能否有效解决这个问题决定着第三方电子支付平台是否能得到持续生存和发展。

在防止和控制利用电子支付非法套现方面，支付宝和环迅支付等比较有影响的支付平台提供了一些可借鉴的做法。针对防止信用卡套现，环迅支付的具体做法是推出“三法一核”体制。所谓“三法一核”，主要是制定《签约商户管理办法》、《信息安全管理办法》、《反洗钱管理办法》三个条款，“一核”则是推出现场审核机制，对商家进行级别评估，对不同风险级别的商户，提供不同的服务。这使信用卡的非法套现风险得到有效的控制和降低。这种有效的风险控制帮助环迅支付成为国内首个通过 PCI-DSS CLASS 1 信用卡安全认证的第三方支付平台，达到符合国际支付卡风险控制最高要求的级别。

另外，环迅支付通过数据挖掘等技术手段，建立了银行卡可疑交易监控系统，对疑似套现、银行卡盗用等交易进行识别、监控、分析，通过在商户及银行之间建立可疑交易反馈机制，以及和各银行风险管理部门和公安部门的协调、配合，最终实现零套现的既定目标。这些都是对“建立健全银行卡风险防控体系、完善收单协议和商户档案管理、严格自助转账业务的处理”等要求的回应。

为了打击信用卡套现等违规操作，支付宝提出了“风险为本，主动合规，净化网络，阳光操作”的行动口号，采用聚类、神经网络、回归分析等数据挖掘技术，建立了一整套完善的风险控制系统，在客户身份识别、客户交易监控、可疑交易报告、交易记录保存和套现甄别方面做了很多努力；对于违规操作，支付宝采取了警告、取消相应支付宝账户的收款功能、冻结相应支付宝账户及账户内资金、永久拒绝提供支付宝服务、纳入不良信用记录黑名单等处理方法，有效地防范了互联网支付套现犯罪行为。

腾讯旗下第三方网络支付平台财付通一直紧密配合各大银行的信用卡管理政策，与各大银行紧密合作。根据各大银行的信用卡管理政策，对于信用卡不良套现现象，财付通建立了严格的交易额度及交易流程监控规范，设置了商户限额开放、支付限额（单笔、单日等），通过对不同银行、不同业务种类，以及不同商户进行评估确定合理的额度控制，监控信用卡套现风险，以有效地保障银行及信用卡用户的利益。

而另一家第三方网络支付平台快钱主要服务以 B2C，B2B 等为主的企业。快钱表示，为了阻止信用卡套现，用户在快钱上使用信用卡消费，和银行的信用卡消费政策一致，消费额度主要取决于用户使用的网上银行证书（如文件证书或 U 盾等硬件证书）和信用卡可用额度。并且在开通快钱支付时经过机器与人工相结合的审核严格，实时监控异常交易情况。一旦发现可疑套现行为，会将款项退回原账户，并同时告知用户，以保证基于快钱的交易的真实性。

第三方支付平台的套现侦测措施在一定程度遏制了电子支付套现恶性行为的滋生，但套现风险的有效防范，仍需银行、第三方支付平台、公安等部门之间的监管合作，更加充分利用数据挖掘技术和金融智能工具，提高可疑金融交易侦测的实时性、准确性，实现对套现犯罪行为的高效、智能、精确打击。

本章小结

互联网等信息技术飞速发展，改变了人们开展支付活动的习惯、模式，推动了金融行业的信息化建设步伐。面对金融业日益激烈的商业竞争，为了满足消费者日益剧增的个性化和差异化需求，各金融企业推出了形式各异、功能多样的金融增值服务产品（如第三方支付、电子银行等）。随着在线交易的频繁性、信息的不对称性，上述金融增值服务产品对金融数据的依赖性和敏感度也越来越高。在此背景下，许多金融机构开始力图运用更先进的信息技术与智能决策支持技术（如决策树、聚类、回归分析等），对业务系统中积累的海量金融交易数据进行深入的分析，协助银行部门描述客户以往的需求并预测未来的发展趋势，识别忠实顾客，探测欺诈交易行为以减少资产损失；为金融信息增值服务品牌营销战略制定与优化、信用卡持卡人细分、卡基支付工具恶意套现防范、可疑金融交易甄别、反洗钱监测系统构建等方面提供决策支持。

思考与练习

1. 请查阅现有文献、资料，综述当前我国第三方支付平台的发展现状及存在的困境。

2. 随着第三方支付平台的高速发展，社会滋生了恶意套现等欺诈交易行为，如何采用数据挖掘技术进行上述行为的识别、预警、规避？

参考文献

[1] 电子支付成银行卡非法套现“重灾区”. http://bank.jrj.com.cn/2009/06/1010585204586.shtml

[2] 信用卡套现引央行警觉带　环迅支付发起反套现倡议. http://www.cnetnews.com.cn/2009/0714/1406149.shtml

[3] 欧阳卫民. 我国支付清算系统的特点和发展趋势. 财经科学，2009 (2)

[4] 欧阳卫民. 支付信息与宏观经济分析. 金融电子化，2009 (12)

[5] 张成虎，孙莹莹，姚文辉. 基于聚类分析的个人可疑交易识别研究. 金融电子化，2006 (5)

[6] 张成虎，赵小虎. 基于数据挖掘的洗钱交易识别研究. 统计与决策，

2009 (19)

[7] 王晓国，黄韶坤，朱炜等．应用C 4.5算法构造客户分类决策树的方法．计算机工程，2003，29 (14)

[8] 汪雪元，张军，杜萍．C 4.5算法在保险业可疑交易分析中的应用．计算机与现代化，2010 (4)

[9] 张成虎，赵小虎．基于CURE聚类的可疑金融交易信息搜索研究．情报杂志，2008 (6)

第 9 章 Chapter 9 安全电子支付协议

在电子商务活动中，既可以用传统的方式进行支付，也可以通过新型的电子方式来进行支付。相对于传统支付方式，电子支付具有方便、快捷等优点，但是由于网络的开放性，电子支付系统容易受到各种攻击。电子支付信息和电子货币是互联网上最有价值的财富之一，因此，如何建立一个安全的电子支付应用环境，对支付信息提供足够的保护，已经成为商家和消费者非常关心的问题。同时，缺乏有效的安全保障也必然使电子支付的发展受到极大的阻力和制约。

本章首先简单介绍了电子支付的基础知识，然后从电子商务安全协议、客户分级、银行网站验证、客户身份认证等角度介绍了电子支付中的安全机制，最后重点介绍了 SSL 协议、SET 协议、安全支付（3D-Secure）协议、Net Bill 协议、Digicash 协议等当前主要的几种电子商务安全协议。

第 1 节 电子支付中的安全问题和保障机制

保证电子支付的安全，一方面需要从技术上提供加密、数字证书、电子签名等技术手段，另一方面要从非技术上设立一定的安全管理机制。在本节中，我们将从技术角度和非技术角度阐述当前电子支付中的主要安全机制。

一、电子支付信息安全分类

电子支付信息安全性是指网上支付信息免遭泄露、破坏、篡改和伪造，保障支付信息的机密性、完整性、不可否认性、可用性和可审计性等，具体涉及以下几个方面。

（一）机密性

电子支付信息和电子货币是互联网上最有价值的财富之一。传统的金融信息都是通过专门的物理信道，或通过可靠的信息渠道发送支付报文来达到保守机密的目的的。电子支付发生在一个开放性的网络环境中，维护支付机密是电子商务推广应用的重要保障。因此，要防止非法的信息存取和传输过程中的非法窃取。

机密性是指信息只能在所授权的时间、所授权的地点暴露给所授权的人，对于未被授权的用户，这些信息是不可获得或不可理解的。

（二）完整性

完整性是指信息是完全、准确和合法的。电子支付数据传输过程中信息丢失、信息重复、信息篡改等，会导致交易各方信息的差异，将影响到交易各方的交易和经营策略。保持交易各方信息的完整性是电子商务应用的基础，电子支付系统应该提供对数据完整性进行检验的手段，确保能够发现数据在存储或传输过程中是否被改动过。

（三）不可否认性

不可否认性是指数据的原发送方对所发送数据不可否认，接收方对所接收数据也不可否认。在传统的支付中，支付双方通过在票据等书面文件上的手写签名或印章来鉴别票据的真伪，确定支付的可靠性，并预防否认行为的发生。

在电子商务中，通过手写签名和印章进行双方的鉴别是不可能的。因此，要求在交易过程中为参与交易的个人、企业或国家提供可靠的标识，使原发送方在发送数据后不能否认，接收方在接收数据后也不能否认。

（四）可用性

可用性是指信息和相关服务在需要的时候总是可以访问和使用的。无间断服务是电子商务和电子支付的特性，然而，如果业务端口被滥用，合法用户使用资源的请求就会遭到拒绝，造成拒绝服务，从而影响服务提供者的信誉。

（五）可审计性

可审计性是指每个授权用户的活动都是唯一标识和可监控的。电子支付系统应该能提供有关记录，以便对用户操作内容进行审计和跟踪。

二、电子支付系统面临的安全威胁

（一）电子支付系统安全威胁的分类

电子支付系统面临的安全威胁可以宏观地分为自然威胁和人为威胁。

自然威胁可能来自各种自然灾害、恶劣的场地环境、电磁辐射、计算机及网络设备老化等。上述事件有时会直接影响和破坏信息存储媒体，威胁网络和计算机系统的信息安全。

人为威胁是指通过攻击系统暴露出来的弱点，使得电子支付信息机密性、完整性、可用性等受到损害，造成不可估量的经济损失和政治影响。人为威胁可以分为两种：一种是无意威胁（偶然事故），例如操作失误（未经允许的使用、操作不当、误用存储媒体等）、编程缺陷（经验不足、水平有限等）、管理不善等。无意威胁虽然没有明显的恶意企图，但也会使电子商务系统受到严重破坏。另一种是以计算机犯罪为代表的有意威胁（恶意攻击），例如病毒、黑客等，具有智能性、隐蔽性及多样性等特点。

国际上把这种由于人为恶意攻击对信息系统造成的威胁划分为三个级别：

（1）C 级威胁。通常是个体信息犯罪，也就是信息攻击者是个体，单点攻击，采用一些简单的攻击工具。虽然这种攻击可以逐步实施自动化，但攻击是单一的，破坏有限。

（2）B 级威胁。通常是有组织的分布式协同攻击，即多点、多技术协同攻击。这种攻击危害大，难以应对，经常攻击一些专用网络。

（3）A 级威胁。通常是战争威胁，其攻击范围比 B 级威胁更大，使用的攻击技术更全面，危害更大。

（二）常见的电子支付系统安全威胁

电子支付系统在许多可以引起损坏的威胁面前是十分脆弱的，其中常见的威胁有以下几种。

1. 自然灾害

电子支付系统很容易受到自然灾害的袭击。水灾、火灾、地震、飓风等都可能破坏电子商务网络系统。因此，在作电子商务系统分析和设计时，要充分考虑可能发生的自然灾害。设备选址、机房设计（包括网络布线、供配电系统、接地系统、防雷系统、抗电磁干扰系统、空调系统、防火、防水等）要很慎重，关键的硬软件要有备用配置，重要的数据要有备份中心，以保证电子支付系统在遭到灾害袭击时，应用系统仍能不中断运行。

2. 环境因素

电子支付系统安全会受到工作环境的影响，断电、电力波动过大、工作环境湿度过高等，都可能对电子支付系统的安全构成威胁。断电会使计算机立即停止工作，内存中的数据全部丢失；环境的温度和湿度会影响计算机的可靠性和寿命，增加运算出现差错的可能性。

3. 软硬件质量及其安全漏洞

人类容易犯错误的天性是电子支付系统安全隐患始终存在的一个重要原因。电子支付系统由人来编写并最终由人来操作。软件开发人员在开发系统时由于粗心等原因出现的编程错误，被称为 Bug。1989 年，美国科学、空间和技术委员会对 Bug 的评价是“可能导致经济混乱、事故，甚至在极端情况下导致死亡”。从使用者的角度看，用户、数据录入人员和系统操作员错误的输入和数据编辑也可能引起系统出错乃至崩溃。这类安全隐患也可能来自软硬件开发者有意设置的系统漏洞，它被称为陷阱。

4. 误操作

误操作通常为偶然事故，例如在你想按“取消”的时候却不小心按了“确定”。为了解决误操作的问题，应该提高操作人员的技术水平，在系统设计上对操作应有必要的提示。

5. 计算机病毒

当前，计算机病毒已经成为网络公害。计算机病毒是一段人为编写的代码，它能够修改和破坏计算机系统，并通过网络等途径传播。计算机病毒在网络上蔓延的速度和给人类造成的危害不亚于生物病毒。在 1994 年，只有 20%的企业受到过计算机病毒的攻击，到 1997 年，就有 99.3%的企业受到过计算机病毒的攻击。

6. 黑客

黑客，源于英语动词 hack，意思是“干了一件漂亮的事”。一般认为最早的黑客是美国麻省理工学院一个实验室的一批年轻人，他们智力超群，对电脑全心投入，他们从事黑客活动，只是在对计算机进行最大程度的探索。现在，黑客常常利用计算机系统、网络系统和安全措施上的种种漏洞，进出联网计算机进行各种破坏，例如拒绝服务、篡改内容、安装逻辑炸弹等。黑客的日益猖獗给各国电子商务造成的经济损失也越来越大。

7. 欺诈和盗窃

电子支付系统的欺诈和盗窃可以是内部人员，也可以是外部人员。他们洞悉系统在技术、管理和制度上的漏洞，通过将传统欺诈方法信息化或采用全新的方法，获取非法利益。

案例

银行内部员工欺诈案

江苏徐州某银行软件维护员孙某从未在银行存过一分钱，但他却能随时随地从银行取出大笔的钱。在短短半年多的时间里，他从银行取走了 33.8 万余元。

1999 年 9 月的一天，孙某到该行下属一个分理处花 10 元钱开户办理了一张银行卡。当晚，他登录到储蓄业务网，在其余额处将 10 元改成了 50 010 元。第二天上午，他来到一个储蓄分理处，在 ATM 上按下了“1 000”元的按键，柜员机立刻吐出了 10 张百元大钞。

2000 年 3—4 月，他又相继虚增了一次 10 万元，一次 13 万元，后陆续在全国各地联网储蓄点取了出来。2000 年 5 月，邳州支行向市行申请安装一套库存现金查询系统。孙某设计了一套自动增加“自己”存款余额的程序，即余额低于 5 万元时，系统自动增加 3 万元。之后，孙某辞职去了北京。在北京他将虚增的 13 万元提出后，他的自动生成程序立刻启动，余额增加到 6 万余元。2000 年 8 月 5 日他将这 6 万元提了出来，之后系统又将余额增加到 6 万余元。

2001 年 3 月归案后，孙某被徐州市云龙区法院判处有期徒刑 5 年。

网络欺诈和盗窃犯罪可以是内部人员，也可以是外部人员，但内部人员作案占大多数。美国法院计算机犯罪司指出“内部人员构成了对计算机系统最大的威胁”，因为他们本身是内部人员，对业务处理、业务流程、应用系统、网络结构甚至网络系统管理非常熟悉，对系统攻击的成功率和造成的损失非常大，这是电子商务安全要防范的主要对象之一。

三、电子支付系统的安全保障机制

开展电子支付，需要设计一套完整的安全框架，并且在不同层面上采取不同的安全机制来保证系统的安全性能。

（一）网络层安全机制

1. 防火墙

在银行的专用网与互联网之间有一道安全屏障，这道安全屏障的作用是阻断来自外部网络对金融专网的威胁和入侵，它就是保护电子支付系统的安全关卡，通常被称作防火墙。

案例

某黑客组织入侵银行网络系统

2001 年年底，一家名为“Yihat”的反恐怖黑客组织声称入侵了某国国家银行运营的一个互联网服务器，该组织还出示了该银行的一些客户账户记录。“Yihat”组织称其入侵的目的不是为了破坏该银行的金融系统，而是为了查找涉嫌美国“9·11”袭击事件的恐怖分子的有关资料。一位不愿透露姓名的网络安全顾问证实：该银行遭到入侵的服务器的确没有安装防火墙，这使得未经授权的外部用户可以通过远程遥控的方式入侵服务器。数月后，“Yihat”组织还称其成员成功入侵了苏丹某银行的网络系统。

防火墙的建立对网上银行的安全至关重要。防火墙包括外部防火墙和内部防火墙。为保证系统不受黑客侵入，银行应在网络服务器和互联网之间设置外部防火墙，在网络服务器和数据库服务器或银行内部计算机系统之间设置内部防火墙。

从物理上讲，防火墙就是放在两个网络之间的各种系统组件的集合。例如，路由器、主计算机和适当软件的多种组合。有多种方法配置上述设备，配置依赖于电子商务站点的安全策略、预算和全面规划等。

防火墙能够有效地控制内部网络和外部网络之间的数据传输和访问，从而保证内部网络中的信息不会被未授权的非法入侵者窃取、篡改、破坏，设施如服务器、存储设备等不遭到破坏，保证内部网络的安全运行。

2. 入侵检测系统

入侵检测被认为是防火墙之后的第二道安全屏障，在不影响网络性能的情况下对网络进行检测，从而提供对内部攻击、外部攻击和误操作的实时保护。它扩展了系统管理员的安全管理能力（包括安全审计、监视、攻击识别和响应），提高了系统安全基础结构的完整性。它从系统的控制点收集，并分析信息，检查系统中是否有违反安全策略的行为和遭到袭击的迹象。

（二）应用层安全机制

1. 加密机制

数据加密是电子商务中保护数据的最基本方法。现代加密体制可以分为两种：单钥（对称）加密体制和双钥（非对称）加密体制。在单钥加密体制中，加密密钥和解密密钥是相同的。在双钥加密体制中，加密密钥和解密密钥不同，并且很难由一个推导出另一个，因此加密密钥（公钥）可以公开，解密密钥（私钥）由用户自己保存。这种加密算法可以满足网络系统开放性的要求，即当加密算法被公开时，不能通过加密密钥计算出解密密钥。

2. 数字签名机制

数字签名（digital signature）机制由两个过程组成：对信息进行签名的过程和对已签名的信息进行证实的过程。前者需要使用签名者的私有信息（如私有密钥）；后者则使用公开信息（如公开密钥）进行解密，以鉴定签名者的身份，即签名是否由签名者私有信息产生。

3. 访问控制机制

访问控制机制是根据实体的身份及有关信息，来决定该实体的访问权限。它按照事先确定的规则决定主体对客体的访问是否合法。当一个主体试图访问未经授权的资源时，访问控制机制将拒绝这一企图，并附带报告这一事件给审计跟踪系统，随即报警或采取必要措施。

电子支付系统中，Web 服务器的所有数据资源都应经过分级处理，同时对客户进行分级授权，每个客户只能在授权范围内进行操作，从而实现对资源的访问控制。

4. 数据完整性机制

电子支付信息的完整性主要依靠报文摘要算法（message digest algorithms），即采用单向散列（hash）算法将需要加密的明文进行摘要，而产生的具有固定长度的单向散列值，也称报文摘要（message digest）。其中，散列函数（hash functions）是将一个不同长度的报文转换成一个数字串（即报文摘要）的公式，该函数不需要密钥，公式决定了报文摘要的长度。这种方法的主要依据是散列算法对不同的数据产生相同散列值的概率非常小。一旦数据信息遭到任何形式的篡改，必然产生不同的散列值，反映出信息的完整性受到了破坏，这样就能防止非法用户对数据进行篡改。

5. 认证机制

传统的身份鉴别方法通常是依靠用户登录密码对用户身份进行认证。但密码以明文方式在网络中传递，很容易被攻击者截获，进而假冒用户身份，这样身份认证机制很容易被攻破。

在电子支付中，身份认证依赖于加密机制、数字签名机制和登录密码的多重保证。数字证书和认证中心在其中占有举足轻重的地位。

6. 防业务流分析机制

这种机制主要用来对抗非法用户对线路上的数据进行监听，并对其进行流量和流向分析。采用的解决方法一般是由保密装置在无信息传输时，连续地发出伪随机信息序列，使非法用户不知哪些是有用的信息，哪些是无用的信息。

7. 路由控制机制

在大型网络中，数据从源节点可能有多条线路可以到达目的节点，其中，有些线路可能是安全的，而另一些线路是不安全的。路由控制机制可使信息发送者选择特殊的路由申请，以保证数据安全。为了使用安全的子网、中继站和链路，既可预先安排网络中的路由，也可根据安全策略动态选择。

8. 安全审计跟踪

安全审计就是对系统的记录与行为进行独立的评估考察，目的是测试系统的控制是否得当，是否能保证与既定策略协调一致。安全审计还能提供一种事后的安全漏洞检测，对潜在的安全攻击起到威慑作用。

第 2 节 电子支付系统中的安全技术

本节将讨论电子支付中涉及的主要安全技术，包括加密技术、认证技术和网络安全技术。

一、加密技术

密码技术在计算机出现之前就已经被人们广泛使用。将自然语言格式转换成密文的基本的加密方法有替换加密和转换加密。

(一) 替换加密法

1. *单字母加密*

单字母加密的方法有很多中，这里介绍其中几种。

(1) 恺撒（Caesar）密码，如表 9—1 所示。

表 9—1 恺撒密码表

明文字母	a	b	c	d	e	f	g	h	i	j	k	l	m
密文字母	D	E	F	G	H	I	J	K	L	M	N	O	P
明文字母	n	o	p	q	r	s	t	u	v	w	x	y	z
密文字母	Q	R	S	T	U	V	W	X	Y	Z	A	B	C

这是加密法中最古老的一种，即将每个字母替换为字母表中其后面固定数目位置的字母，该数目称为密钥（key），如表 9—1 中，其密钥为 3。

举例来说，如果明文（记做 m）为 important，key=3，则密文（记做 C）为 LPSRUWDQW。

(2) 将字母倒排序，如表 9—2 所示。

表 9—2 字母倒排序

明文字母	a	b	c	d	e	f	g	h	i	j	k	l	m
密文字母	Z	Y	X	W	V	U	T	S	R	Q	P	O	N
明文字母	n	o	p	q	r	s	t	u	v	w	x	y	z
密文字母	M	L	K	J	I	H	G	F	E	D	C	B	A

如果明文 m 为 important，则密文 C 为 RNKLIGZMG。

(3) 单表置换密码。置换表中的密文字符的顺序是：将密钥的字母先对应明文，再将 26 个字母按顺序列出（隐去已出现的字母）。

假设密钥是 BEIJINGTSINGHUA（北京清华），由此密码构造的字符置换表如表 9—3 所示。

表 9—3 单表置换密码

明文字母	a	b	c	d	e	f	g	h	i	j	k	l	m
密文字母	B	E	I	J	N	G	T	S	H	U	A	C	D
明文字母	n	o	p	q	r	s	t	u	v	w	x	y	z
密文字母	F	K	L	M	O	P	Q	R	V	W	X	Y	Z

如果明文 m 为 important，则密文 C 为 HDLKOQBFQ。

2. *多字母加密*

多字母加密是使用密钥进行加密。密钥是一组信息（一串字符）。同一个明文经过不同的密钥加密后，其密文也会不同。

多字母加密方法中的维吉利亚（Vigenere）密码如表 9—4 所示。

表 9—4 多字母加密

m	i	n	f	o	r	m	a	t	i	o	n
key	S	T	A	R	S	T	A	R	S	T	A
C	A	G	F	F	J	F	A	K	A	H	N

维吉利亚是法国密码专家，以他的名字命名的密码是这样的：

假设明文 $m=m_1m_2m_3\cdots m_n$，密钥 $key=K_1K_2K_3\cdots K_n$，对应密文 $C=C_1C_2C_3\cdots C_n$，则

$$C_i=(m_i+K_i)\ \mathrm{mod}\ 26,\ i=1,\ 2,\ \cdots,\ n$$

其中，26 个字母 A—Z 的序号对应是 0—25，C_i 是密文中第 i 个字母的序号，m_i 是明文中第 i 个字母的序号，K_i 是密钥中第 i 个字母的序号。

如果 m 为 information，key=STAR，则 C 为 AGFFJFAKAHN。

密钥的循环出现使其长度与明文一样，密文中的字母 A 在明文中是 i 和 a；而明文中的字母 o 在密文中是 F 和 H。

维吉利亚密码的密钥长度若增加，破译的难度也将增加，若密钥的长度与明文的长度一样，而且是随机的，维吉利亚密码可做到一次一加密。

（二）转换加密法

在替换加密法中，原文的顺序没被改变，而是通过各种字母映射关系把原文隐藏了起来。转换加密法则是将原字母的顺序打乱，重新排列。例如：

it can allow students to get close up views

将其按顺序分为 5 个字符的字符串：

itcan

allow

stude

ntsto

getcl

oseup

views

再将其按先列后行的顺序排列，就形成了密文：

IASNGOVTLTTESICLUSTEEAODTCUWNWEOLPS

如果将每一组的字母倒排，也形成了一种密文：

NACTIWOLLAEDUTSOTSTNLCTEGPUESOSWEIV

（三）现代加密算法

上述几种加密算法在计算机出现以前就已经被广泛使用。计算机的出现及其性能的快速提高，使过去未能有效实现的密码分析方法（解密技术）变得可行。这使得简单的加密算法不再适应对安全性要求较高的场合。目前最典型的

两种加密技术是单钥（对称）加密技术和双钥（非对称）加密技术。

1. 单钥加密技术

单钥加密技术，是指发送和接收数据的双方必须使用相同的密钥进行加密和解密运算，即文件加密和解密使用相同的密钥。其优点在于加密速度快，适用于大量数据的加密处理，目前最著名的单钥加密算法是数据加密标准算法。

数据加密标准（data encryption standard，DES）算法是美国国家标准局（National Bureau of Standard，NBS）于1976年11月23日作为一个官方的联邦标准颁布的。这种加密算法被规定用于所有的公开场合或私人的保密通信领域，后来被国际标准化组织接受为国际标准。此算法被广泛采用。

DES算法是由IBM公司开发出来的，它将两种基本的加密算法（替换加密法和转换加密法）完美地结合起来。这种算法是通过反复应用这种技术，将一种基本算法施于另一种基本算法之上，并进行16次循环迭代来完成的。DES加密算法本身并不保密而是完全公开的。必须绝对保密的是密钥，且密钥可由使用者随时更换。只要密钥不泄露，用DES算法加密密文可靠性是很高的。不过，随着计算机技术的发展，对DES算法的穷举分析，已使其安全性遭到严重威胁，以至于美国国家安全局宣布从1988年起不再保证DES算法的安全。即使如此，至今仍无人发现DES算法中的任何严重缺陷，因此，DES算法仍然被广泛应用。

DES算法的加密运算法则是：每次取明文中的连续64位（二进制位，下同）数据，利用64位密钥（其中8位是校验位，56位是有效密钥信息），经过16次循环（每一次循环包括一次替换和一次转换）加密运算，将其变为64位的密文数据。

单钥加密技术在电子商务交易过程中存在如下几个问题：

（1）对称密钥的管理和分发是一件具有潜在危险且较烦琐的工作。单钥加密是基于共同保守秘密来实现的，采用单钥加密技术的贸易双方必须保证采用的是相同的密钥，保证彼此密钥的交换是安全可靠的，同时还要设定防止密钥泄密和更改的程序。

（2）要求提供一条安全的渠道使交易双方在首次通信时协商一个共同的密钥。而电子商务的特性使直接的面对面协商几乎是不现实而且难于实施的，所以双方可能需要借助于邮件和电话等其他相对不够安全的手段来进行协商。

（3）密钥的数目难于管理。因为对每一个合作者都需要使用不同的密钥，很难适应电子商务开放系统中大量的信息交流。

（4）单钥加密技术一般不能提供信息完整性的鉴别，它无法验证发送者和接收者的身份。

2. 双钥加密技术

1976年，美国学者迪菲（Diffie）和赫尔曼（Hellman）为解决信息公开传送和密钥管理问题，提出了一种新的密钥交换协议，允许在不安全媒体上的通信双方交换信息，安全地达成一致的密钥，这就是双钥加密技术，也称公开密钥加密技术。

公开密钥加密技术的加密和解密采用一对密钥实现：私有密钥和公开密钥。如果用公开密钥对数据进行加密，则只有用对应的私有密钥才能解密；反之，若用私有密钥对数据进行加密，则需用对应的公开密钥才能解密。这种加密技术的加密速度较慢，一般只运用于对少量数据进行加密。目前最著名的双钥加密算法是 RSA 算法。

RSA 密码体制是由美国麻省理工学院的三位科学家里夫斯特（Rivest)、沙米尔（Shamir）和阿德尔曼（Adleman）于 1976 年提出的，并在 1978 年正式发表。它建立在“大数分解和素数检测”的理论基础之上。两个大素数相乘的结果很容易得出，但将它们的乘积分解为两个大素数则是极其困难的。在这种密码体制中，每个用户有两个密钥，加密密钥 PK=（e,n）和解密密钥 SK=（d,n）。用户将加密密钥公开，使得系统中的任何用户都可以使用，而对解密密钥保密。这里，n 为两个大素数 p 和 q 的乘积（p 和 q 为 100 位以上的十进制素数），e 和 d 要满足当已知 e 时不能求出 d 这一要求。

RSA 算法的描述如下：算法涉及三个参数：n, e_1, e_2。其中，n 是两个大质数 p，q 的积，n 的二进制表示所占用的位数，就是所谓的密钥长度。e_1 和 e_2 是一对相关的值，e_1 可以任意取，但要求 e_1 与 $(p-1)*(q-1)$ 互质；再选择 e_2，要求 $(e_2*e_1)\mathrm{mod}((p-1)*(q-1))=1$。$(n,e_1)$，$(n,e_2)$ 就是密钥对。其中 (n,e_1) 为公钥，(n,e_2) 为私钥。

RSA 加解密的算法完全相同，设 A 为明文，B 为密文，则：$A = B\hat{}e_1 \bmod n$；$B = A\hat{}e_2 \bmod n$；e_1 和 e_2 可以互换使用，即：$A = B\hat{}e_2 \bmod n$；$B = A\hat{}e_1 \bmod n$。

交易双方利用该非对称加密算法实现机密信息交换的基本过程是：贸易方 A 生成一对密钥并将其中的一把作为公开密钥向其他贸易方公开；得到该公开密钥的贸易方 B 使用该密钥对机密信息进行加密后再发送给贸易方 A；贸易方 A 再用自己保存的另一把专用密钥对加密后的信息进行解密。贸易方 A 能用其专用密钥解密由其公开密钥加密后的任何信息。

为保证数据的可靠传输，目前业界普遍采用将对称加密和非对称加密两种技术相结合的方式来满足网络传输过程中的保密需求。具体做法是：发送方用对称密钥来加密数据，然后将此对称密钥用接收方的公开密钥加密，称为数字信封，将之和数据一起发送给接收方；接收方先用相应的私有密钥打开数字信封，得到对称密钥，然后使用对称密钥解开数据。这种技术的安全性能相当高，因为只有接收方才拥有自己的公开密钥，即使其他人得到了经过加密的对称密钥，也因为无法进行解密而保证了对称密钥的安全性，从而保证了传输文件的安全性。SET 协议即是这种技术的一个应用典范。

二、认证技术

认证技术主要包括报文认证和身份认证两个方面。身份认证用来鉴别用户的身份，报文认证用来保证通信双方的不可抵赖性和信息的完整性。在某些情况下，信息的认证比信息的保密更为重要。例如，用户一般不需要对自己的购物信息即订单进行保密，但他会关心所登录的购物网站是否是假冒的，这就涉及身份认证的问题；他还关心他的订单是否被第三方修改或伪造，并且商家对于收到他的订单不能抵赖，这就涉及报文认证的问题。商家也是如此，他需要对客户的身份进行认证，避免攻击者假冒他的客户向他发出虚假订单；他还关心订单的内容是否被修改以及客户不能否认他所发出的订货信息。

案例

英国首宗网上银行诈骗案

2002年8月22日，英国国家罪案署破获了英国首宗网上银行诈骗案。犯罪分子通过在网络上伪造身份骗走了该国某网上银行1万英镑现金。该银行是英国网上银行先锋，一切银行服务皆通过电话或互联网进行。就市场价值来看，该银行是英国排名前15位的银行，现有客户120万人。

警方称，逮捕犯罪分子的突然行动是在经过6个月、代号为“Skoda”的调查行动之后决定进行的。在行动中，有5名涉案青年被捕，包括4男1女，年龄介于23～36岁，他们将被控在2001年11月至2002年8月期间，串谋行骗该银行。

事实上，早在诈骗案发生半年前，该被盗银行就已经发现曾经有假冒身份者试图侵入其电脑系统。

本案例充分说明了身份认证对网上银行安全的重要性。网上银行业务突破了传统银行业务经营的概念，客户不到银行柜台就可以操作，银行业务人员和客户之间也没有面对面的接触，这就要求银行必须有一套有效的系统确认客户的身份和资格，保证客户和银行双方无法否认已发生的交易。如果在网上传播时银行对身份认证的信息安全保密程度不够，或身份认证体系存在安全漏洞，就可能导致本案例中被不法分子伪造身份进入系统、盗取钱财的情况发生。

目前，电子商务中广泛采用的认证方法和手段有数字签名、报文摘要、数字时间戳、数字证书。提到数字证书，就不得不提到认证中心的安全认证体系和公钥基础结构。下面对这些技术进行简单的介绍。

（一）数字签名和报文摘要技术

在金融、商业等系统中，许多业务都要求在单据上签名或盖章，以证明其真实性，利于日后的检查。在日常生活中，签名是确认文件的一种手段，签名的意义在于：签名是签名者慎重地签在文件上的证明；签名使文件的接收者相信签名者是慎重地在文件上签字的；签名是文件的一部分，其他人无法将签名移到不同的文件中；文件签名后，不能改变；签名和文件是一个整体，签名者签名后难以否认，从而可以确认已签署的这一事实。在网上进行交易时，可以采用数字签名的方法来实现签名的以上功能。

但数字签名与日常生活中的手写签名是不同的，这是因为在计算机中签名有许多问题。首先计算机的数据容易复制，即使人的签名难以伪造（如手写签名的图形图像），但把一个文件的有效签名移到另一文件中是轻而易举的事。另外，签名后的文件修改也可以做到不留任何痕迹。为保证数据的完整性，完成数据原发送方鉴别，需要对数据（亦称报文）进行验证。目前主要采用数字签名和报文摘要相结合的双重加密的方法来实现签名。

它的主要实现方法是：报文的发送方从报文文本中生成一个散列值（或报文摘要），然后用自己的私钥对这个散列值进行加密，形成发送方的数字签名这个数字签名将作为报文的附件和报文一起发送给报文的接收方。报文的接收方首先从接收到的原始报文中计算出散列值（或报文摘要），接着再用发送方的公钥来对报文附加的数字签名进行解密。如果两个散列值相同，证明报文具有完整性。同时，接收方通过该数字签名就能确认发送方的身份。因此，通过数字签名能够实现对原始报文完整性的鉴别和发送者对所发报文的不可抵赖性。

（二）数字时间戳

无论是传统的商务交易还是发生在网上的电子商务交易，交易的日期和时间都是非常重要的信息。数字时间戳服务（digital time-stamp service，DTS）就能提供确认电子文件发表时间的安全保护。DTS 必须由专门的服务机构来提供。时间戳是一个经加密后形成的凭证文件，它由三部分组成：

（1）需加时间戳的文件摘要；

（2）DTS 收到文件的日期和时间；

（3）DTS 的数字签名。

数字时间戳的工作流程如下（见图 9—1）：

（1）用户对文件数据进行摘要处理；

（2）用户提出时间戳的请求，散列值被传递给时间戳服务器；

（3）时间戳服务器对散列值和一个日期/时间记录进行签名，生成时间戳；

（4）时间戳数据和文件信息绑定后返还，用户进行下一步网上交易操作。

必须注意的是，书面文件的时间是签署人自己写上的，而数字时间戳则是

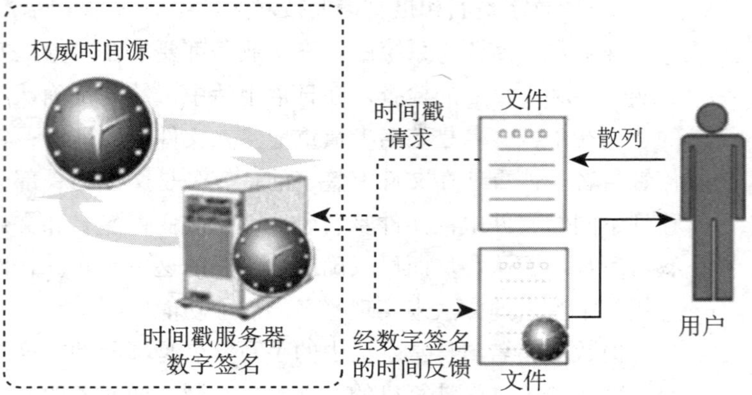

图 9—1 时间戳工作示意图

由 DTS 加上的，DTS 是以收到文件的时间作为确认依据的。

（三）数字证书

数字证书（digital certificate/digital ID）也称数字凭证，是用电子手段来标识一个用户的身份以及对网络资源访问权限的一系列数据。数字证书是由一个权威机构发行的，它的作用与现实生活中的身份证类似。在网上的电子交易中，如双方各自出示了自己的数字证书，并使用它来进行交易操作，则可以不必为对方身份的真伪而担心。随着电子商务的广泛和持续发展，数字证书以及证书认证机构的重要性日益凸显。

通常，有如下三种类型的数字证书。

1. 个人凭证

个人凭证（personal digital ID）仅仅为某一用户提供凭证，以帮助这一用户在网上进行安全交易操作。用户个人身份的数字凭证通常安装在客户端的浏览器内，并通过安全的电子邮件进行交易操作。

2. 企业（服务器）凭证

企业（服务器）凭证（server ID）通常为网络上的某个 Web 服务器提供凭证，企业可以利用该服务器发布的互联网站点来进行安全电子交易。具有凭证的 Web 服务器可以自动地将与客户端 Web 浏览器通信的信息进行加密。

3. 软件开发者凭证

软件开发者凭证（developer ID）可以为互联网中被下载的软件提供凭证，以使用户在下载软件时能获得所需的信息。

数字证书采用公钥体制，即利用一对互相匹配的密钥进行加密、解密。每个用户自己设定一把特定的仅为本人所知的私有密钥（私钥），用它进行解密和签名；同时设定另一把公共密钥（公钥）并由本人公开，为一组用户所共享，用于加密和验证签名。当发送一份机密信息时，发送方使用接收方的公开密钥对数据加密，而接收方则使用自己的私有密钥解密，信息就可以安全无误地到达目的地了。这样，通过数字的手段保证了加密过程是一个不可逆的过程，即只有用私有密钥才能解密。

数字证书的内部格式是由 CCITT X. 509 国际标准规定的，一个标准的 X. 509 数字证书包含以下一些内容：证书的版本信息；证书的序列号，每个证书都有一个唯一的证书序列号；证书所使用的签名算法；证书的发行机构名称，命名规则一般采用 X. 500 格式；证书的有效期，现在通用的证书一般采用 UTC 时间格式，它的计时范围为 1950～2049；证书所有人的名称，命名规则一般采用 X. 500 格式；证书所有人的公开密钥；证书发行者对证书的签名。具体如图 9—2 所示。

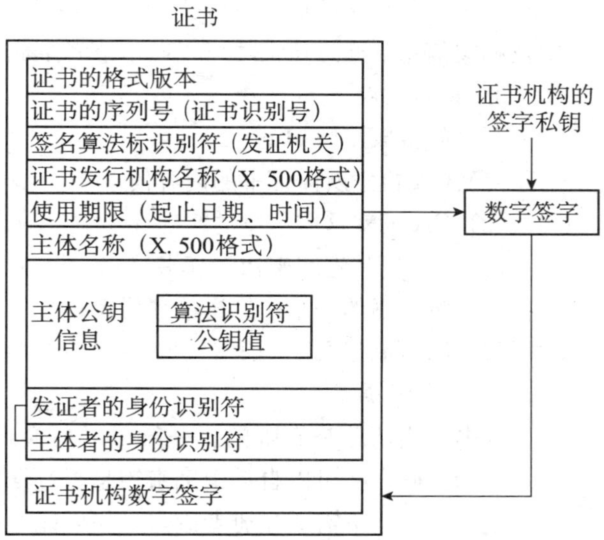

图 9—2　X. 509 数字证书的内容

（四）认证中心

电子商务安全认证体系的核心机构就是认证中心（CA）或证书授权中心。认证中心主要负责电子商务安全交易的认证服务，产生、分配和管理用户的数字证书。建立认证中心的目的是加强数字证书和密钥的管理工作，增强电子商务交易各方的相互信任，提高网上交易的安全性，推动电子商务的发展。认证中心作为一个权威可信任的第三方机构，也是电子商务重要的基础建设之一，也是电子商务大规模发展的根本保证。

为了推动电子商务的发展，首先要确定网上参与交易的各方（例如消费者、商家、收单银行的支付网关等）的身份，相应的数字证书就是代表他们身份的，数字证书是由权威的、公正的认证机构管理的。各级认证机构按照根认证中心（root CA）、品牌认证中心（brand CA）以及持卡人、商户或收单银行的支付网关认证中心（holder card CA/merchant CA /payment gateway CA）由上而下按层次结构建立的。

实际操作中 CA 也是用来管理证书的软件系统，具有四个主要职能：证书发放、证书更新、证书撤销和证书验证。CA 的策略决定了它如何发放证书以及它要求的有关使用证书的限制条件。这些成文的 CA 策略通常称为认证惯例声明（certificate practices statement，CPS）。

CA 对数字证书进行发行与管理的主要过程如下。

1. 证书申请

用户向 CA 注册，一般填写证书申请表，建立起注册者与 CA 的关系，注册者向 CA 提供必要的有关信息。

2. 主体认证

主体认证是保证证书系统安全的重要工作。CA 必须审查注册者的身份证明及相关信息，通过认证才可以向申请者生成和发放证书。

3. 证书生成

证书的生成步骤如下：

（1）CA 检索所需证书的内容信息；

（2）CA 证实这些信息的精确性；

（3）CA 用其签字密钥对证书签字；

（4）将证书的一个拷贝送给注册者；

（5）CA 将证书送入证书数据库，并向公用检索业务机构公布。

4. 证书更新

证书使用期总是有限的，一般可以更换过期证书，密钥对也需要定期更换。有的密码产品可以自动识别密钥是否过期并更新密钥，且与 CA 进行必要的通信联络，而不需要注册者参与。如果证书更新中有些信息发生变动，则应当让注册者参与证书更新过程。

5. 证书撤销

证书的撤销可以有许多理由，如私有密钥被泄密、身份信息的更新或终止使用等。

6. 证书验证

证书验证可以是通过信任分级体系来完成，每一种证书与签发它的单位相联系，沿着该信任树直到一个公认可信赖的组织，就可以确定证书的有效性。SET 协议就采用这种方法完成证书验证。

在实际运作中，CA 也可由电子商务参与各方都信任的一方担当，例如在消费者、商家、银行三方中，消费者使用的是由某个银行发行的卡，而商家又与此银行有业务关系。在此情况下，消费者和商家都信任该银行，可由该银行担当 CA 的角色，接收、处理消费者证书和商家证书的验证请求。

（五）公钥基础结构

为解决在互联网上开展电子商务（包括交易主体之间的身份认证、交易和通信）的安全问题，世界各国在经多年研究后，初步形成了一套完整的解决方案，即目前被广泛应用的公钥基础结构（public key infrastructure，PKI）。

PKI 技术采用证书管理公钥，即结合 X. 509 标准来实现密钥管理，通过认证中心，把用户的公钥和用户的其他标识信息（如名称、电子邮件地址、身份证号等）捆绑在一起，可在互联网上验证用户的身份。PKI 把非对称加密技术和对称加密技术结合起来，在互联网上实行密钥的自动管理。

PKI 可以为密钥管理和证书管理建立一个安全的网络环境，它还可以提供多种网上安全服务，如认证、数据机密性、数据完整性和不可否认性。图 9—3 显示了 PKI 的具体组成。

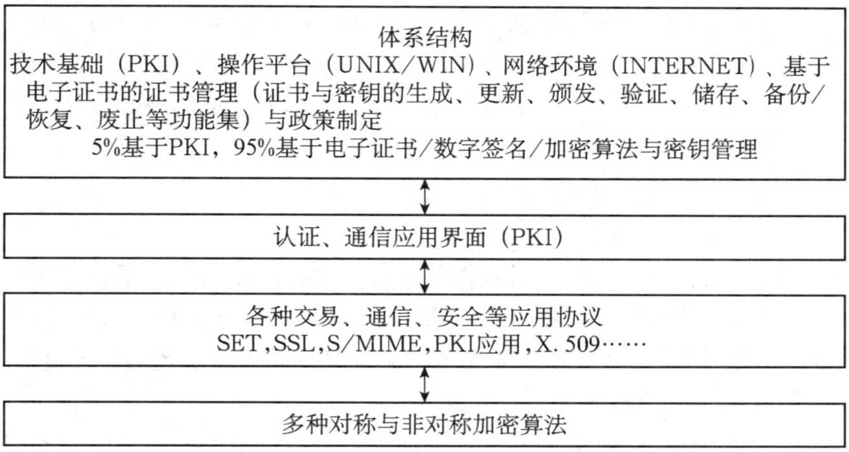

图 9—3　PKI 的具体组成

PKI 具有以下性能：

1. 支持多政策

用户可能信赖某个证书机构，但未必信得过另一个证书机构。因此，PKI 允许不同用户接受不同的政策。

2. 透明性和易用性

作为网络环境的一种基础设施，PKI 具有良好的透明性和易用性。PKI 尽可能地向应用层屏蔽加密等安全服务的实现细节，向用户提供屏蔽复杂的安全措施的解决方案，使安全服务对用户而言简单易用。

3. 互操作性

保证多厂商 PKI 环境的互操作性是在电子商务交易中建立信任的关键。因此，必须将 PKI 建立在标准之上，这些标准包括加密标准、数字签名标准、散列标准、密钥管理标准、证书格式、目录标准、文件信封格式、安全会话格式、安全应用程序接口规范等。

4. 支持多平台

PKI 适合于不同的开发环境和不同的开发平台，例如 Windows，UNIX 等。

5. 支持多应用

PKI 面向广泛的网络应用，提供文件传送安全、文件存储安全、电子邮件安全等多种 Web 应用的安全保护。

三、网络安全技术

（一）防火墙技术

从物理上讲，防火墙是一种设备的集合，它由软件或硬件设备组成，通常处于企业的内部局域网与互联网之间，限制互联网用户对内部网络的访问以及管理内部用户访问外部网络的权限。换言之，防火墙在一个被认为是安全和可信的内部网络与一个被认为是不那么安全和可信的外部网络之间提供一种封锁工具。

典型的防火墙技术有两大类。

1. 包过滤型

它是在网络层中对数据包实施有选择的通过。依据系统内事先设定的过滤逻辑，检查数据流中每个数据包后，根据数据包的源地址、目的地址、所用的 TCP 端口与 TCP 链路状态等因素来确定是否允许数据包通过。

2. 代理服务型

它是由一个应用网关作为代理服务器，接受外来的应用连接请求，进行安全检查后，再与被保护的网络应用服务器连接，使得外部用户在受控制的前提下使用内部网络的服务。同样，内部网络到外部的连接也可以受到监控。与包过滤型防火墙不同的是，内部网与外部网之间不存在直接的连接，同时提供日志及审计服务。应用网关的代理服务实体将对所有通过它的连接做出日志记录，以便对安全漏洞进行检查和收集相关的信息。

防火墙的安全防护具有一定的局限性，它是一种被动防护技术，对不经由防火墙的攻击，如内部的非法行为，难以有效地控制。防火墙也不能有效防止受病毒感染的软件或文件的传输，因为它无法逐个扫描每个文件以查找病毒。防火墙也不能防止数据驱动式的攻击。当有些表面看来无害的数据邮寄或拷贝到内部网的主机上并被执行时，可能会发生数据驱动式的攻击。例如，修改与主机系统安全有关的配置文件，从而使入侵者下一次更容易攻击该系统。

（二）反病毒技术

计算机病毒是编制或在计算机程序中插入的破坏计算机功能或者破坏数据，影响计算机使用并且能够自我复制的一组计算机指令或者程序代码。目前计算机病毒主要通过电子邮件、从互联网上下载的文件、光盘和软盘等途径入侵计算机系统。

案例

“尼姆达”病毒侵入网上银行系统

2001年9月，“尼姆达”病毒在全球备受关注，该病毒可通过电子邮件、网络共享资源、微软的IIS服务器等途径在网络上大量散播，发作时影响计算机的运行速度，导致系统瘫痪。由于“尼姆达”病毒具有感染速度快、散播面广、传播形式复杂多样等特点，短短几个星期内就迅速在全球范围内泛滥成灾。有报道称互联网上的几家国际银行也不同程度地遭到了“尼姆达”病毒的攻击。

据澳大利亚《悉尼晨报》（*Sydney Morning Herald*）的消息称，该月澳大利亚某银行的自动取款机系统、互联网银行系统、电话银行系统停止正常办公。该银行一位不愿透露姓名的工作人员抱怨道：“我们19日一整天没有登录互联网，银行的联网机器被迫改用其他的线路进行工作。为了使我们的电脑躲开病毒，不得不劳驾客户亲自跑到银行的柜台前办理业务。”

1. 计算机病毒的特征

计算机病毒通常具有以下特征：

（1）欺骗性。用户执行一个程序时，通常会分配给它相应的系统资源，如内存，使之能够运行完成用户指令。计算机病毒隐藏在合法的程序或数据中，当用户运行正常程序时，计算机病毒伺机窃取到系统的控制权，然而此时用户并不能察觉。

（2）传染性。传染性是计算机病毒最重要的特征，是判断一段程序代码是否为计算机病毒的依据。病毒程序一旦侵入计算机系统就开始搜索可以传染的程序或者磁介质，然后通过自我复制迅速传播。网络扩大了病毒的传染范围。

（3）潜伏性。计算机病毒具有依附于其他媒体的寄生能力，依靠这种能力，病毒传染合法程序和系统后，不立即发作，而是悄悄隐藏起来，并在用户不察觉的情况下进行传染。这样，病毒的潜伏性越好，它在系统中存在的时间就越长，病毒可能传染的范围就越广，其危害性就越大。

（4）表现性。无论何种病毒，一旦侵入系统都会对系统的运行造成不同程度的影响，即使不直接产生破坏作用的病毒也要占用系统资源（如占用内存空间、磁盘存储空间以及系统运行时间等）。而绝大多数病毒要显示一些文字或图像，影响系统的正常运行，还有一些病毒会删除文件、加密磁盘中的数据，甚至摧毁整个系统和数据，使之无法恢复，造成无可挽回的损失。病毒的表现体现了病毒设计者的真正意图。

（5）可触发性。计算机病毒一般都有特定的触发条件。满足其触发条件就会激活病毒的传染机制，使之进行传染。这个条件可以是键入特定字符，使用特定文件，某个特定日期或特定时刻，或者是病毒内置的计数器达到一定次数等。

2. 计算机病毒的分类

(1) 按寄生方式分为引导型病毒、文件型病毒和复合型病毒。引导型病毒是指寄生在磁盘引导区或主引导区的计算机病毒。此种病毒利用系统引导时不对主引导区的内容正确与否进行判别的缺点，在引导系统的过程中侵入系统，驻留内存，监视系统运行，伺机传染和破坏。这种病毒有大麻病毒、火炬病毒、小球病毒等。

文件型病毒是指能够寄生在文件中的计算机病毒。这类病毒会感染可执行文件或数据文件，例如1575/1591病毒、848病毒感染可执行文件，宏病毒感染Word文件。

复合型病毒是指同时具有引导型病毒和文件型病毒寄生方式的计算机病毒。这种病毒扩大了传染途径。当染有此种病毒的磁盘用于引导系统或调用执行染毒文件时，病毒都会被激活。这种病毒有Flip病毒、One-half病毒等。

(2) 按破坏性分为良性病毒和恶性病毒。良性病毒是指那些只是为了表现自身，并不彻底破坏系统和数据，但会大量占用CPU时间、增加系统开销、降低系统工作效率的一类计算机病毒。这类病毒有救护车病毒、扬基病毒等。

恶性病毒是指那些一旦发作，就会破坏系统或数据，造成计算机系统瘫痪等后果的病毒，这种病毒的危害性极大。这类病毒有黑色星期五病毒、火炬病毒、米开朗·基罗病毒等。

3. 其他恶意代码

除了病毒，还有几类程序统称为恶意代码，每种恶意代码都会对数据的完整性和有效性造成不同的威胁。

(1) 蠕虫是一种未经许可就可以把自身复制到网络节点上的计算机程序。

(2) 特洛伊木马的原意是敌人把士兵藏在木马里从而攻入了固若金汤的特洛伊城。作为计算机术语，它的含义是指用户将一个貌似合法的程序载入系统，但此后恶意代码开始运行。

(3) 逻辑炸弹可以定义为一种休眠代码，到了预定的时间或者预定的事件出现就可以激活逻辑炸弹，它是经常出现在大型计算机系统中的一类恶意代码。

如果特洛伊人不让木马进城，木马中的敌人就不能进城攻击他们，而蠕虫不用欺骗，就可以绕过你的防御体系。典型的蠕虫利用网络操作软件的漏洞来散布自己的程序，可以将它的一部分散布到联网的许多不同计算机上，而这些部分仍是相互关联的，因此被称为蠕虫——一种分段动物。病毒和蠕虫会自我复制，而特洛伊木马不会自我复制。

实际上，这几种不同的恶意代码可以结合在一起，比如，病毒可以通过特洛伊木马侵入系统，然后在系统中植入逻辑炸弹，该逻辑炸弹又会激活蠕虫程序。

4. 病毒防范措施

计算机病毒严重危害了计算机系统，公安部发布的《计算机信息网络国际联网安全保护管理办法》第一章第六条第四点明确指出，任何单位和个人不得故意制作、传播计算机病毒等破坏性程序。病毒防范制度包括如下几个方面的内容：

（1）对于存储重要信息的计算机系统，不得接入网络系统中，如需接入网络系统，则要对这些信息进行备份；

（2）不得将任何可疑的文件、应用程序在不经检查以确定其安全状况的情况下存储到保存重要信息的计算机系统中；

（3）要及时更新杀毒软件，确保计算机系统的安全；

（4）对于网上下载的信息，要对其进行检查后，才可以存放到计算机信息系统中。

目前，反病毒产品一般包括三个方面的主要技术：预防技术、检测技术和杀毒技术。

（1）预防技术通过自身常驻系统内存从而优先获得系统的控制权，对系统中是否存在病毒进行监视和判断，进而阻止计算机病毒入侵计算机系统和对计算机系统进行破坏。这类技术有引导区保护、系统监控和读写控制等。

（2）检测技术是根据计算机病毒的特征来对其进行判断的技术，如对文件关键字、对文件的长度是否变化等进行判断。

（3）杀毒技术是通过对计算机病毒进行分析，开发具有删除病毒程序、恢复原文件等功能的软件。

随着计算机网络技术的发展，计算机病毒也在不断发展，对用户计算机系统的危害也越来越大。开发高效的反病毒产品是解决计算机病毒威胁的一个重要途径。高效的反病毒软件必须对全球最新出现的病毒具有快速的反应能力。

第 3 节　安全电子支付协议设计

一、安全电子支付协议的定义

协议是指两个或者两个以上的参与者为完成某项特定的任务而采取的一系列步骤。这个定义包含三层含义：

（1）协议自始至终都是一个有序的过程，每一个步骤必须执行，在前一个没有执行完之前，后面的步骤就不可能执行；

（2）协议至少需要两个或两个以上的参与者；

（3）通过协议必须能够完成某项任务。

安全协议是指使用密码技术的密码协议（cryptographic protocol），协议的参与者可能是可以信任的人，也可能是攻击者和完全不可以信任的人。

电子支付是客户、商家、银行和各方所信任的第三方认证中心之间的信息流和资金流的交互关系。各方是通过遍及全球的、开放的但不安全的互联网相互联系的。

在电子支付过程中，为了保证客户、商家、银行和各方所信任的第三方认证中心之间的信息流、资金流的交互关系有规可循，保证各方的利益和安全，控制风险，而约定支付过程的参与方、支付流程、安全技术等内容，这个约定就是电子商务安全协议。

二、安全电子支付协议分类

一个较为完善的安全电子支付系统至少要实现加密机制、验证机制和保护机制，目前已开发并应用的安全协议主要有以下几种。

（一）加密协议

加密协议有两个要素：一是能把保密数据转换成公开数据，在不安全的公用网中自由发送；二是能用于授权控制，无关人员无法解读。因此数据要划分等级，算法也要划分等级，以适应多级控制的安全模式。

（二）身份验证协议

身份验证是上网的第一道关口，且与后续操作相关。因此身份验证至少应包括验证协议和授权协议。人员要划分等级，不同的等级具有不同的权限，以适应多级控制的安全模式。

（三）密钥管理协议

包括密钥的生成、分发、存储、保护、公证等协议，保证在开放环境中灵活地构造各种封闭环境。根据互联网的特点，密钥在网上要做到端级和个人级，在库中要做到字节级。

（四）数据验证协议

包括数据保密压缩、数据验证、数字签名。数字签名要同时具有端级签名和个人签名的功能。

（五）安全审计协议

包括与安全有关的事件，包括事件的探测、收集、控制，能进行事件责任的追查。

（六）防护协议

除了防病毒卡、干扰仪、防电磁泄射等物理性防护措施，还对用于信息系统自身保护的数据（审计表等）和各种秘密参数（用户口令、密钥等）进行保护，以增强反入侵功能。

三、安全电子支付协议的设计原则

不同的应用环境对安全电子支付协议目标的要求不同，需要根据应用环境的不同，设计有针对性的安全电子支付协议。在设计时需要考虑以下几个原则。

（一）安全性

安全性（security）是指在电子支付过程中对客户的资金进行有效的保护。安全性是安全电子支付协议设计中最重要的原则，一个不安全的协议是不会为人们所接受的。但是，越高的安全性，其开销越大，代价越大。因此，设计安全电子支付协议时应针对不同的应用需求，给出不同程度的安全安排。生活中常有的微交易（micro-transaction），仅涉及几元、十几元的小额支付或微支付（micro-payment），如电话费、查询费等，需设计低开销的安全措施。

（二）不可否认性

简单说，不可否认性（non-repudiation）就是指参与电子支付的任何一方都不能否认其行为。由于电子支付有关各方通过互联网进行支付时交易双方不会谋面，因此，确保各方承诺的不可否认性十分重要。参与电子支付的任一方都不能否认其行为，如数据发送方不能否认已发送的消息，或消息接收方也不能否认已接收到的消息。如果某一方在交易中做了损害他方利益的行为，另一方可拿出有力的电子证据向权威机构申请仲裁，这就要求电子证据有对其行为的不可否认性。最普遍使用的是通过数字签名技术来实现不可否认性。

（三）公平性

公平性（fairness）是指电子支付的交易双方在交易中处于平等的地位，交易双方的利益在任何时刻处于同一水平。传统商业参与双方进行面对面的交易，遵循“一手交钱，一手交货”的规矩，以保证交易双方都不吃亏，而电子商务是在网上进行采购，在双方未曾谋面的情况下进行交易，任何一方都不想在交易中处于不利地位。可用同步性来实现公平性，但是同步性关系到参与交易的各方计算机的计算能力、时钟是否一致等问题，很难协调到同一水平，于是常用不可否认性来确保交易双方的利益在任何时刻处于同一水平。

（四）匿名性

匿名性（anonymity）是指在消费者在支付过程中不会泄露自己的一些私

密信息。在银行可以绝对信任的条件下，商家无法在交易中得知消费者的身份称为满足弱匿名性或半匿名性；即使在银行与商家勾结的情况下，也不能知道消费者的身份称为完全匿名性。

由于种种原因，客户在商业交易中常常希望保护自己的隐私，不愿泄露自己的身份、购物习惯、购物品种和数量等信息。现金交易一般可以很有效地保护客户的身份：钞票虽有号码，但通常不会暴露使用者是谁；同样，在电子支付中客户也希望不泄露自己的这些信息。

需要注意的是，虽然匿名性是一种支付的需求，但也有其负面影响，匿名性特别是完全匿名性容易被罪犯用来进行洗钱等违法活动。许多国家将匿名交易认定为非法。为了消除这种影响，一般的办法是记录超过一定金额的交易。另外一种可行的折中办法是通过可信任的采购代理来购物，客户的身份等私有信息保存在代理处，追踪也仅仅追踪到代理为止。

（五）原子性

原子性（atomicity）原本是数据库领域中的概念，是指对数据库操作的一个逻辑由一系列操作组成。之后泰加（T. D. Tygar）对其加以推广，在电子商务中引入了原子性的概念，以规范电子商务中的资金流、信息流和物流。

在泰加的定义中，原子性分为三级——货币原子性、商品原子性、确认发送原子性，这三级之间为向上兼容关系，后者包含前者。

货币原子性（money atomicity）指的是电子商务中的资金流守恒，即资金在电子商务有关各方的转移中既不会创生也不会消失。例如，现金交易是满足货币原子性的，购买者资金的减少等于销售者资金的增加。

商品原子性（goods atomicity）的定义如下：首先，满足商品原子性的协议一定是满足货币原子性的。其次，必须保证购买者如果付了款就一定会得到商品，购买者如果得到了商品则一定付了款，不存在付了款而得不到商品或者得到了商品而未曾付款的情况。如亚马逊送货上门、货到付款的方式就是一种满足商品原子性的协议。商品原子性对于经由互联网发送的信息商品或数字商品，如软件、音乐、电影等，具有特别重要的意义。

确认发送原子性（certified delivery）的定义如下：首先，满足确认发送原子性的协议一定满足货币原子性和商品原子性；其次，需要有对客户购买的和商家销售的商品的内容及品质的双方确认，亦即满足确认发送原子性的协议必须同时保证购买者得到其所订购的商品（包括品质），商家发送了客户订购的商品。为了达到确认发送原子性，可以通过一个可信任的第三方，也可以从技术上予以保证。确认发送原子性对于客户和商家互不信任的场合特别有意义，满足此原子性的协议可让客户和商家双方认可所发送商品的内容和品质。

（六）交易规模

交易规模（transaction size）是指一次交易中所涉及的金额。按照交易规模的不同，电子支付系统可分为宏支付系统和微支付系统。宏支付系统的交易金额相对较大，对支付系统有很高的安全要求；而微支付系统的支付金额相对较小（如不超过 5 欧元），安全要求相对不高，但对支付系统有较高的效率和费用要求。因此，针对不同的交易规模，应该设计和开发特定的电子商务安全协议。

四、客户分级

目前网上银行大多分为大众版和专业版。一般来说，专业版必须由用户本人到银行网点申请办理数字证书，而大众版允许客户凭身份证号、账号和密码在网上自助开通。大众版与专业版的区别主要表现在以下方面。

（一）享受功能服务不同

大众版一般只具备查询、小额支付等基本功能，受单笔支付金额和单日支付总额的限制。而拥有数字证书的专业版用户则可享受无限额转账支付等更多的功能服务。

（二）安全性能不同

使用数字证书，即使卡号和密码被盗用，没有数字证书也无法进行网银操作，从而能保证网上交易的安全性。而且使用网上银行数字证书进行网上支付，如果发生账户盗用造成损失，用户将可获赔。

五、客户身份验证

不同于传统的支付，在电子支付中，支付是由客户发起并借助支付工具自助完成的，这就使得客户的支付工具存在被盗用的危险，因此，如何保证银行卡等支付工具不被盗用，就成为电子支付中一个重要的安全问题。当前国内各大银行的网上银行多采用数字证书及动态密码、密码验证等客户身份验证机制。

（一）数字证书及动态密码

所谓数字证书，是指网上银行客户使用的一种将单位或个人身份信息与电子签名唯一绑定的电子文件，建立基于公钥技术的个人证书认证体系，通过个人证书认证和数字签名技术，对客户的网上交易实施身份认证，并且签署各种业务服务协议，确保了交易和协议的唯一、完整和不可否认。

数字证书按存储介质不同，又分为移动数字证书和文件数字证书。移动数字证书即通常所说的 USB-KEY 证书，它是一个外形类似 U 盘的东西，从外部无法读出内部保存的关键数据，安全性较高，具有携带方便、不可复制的特点，但购买需要支付一定的费用。文件数字证书即 IE 浏览器证书，成本较低，只需支付一次性手续费或不多的年费，一般在 10 元左右。由于文件数字证书只能在安装此证书的电脑上使用，因而适合有固定上网电脑的用户。

客户在银行柜台申请数字证书时，会获得一串数字授权码，它是用来在银行网站下载数字证书的。下载后的文件数字证书可以备份，也就是说，文件数字证书不是只能在一台电脑上使用，如果用户希望在别的电脑上使用，可以在已经下载了证书的电脑上进行证书导出的操作，将其导出在 U 盘或其他介质上，再导入到另一台电脑中即可。原电脑上的证书依然可用。移动数字证书则不可备份。数字证书都具有使用期限，一般在 2 年左右，证书到期后需进行证书更新操作或重新下载证书。

（二）密码验证

“用户名＋密码”是网上银行最基本的保障方式，在网上银行的使用过程中，可能会涉及多个不同的密码，主要种类有：

（1）银行卡密码：银行卡密码是用户在申请银行卡时自行设置的密码，也就是取款密码，该密码可在自动取款机上自行更改。网银账户最少对应一张银行卡，有些银行的银行卡密码与网银支付密码一致。

（2）登录密码：指登录网上银行时使用的密码。该密码一般由用户在申请网上银行时自行设定，有些银行也会在客户申请网上银行时提供给客户一个写有登录密码的信封。用户在登录网上银行后可自行修改登录密码。

（3）支付密码：在涉及转账付款时，系统会要求输入支付密码，支付密码能够保证账户资金的安全。用户在登录网上银行后可自行修改支付密码。修改密码时一般要求输入原密码，即使账户被盗用，不知道支付密码也无法动用账户资金。所以，登录密码和支付密码最好不要设成相同的。

密码的设定也有一定的技巧，很多银行都建议客户不要设成同一个数字的密码，不要用生日做密码，密码要尽量采用数字和字母间隔组合，越复杂也就意味着越安全。此外，在密码输入方式和输错锁定上，各银行也提供了一定的保护措施。

（1）网银登录时验证码保护。所谓验证码，就是将一串随机产生的数字或符号，生成一幅图片，图片里加上一些干扰像素，由用户肉眼识别其中的验证码信息，输入表单提交网站验证，验证成功后才能使用某项功能。验证码的作用就是防止有人用特定程序暴力破解方式进行不断的登录尝试或者不停的注册。目前，大多数银行的网上银行均采用了验证码保护。

（2）密码软键盘。所谓软键盘，是指在屏幕上出现一个模拟的键盘，可以通过使用鼠标在相应的按键上单击来输入各种字符、汉字、符号等。设置密码软键盘的目的是防止监视键盘输入的木马程序。目前，中国建设银行和中国农业银行等的网上银行登录采用软键盘保护。

（3）密码输错锁定。密码输错锁定是指当用户连续输错密码达到一定次数后，该账户将被锁定。密码输错锁定功能可防止有人恶意试取密码。目前大部分银行的网上银行都具备密码输错锁定功能，但锁定期长短不一。

六、其他安全措施

（一）交易限额

中国人民银行发布的《电子支付指引（第一号）》规定，银行通过互联网为个人客户办理电子支付业务时，除采用数字证书、电子签名等安全认证方式，单笔金额不应超过 1 000 元人民币，每日累计金额不应超过 5 000 元人民币。

目前，很多银行已经有自己的网上支付额度限制，这在一定程度上保障了账户资金的安全。一般来说，专业版用户可以自己设置转账支付限额，而普通版用户的转账限额一般由银行规定。

（二）短信提醒

短信提醒，即在发生转账支付或涉及账户资金变动时，系统会发送相关短信至网银用户的手机，以方便用户跟踪账户变化。最近由于短信诈骗活动很多都是通过短信提醒的方式来骗得用户转账从而盗取资金的，因此用户在使用该项服务时要注意分辨真假短信。

第 4 节　主要的安全电子支付协议

目前国内外已经提出了许多电子支付协议，其中最为著名的是 SSL 协议和 SET 协议。另外还有 3D-Secure 协议、Digicash 协议、Net Bill 协议、iKP 协议、Bolignano 协议等。本节，我们将重点讨论 SSL 协议、SET 协议、3D-Secure 协议、Digicash 协议和 Net Bill 协议。

一、SSL 协议

（一）SSL 协议概述

SSL 协议是目前使用最为广泛的电子商务协议。它是由网景公司设计开发，主要用于提高应用程序之间的数据安全系数，实现兼容浏览器和服务器（通常是 WWW 服务器）之间安全通信的协议。

SSL 协议支持两台计算机之间的安全连接，其实现属于套接层，处于应用层和传输层之间，由 SSL 记录协议（SSL record protocol）和 SSL 握手协议

(SSL hand shake protocol）组成，其结构如图 9—4 所示。

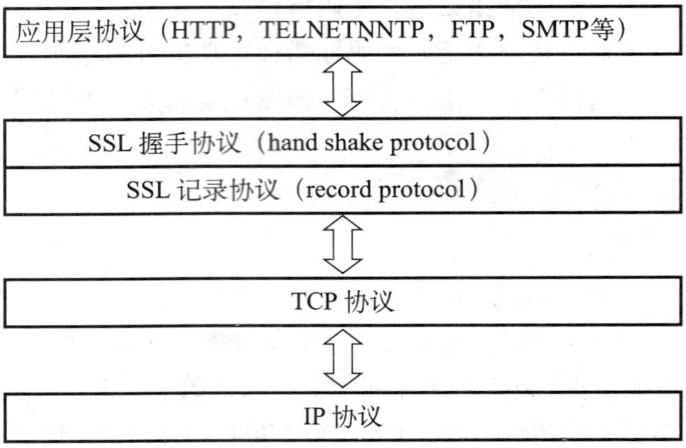

图 9—4　SSL 在 TCP/IP 网络分层结构模型中的位置

SSL 握手协议描述建立安全连接的过程，在客户和服务器传送应用层数据之前，完成诸如加密算法和会话密钥的确定、通信双方的身份验证等功能；SSL 记录协议则定义了数据传送的格式，上层数据包括 SSL 握手协议建立安全连接时所需传送的数据都通过 SSL 记录协议再往下层传送。这样，应用层通过 SSL 协议把数据传给传输层时，已是加密后的数据，此时 TCP/IP 协议只需负责将其可靠地传送到目的地，弥补了 TCP/IP 协议安全性较差的弱点。

SSL 协议作为目前保护 Web 安全和基于 HTTP 的电子商务交易安全的协议，为许多世界知名厂商的内部网和互联网网络产品所支持，其中包括网景、微软、IBM、Open Market 等公司提供的支持 SSL 协议的客户机和服务器产品，如 IE 和 Netscape 浏览器，IIS、Domino Go Webserver、Netscape Enterprise Server 和 Appache 等 Web 服务器。

（二）采用 SSL 协议的交易流程

采用 SSL 协议的支付系统是国内普遍采用的网上支付方法。该系统的主体有持卡人、商家、支付网关和发卡银行。流程为：

（1）持卡人登录商品发布站点，验证商家身份；

（2）持卡人决定购买，向商家发出购买请求；

（3）商家返回同意支付等信息；

（4）持卡人验证支付网关的身份，填写支付信息，将订购信息和支付信息通过 SSL 协议传递给商家，但支付信息被支付网关的公开密钥加密过，对商家来说是不可读的；

（5）商家用支付网关的公开密钥加密支付信息等，传递给支付网关，要求支付；

（6）支付网关解密商家传来的信息，通过传统的银行网络到发卡银行验证持卡人的支付信息是否有效，并即时划账；

（7）支付网关用它的私有密钥加密结果，把结果返回商家；

（8）商家用支付网关的公开密钥解密后返回信息给持卡人，送货后交易结束。

其简化的交易流程如图 9—5 所示。

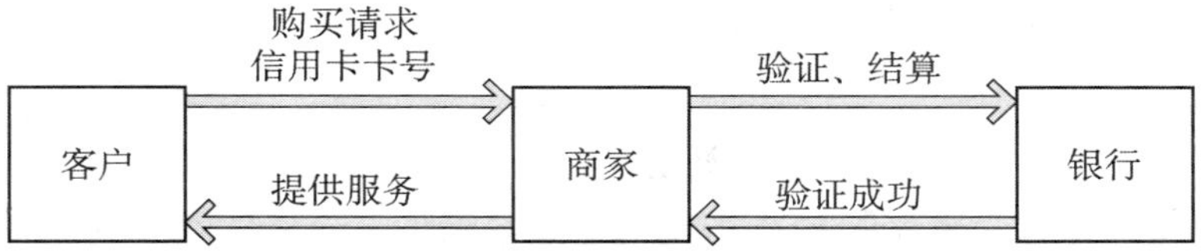

图 9—5　SSL 协议的交易流程

（三）SSL 协议的安全性分析

SSL 协议将对称密码技术和公开密码技术相结合，提供了如下三种基本的安全服务：

（1）秘密性。客户机和服务器之间通过密码算法和密钥的协商，建立起一个安全通道。以后在安全通道中传输的所有信息都经过了加密处理，网络中的非法窃听者所获取的信息都将是无意义的密文信息。

（2）完整性。利用密码算法和散列函数，通过对传输信息特征值的提取来保证信息的完整性，确保要传输的信息全部到达目的地，可以避免服务器和客户机之间的信息内容受到破坏。

（3）认证性。利用证书技术和可信的第三方认证中心，可以让客户机和服务器相互识别的对方的身份。为了验证证书持有者是其合法用户（而不是冒名用户），SSL 协议要求证书持有者在握手时相互交换数字证书，通过验证来保证对方身份的合法性。

虽然 SSL 协议具有以上安全特性，而且开发成本低，但其应用存在着不容忽视的缺点：

（1）密钥管理问题。客户机和服务器在互相发送自己能够支持的加密算法时是以明文传送的，存在被修改的可能。同时所有的会话密钥中都将生成 master-key，握手协议的安全完全依赖于对 master-key 的保护。

（2）机密强度问题。网景依照美国内政部的规定，在它的国际版的浏览器及服务器上使用 40 位的密钥，密钥的过短使得 SSL 协议容易被破译。

（3）数字签名问题。SSL 协议没有数字签名功能，也就是说，没有抗否认服务。客户无法保证商家能够对他们的信用卡信息保密，也无法保证商家是该支付卡的特约商家；同时，商家也无法确定客户是该信用卡的合法拥有者。客户的信息先到商家，让商家阅读，这样，客户信息的安全性就得不到保证，SSL 协议只能保证信息传递过程的安全，而传递过程中是否有人截取就无法保证了。所以，SSL 协议并没有实现电子支付所要求的保密性、完整性，而且多方互相认证也是很困难的。

（4）SSL 协议的安全范围仅限于持卡人到商家的信息交流，SSL 协议支持的互操作性很有限，有时甚至在同一应用程序范围内也不能成功连接，例如，若服务器支持某种特殊的信令，而客户端无法访问这样的信令，这时连接就不能成功。

二、SET 协议

（一）SET 协议概述

为了克服 SSL 协议的缺点，满足电子交易持续不断增加的安全要求，更为了达到交易安全及合乎成本效益之市场要求，威士和万事达卡联合其他国际组织，如微软、IBM、网景、GTE、SAIC、Terisa 和 Verisign 等业界的主流厂商通过多年的研究，于 1996 年提出了 SET 协议，并在 1997 年 5 月正式发布了 SET 1.0 标准。

SET 协议是应用层的协议，是一种基于消息流的协议，它是面向 B2C 模式的，完全针对信用卡来制定，涵盖了信用卡在电子商务交易中的交易协议信息保密、资料完整等各个方面。SET 协议中，主要定义了加密算法的应用、证书消息和对象格式、购买消息和对象格式、请款消息和对象格式以及参与者之间的消息协议。

SET 作为一个专门的安全电子付款协议，是一个多方的消息报文协议，定义了银行、商家和持卡人之间必须符合的报文规范，而且所有参与 SET 协议的成员都必须先申请数字证书，以识别身份。但是 SET 协议对参与操作的各方定义了互操作接口，一个系统可由不同厂商的产品构建，SET 协议报文不依赖于浏览器，能在银行内部网或其他网络上传输。

（二）采用 SET 协议的交易流程

一个完整的采用 SET 协议的处理流程中的各个参与者如下：

（1）消费者：包括个人消费者和团体消费者，按照在线商店的要求填写订货单，通过由发卡银行发行的信用卡付款；

（2）商家：提供商品或服务，具备相应的电子货币的使用条件；

（3）收单银行：通过支付网关处理消费者和在线商店之间的交易付款问题；

（4）发卡银行：电子货币（如智能卡、电子现金、信用卡）的发行公司，以及某些兼有电子货币发行权的银行，负责处理智能卡的审核和支付工作；

（5）支付网关：银行金融系统与互联网之间的接口，可以将互联网上的数据转换成金融机构内部的数据；

（6）CA：负责对交易双方的身份确认，对厂商的信誉度和消费者的支付手段进行认证；CA 在整个电子商务过程中至关重要，是开展电子商务的基础；CA 具有证书发放、证书更新、证书撤销和证书验证等功能；CA 证书可分为持卡人证书、商家证书、支付网关证书、银行证书、发卡机构证书等。它通常是企业性服务机构，受理数字证书的申请、签发及管理。

一个完整的基于 SET 协议的支付流程主要包括以下几个步骤：

（1）持卡者向商家发出购买初始化请求，包含持卡者的信息和数字证书。

（2）商家接收到请求后通过 CA 验证持卡者的身份，将商家和支付网关的有关信息和证书生成回复消息，发给持卡者。

（3）持卡者接收到消息后，通过验证商家和支付网关的身份；然后，持卡者利用自己的支付信息（包括账户信息）生成购买请求消息，并发送给商家。其中，持卡人利用加密技术，使得商家只能读购买信息，支付网关只能读账户信息。

（4）商家接收到后，通过解密，读到购买信息，连同自己的信息及持卡人信息，一同加密生成授权请求消息，发给支付网关，请求支付网关授权该交易。

（5）支付网关接收到后，解密取出支付信息，通过银行内部网络连接收单银行和发卡银行，对该交易进行授权。授权完成后，支付网关产生授权响应消息，发给商家。

（6）商家收到后，定期向支付网关发出转账请求消息，请求进行转账。

（7）支付网关收到后，通过银行内部网络连接收单银行和发卡银行，将资金从持卡者账户转到商家账户中，然后向商家发出消息。

（8）商家收到消息后知道已经完成转账，然后产生消息，发送给持卡者。

（9）持卡者接收到消息，知道该交易已经完成。

SET 协议通过数字证书、CA 以及 CA 的树形验证体系结构完成认证过程（见图 9—6）。

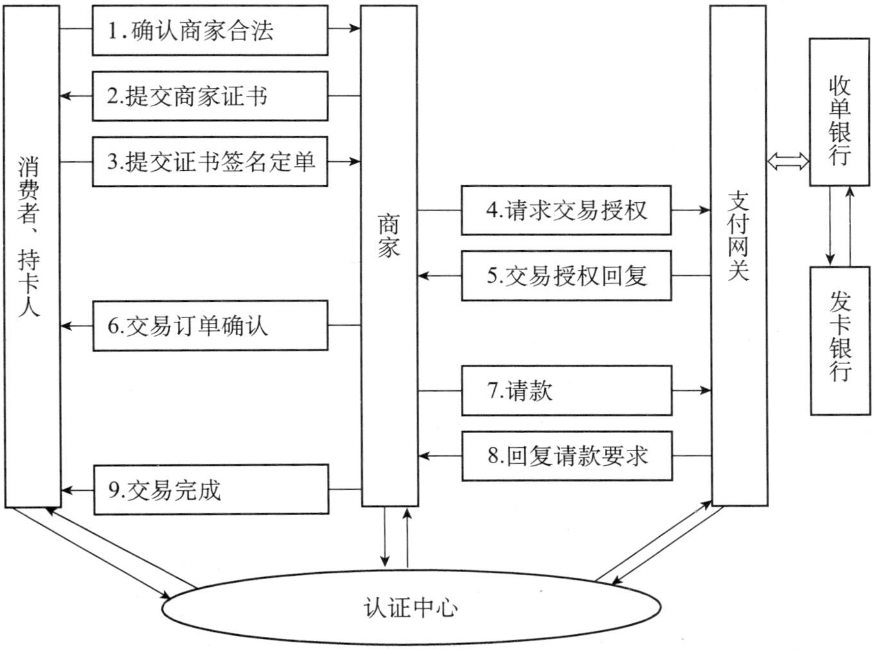

图 9—6　一个完整的基于 SET 协议的支付流程

（三）SET 协议的安全性

SET 协议通过定义银行、商家、持卡人之间必需的报文规范，利用公开密钥加密、数字签名、数字证书等技术，保证了交易的机密性、数据完整性、身份真实性及不可否认性，保护了参与各方的利益。

（1）机密性（confidentiality）。SET 协议采用先进的公开密钥算法来保证传输信息的机密性，以避免互联网上任何无关方的窥探。公开密钥算法容许任何人使用公开的密钥将加密信息发送给指定的接收者，接收者收到密文后，用私人密钥对信息解密，因此，只有指定的接收者才能读取信息，从而保证了信息的机密性。

SET 协议也可通过双重签名的方法将信用卡信息直接从客户方通过商家发送到商家的开户行，而不容许商家访问客户的账号信息，这样客户在消费时可以确信其信用卡号在传输过程中没有被窥探，而商家因为没有访问信用卡信息，故免去了在其数据库中保存信用卡卡号的责任。

（2）数据完整性（data integrity）。通过 SET 协议发送的所有报文加密后，将为之产生一个唯一的报文摘要值，一旦有人企图篡改报文中包含的数据，该摘要值就会改变，从而被检测到，这就保证了信息的完整性。

（3）身份验证（verification of identity）。SET 协议可使用各方共同信任的 CA 发放的数字证书来确认交易涉及的各方（包括商家、持卡客户、发卡银行和支付网关）的身份，为在线交易提供一个完整的可信赖的环境。

（4）不可否认性（non-repudiation of disputed charges）。基于 SET 协议交易中数字证书的发布过程也包含商家和客户在交易中存在的信息。因此，如果客户用 SET 协议发出一个商品的订单，在收到货物后不能否认发出过这个订单；商家以后也不能否认接到过这个订单。

SET 协议尽管安全性高，但是也存在一些不足之处，主要体现在以下几个方面：

（1）SET 只支持信用卡消费，主要传输持卡者的主账户信息，没有个人密码的加密。

（2）基于 SET 协议的交易过程只保证了货币原子性，并不满足确认发送原子性和商品原子性。也就是说，不能保证客户付款后一定得到商品，得到的商品是否就是自己所订购的，如果商家提供的货物不符合质量标准，或消费者故意说质量有问题而拒不接收货物，对商家进行恶意敲诈，该如何进行仲裁并没有规定。

（3）SET 协议报文消息太复杂。SET 协议定义了支付过程的报文消息及数据定义，由于其规范的目标是全球使用，考虑的因素很多主要是美国的支付方式，而对其他国家来讲报文消息显得过于复杂，造成 SET 协议应用软件设计复杂、价格高，影响了 SET 协议的普及。

（4）SET 协议要求安装的软件包太多，处理速度慢，价格昂贵。对于小型交易来说，高安全性带来的低效率与高费用的代价很不值得。同时，SET 协议涉及的实体较多。要实现 SET 协议支付，持卡者、商家、支付网关和 CA 必须同时支持 SET 协议，因而各方建设和协调的困难造成互操作性差。

（5）SET 协议没有解决交易中证据的生成和保留。SET 协议技术规范没有提及在事务处理完成后，如何安全地保存或销毁此类数据，这种漏洞可能使这些数据以后受到潜在的攻击。

（6）SET 协议中未添加时间项信息。对于每一笔支付，时间项是关键的信息，特别是在网络交易过程中，尤其显得重要，时间和签名一样是应该防止伪造和篡改的关键性内容，然而在计算机上改变某个文件的时间标记是轻而易举的事。所以，在电子交易中也需要对文件的日期和时间信息采取相应的安全措施，必须有统一的时间控制，由第三方对交易时间进行仲裁，以防止以后各方对交易的否认和抵赖。

三、3D-Secure 协议

（一）3D－Secure 协议概述

SET 协议虽然安全性较高，但是过于复杂，成本过高，这使得其推广和应用情况不甚良好，因此在保持其优点的同时，威士国际组织对 SET 协议进行了必要的简化，于 1999 年在电子商务领域引入 3D-Secure 协议，代替 SET 协议作为新的信用卡支付系统国际标准。该协议先在欧洲区推行，至 2003 年已在全球范围内推行，威士国际组织要求各发卡行和收单行支持该规范，规定未采用 3D-Secure 协议的发卡行必须承担所发信用卡被盗用的责任。为了规避风险，符合国际标准，我国各商业银行目前也在积极研究和推广 3D-Secure 协议。

（二）基于 3D－Secure 协议的交易流程

3D-Secure 协议主要包含持卡者注册流程和购买流程两部分。其中购买流程需要三个领域来实现：发卡行域、收单行域和互操作域。发卡行域包含的实体有持卡者、持卡者浏览器、附加持卡者部件、发卡行和接入控制服务器（ACS）。收单行域包含的实体有商家、商家服务器插件（MPI）、验证程序和收单行。互操作域包含的实体有目录服务器、商业证书颁发机构、策略证书颁发机构、认证历史服务器和授权系统。而持卡者注册流程则完全在发卡行域内进行。为了简化和明确起见，略去部分实体后，3D-Secure 购买流程如图 9—7 所示。

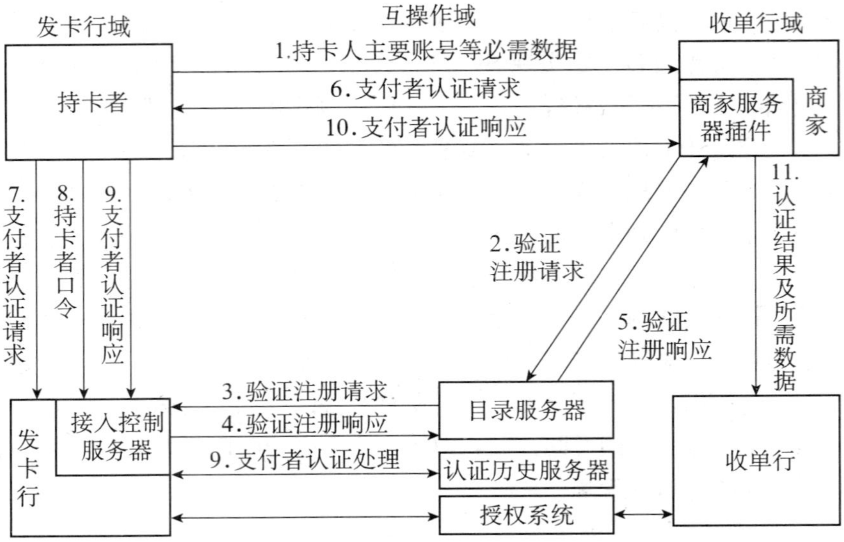

图 9—7 3D-Secure 购物流程

（三）3D-Secure 协议的安全性分析

3D-Secure 协议通过复杂的加密技术，能保护持卡人机密交易资料的安全传输，避免泄露及截取，减少网络信用卡欺诈及交易纠纷问题，增强了持卡人进行网络交易的信心。同时 3D-Secure 协议使用方便、灵活、易扩展，不但满足了电子商务的需要，还针对移动电子商务在不同阶段的特点和要求给出了相应的解决方案，是一套完备的安全标准。

但是，3D-Secure 协议依赖于传输安全机制，只支持在线购物方式，且对电子交易中敏感隐私信息（如信用卡号等）的保护考虑不足，在整个电子交易流程中，持卡人信用卡卡号可被威士、商户或收单行获取，增加了持卡人的风险。

四、Net Bill 协议

（一）Net Bill 协议的概述

Net Bill 协议是由泰加等设计和开发的关于数字商品的电子商务协议。该协议假定了一个可信赖的第三方 Net Bill Server，客户 C 与商家 M 的账号均存于 Net Bill Server 之中。

（二）基于 Net Bill 协议的交易流程

Net Billt 协议可简述如下：

（1）客户 C 向商家 M 发出购物请求。

（2）商家 M 向客户 C 报价（目录清单）。

（3）客户 C 向商家 M 发送消息，表示接受该报价。

（4）商家 M 对客户 C 订购的数字商品 G 以密钥 K 加密，然后发送给客户 C：$G'=E_K(G)$。

（5）客户生成一个电子采购订单（electronic purchase order，EPO），内容包括价格、已加密商品的加密支票（cryptographic-checksum of encrypted goods）、超时（time-out）。

客户对 EPO 进行数字签名：$EPO'=D_{SKC}(EPO)$。

然后发送给商家 M。

（6）商家 M 对收到的 EPO′进行数字签名 ：$EPO''=D_{SKM}(EPO')$。

并对密钥 K 进行数字签名：$K'=D_{SKM}(K)$。

然后将 EOP″和 K′发送到 Net Bill Server。

（7）Net Bill Serve：对收到的 EOP″和 K′进行解密确认为商家 M 所发，再对 EPO′解密确认为客户 C 所发：$K=E_{PKM}(K')$，$EPO'=E_{PKM}(EPO'')$，$EPO=E_{PKC}(EPO')$。

再对 EPO 中的超时进行检验，确认尚未过期。然后检验客户 C 的账号，以确认有足够的资金。

当全部检验无误后即批准此次交易将数字商品 G 的费用从客户 C 的账号划拨到商家 M 的账号中。

将密钥 K 和已加密商品的加密支票存档生成一个收据 R，对 R 和 K 进行数字签名并发送给商家 M：$Y=D_{SKN}(R，K)$。

（8）商家 M 收到的信息解密，确认为 Net Bill Server 所发，则验收 Net Bill 签发的收据 R：$(R，K)=E_{PKN}(Y)$。

对收据 R 作记录，然后对密钥 K 和收据 R 作数字签名，并发送给客户 C：$Y'=D_{SKM}(R，K)$。

（9）客户 C 对收到的 Y 进行解密，确认为商家 M 所发，然后利用 K 对先前收到的加密过的 G 进行解密，即获得所购数字商品 G：$G=D_K(G')$。

（三）Net Bill 协议的安全性分析

Net Bill 协议可以处理大量的微交易，协议满足货币原子性、商品原子性和确认发送原子性，是当前电子支付协议中唯一一种满足货币、商品和确认发送原子性的支付协议。

但是在 Net Bill 协议中，商品在客户未付款的情况下就以加密的形式发送给了客户，客户可以在协议的这个步骤完成之后，安全地终止协议并可能考虑采用暴力破解的方式来搜索解密用的对称密钥，从在存在安全隐患。

五、Digicash 协议

（一）Digicash 协议概述

Digicash 协议是电子现金协议的代表，是由 Digicash 公司开发的一种电子现金系统。Digicash 协议是无条件的匿名电子现金支付系统，主要特点是通过数字记录现金，集中控制和管理现金，是一种足够安全的电子交易系统、一种支持大中规模交易的电子商务协议。

（二）基于 Digicash 协议的交易流程

忽略了加解密，Digicash 协议的交易过程如图 9—8 所示。

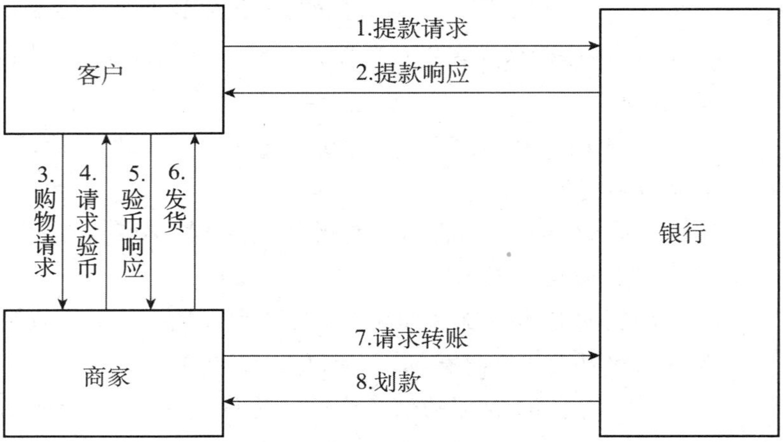

图 9—8 基于 Digicash 协议的交易流程图

（1）客户 C 向银行 B（以后用 C 和 B 分别代表客户和银行）发出提款的请求。

（2）银行 B 检查提取货币的请求后，将可当钱使用的加密代币 token 发送给 C。

（3）客户 C 收到 token 之后，如果需要在商家 M（以后用 M 代表商家）处购物，C 将 token 做盲变换，并将盲变换之后的 token（为盲币）连同购物请求传送给 M。

（4）商家 M 对收到的盲币向客户 C 质询。

（5）客户 C 收到商家 M 的质询后，对商家 M 做出明应。

（6）商家 M 在收到客户 C 对质询的响应，并且确认响应唯一之后，发送商品给客户 C。

（7）商家 M 将盲币以及客户 C 对质询的响应发送给银行 B，银行 B 确认盲币是否唯一。如果唯一，则转账给商家 M；否则，报错。

（8）银行 B 通知商家 M，转账成功；否则，说明该代币是再次消费，这样客户C将被指控欺诈。

（三）DigiCash协议的安全性分析

DigiCash协议简单、易行，保证了电子交易的顺利进行，保证了各方的利益，保护了顾客所希望的匿名性。但是DigiCash协议在通信发生故障时，协议本身不能保证货币原子性，也使客户的匿名性丧失。也就是说DigiCash协议在离线方式下存在很大的问题，必须保持在线状态，限制了其方便性。

研究拓展

Windows中SSL协议的配置与应用

SSL协议的典型应用主要有两个方面：一是客户端，如浏览器等；另一个是服务器端，如Web服务器和应用服务器等。目前，一些主流浏览器（如IE和Netscape浏览器等）和IIS、Domino Go WebServer、Netscape Enterprise Server、Appache等Web服务器都提供了对SSL协议的支持。要实现浏览器（或其他客户端应用）和Web服务器（或其他服务器）之间的安全SSL协议信息传输，必须在Web服务器端安装支持SSL协议的Web服务器证书，在浏览器端安装支持SSL协议的客户端证书（可选），然后把URL中的“http：//”更换为“https：//”。

SSL协议要求基于客户机/服务器模型的安全通信对服务器进行认证，所以，必须对服务器（如Web服务器）配置证书。下面以Windows 2000中提供的互联网信息服务器IIS 5.0为例来谈一下在Web服务器中请求和安装服务器证书的基本步骤与技巧，并给出配置安全通信（如SSL协议）的一般方法。

在一个基于客户机/服务器（更为普遍的是浏览器/Web服务器）模型的安全应用中，要求服务器端必须配备安全证书，以在网络通信中代表Web服务器的身份，客户端也可以使用Web服务器证书所提供的公钥来为Web服务器加密信息（Web服务器加密证书），或使客户端验证Web服务的签名（Web服务器签名证书）。

利用IIS 5.0申请服务器证书的时候，IIS 5.0本身先产生公私密钥，并产生相应的证书请求信息，最后把该信息提交给CA（该CA只能为Windows 2000企业CA或其他商业CA，Windows 2000独立CA不能签发服务器证书），由CA签发以后形成证书。其具体步骤如下：

（1）在Windows 2000中选择“开始”→“程序”→“管理工具”→“Internet服务管理器”，启动IIS 5.0管理界面。

（2）选中主机名下的“默认Web站点”项，右击，在弹出式菜单中选择“属性”菜单项，并在弹出的对话框中选择“目录安全性”标签页，如图9—9所示。

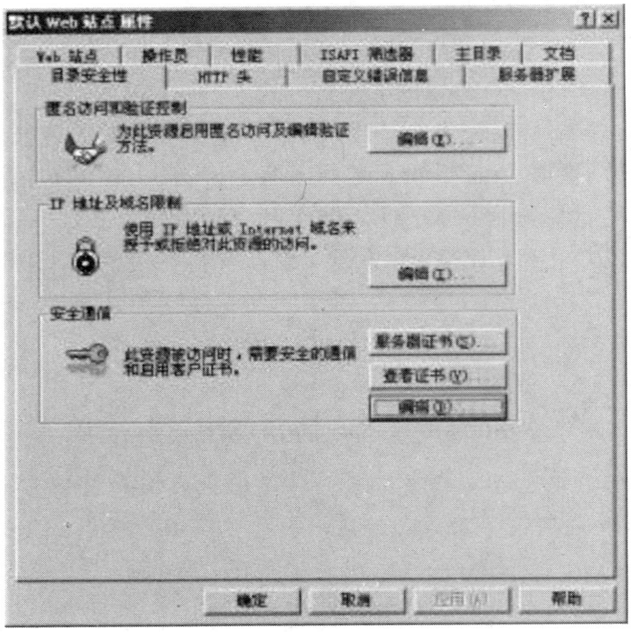

图 9—9 默认 Web 站点目录安全属性对话框

（3）单击“安全通信”下的“服务器证书”按钮（如果以前没有安装过 Web 服务器证书，“安全通信”下的“查看证书”和“编辑”按钮都是不可用的），弹出 Web 服务器证书向导对话框，显示目前 Web 服务器证书的状态，并指导用户安装或删除证书。单击“下一步”按钮继续。

（4）接下来弹出的对话框要求用户选择 Web 服务器证书的产生方式，如图 9—10 所示，选择“创建一个新证书”项，单击“下一步”按钮继续。

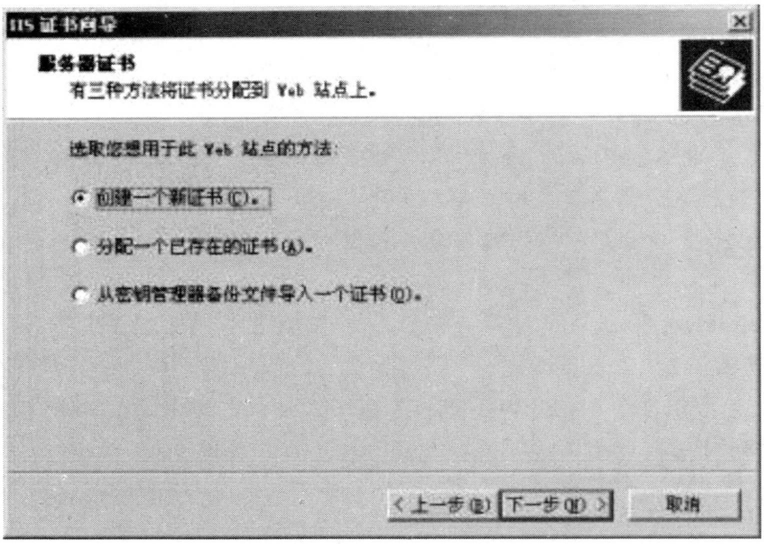

图 9—10 选择 Web 服务器证书的产生方式

(5) 在接着弹出的对话框中，要求用户选择证书请求的发送方式。如果选择稍后发送，系统将把证书请求保存为一个文件，可以在以后的任何时候把该请求发送给 CA 来请求证书；如果选择立刻发送，则会把请求直接发送给 CA，CA 将把产生的证书自动安装到 IIS 5.0（对 Windows 2000 企业 CA 而言，如果是其他 CA，产生的方式可能会有所不同）。选择立刻发送到在线 CA，单击“下一步”按钮继续。

(6) 接下来的对话框中要求输入新证书的名称和密钥长度，对服务器证书而言，一般选择 1 024 位或以上长度。选择好后单击“下一步”按钮继续。

(7) 然后在弹出的对话框中输入证书中要求的组织信息，如组织名称和组织部门。单击“下一步”按钮继续。

(8) 接下来的对话框要求用户输入拥有此证书的 Web 站点的公用名称，它必须是一个合法的域名称，对同一网络中的不同证书，该名称是唯一的。如果服务器在互联网上，公用名称应为有效的 DNS 域名；如果服务器在内部网中，公用名称可以为计算机的 NetBIOS 名，即计算机名。输入后单击“下一步”继续。

(9) 在接下来的对话框中输入证书中要求的地理信息，如国家名、省名和市名，输入完毕后，单击“下一步”按钮继续。

(10) 然后系统要求用户输入处理证书请求的证书颁发机构，该 CA 一般为本系统中可用的在线 CA。单击“下一步”按钮继续。

(11) 然后系统弹出证书信息总结对话框，单击“下一步”按钮继续，则 CA 系统处理证书请求，并产生用户要求的 Web 服务器证书，然后单击系统弹出的“完成”按钮，即完成了 Web 服务器证书的申请。

至此，已经完成了 Web 服务器证书的申请和安装任务，然后就可以对 IIS 5.0 进行安全配置。单击图 9—9 所示的“安全通信”中的“查看证书”按钮，可以查看前面申请的 Web 服务器证书；单击“编辑”按钮，弹出如图 9—11 所示的“安全通信”设置对话框。可以在此对话框中设置安全 Web 服务器的一些属性，如在访问该服务器时是否需要 SSL 协议通道、是否使用 128 位强加密、是否需要验证客户端证书、是否把证书映射到用户账号等。

默认情况下忽略客户证书，即用户访问配置好 SSL 协议服务器证书的 Web 站点时，不需要提交自己的证书。至此，其他用户就可以采用 SSL 协议安全方式来访问配置好 SSL 协议服务器证书的 Web 站点了，即在浏览器地址栏内输入类似“https：//....”字样的 URL 地址。

由于出口限制和其他原因，目前的浏览器（包括 IE 和 Netscape 浏览器）只能支持 56 位对称密钥和 512 位非对称密钥长度的连接，这在实际应用中是非常不安全的，安全的 SSL 协议系统需要至少 128 位对称密钥和 1 024 位非对称密钥长度。在 SSL 协议的客户机/服务器模式下，即使服务器端可以支持位数更多的密钥长度，具有较高的安全强度，但由于客户端的限制，实际 SSL 协议连接中只能使用客户端较低位数的密钥长度来进行安全信息传输。所以很多安全系统的客户端大都安装了一个 SSL 协议代理程序，它直接接管浏览器发送和接收的信息，利用安全的密钥长度与服务器进行交互（必要的时候还需要在服务器端安装 SSL 协议服务器代理）。

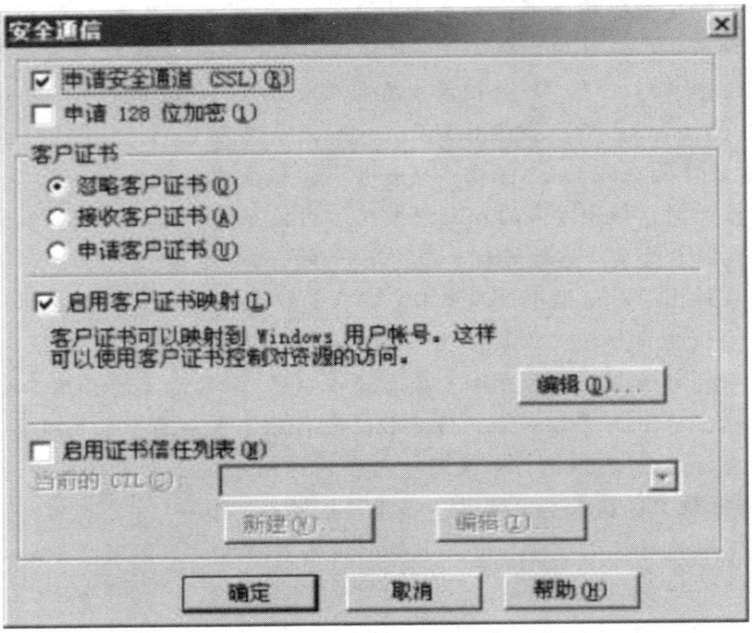

图 9—11 IIS 5.0 Web 服务器证书的安全配置

本章小结

作为电子商务的关键环节之一，电子支付解决了电子商务中资金流的问题，为电子商务提供了新型的支付结算途径。不受时间和空间的限制、方便、快捷等优点，使得电子支付成为未来最有潜力的支付方式。但是由于电子支付实现的基础——网络的动态性、开放性等特点，使得电子支付系统易于受到各种攻击，因此如何提供安全的电子支付是我们必须解决的一个问题。

本章针对这一问题进行了系统的讲解。首先从电子支付安全威胁、保障机制、安全技术等角度介绍了电子支付中主要的安全机制。之后重点介绍了 SSL 协议、SET 协议、3D-Secure 协议、Net Bill 协议、Digicash 协议等当前几种主要的电子商务安全协议。

思考与练习

1. “据统计，2012 年 2—9 月，针对金融行业的钓鱼网站达到 4 629 个，约 99%的攻击由海外发起，这大大增加了电子支付机构的安全防范难度。”分析电子银行面临的安全威胁，并提出针对性的技术解决方案。

2. 假设持卡人 C 从商家 M 购买商品，使用银行 B 的银行卡进行支付。基于 SET 协议的交易流程中包含以下几个步骤：

首先，C 产生发往 M 的订购信息 OI 和发往 B 的支付指令 PI，并分别产生 OI，PI 的数字签名 H（OI），H（PI）。

其次，连接 H（OI）和 H（PI）得到 OP，再生成 OP 的数字签名 H（OP），用 C 的 RSA 私钥签名 H（OP），得 sign［H（OP）］，称为双重签名。

最后，C 将消息｛OI，H（PI），sign［H（OP）］｝发给 M。

问题：

（1）请说明商家收到消息后，如何验证 OI 的真实性。

（2）请说明商家能否看到 PI 信息。为什么？

参考文献

［1］朱建明．电子商务安全．北京：机械工业出版社，2013

第 10 章

Chapter 10 电子化清算与结算

引导案例

发挥自身优势 开创多赢局面

——工行法兰克福分行奋力打造欧元清算中心

为适应中欧贸易和投资快速发展的需要，1997 年，中国工商银行在全球著名金融中心之一的德国法兰克福市设立了代表处。2 年后，经过德国银行业联邦监督局的严格审查和批准，代表处升格为中国工商银行法兰克福分行，这也是中国工商银行在欧洲的第一家分行。

由于法兰克福分行拥有雄厚的资本金、丰富的产品服务、先进的电子业务处理系统、完善的内部监控体系和风险预警系统，开业以来它始终坚持积极稳妥的经营方针，利用中国工商银行在国内和海外的机构网络优势，积极拓展当地市场，不仅因地制宜打造欧元清算中心，而且协同拓展开创多赢局面，取得了优秀的经营业绩。截至 2010 年年末，法兰克福分行资产规模为 11.19 亿美元，当年实现净利润 709 万美元，资产回报率 0.91%，资本回报率 15.56%。

法兰克福是世界重要金融中心、欧洲中央银行所在地，也是中欧贸易的枢纽地区，这些地缘优势为中国工商银行法兰克福分行发展欧元清算、贸易融资、国际结算等业务提供了广阔的空间。基于此，该行因地制宜，积极稳妥地发展欧元清算等各项业务，不断提升自身的核心竞争力。

应该说，作为全行欧元清算中心，近年来，法兰克福分行的清算业务发展可谓“步履矫健、足音清晰”。据悉，法兰克福分行于 2002 年 7 月 1 日同时加入了欧洲经济区内的跨国欧元电子清算系统 TARGET 和德国境内最先进的电子清算系统 RTGS plus，成为德国及欧盟境内的一级清算行；2005 年正式成为中国工商银行的欧元清算中心；2007 年 11 月成为整合后的欧元清算系统 TARGET 2 的直接成员行；2008 年 9 月加入单一欧元支付区域，能够与欧元区内的 56 000 多家银行进行欧元实时清算。目前，法兰克福分行既可以向开户行和广大客户提供付款服务、收款服务、汇路修改、补充服务、查询服务、咨询服务等多种清算服务，还以客户需求为导向，开发多样化、个性化的欧元清算产品，为开户行和广大客户提供一站式优质清算服务和解决方案。2010 年，法兰克福分行欧元清算业务量总量达到 22.2 万笔，清算额为 2 182 亿欧元，实现清算业务中间业务收入 290 万欧元。

不仅如此，为了推进欧元清算中心建设，法兰克福分行在欧元清算业务方面大力开拓新市场和新业务。特别是在全面启动跨境人民币业务后，法兰克福分行开立了人民币清算账户，向代理行和本地客户大力推广人民币跨境结算业务。2010 年 7 月，法兰克福分行为中国驻法兰克福总领事馆成功办理了第一笔人民币跨境结算业务，从本地市场和客户反馈情况来看，欧洲同业客户、公司客户对人民币跨境业务均表现出较浓厚的兴趣。除中国工商银行系统内的清算业务，代理行业务也成为欧元清算业务的重要组成部分。自 2006 年年初在欧洲本地市场推出欧元清算产品欧元中国通（CEE）和美元中国通（CUE）以来，法兰克福分行已经与越来越多的代理行签署了清算业务合作协议，业务量逐步增长，其精准高效的服务也获得了各代理行的一致认可，还吸引了更多来自德国、法国、西班牙、葡萄牙等欧洲国家以及中国国内的合作客户。得益于此，近年来法兰克福分行的欧元清算中心建设成效显著，使法兰克福分行欧元清算中心的地位得到进一步强化。

此外，法兰克福分行既有欧元清算业务的快速发展，而且存贷款、商业汇款、信用证和托收结算、资金拆借、外汇买卖、债券投资、担保、资信调查等业务也与之不相上下。同时，该行还以客户需求为中心，不断开发新的业务品种，并大力加强同欧洲当地银行、企业的合作。

为了更好更快地融入本土，法兰克福分行还千方百计地强化市场营销，积极开拓本地市场，取得了显著成效。未来，法兰克福分行将继续开发新的业务品种，针对客户具体业务需求提供全方位的咨询和建议，为客户量身定做各种银行业务产品，发挥自身优势、谋划发展。

资料来源：马晨：《发挥自身优势　开创多赢局面——工行法兰克福分行奋力打造欧元清算中心》，载《中国金融家》，2011（5）。

随着电子商务的蓬勃发展，银行间支付清算的交易额不仅在交易数量上，而且在结算金额上都有了大幅增长，传统的支付结算方式在电子商务交易中暴露出运作速度与处理效率低下的弱点，不能满足电子商务的支付结算需要，于是与电子商务相匹配的电子支付系统应运而生。清算与结算是电子支付中的两个重要过程，良好的电子清算与结算系统是支持社会经济发展、金融运行的重要基础设施。

第1节 清算与结算系统

一、清算系统

（一）清算的定义

清算是结算之前对支付指令进行发送、核对以及在某种情况下进行确认的过程，还可能包括指令轧差和产生结算的最终余额。清算是在付款人金融机构和收款人金融机构之间交换支付工具或相关支付信息、清讫债权债务的过程和方法。

清算系统是指金融机构在同一地点（清算所）向其他金融机构提交，并与其他金融机构交换的与资金或转账证券转让相关的数据和（或）文件的一系列做法。其中经常也包含计算参与者的双边或多边轧差余额的机制，目的是便于在轧差或者净轧差的基础上进行金融机构之间债务的结算。

（二）清算系统的分类

清算系统根据其处理支付业务的不同特点，可以分为不同的类别。根据每次清算的金额大小，可分为全额实时处理系统和净额批量处理系统。

全额实时处理系统（大额实时支付系统），实行逐笔实时处理，全额清算资金。建设全额实时处理系统的目的就是给各银行和广大企业单位以及金融市场提供快速、高效、安全、可靠的支付清算服务，防范支付风险。同时，该系统对中央银行更加灵活、有效地实施货币政策具有重要作用。该系统处理同城和异地、商业银行跨行之间和行内的大额贷记及紧急的小额贷记支付业务，处理中国人民银行系统的贷记支付业务。

净额批量处理系统（小额批量支付系统），在一定时间内对多笔支付业务进行轧差处理，净额清算资金。建设净额批量处理系统的目的是为社会提供低成本、大业务量的支付清算服务，支撑各种支付业务的使用，满足社会各种经济活动的需要。该系统处理同城和异地纸凭证截留的商业银行跨行之间的定期借记和定期贷记支付业务，中央银行会计和国库部门办理的借记支付业务以及每笔金额在规定起点以下的小额贷记支付业务。净额批量处理系统采取批量发送支付指令，轧差净额清算资金。

二、结算系统

（一）结算的定义

结算有广义和狭义之分。广义的结算是指单位、个人在社会经济活动中使用票据、银行卡和汇兑、托收承付、委托收款等结算方式进行货币给付及其资金清算的行为，其主要功能是完成资金从一方当事人向另一方当事人的转移。狭义的结算仅指银行转账结算。1997 年 9 月中国人民银行发布的《支付结算办法》中规定，支付结算是指单位、个人在社会经济活动中使用票据、信用卡和汇兑、托收承付、委托收款等结算方式进行货币给付及其资金清算的行为。

结算是将清算过程产生的待结算的债权债务，在收付款人金融机构之间进行相应的账簿记录、处理、完成货币资金最终转移并通知有关各方的过程。由于我国支付体系不够完善，在实际的操作过程中，金融机构之间账务的支付并不完全包括清算和结算两个步骤，而是直接进行结算。我们把这种不包括支付指令的发送、接受、确认而直接进行债务支付的支付系统称为支付结算系统。

（二）结算系统的分类

按照结算采用的工具，结算可分为票据结算和非票据结算两类。票据结算是以票据（汇票、本票和支票）作为支付工具来清结货币收付双方的债权债务关系的行为；非票据结算是客户间以结算凭证为依据来清结债权债务关系的行为，如银行卡、汇兑、托收承付和委托收款结算等。

按照结算采用的形式，结算可分为现金结算和非现金结算两种。现金结算是指当事人直接用现金进行货币收付，了结其债权债务的行为。非现金结算是指当事人通过银行将款项从付款单位的账户划转到收款单位的账户来完成货币收付以清结债权债务的行为，故又称转账结算。转账结算是通过银行集中清算资金实现的，按照结算金额的大小又可分为大额结算和小额结算，分别对应大额实时支付系统和小额批量支付系统。

第 2 节　银行内清算系统

一、银行内清算概述

银行业金融机构行内业务系统是其办理内部资金汇划的渠道，是其拓展支付服务市场、直接面向广大企事业单位及个人提供服务、增强市场竞争力的重要设施，也是我国支付清算网络体系的重要基础。近年来，为适应日益激烈的市场竞争，四大国有银行均建立了自己的清算系统，通过此系统可直接进行系统内的资金汇划，而不必通过中国人民银行的清算系统进行汇划，缩短了资金的在途时间，提高了汇划速度。商业银行系统内担负此项任务的各级机构包括商业银行总行、各省区分行、发报清算行、收报清算行、发报经办行、收报经办行。

在系统内资金汇划清算业务流程中，发报经办行是业务的起点，收报经办行是业务的终点。而清算行处于信息中转地位，不仅要向总行清算中心传输发报经办行的汇划信息，还要向收报经办行传输总行清算中心发来的汇划业务信息，既是资金汇划的出口，又是资金汇划的入口，使其可以控制辖属经办行的资金汇划与清算。发报经办行根据发生的结算资金汇划业务录入数据，全部及时发送至发报清算行；发报清算行将辖属各发报经办行的资金汇划数据传输给总行清算中心；总行清算中心将发报清算行传输来的汇划数据及时传输给收报清算行；收报清算行当天或次日将汇划数据传输给收报经办行，从而实现资金汇划业务。

资金汇划业务按照如图 10—1 所示的流程进行资金逐级汇划与清算。

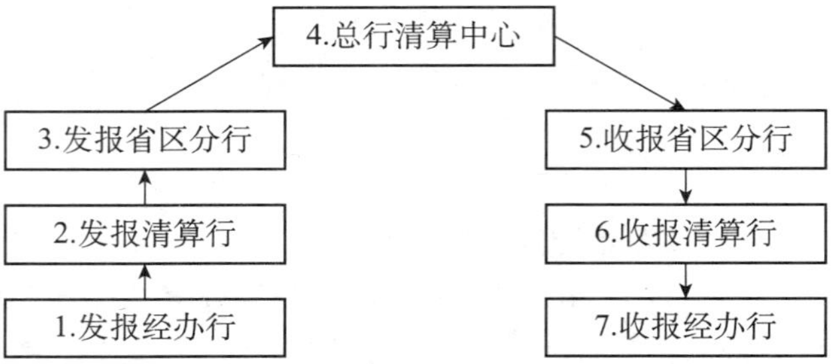

图 10—1 商业银行系统内资金汇划与清算流程图

二、银行内清算系统

1996 年以前，中国人民银行与四大国有银行拥有自己的全国手工联行系统，对于异地纸凭证支付交易的处理采用“先横后直”（即先跨行后行内）的处理方式。1996 年以后，四大国有商业银行以全国电子资金汇兑系统代替了原来的手工联行，而中国人民银行运行的全国电子联行系统（EIS）则用以处理跨行纸凭证异地支付交易，以及中国人民银行分/支行之间的资金划拨。

（一）电子资金汇兑系统

各商业银行的电子资金汇兑系统具有大致相同的框架结构，其业务处理流程也基本相同。与原来的手工联行系统相比，在电子资金汇兑系统中，电子支付指令经各级处理中心进行交换，取代了在发起行和接收行之间直接交换纸票据的方式，因而支付清算速度大大加快。不过对于跨行交易而言，还需要通过中央银行的系统才能完成资金的最终清算。

1. 运行规则

一般情况下，电子资金汇兑系统有一个全国处理中心、几十个省级处理中心、数百个城市处理中心和上千个县级处理中心。一家分行必须在每一级处理中心开设单独的账户，各级分行负责接收纸凭证支付项目，并将纸票据截留后，以电子方式发往相应的处理中心。处理中心应在当天或第二天营业前将净额结算头寸通告分支机构。

2. 系统的参与者

一家银行所有的分/支行都是其系统内电子资金汇兑系统的合法参与者。当然，这取决于这家分支机构是否连入网。中国银行的电子资金汇兑系统还为其他机构，比如政府机关和厂商提供支付服务。

3. 处理的支付类型

这些电子资金汇兑系统既办理贷记，也办理借记支付业务。

4. 交易处理环境

所有的电子资金汇兑系统都具有树形网络结构，这些网络大多采用 X. 25 公共数据网或租用专线。截至 1996 年年底，中国工商银行的网络已连接 5 000 多个分支机构，中国农业银行的网络已连接 20 000 个分支结构。在各级处理中心，一般都安装有大型计算机系统。

5. 转账系统的运行

多数电子资金汇兑系统都采用了净额批处理方式。一般来说，应在日终或夜间进行批处理，且在下一个营业日早晨营业开始之前，把净额结算头寸通知各分支机构。

6. 流动风险

在这些电子资金汇兑系统中可能出现流动风险。这就要求每个分支机构实行自我约束，并对其面临的风险有清醒的认识。

（二）全国电子联行系统

全国电子联行系统是中国人民银行在支付系统现代化建设中的第一次尝试，其主要设计思想是克服由于纸票据传递迟缓和清算流程过分烦琐造成的大量在途资金的问题，从而加速资金周转，减少支付风险。中国人民银行于 1989 年开始建设全国电子联行系统，于 1991 年正式投入运营。该系统对于加快我国的资金周转、提高社会资金的使用效益、促进国民经济的发展发挥了重要的作用，曾是我国银行异地资金划汇的在主渠道。

1. 运行规则

全国电子联行系统采用 VSAT 卫星通信技术，在位于北京的全国总中心主站和各地中国人民银行分/支行的小站之间传递支付指令。该系统可以处理跨行和行内、贷记和借记异地支付业务。

2. 系统的参与者

所有在中国人民银行分/支行开设有账户的商业银行分行，以及中国人民银行各分/支行都可以参加全国电子联行系统，办理自己或代表其客户发出的支付指令。

3. 处理的支付类型

全国电子联行系统只办理该系统参与者之间的贷记转账，包括全部异地跨行支付、商业银行行内大额支付，以及中国人民银行各分支机构之间的资金划拨。

4. 交易处理环境

全国电子联行系统是一个分散式处理系统，所有账务活动（账户的贷记和借记）都发生在中国人民银行分/支行（即发报行和收报行）之间，全国总中心主要作为报文信息交换站。全国电子联行系统是针对当时中国通信设施的特殊情况进行设计的。

5. 转账系统的运行

全国电子联行系统的业务处理流程如图10—2所示。全国电子联行系统的客户是各商业银行和其他能办理联行业务的金融机构。在全国电子联行系统的客户中，称办理异地汇划业务（汇出款项）的金融机构为汇出行，也即业务发生行；称收到划汇业务（接受汇款）的金融机构为汇入行，或解汇行，也即业务结束行。由中国人民银行总行清算总中心给出汇出（入）行行号标识，其联行划汇业务交由所在清算分中心办理，办理的划汇款项当即在中国人民银行清算。

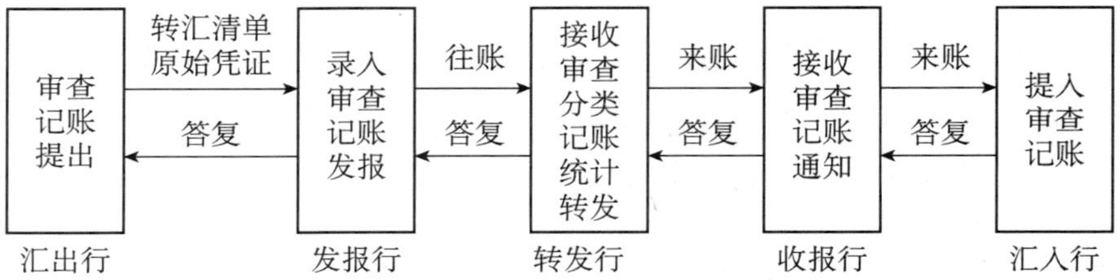

图10—2 全国电子联行系统的业务处理流程图

6. 信用和流动风险

根据《全国电子联行制度》，所有的资金转账指令必须在账户余额足以支付的情况下才能被执行。在支付指令发送全国总中心之前，首先借记汇出行账户。如果账户余额不足，支付指令只能排队等待资金。

第3节 银行间清算与结算系统

一、银行间清算概述

与联行相比，不同系统的各银行之间则互称代理行或同业，人们习惯上把国内不同系统的金融机构称为同业。同业间清算是金融机构之间为实现客户委办业务和自身需要所进行的债权债务清偿和资金划转。各国政府对银行间清算安排，包括制度建设、系统设计、操作规则等予以高度重视，并赋予中央银行管理监督行间清算的职权。商业银行或者其他金融机构之间进行的资金往来，必须通过中央银行或者商业银行联办的票据交换所进行结算，其差额一般通过中央银行在各商业银行账户上转账实现。银行同业清算可以通过净额结算和全额结算两种形式进行。

银行间清算的流程包括票据交换程序和异地跨行清算程序。

票据交换，也称票据清算，一般指同一城市（或区域）各金融机构对相互代收、代付的票据，按照规定时间和要求通过票据交换所集中进行交换并清算资金的一种经济活动，如图 10—3 所示。它是银行的一项传统业务，票据交换业务不仅涉及银行间票据的交换与清算，而且涉及社会资金的使用效益等。同城票据交换是指同城有关商业银行和金融机构之间相互代收代付款项的凭证按规定的时间和场次统一在某一场所进行交换，并轧记往来行之间应收应付差额，由主办清算行（中国人民银行）以转账方式进行资金清算。

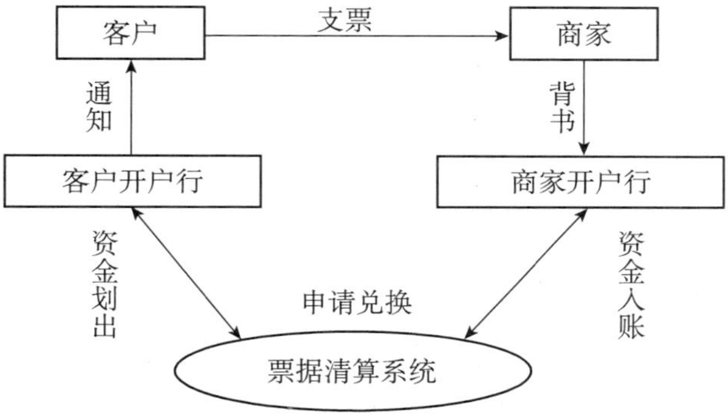

图 10—3　票据交换过程

异地跨行清算中的清算中心实际上就是大额支付系统，多数国家由中央银行拥有并经营清算中心，直接参与跨行、跨地区的支付清算。例如，我国的全国电子联行系统就承担了商业银行之间及商业银行内部一定金额以上的大笔结算，还有美国的联邦资金转账系统（Fedwire）等。异地跨行清算程序如图 10—4 所示。

二、中央银行在银行间清算中的作用

（一）中央银行在银行间清算中的地位

中央银行在银行间清算中，既是参与者，也是监督管理者。金融机构需要在中央银行开立账户（清算账户），中央银行拥有国家最终清算权威机构的特殊地位。中央银行要求金融机构在账户中保持一定的余额，用以保证清算的顺利进行，金融机构之间的债权债务和应收应付款项通过其在中央银行账户的借贷记进行划结算。

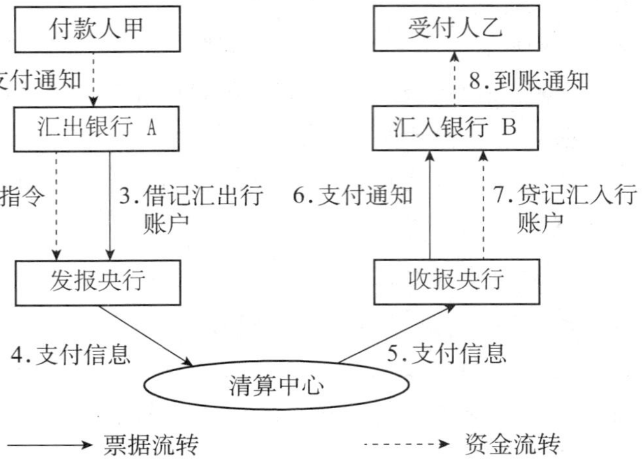

图 10—4　异地跨行清算程序

(二) 中央银行支付清算职责

中国人民银行作为全国金融业的清算中心，担负着为银行业金融机构提供以下清算业务的职责。

1. 集中办理票据交换

在银行业的发展过程中，随着票据业务的发展，各银行都会收进客户交存的其他银行的票据，由此便产生了各银行之间的资金收付结算问题。人们在银行实践中发现，通过相互轧抵应收款项，结付其差额的方法结清债权债务，不仅使结算安全、省力，而且使结算更为迅速、方便，票据清算所便由此诞生。随着中央银行制度的建立和发展，票据清算所已成为中央银行业务中的重要机构。因此，集中办理票据交换就成为中央银行的清算业务之一。由于各商业银行和其他金融机构都必须将存款的一定比例向中央银行交存存款准备金，因此在中央银行都开设活期存款账户，因而商业银行和其他金融机构之间持有本行应收、应付票据与其他银行收进的该行的票据进行交换，由票据交换产生的应收、应付账款，均可通过中央银行办理转账结算，票据交换后的债权债务差额也得以划转。

2. 办理异地的资金转移

异地资金转移，如各行异地汇兑等都要通过中央银行办理业务，总体来讲可以分为两类：一是先由各银行通过内部联行系统划转，再由其总行通过中央银行办理转账清算；二是把异地票据集中送到中央银行总行办理轧差转账。

3. 电子联行系统的发展

电子联行系统是目前在金融卫星通信上运行的主要系统，其基本功能是迅速、准确、安全、方便地处理全国异地资金支付汇总的划转和清算，实现资金流动的及时检测调度，从而进一步实现全国资金的高效率运转，并为中央银行检测宏观经济提供有力的工具。

4. 提供证券交易的资金清算服务

证券交易债券债务的清讫，在全国建有证券结算系统。中央银行对证券结算系统的运行十分重视。美国政府证券交易主要通过联邦储备系统的 Fedwire 簿记证券系统完成资金的最后结算；英格兰银行提供中央金边证券系统和中央货币市场系统的结算服务。中国银行间债券市场的债券系统是银行间债券市场的重要基础设施之一，由中国人民银行结算开发和运营。

三、典型案例：同城票据交换系统

（一）同城票据交换系统

同城票据交换系统是中国人民银行的业务之一。

同城票据交换是指同一城市（或区域）范围内，各商业银行之间将相互代收、代付的票据，定时、定点集中相互交换并清算资金存欠的方法。同城票据交换由中国人民银行集中监督并清算资金。不同国家的票据交换所运作方式有所不同，有的是各银行联合举办的，有的是中央银行直接主办的，但无论如何，票据交换之后的应收、应付款项总额最终都必须通过中央银行集中清算交换才能实现轧差。

我国的同城票据交换系统是由中国人民银行分/支行组织运行的，主要处理以支票为主的支付工具的交换、清分和轧差清算。同城清算系统主要处理同城贷记支付业务和定期借记支付业务的清分和轧差。全国县以上城市建立了同城票据交换所，许多城市还建立了同城清算系统。2008 年，同城票据交换系统共处理支付业务 4.28 亿笔，金额 71.94 万亿元。

（二）票据交换在先进国家（地区）的发展及现状

支票以其携带安全、支付便捷、不受外部硬件设备限制等优点，受到人们的普遍欢迎，是票据交换中数量最大的、最典型的种类。下面以支票为例，说明票据交换在先进国家（地区）的发展及现状。

1. 香港支票影像结算

支票在香港是一种典型的小额支付工具，结算公司每天处理的港币跨行支票超过 50 万张，相当于内地京、沪、穗三大城市的支票数量。以前，香港银行的票据处理一直沿用交换所模式：将票据运输集中在一起，使用票据清分机处理，出票行独立保存票据。一般来说，票据交换受到 2 小时交通圈的限制，距离太远不仅导致成本高昂，而且无法留出足够时间给银行完成票据审查、退票等相关处理。票据交换范围过大，反而可能延迟本地区的票据结算时间。要解决这种矛盾，必然要革新票据交换的方法。香港采用了支票截留的方法。所谓支票截留，是指代收银行和付款银行预先签订有协议，由代收银行保存客户提交的纸质支票并把它转换成电子影像发送到付款银行，付款银行根据纸质支票的电子影像所提供的信息通过支票电子提示借记出票人的存款账户。支票解讫后，原纸质支票仍由代收银行保存而无须转移到付款银行手中。

汇丰银行推行支票影像结算，通过网络将票据影像和数据传输到上海或广州业务处理中心集中处理，使银行可以根据支票影像＋支票电子提示对小额支票进行结算，达到了如下目的：从支票影像生成支票电子提示，不需要纸张支票的流转，加快了支票处理速度，节省了支票处理成本。

2. 美国支票影像处理

支票在美国是一种仅次于现金的结算方式，美国每年要处理近 400 亿张支票。以前，这其中只有小部分是通过电子化的方式处理的，大部分支票则通过银行之间的纸质票据交换进行提示和处理。在业务处理中心集中处理后，这种纸质的票据交换系统依赖于可靠的空中和陆地运输以确保支票及时地送达付款银行。

为改变这种情况，进一步鼓励支票的电子提示，以降低支票的成本，使支票截留变得更为便捷，美国于 2003 年 10 月 28 日通过了《21 世纪支票交换法案》，由此产生了替代支票，采用影像识别技术和网络技术将纸张票据转化为影像和数据，通过支票影像以电子形式在各金融机构之间传递来促进美国清算系统的现代化。

3. 欧洲支票电子提示的做法

英国、比利时、丹麦、德国和意大利等欧洲国家都实行小额支票截留，收票银行在业务处理中心将符合截留条件的小额支票直接转换为电子交易，付款银行不以纸张支票或支票影像作为付款依据。

第 4 节 国际结算系统

一、国际结算概述

(一) 国际结算的定义

国际结算是指国际间由于政治、经济、文化、外交、军事等方面的交往或联系而发生的以货币表示债权债务的清偿行为或资金转移行为，分为有形贸易和无形贸易两类。有形贸易引起的国际结算为国际贸易结算。无形贸易引起的国际结算为非贸易结算。国际结算业务是通过两国银行办理的由贸易或非贸易引起的债权债务的清偿，它以国际贸易为前提，又是商业银行的一项基础业务，属于中间性业务。

国际结算与国内结算的区别主要包括以下三点：

（1）货币的活动范围不同。国内结算在一国范围内，国际结算是跨国进行的。

（2）使用的货币不同。国内结算使用同一种货币，国际结算则使用不同的货币。

（3）遵循的法律不同。国内结算遵循同一法律，国际结算遵循国际惯例或根据当事双方事先协定的仲裁法。

国际结算的产生同发展同国际贸易、国际航运业、保险业、金融业以及国际通信技术的发展有着密切关系。随着商品经济的发展，国际结算的发展也是从低级到高级、由简单到复杂、从单一向多元化发展，结算工具由最初的现金结算发展到票据结算，银行介入国际结算中，从原始的国际结算方式过渡到现代的国际结算方式。

（二）国际结算的分类

国际结算一般分为国际贸易结算和非贸易国际结算两大类。

国际贸易经常发生贷款外结算，以结清买卖双方间的债权债务关系，称为国际贸易结算，它是建立在商品交易货物与外汇两清基础上的结算，是国际结算的基础。

非贸易国际结算是指以货币结算国际间进出口贸易贷款以外的债权和债务，内容包括贸易交往中的各项从属费用，如运输、保险、银行手续费等，以及其他与贸易无关的属于劳务性质的非实物收支，如出国旅游费用、侨民汇款、外币收兑、国外投资和贷款的利润、利息收益、驻外使领馆和其他机构企业的经费、专利权收入、馈赠等，又称无形贸易结算。

（三）国际结算的方式

国际结算的方式主要有以下两种：

（1）以商业信用为基础的结算方式。它是指债权人的收款不是取决于银行，而是取决于非银行的企业或个人的资信。汇款和托收是比较典型的这类结算方式。

（2）以银行信用为基础的结算方式。它是指债权人的收款主要取决于银行的资信，跟单信用证、银行保函、备用信用证、保理服务和包票业务属于这类结算方式。

（四）国际结算的工具

国际结算主要是非现金结算，使用的支付工具主要是票据。票据是出票人签发的无条件约定自己或要求其他人支付一定金额，经背书可以转让的书面支付凭证。票据一般包括汇票、本票、支票。

1. 汇票

汇票是由出票人签发的，要求付款人在见票时或在一定期限内，向收款人或持票人无条件支付一定款项的票据。汇票是国际结算中使用最广泛的一种信用工具。汇票可分为以下几种：

（1）按出票人不同，可分为银行汇票和商业汇票。对于银行汇票，出票人和付款人都是银行。对于商业汇票，出票人是企业或个人，付款人可以是企业、个人或银行。

（2）按是否附有包括运输单据在内的商业单据，可分为光票和跟单汇票。光票是指不附带商业单据的汇票，银行汇票多是光票。跟单汇票是指附有包括运输单据在内的商业单据的汇票，跟单汇票多是商业汇票。

（3）按付款日期不同，可分为即期汇票和远期汇票。汇票上付款日期有四种记载方式：见票即付、见票后若干天付款、出票后若干天付款、定日付款。若汇票上未记载付款日期，则视作见票即付。见票即付的汇票为即期汇票，其他三种记载方式为远期汇票。

（4）按承兑人的不同，可分为商业承兑汇票和银行承兑汇票。远期的商业汇票经企业或个人承兑后，称为商业承兑汇票。远期的商业汇票经银行承兑后，称为银行承兑汇票。银行承兑后成为该汇票的主债务人，所以银行承兑汇票是一种银行信用。

2. 本票

本票是由出票人签发的，承诺自己在见票时无条件支付确定的金额给收款人或持票人的票据。本票按其出票人身份，可以分为银行本票和商业本票。银行或其他金融机构为出票人签发的本票，为银行本票。银行或其他金融机构以外的法人或自然人为出票人签发的本票，为商业本票。

商业本票的出票人为企业或个人，票据可以是即期本票，也可以是远期本票。

银行本票的出票人是银行，只能是即期本票。

3. 支票

支票是出票人签发，委托办理支票存款业务的银行或者其他金融机构在见票时无条件支付确定的金额给收款人或持票人的票据。支票可分为现金支票和转账支票。支票一经背书即可流通转让，具有通货作用，成为替代货币发挥流通手段和支付手段职能的信用流通工具。运用支票进行货币结算，可以减少现金的流通量，节约货币流通费用。

支票包括很多种类，下面介绍几种支票。

（1）记名支票是在支票的收款人一栏，写明收款人姓名，取款时需由收款人签章，方可支取。

（2）不记名支票又称空白支票，支票上不记载收款人姓名，只写“付来人”。取款时持票人无须在支票背后签章，即可支取。此项支票仅凭交付而转让。

（3）划线支票是在支票正面划两道平行线的支票。划线支票与一般支票不同，一般支票可委托银行收款入账。而划线支票只能委托银行代收票款入账。使用划线支票是为了在支票遗失或被人冒领时，还可能通过银行代收的线索追回票款。

(4) 保付支票是指为了避免出票人开出空头支票，支票的收款人或持票人可以要求付款行在支票上加盖"保付"印记，以保证到时一定能得到银行付款。支票一经保付，付款责任即由银行承担。出票人、背书人都可免于追偿。付款银行对支票保付后，即将票款从出票人的账户转入一个专户，以备付款，所以保付支票提示时，不会退票。

(5) 银行支票是由银行签发，并由银行付款的支票，也是银行即期汇票。银行代顾客办理票汇汇款时，可以开立银行支票。

(6) 旅行支票是银行或旅行社为旅游者发行的一种固定金额的支付工具，是旅游者从出票机构用现金购买的一种支付手段。

(五) 国际结算系统

目前，很多国家都建立了自己的国际支付结算系统。2008 年 4 月 28 日，中国境内外币支付系统成功运行。境内外币支付系统是我国境内银行业机构和外币清算机构提供外币支付服务的实时全额支付系统，它是我国第一个支持多币种运营的外币系统。

境内外币支付系统逐笔实时发送支付指令，全额清算资金，主要为境内银行业金融机构提供美元、欧元、港币、日元等 8 个币种的境内外币支付清算服务。系统由中国人民银行清算中心负责对支付指令进行接收、清算和转发，由代理结算银行负责对支付指令进行结算。跨国清算程序如图 10—5 所示。

为防范风险，中国人民银行发布了《境内外币支付系统管理办法》、《境内外币支付系统代理结算银行管理规定》等一系列规章制度，对系统相关各方在准入规则、风险管理、结算安排、收费策略等方面的权利和义务进行全面的规定。中国人民银行将依法对参与者、特许参与者、代理结算银行和清算中心有关行为进行检查监督，以确保境内外币支付系统的安全、稳定、高效运行。

境内外币支付系统的建成运行，对于满足我国境内商品及劳务服务交易对安全、高效的外币支付服务的需求，适应和促进我国经济发展具有重要的意义。

此外，国外典型的国际清算结算系统有美国的 Fedwire 和 CHIPS，英国的清算所自动支付系统（CHAPS），日本的银行金融网络系统（BOJ-NET），以及 SWIFT。

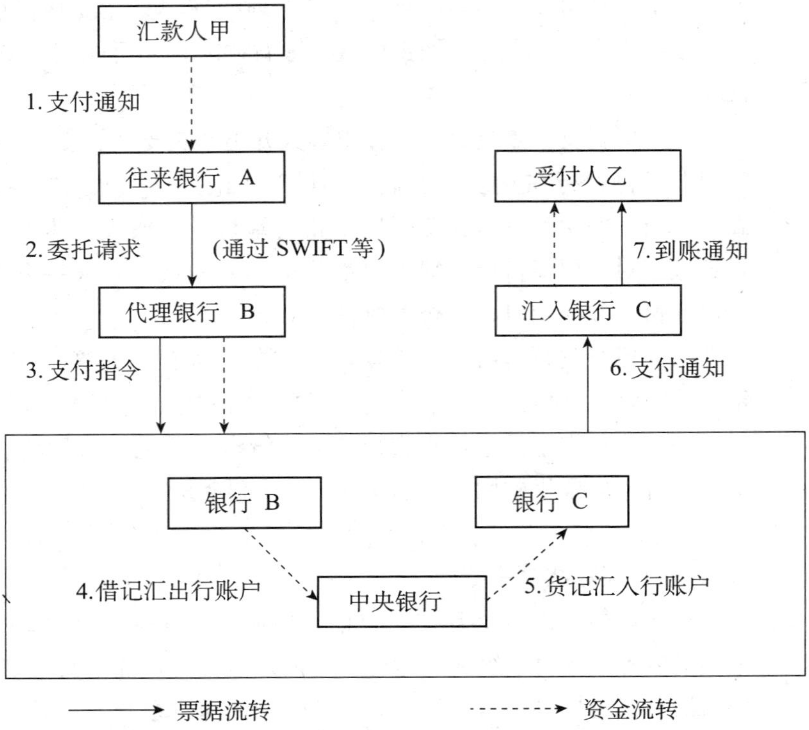

图 10—5 跨国清算程序

二、SWIFT

(一) SWIFT 简介

SWIFT（Society For Worldwide Interbank Financial Telecommunication）是国际银行同业间的国际合作组织，成立于 1973 年，总部设在比利时布鲁塞尔。SWIFT 为其会员提供安全、可靠、标准化、自动化的通信业务，所建立的金融通信服务系统可以满足国际间大量资金的安全、可靠、快速的传输需要。

目前全球大多数国家、大多数银行已使用 SWIFT，使其成为全球最大的金融通信网络系统。

SWIFT 提供的服务包括如下四种。

1. 接入服务

SWIFT 的接入服务通过 SWIFT Alliance 的系列产品完成，包括：

(1) 传送 FIN（FINish，TCP 报头的码位字段）信息的接口软件（SWIFT Alliance Access and Entry）；

(2) 接入 SWIFT Net 的窗口软件（SWIFT Alliance Gateway）；

(3) 接入 SWIFT Net 的桌面接入软件（SWIFT Alliance Web Station）；

(4) 文件传输接口软件（File Transfer Interface），通过 SWIFT Net

FileAct 使用户方便地访问其后台办公系统。

SWIFT Net Link 软件内嵌在 SWIFT Alliance Gateway 和 SWIFT Alliance Web Station 中，提供传输、标准化、安全和管理服务。连接后，它确保用户可以用同一窗口多次访问 SWIFT Net，获得不同服务。

2. 金融信息传送服务

SWIFT Net 启用以后，传统的 FIN 服务转而在新的网络 SWIFT Net FIN（已于 2002 年 8 月开通）上提供。SWIFT 把传统的 FIN 服务与新开发的、交互性的服务进行了整合，开发出 SWIFT Net 信息传送服务以满足现代金融机构不断发展的需要。主要包括以下四种服务：（1）金融信息传送。（2）SWIFT Net InterAct：提供交互（实时）和存储与转发两种信息传送方式，适合要求实时应答的金融业务。（3）SWIFT FileAct：提供交互和存储与转发两种文件自动传输方式，适合大批量数据的传输。（4）SWIFT Net Browse：以浏览为基础，使用标准的互联网浏览器（如 IE）和 SWIFT Alliance Web Station 访问 Net Browse 服务，其安全由 SSL 协议和 SIPN 保证。

3. 交易处理服务

交易处理服务是通过 SWIFT Net 向外汇交易所、货币市场和金融衍生工具认证机构提供交易处理服务，具体包括：(1) 交易处理匹配服务（accord matching)；(2) 实时报告的双边净额清算服务（according netting)；(3) 支持 B2B 的商务中的端对端电子支付（E-Payments plus)。

4. 分析服务与分析工具

SWIFT 也向金融机构提供一些辅助性的服务，即分析服务与分析工具。SWIFT 包括以下工具：

(1) BIC Online 和 BIC Directory Update Broadcast：向金融机构提供最新的、世界范围内的金融机构的代码（BIC)；

(2) Traffic Watch：可以监视 SWIFT 当前传送信息的数量；

(3) Transaction Watch：可以监视信息从发出到接收所经历的过程，获得各种参数，为提高证券系统和支付系统的效率提供分析数据；

(4) STP Review：金融机构为提高自身竞争力，直达处理（straight through processing，STP）能力变得愈加重要。SWIFT 可以向用户提供独立、客观的 STP 评估。

（二）SWIFT 的应用

当前，银行国际业务管理模式主要有三种：一是由总行制定严格标准的全球延伸模式（花旗银行模式）；二是枢纽与辐射模式（荷兰银行模式），产品开发和服务由具有优势的地区中心负责提供，客户管理由当地分行负责；三是联盟/合作伙伴模式（纽约银行模式），产品开发和服务发送由联盟/合作伙伴关系中所涉及银行的总行负责，客户管理由世界各地的当地分行负责。

中国农业发展银行于2000年加入SWIFT，国际业务管理模式采用全球延伸模式，业务实行“统一出口，风险集中”的管理模式。所有营业机构都使用总行统一的接口与SWIFT进行连接，总行对所有报文进行最后的审核和授权。中国农业发展银行SWIFT采用了数据大集中的方式，数据全部保留在总行，统一存储、统一管理。根据实际业务情况，中国农业发展银行选用了以下几个模块：核心业务处理模块——SWIFT Alliance Access（SAA）；证书管理模块——SWIFT Net Link（SNL）；网络连接模块——SWIFT Alliance Startset（SAS）；远程业务处理模块——SWIFT Alliance Message（SAM）；专用安全控管设备——Hardware Security Module（HSM）。

总行作为SWIFT核心处理节点，采用了标准的三层结构。为确保系统高可用性，SWIFT主机目前配备了生产机、备份机、测试机各一台。生产机与备份机互为备份，数据存储在磁盘阵列上，测试机的数据存储在本地硬盘，所用机器都是IBM小型机。SAM的主机由两台IBM主机组成，分别为生产机和测试机。为了保证HSM设备的正常工作，增强系统的可用性，为其配置了双机集群模式。系统结构如图10—6所示。

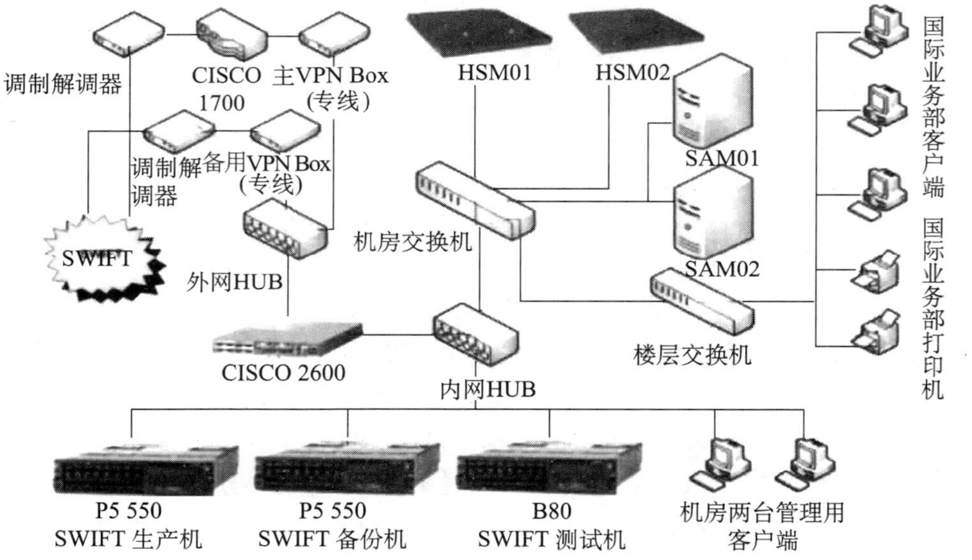

图10—6 中国农业发展银行SWIFT结构图

中国农业发展银行在2000年加入SWIFT时，只有总行营业部能够开展国际业务，业务报文年均仅20笔左右。目前，全行已有33家机构开业，日均交易报文量达60余笔。随着SAM，SAS，HSM，RMA等SWIFT新技术的应用，中国农业发展银行国际业务科技平台支撑能力得到很大的提升。

近年来，SWIFT发展迅速。除系统结构升级，还主要推出了SWIFT Net TSU和SWIFT Net Accord。SWIFT Net TSU全称为SWIFT Net Trade Services Utility，又称SWIFT贸易服务平台。SWIFT Net TSU从贸易相关单

据中提取核心数据，这些数据贯穿贸易过程，银行可以基于 TSU 传递并管理数据，在整个贸易过程的不同时间点触发多种贸易增值服务，帮助公司客户改善其现金流管理和风险控制。SWIFT Net Accord 是一个专注于外汇交易、货币市场和场外衍生产品交易确认匹配及异常处理的应用软件。无论交易对手是不是 Accord 用户，SWIFT Net Accord 均能提供集中和内部处理的双重优势。目前，中国银行已率先引入 SWIF TNet TSU，而国家开发银行已引入 SWIFT Net Accord，并都取得了较好的实际效果。SWIFT Net TSU 和 SWIFT Net Accord 代表了国际业务发展的潮流，也是银行业今后国际业务发展的趋势。

随着国际业务在农发行全行范围的推广，以及 SWIFT Net TSU 和 SWIFT Net Accord 等 SWIFT 新技术的引入，SWIFT 必将发挥更大的作用。

第 5 节 国家清算与结算系统

一、中国现代化支付系统

（一）中国支付系统的发展

中国的支付系统是 20 世纪 50 年代中期借鉴苏联的经验建立起来的，并较好地适应了当时高度集中的计划经济体制的需要。80 年代初期中国实行改革开放以来，为适应经济、金融体制改革的需要，中国人民银行不断改革支付结算制度。

为满足商业银行的异地跨行资金清算需求，中国人民银行于 20 世纪 80 年代末便开始建立基于金融卫星通信网的全国电子联行系统，并先后推广了“网络到县”和“天地对接”工程，使得电子联行系统基本覆盖全国所有县级（含）以上城市，并实现了与同城清算系统及中国人民银行会计核算系统的对接，使得跨行支付业务的资金在途时间大大缩短，社会资金的使用效率明显提高。

但是，随着中国改革开放的深入和社会主义市场经济的发展，特别是各类新型金融市场的蓬勃兴起，跨行支付业务尤其是大额支付业务的安全性和时效性的问题已日益引起各方的重视，金融业对建立快速、高效、安全、可靠的现代化支付系统也提出了迫切要求。为适应社会需求，中国人民银行在参照其他国家中央银行清算体系先进经验的基础上，根据中国的实际情况，于 20 世纪 90 年代开始着手建立更为先进的中央银行跨行支付清算系统——中国现代化支付系统（CNAPS）。

目前，中国国家现代化支付系统中的大额实时支付系统和小额批量支付系统已在全国推广运行，全国支票影像交换系统也已正式在全国上线，中国银联银行卡支付系统运行良好，银行业金融机构行内支付系统不断改进和完善，网上支付、电话支付、移动支付发展迅速。中国已初步建成以中国人民银行现代化支付系统为核心，银行业金融机构行内支付系统为基础，票据支付系统、银行卡支付系统为重要组成部分的支付清算体系。该体系对加快社会资金周转、提高支付清算效率、促进国民经济健康平稳的发展发挥着越来越重要的作用。

（二）大额实时支付系统

1. 系统概述

大额实时支付系统（high value payment system，HVPS）是指以实时、全额的方式处理异地、同城每笔金额在规定起点以上的贷记支付和紧急金额在规定起点以下的贷记支付的应用系统。一般情况下，凡是交易金额大、安全性和时效性要求很高的支付业务（如大额贷款支付，外汇交易、债券交易等业务）都采用HVPS进行处理。每笔业务指令将由支付系统逐笔清算，进行资金划转，并在（且只在）清算完成后再将该业务转发至接收方。接收方在接收到该笔支付指令时即可认为相应资金已转入本行清算账户。

建设HVPS的目的，旨在为各银行和广大企事业单位及金融市场提供快速、高效、安全、可靠的支付清算服务，防范支付风险。该系统对中央银行更加灵活、有效地实施货币政策和货币市场交易的即时清算起到了重要作用。

HVPS处理的业务包括一般大额支付业务和即时到账支付业务。一般大额支付业务是指由发起行发起，逐笔实时发往国家处理中心，由国家处理中心清算资金后再实时转发接收行的支付业务，主要包括汇兑、委托收款（划回）、托收承付（划回）、银行间同业拆借、国库资金汇划（贷记）等；即时到账支付业务是指由第三方发起支付指令，通过国家处理中心实时清算资金，并通知被借记行和被贷记行的支付业务，主要包括即时到账、质押融资、质押融资扣款等。

HVPS与中央银行会计集中核算系统、国家金库会计核算系统、银行业金融机构行内支付系统、中央债券综合业务系统、外汇交易及同业拆借系统、中国银联信息处理系统、城市商业银行汇票处理系统等多个系统连接，其功能、技术性能和安全效率均达到了国际先进水平。

2. 主要功能

中国HVPS的建设，既立足中国的实际，又借鉴了发达国家支付系统建设的经验，具备以下功能特点：

（1）高效的资金清算功能。HVPS采取与直接参与者直接连接的方式，实现了从发起行到接收行全过程的自动化处理，实行逐笔发送，实时清算，一笔支付业务不到1分钟即可到账；通过国家处理中心直接与中央债券综合业务系统、中国银联信息处理系统连接的方式，实现了债券交易的券款对付清算和银联卡跨行业务的即时到账清算。

（2）全面的流动性管理功能。HVPS提供联机头寸查询、日间透支限额、自动质押融资机制、设置清算窗口等系统功能，商业银行可随时查询和预测其头寸的变化情况，并根据需要及时筹措资金，完成支付业务的最终清算。

（3）健全的风险防范功能。按照国际清算银行《重要支付系统核心原则》，针对 HVPS 运行可能出现的流动性风险、信用风险、法律风险和运行风险等，制定了一系列防范和处置措施。系统实行全额实时清算资金，不足支付的交易作排队处理，并采取债券质押与资金融通相结合的自动质押融资机制；建成了大额支付系统应急灾难备份系统，建立了运行维护机制。系统禁止隔夜透支，日终仍不足支付的交易，可由中国人民银行提供高额罚息贷款，切实防范支付风险。

（4）适度集中的清算账户管理功能。HVPS 对商业银行的清算账户采取“物理上集中摆放，逻辑上分散管理”的方式，即各商业银行在中国人民银行当地分/支行开设的清算账户物理上在国家处理中心集中存储，日间处理跨行的资金清算；逻辑上由中国人民银行当地分/支行进行管理，日终中央银行会计集中核算系统下载清算账户数据，进行账务平衡。清算账户适度集中管理，既有利于提高支付清算效率，又有利于防范支付风险。

（5）灵活的系统管理功能。HVPS 设置了接入管理功能，可以满足各银行灵活接入系统的需要；设置了业务控制功能，可对不同参与者发起和接收的支付业务进行控制；设置了队列管理功能，可对参与者客队排队业务进行次序调整；设置了清算账户控制管理功能，可对严重违规或发生信用风险的直接参与者的清算账户实施部分金额控制、借记控制直至关闭。

（6）支付交易信息及清算、结算管理。因为 HVPS 支付交易的金额大、速度快，又是最终性支付，要求实时逐笔进行支付处理，所以对支付交易信息报文传输、处理系统的安全性、可靠性要求很高，系统安全、可靠是 HVPS 的关键。

1）信息登录。由于对支持速度的要求，HVPS 的支付信息登录只有两种方式：联机信息传输登录和话音输入登录。

为确保登录信息安全，每笔支付信息必须加密押，登录时进行核押处理。

因为中国国家金融网络（CNFN）的一级、二级、三级处理中心都允许商业银行进行登录，所以 HVPS 的登录处理节点可以是 CNFN 的全国处理中心、二级处理中心和三级处理中心。各级处理中心都是支付交易的发报行。由于每笔支付交易的金额极大，因此 HVPS 必须具有严格的信息报文登控手段，登录操作者的身份鉴别，每笔支付信息报文有效性、合法性的检查、确认等都必须进行严格跟踪。为此，HVPS 必须设计实时进行交互会话的输入屏幕画面，对登录过程进行全面监控。每笔支付交易信息报文都要存储、记录，生成支付业务日志文件。

2）信息传输。按照 HVPS 支付交易处理规定，每一笔大额支付都必须送全国处理中心，进行清算、结算处理。因此，分别从 CNFN 一级、二级、三级处理中心进入 HVPS 的支付信息，都必须传送到全国处理中心。为确保信息报文传输安全，对于信息报文必须加密押之后，才能进行传输。信息传输过程要设计会话屏幕画面监控。

3）清算、结算处理。凡送全国处理中心进行清算、结算处理的 HVPS 信息报文，全国处理中心在收到报文之后要进行技术和业务确认，对于确认无误的支付，进行全额清算，借记发起行清算账户，贷记接收行清算账户，然后按收报行实时发送。

对于清算账户余额不足，或者超过日间透支限额的清算账户进行排除处理，等待支付。根据 HVPS 要求，排队队列有加急和普通两种，一旦清算账户余额充足，首先进行加急队列支付，然后是普通队列支付。凡是已经清算处理的支付，一律不能撤销。

全国处理中心必须记录存储每笔支付交易记录，生成业务日志和财务统计文件。对于正在排队的支付，允许发报行撤销。

4）信息分发。收报行接收 HVPS 支付信息报文，进行技术、业务确认，生成日志文件，按照交易接收行分发。分发方式也有两种：联机信息传输分发和语音输出分发。与登录相对应，CNFN 的一级、二级、三级处理中心都是支付交易的发报行。

5）日终支付退回。为确保大额资金支付及时、安全，每日 16：00 停止大额支付交易登录，以便在 18：00 日终前的 1 个半小时内对于账户余额不足，又继续有大额支付排队的清算账户拆借清算资金，确保支付完成。如到 18：00 日终，仍然拆借不到足够的资金，排队交易需退发报行。

6）日终对账和意外事故处理。每日日终，全国处理中心要按收（发）报行生成当日对账文件，进行日终对账。

此外，对于支付交易的查询、查复，将在收（发）报行与全国处理中心之间随时进行。

HVPS 必须对输入错误、非法登录、鉴别控制失效、清算余额不足把付，甚至硬件、软件故障失效引起的支付意外事故，进行监控、判明原因，提请系统操作注意，生成出借日志，对信息报文进行控制。

3. 系统处理流程

HVPS 处理过程如图 10—7 所示。

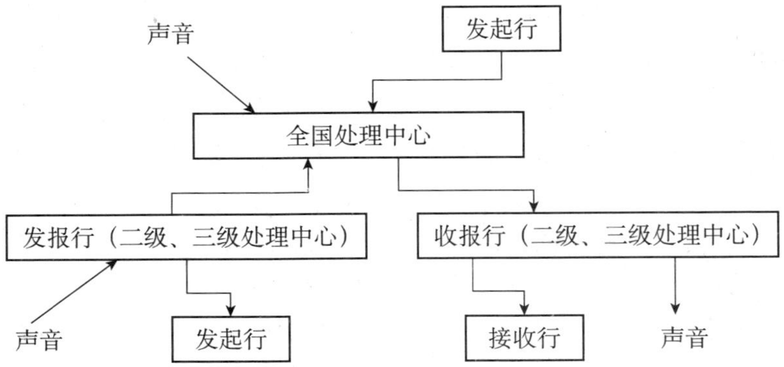

图 10—7 HVPS 处理流程

HVPS 的处理功能逻辑如图 10—8 所示。

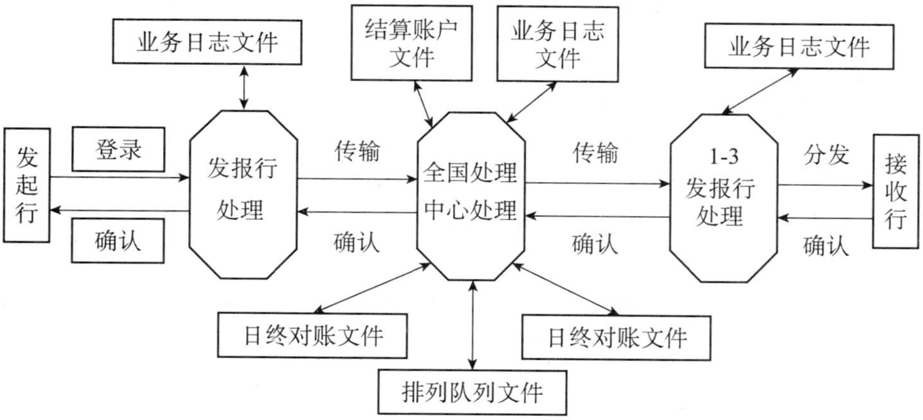

图 10—8 HVPS 的处理功能逻辑图

（三）小额批量支付系统

1. 系统概述

小额批量支付系统（bulk electronic payment system，BEPS）主要处理同城和异地纸凭证截留的借记支付业务，以及每笔金额在规定起点以下的小额贷记支付业务。系统采取支付指令批量发送，以轧差净额清算资金的方式，主要为社会提供低成本、大业务量的支付清算服务。

中央银行会计集中核算系统、国家金库会计核算系统、同城清算系统通过城市处理中心（CCPC）接入 BEPS；商业银行、清算组织等机构通过前置机系统与支付系统 CCPC 连接；国债、银联、外汇、城商行汇票处理系统不接入 BEPS，只处理大额实时支付业务。

2. 主要功能

BEPS 是处理票据可以截留的同城和异地借记、贷记支付交易的电子支付系统，系统处理的贷记支付工具有汇兑、委托收款划回、定期贷记/直接贷记等，借记支付工具有旅行支票、银行汇票、定期借记、预先授信借记、银行本票等。

BEPS 的功能描述受支付工具类型、票据格式、系统参与者的分工、职责、信息格式、基础数据元编码方式等影响，在这些因素变化时，其系统都会有一定的变化。因此，高层系统功能描述将不涉及这些具体、细节因素，在系统详细设计时应根据当时支付业务的发展情况，进行确认性的需求分析详细调查研究。

（1）信息登录。BEPS 的信息登录在此是指进入 CNFN 支付交易信息登录，也就是商业银行支付交易发起行作为支付交易信息源点，在中国人民银行发报行的登录。由于 CNFN 一级、二级、三级处理中心都允许商业银行进入，因此 BEPS 的登录处理节点可以是 CNFN 的全国处理中心、二级处理中心和三级处理中心。与此相应，各级处理中心的中国人民银行都是当地支付交易的发报行。

在当前情况下，BEPS 的登录方式有三种：

1）联机信息传输登录。

2）脱机磁媒体传送登录。

3）纸凭证键盘输入登录，在这种登录方式下，发报行必须具备纸凭证截留能力。

为确保支付交易安全，支付交易信息登录必须进行严格的支付有效性和数据合法性检查，即批处理信息文件有效性和支付交易借、贷记总金额、合计笔数检查确认，并生成业务日志文件。

（2）信息传输。按照支付交易规则规定，BEPS 批处理支付交易信息文件一律放在全国处理中心，按照收报行进行清分处理。因此，分别从 CNFN 一级、二级、三级处理中心进入 CNFN 的支付信息，必须首先将其支付信息文件传送 CNFN 的全国处理中心。

（3）清分处理。为确保支付交易信息传输安全，CNFN 全国处理中心在接收到发报行的 BEPS 批处理支付交易信息文件之后，首先要进行对信息传输用户来说完全透明的技术确认；然后对批文件的有效性和合法性进行检查，按借记、贷记合计金额、笔数进行支付业务确认。

对于确认无误的 BEPS 支付交易信息文件，按收报行清分，并为每个收报行和相应节点的支付业务接收行建立、保存业务日志和财务统计记录。

按收报行建立批处理支付信息文件，准备向收报行发送。

（4）信息分发。收报行对于接收到的 BEPS 支付信息文件，进行技术、业务确认，并生成业务日志文件，然后按照支付交易接收行进行分发处理。支付交易分发处理方式有三种：

1）联机信息传输分发。

2）脱机磁媒体传送分发。

3）纸凭证分发。为此，收报行必须具备纸票据生成能力。

与支付登录相对应，CNFN 的一级、二级、三级处理中心都是支付交易的收报行。

（5）日终轧账。每日营业终止前 1.5 小时，各级收报银行都必须按照支付交易接收行，进行借、贷方差额清算（净额）处理。由于贷记、事先授信借记、定期借记的支付风险不同，中国支付系统采用国外传统的生效日结算周期方法，避免支付风险。根据我国目前的情况，定期借记使用 3 日生效日为宜。

因此，各级中国人民银行收发报行每日的净额轧差处理，由于生效日期不同，必然出现两种差额：当日有效差额；当日的暂记差额。

（6）日终净额清算。BEPS 的日终净额清算，由于清算账户保存在全国处理中心，因此必须在全国处理中心进行清算处理。每日营业终止前 1 小时，各级收（发）报行都要将当日有效差额送往全国处理中心进行会计财务处理。

（7）日终对账意外事故处理。每日日终，全国处理中心要接收（发）报先生成当日对账文件，并与相应收（发）报行进行日支付交易核对处理，称日终对账。此外，对于支付交易处理的查询、查复，将在收（发）报行与全国处理中心之间随时完成。

由于输入错误、非法欺诈、拒收甚至系统软硬件故障等造成的意外支付事故，BEPS 设置有错误记录，以便日后核对；对于错误修正，考虑投资等一系列因素，一般都采用人工处理方法完成。

3. 系统处理流程

BEPS 的处理流程如图 10—9 所示。

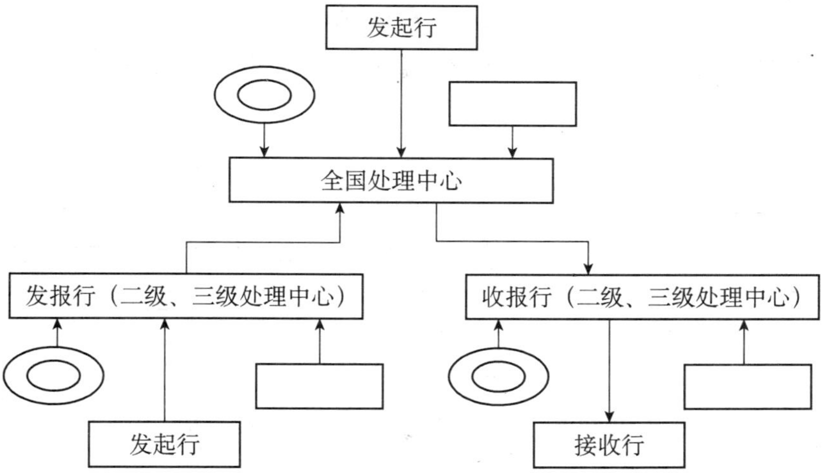

图 10—9　BEPS 的处理流程

BEPS 处理功能逻辑——数据流程如图 10—10 所示。

（四）中国人民银行第二代支付系统

随着我国金融市场的日益完善、支付方式的不断创新，对支付清算体系提出了更高的要求。2009 年 12 月 2 日，中国人民银行召开启动第二代支付系统暨中央银行会计核算数据集中系统建设的电视会议，积极开展第二代支付系统的建设，从而进一步提高中央银行履职能力，提供强有力的基础设施服务，有效满足经济社会的支付需求。

第二代支付系统由清算账户管理系统（SAPS）、HVPS、BEPS、网银互

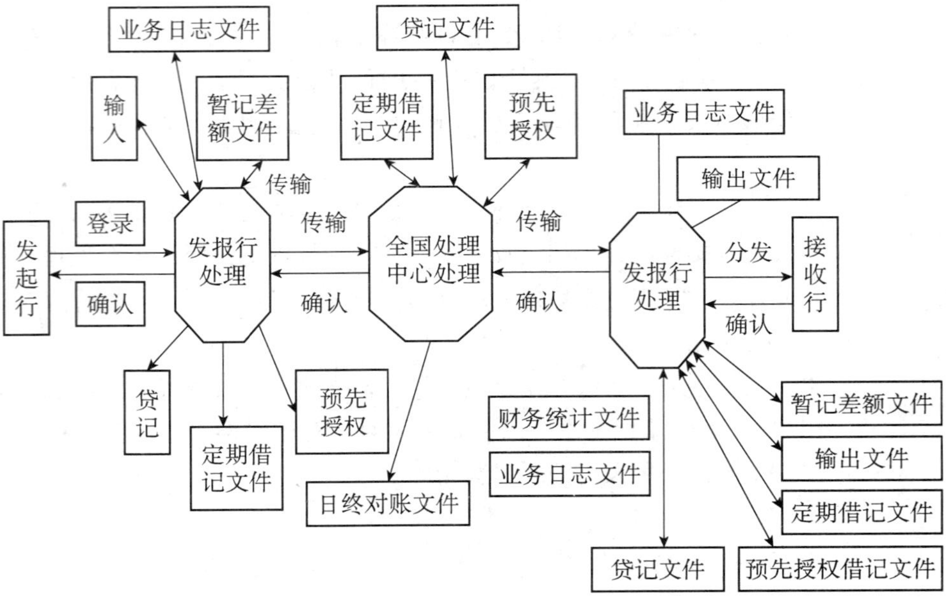

图 10—10 BEPS 处理功能逻辑图

联系统（E-banking net）和支付管理信息系统（PMIS）组成，如图 10—11 所示。

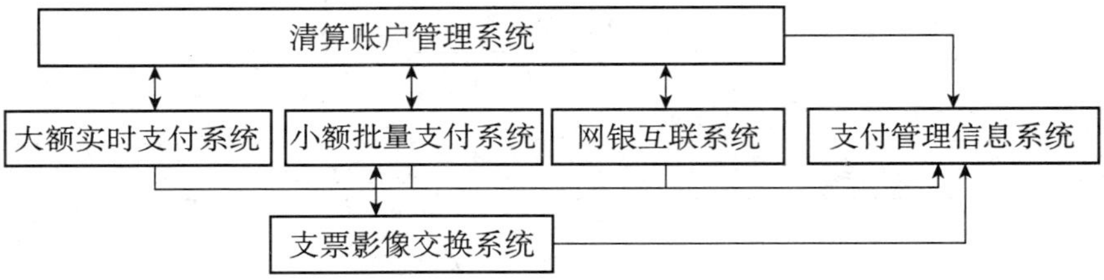

图 10—11 第二代支付系统应用系统架构图

第二代支付系统为银行业金融机构提供灵活的接入方式、清算模式和更加全面的流动性风险管理手段，实现网银互联，支撑新兴电子支付的业务处理和人民币跨境支付结算，实现本外币交易的对等支付（PVP）结算。系统还将具备健全的备份功能和强大的信息管理与数据存储功能，建立高效的运行维护机制，进一步强化安全管理措施，并逐步实现支付报文标准国际化，其系统拓扑结构图 10—12 所示。

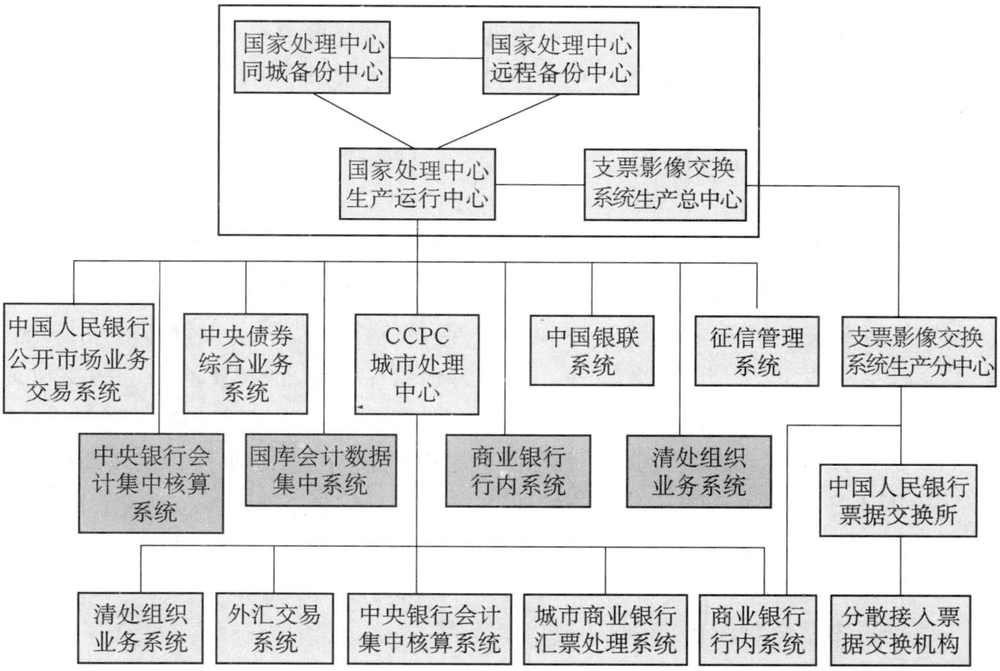

图 10—12　第二代支付系统拓扑结构图

二、美国国家支付系统

（一）Fedwire

1. Fedwire 概述

Fedwire 是由联邦储备系统开发与维护的电子转账系统，它所提供的两个核心的电子化支付服务是的资金转账服务（Fedwire funds service）和证券转账服务（Fedwire securities service）。

Fedwire 自 1914 年开始运行，最初该系统主要用于资金转账。1918 年，第一次通过电报的形式向各商业银行提供跨区的票据托收服务，实现资金的调整。Fedwire 的证券簿记系统从 1960 年开始运行。该系统运行的主要目的是降低证券交易成本，提高交割与结算效率以及安全系数。1970 年后，Fedwire 真正建立了自动化的电子通信系统。

2. Fedwire 资金转账系统

Fedwire 是大额美元电子支付系统，它是美国支付清算的主动脉。Fedwire 将全美划分为 12 个联邦储备区、25 个分行和 11 个专门的支付处理中心，它将美国联邦储备系统总部、所有的联邦储备银行、美国财政部及其他联邦政府机构连接在一起，提供实时全额结算服务。

Fedwire 资金转账系统的主要特点如下：（1）Fedwire 资金转账系统是实

时、全额、连续的贷记支付系统，即支付命令随时来随时处理，而不需等到既定时间统一处理，且每笔支付业务都是不可取消和无条件的。（2）在线交易与非在线交易相结合。交易业务量大的 Fedwire 用户往往采用专用线路与 Fedwire 相连，中等或较小业务量的 Fedwire 用户则通常采用共享租赁线路或拨号方式与 Fedwire 连接，而只有一些业务量非常小的用户通过代理行或脱机电话方式向 Fedwire 发送支付指令。（3）Fedwire 资金转账系统能为用户提供有限的透支便利，它根据各商业银行的一级资本来匡算其最大透支额。只有出现超过透支额的支付业务时，该支付命令才处于等待或拒绝状态。Fedwire 的这一措施解决了商业银行资金流动性的问题，提高了支付系统的效率，能实现及时的资金转移，但同时也给中央银行带来了一定的支付风险，当某支付方发生清偿危机时，中央银行将承担全部风险。为了降低中央银行的信用风险，避免商业银行利用中央银行提供的透支便利转嫁风险，从 1994 年 4 月起，联邦储备银行开始对在其账户上的透支收取一定的费用，开始时年利率为 24%，至 1996 年已提高到年利率 60%，用以控制商业银行的日间信贷。通过 Fedwire 进行的资金转账，从寄出方发出，到接收方收到，几秒钟最多几分钟就可完成。

3. Fedwire 证券转账系统

Fedwire 证券转账系统建于 20 世纪 60 年代末，它的主要功能是实现多种债券（如政府债券、企业债券、国际组织债券等）的发行、交易清算的电子化，以降低成本和风险。它是一个实时的、交割与支付同时进行的全额贷记转账系统，是联邦储备银行为管理证券账户和实现有效转账而设立的电子化系统。Fedwire 证券转账系统提供包括保管证券账户、转账、券款对付以及实时支付等服务。只有储蓄机构和少数政府组织，如联邦代理机构州政府的财政办公室，以及某些为特定目的成立的、属于联邦储备系统成员的信托公司可以访问 Fedwire 证券转账系统。非银行的经纪人和经销商通过特定的联邦储备机构持有和转让债券。另外，参与者可以有效地利用超过 7 600 家金融和政府机构构成的国际网络。

4. 透支与风险防范

Fedwire 证券转账系统同样也会产生储备账户的透支（如当接收证券量大于发送证券量时），但由于证券转账实时、交割与支付同时进行（即一手交钱、一手交货）的特性，使得资金账户的透支可以用证券作抵押，因此降低了中央银行的信用风险。与此同时，联邦储备银行也采取了一系列措施，如实行证券转移的最大限额（1988 年规定每一笔证券转移资金最大不得超过 5 000 万美元），以最大限度地降低由于证券转移产生的透支所带来的风险。Fedwire 在安全控制、风险防范、电信格式、信息传递等方面都实行了严格的规范和标准化措施，使得利用此系统大大提高了美国国内资金清算的效率，确保了联邦储备银行中大额资金清算和证券交易的安全。

（二）CHIPS

1. CHIPS 概述

CHIPS 于 1970 年建立，是一个带有 EDI 功能的实时、大额电子支付系统，由纽约清算所协会（NYCHA）经营。它是全球最大的私营支付清算系统之一，主要进行跨国美元交易的清算。目前全世界银行同业间美元清算的 98% 以上是通过 CHIPS 进行的。

CHIPS 的参加银行主要包括如下三类：纽约清算所的会员银行，纽约所的非会员银行，美国其他地区的银行及外国银行。CHIPS 的参加银行除了利用该系统本身调拨资金，还可接受银行同业往来的付款指示，通过 CHIPS 将资金拨付给指定银行。这种层层代理的清算体制构成了庞大复杂的国际资金调拨清算网。

2. CHIPS 的特点

CHIPS 的应用特点如下：

（1）允许事先存入付款指示。除了可在当日调拨资金，CHIPS 还允许参加银行事先将付款指示存入中央计算机系统，然后等到解付日才将此付款通知传送到收款银行。任何资金调拨需经拨款银行下达解付命令后，CHIPS 的中央计算机系统才会于解付日将此付款通知传送给收款银行。在未下达解付命令前，拨款银行有权取消该笔付款指示。

（2）完善的查询服务功能。客户可以随时查询自己银行的每笔提出或存入的金额，并及时调整自己的头寸。

（3）自动化程度高。参加行的支付信息可在不同系统之间流动，而无须人工干预。

（4）安全性好。CHIPS 将四台大型机组成两套系统，实行两套系统互为备份。2004 年 6 月建成了第三个数据中心，作为第三个热备份站点。

3. 风险防范

作为最大的由私人运作的支付系统，CHIPS 必须处理支付清算风险问题。清算风险（settlement risk）涉及信用风险（到期一方不能履行承诺的支付义务）、操作风险（unwinding risk）（给资金接收方的支付指令可能被颠倒）、流动性风险（liquidity risk）（由于缺乏流动性到期支付指令不能执行）。联邦储备系统要求银行同业支付清算系统和其他私人批发转账系统保证清算的顺利进行，防止由于主要参加者不履行支付义务的情况发生。CHIPS 有一个处理两家最大参加者失败的程序。尽管风险涉及国际清算，但迄今为止，银行同业支付清算系统还没有未清算的交易。

研究拓展

基于云计算的支付清算数据处理平台

随着信息时代的来临，预付卡作为便捷、高效、低成本的电子支付工具蓬勃发展。一方面，作为企业资金管理的战略工具，预付卡被广大零售企业广泛应用，成为商家最重要的营销手段和销售工具；另一方面，越来越多的企业客户利用预付卡作为企业内部员工福利、奖励和费用开支管理的工具，提高企业的管理水平，提升企业的核心竞争力。随着发卡主体日益多样化，随着发卡和使用数量快速扩张，预付卡对社会和经济的影响渐强。

多年来，华腾公司一直致力于为金融领域提供支付整体解决方案，积累了丰富的金融业务知识，形成了强大的技术研发体系。华腾公司推出了基于云计算的支付清算数据处理平台，通过大容量的平台处理能力和强大的服务功能，更加灵活地为第三方支付清算组织提供安全、全面的服务。

一、市场和监管需要

对于第三方支付清算组织，特别是刚起步的预付卡发行机构来说，如果自行建设 IT 平台，投资大，费时多，还需要拥有一支专业的队伍。数据处理平台的出现完全改变了市场的格局。

IT 平台的投资包括机房、设备、需求整理、应用软件开发、系统联调、试运行等各种费用，而选择数据处理平台，即使按发卡量增长很快的情况计算，至少也可以减少一半以上的费用。

IT 平台的建设，包括前期的队伍组建、需求分析、开发、测试等工作，一般需要半年的时间。而选择数据处理平台，如果没有特殊需求，无须定制开发，往往部署、测试、上线的时间在一个月左右。这样一来，大大节省了时间，可以帮助客户迅速投入运营，赢得业务的主动。

此外，华腾支付清算数据处理平台经过中国人民银行相关机构认证，可以按照《非金融机构支付服务管理办法》对非金融机构进行规范化管理，有利于对非金融机构交易合规性监控，确保持卡人的利益。同时，通过云计算技术，由第三方来管理非金融支付机构的账户，有利于监管机构对账务的审计。依托独立的第三方 IT 服务机构的专业化服务，可以确保非金融支付清算的安全性和高可用性。

二、平台采用云计算和服务

华腾支付清算数据处理平台采用云计算的技术和架构，可以实现一组环境、一套软件、一个平台、多家客户，支持全国（甚至全球）范围内多家第三方支付清算组织的支付清算数据处理。

整个云计算架构分为三个层次，分别是基础设施即服务（IaaS）、平台即服务（PaaS）和软件即服务（SaaS）。支付清算数据处理平台分别在三个层次提供服务。华腾还将发布各种接口和开发工具，可供独立软件开发商或者最终客户的开发团队使用，开发各种外围应用软件，定制报表，完成增值应用功能。这种以服务为导向的基础架构，能够方便地向客户提供“云服务”。

三、平台优势

基于云计算的支付清算数据处理平台，可提供大容量存储和高效数据处理能力，依托一整套高可用的 IT 基础环境，通过功能全面、性能优良、架构灵活、后续业务开展方便的应用系统，提供包括 IT 监控、业务监控、客户服务、报表、结算支持在内的运营服务。

IT 基础环境指包括高可用的机房、生产环境、生产测试环境和开发测试环境和网络通信线路等，具有高安全性、高可靠性、高扩展性和可管理性等特点，涵盖了网络和安全设施、集中存储平台、备份设备、个人化中心、前置服务器、数据库、接入设备等各种软硬件设备。

应用系统符合金融标准，可兼容磁卡和 IC 卡（PBOC 2.0 标准），支付卡可以在多城市发行和通用。通过该系统可以进行发卡，收单、清算，以及后台管理、信息管理、密钥管理、风险管控、联机/脱机交易等。通过该系统还可以同其他合作伙伴联名发卡。运营服务体系通过服务级别协议（SLA）的承诺和服务流程的运转，帮助客户确保业务应用稳定运行，并在出现问题后及时响应并予以解决。

资料来源：胡劲松：《基于云计算的支付清算数据处理平台》，载《金融电子化》，2010（9）。

本章小结

在电子支付系统中，清算与结算是电子支付中的两个重要过程，良好的电子清算与结算系统是支持社会经济发展、金融运行的重要基础设施。

清算系统是指金融机构在同一地点（清算所）向其他金融机构提交，并与其他金融机构交换的与资金或转账证券转让相关的数据或文件的一系列做法。由于我国支付体系不够完善，在实际的操作过程中，金融机构之间账务的支付并不完全包括清算和结算两个步骤，而是直接进行结算。我们把这种不包括支付指令的发送、接受、确认而直接进行债务支付的支付系统称为支付结算系统。

在国际上，国外典型的国际清算结算系统有 Fedwire，CHIPS，CHAPS，BOJ-NET，以及 SWIFT。

我国的电子支付系统的发展主要经历了全国电子联行系统、中国现代化支付系统以及第二代支付系统三个重要的阶段。中国现代化支付系统中的大额实时支付系统和小额批量支付系统已在全国推广运行，全国支票影像交换系统也已正式在全国上线，中国银联银行卡支付系统运行良好，而第二代支付系统则为银行业金融机构提供了更为灵活的接入方式、清算模式和更加全面的流动性风险管理手段。

思考与练习

1. 什么是清算和结算？
2. 简述商业银行系统内资金汇划与清算流程。
3. 简述中央银行在银行间清算中的作用。

4. 什么是国际结算？国际结算与国内结算的区别是什么？

5. 大额实时支付系统的主要功能有哪些？

参考文献

[1] 陈进，项洁雯．网络金融服务．北京：清华大学出版社，2011

[2] 帅青红，夏军飞，李俊民．网上支付与电子银行．北京：机械工业出版，2010

[3] 帅青红．电子支付结算系统．成都：西南财经大学出版社，2006

[4] 盛立军．浅析商业银行系统内资金汇划与清算的核算．吉林省经济管理干部学院学报，2011（3）

[5] 李洪心，马刚．电子支付与结算．北京：电子工业出版社，2010

[6] 陈硕．美国 FEDWIRE 支付系统概述．经营管理者，2009（16）

[7] 昌盛．商业银行同城票据交换系统的研究与关键技术．华南金融电脑，2007（2）

[8] 李卓．电子票据业务发展刍议．青海金融，2011（4）

[9] 胡劲松．基于云计算的支付清算数据处理平台．金融电子化，2010（9）

[10] 毛翔昊，唐亮．农发行 SWIFT 系统运用现状与前景．农业发展与金融，2008（10）

图书在版编目（CIP）数据

电子支付/林政主编. —北京：中国人民大学出版社，2013.6
21世纪电子商务系列教材
ISBN 978-7-300-17640-6

Ⅰ.①电… Ⅱ.①林… Ⅲ.①电子商务-支付方式-教材 Ⅳ.①F713.36

中国版本图书馆CIP数据核字（2013）第120239号

21世纪电子商务系列教材
电子支付
林 政 主编
Dianzi Zhifu

出版发行	中国人民大学出版社		
社 址	北京中关村大街31号	**邮政编码**	100080
电 话	010－62511242（总编室）		010－62511398（质管部）
	010－82501766（邮购部）		010－62514148（门市部）
	010－62515195（发行公司）		010－62515275（盗版举报）
网 址	http://www.crup.com.cn		
	http://www.ttrnet.com（人大教研网）		
经 销	新华书店		
印 刷	三河市汇鑫印务有限公司		
规 格	185 mm×260 mm 16开本	**版 次**	2013年6月第1版
印 张	20.5 插页1	**印 次**	2013年6月第1次印刷
字 数	404 000	**定 价**	36.00元

教师教学服务说明

中国人民大学出版社工商管理分社以出版经典、高品质的工商管理、财务会计、统计、市场营销、人力资源管理、运营管理、物流管理、旅游管理等领域的各层次教材为宗旨。

为了更好地为一线教师服务，近年来工商管理分社着力建设了一批数字化、立体化的网络教学资源。教师可以通过以下方式获得免费下载教学资源的权限：

在“人大经管图书在线”（www. rdjg. com. cn）注册，下载“教师服务登记表”，或直接填写下面的“教师服务登记表”，加盖院系公章，然后邮寄或传真给我们。我们收到表格后将在一个工作日内为您开通相关资源的下载权限。

如您需要帮助，请随时与我们联络：

中国人民大学出版社工商管理分社

联系电话：010－62515735，62515749，82501704

传真：010－62515732，62514775　　电子邮箱：rdcbsjg@crup. com. cn

通讯地址：北京市海淀区中关村大街甲 59 号文化大厦 1501 室（100872）

教师服务登记表

姓 名		□先生 □女士	职 称		
座机/手机			电子邮箱		
通讯地址			邮 编		
任教学校			所在院系		
所授课程	课程名称	现用教材名称	出版社	对象（本科生/研究生/MBA/其他）	学生人数
需要哪本教材的配套资源					
人大经管图书在线用户名					
院/系领导（签字）： 院/系办公室盖章					